Die Bedeutung der Querschnittsklauseln für die Kompetenzen innerhalb der Europäischen Gemeinschaft

Europäische Hochschulschriften
Publications Universitaires Européennes
European University Studies

Reihe II
Rechtswissenschaft

Série II Series II
Droit
Law

Bd./Vol. 4771

PETER LANG
Frankfurt am Main · Berlin · Bern · Bruxelles · New York · Oxford · Wien

Anja Maria Weidemann

Die Bedeutung der Querschnittsklauseln für die Kompetenzen innerhalb der Europäischen Gemeinschaft

Eine Untersuchung aus deutscher Sicht

PETER LANG
Internationaler Verlag der Wissenschaften

Bibliografische Information der Deutschen Nationalbibliothek
Die Deutsche Nationalbibliothek verzeichnet diese Publikation in der Deutschen Nationalbibliografie; detaillierte bibliografische Daten sind im Internet über <http://www.d-nb.de> abrufbar.

Gedruckt auf alterungsbeständigem,
säurefreiem Papier.

ISSN 0531-7312
ISBN 978-3-631-57893-3

Printed in Germany 1 2 3 4 5 7

www.peterlang.de

Meinem Doktorvater Herrn Prof. Dr. Dr. h. c. Ulrich Everling, der die Arbeit betreut und mit Interesse begleitet hat, danke ich herzlich für seine hilfreiche Förderung, Herrn Prof. Dr. Matthias Herdegen für die schnelle Erstellung des Zweitgutachtens.

Inhaltsverzeichnis

Abkürzungsverzeichnis

a. a. O.	am angegebenen Ort
ABl.	Amtsblatt der Europäischen Gemeinschaften
AfP	Zeitschrift für Medien- und Kommunikationsrecht (vormals Archiv für Presserecht)
Bay.VBl.	Bayerische Verwaltungsblätter
BB	Betriebsberater (Zeitschrift)
BVerfG	Bundesverfassungsgericht
BVerwG	Bundesverwaltungsgericht
CML Rev.	Common Market Law Review
DÖV	Die Öffentliche Verwaltung
DVBl.	Deutsches Verwaltungsblatt
EA	Europa-Archiv
EAGV	Vertrag über die Europäische Atomgemeinschaft
EC	European Community
ECLR	European Competition Law Review
EEA	Einheitliche Europäische Akte
EEC	European Economic Community
EGKSV	Vertrag über die Europäische Gemeinschaft für Kohle und Stahl
EG	Europäische Gemeinschaften, Europäische Gemeinschaft (nach dem EGV)
EGV	Vertrag zur Gründung der Europäischen Gemeinschaft
EiÜ	Europa im Überblick (Zeitschrift)
ELR	European Law Review
EU	Europäische Union
EuG	Gericht erster Instanz
EuGH	Europäischer Gerichtshof
EuGRZ	Europäische Grundrechtezeitung
EuR	Europarecht (Zeitschrift)
EUV	Vertrag über die Europäische Union
EuZW	Europäische Zeitschrift für Wirtschaftsrecht
EWGV	Vertrag über die Europäische Wirtschaftsgemeinschaft
EWS	Europäisches Wirtschafts- und Steuerrecht
FAZ	Frankfurter Allgemeine Zeitung
FKVO	EG-Fusionskontrollverordnung

FS	Festschrift
GFS	Gemeinsame Forschungsstelle der Europäischen Union
GVO	Gruppenfreistellungsverordnung
Hrsg.	Herausgeber
JuS	Juristische Schulung (Zeitschrift)
JZ	Juristenzeitung
KOM	Dokumente der Kommission der Europäischen Gemeinschaft
NJW	Neue Juristische Wochenschrift
NuR	Natur und Recht (Zeitschrift)
NVwZ	Neue Zeitschrift für Verwaltungsrecht
ORDO	Jahrbuch für die Ordnung von Wirtschaft und Gesellschaft
RIW	Recht der Internationalen Wirtschaft
RMC	Revue du Marché Commun
Rs	Rechtssache
RTDE	Revue trimestrielle de droit européen
Slg.	Sammlung der Rechtsprechung des Gerichtshofs der Europäischen Gemeinschaften
VerwArch	Verwaltungsarchiv (Zeitschrift)
VO	Verordnung
WHI	Walter-Hallstein-Institut
WuW	Wirtschaft und Wettbewerb (Zeitschrift)
ZEuS	Zeitschrift für europarechtliche Studien
ZfRV	Zeitschrift für Rechtsvergleichung
ZG	Zeitschrift für Gesetzgebung
ZHR	Zeitschrift für das gesamte Handelsrecht und Wirtschaftsrecht
ZLR	Zeitschrift für das gesamte Lebensmittelrecht

Einführung

Im Vertrag von Amsterdam zur Gründung der Europäischen Gemeinschaft finden sich insgesamt acht[1] sogenannte Querschnittsklauseln. Die älteste von ihnen, die Klausel zum Umweltschutz, wurde durch die am 1. 7. 1987 in Kraft getretene Einheitliche Europäische Akte (EEA) in den damaligen EWGV eingeführt. Weitere Klauseln folgten.

Sie sollten als neu in das Gemeinschaftsrecht aufgenommene Instrumentarien Wege zu einer ausgewogeneren Aufteilung der Ausübung gemeinschaftsrechtlicher und mitgliedstaatlicher Kompetenzen eröffnen und auf diese Weise dazu dienen, Spannungen zwischen Mitgliedstaaten und Gemeinschaft[2] abzubauen[3]. Durchgehend erheben diese Klauseln die Forderung – gegenüber wem, wird zu untersuchen sein –, im Rahmen der Verfolgung sämtlicher Vertragsziele auch die Erreichung des in der jeweiligen Klausel festgelegten Zieles als Sekundärziel anzustreben. Die Bezeichnung Querschnittsklausel[4] rührt also daher, dass die in

1 Da ein Querschnittscharakter der Klausel zur Forschungspolitik in Übereinstimmung mit dem ganz überwiegenden Schrifttum verneint werden muss, wird diese Klausel nach der vorliegenden Arbeit nicht zu den acht eigentlichen Querschnittsklauseln gerechnet, jedoch diskutiert.

2 Wenn im Folgenden zumeist von der Gemeinschaft und nicht der Union die Rede sein wird, so geschieht dies deshalb, weil die Arbeit sich nahezu ausschließlich mit Bestimmungen des EGV, nicht des EUV, befasst. Vgl. dazu auch *Perau,* Werbeverbote im Gemeinschaftsrecht, 23, der darauf hinweist, dass auch in der Europäischen Union die Rechtsetzung aufgrund des EG-Vertrages erfolgt, dass rechtsfähig und damit fähig zur Rechtsetzung allein die Gemeinschaften sind, nicht aber die Union selbst. – Anders hingegen *Arndt,* der zum Zweck der Anpassung an die Entwicklung in der Presse durchgehend von der EU berichten will, freilich nicht unter Verkennung der ‚formalen Problematik', dass die EU an sich selbst nicht handlungsfähig ist, *Arndt,* Europa recht, 2.

3 *Everling,* Mélanges en hommage à *Fernand Schockweiler,* 131; folgt man *Kamminga,* European Environmental Law Review 1994, 23, 24, so liegt ein wesentlicher Vorteil der Querschnittsklauseln (hier: der Umweltklausel) darin, dass sie aufgrund ihrer integrativen Zielrichtung ein sinnvolles Kontrastprogramm zu dem in der Europäischen Gemeinschaft – wie in jeder Bürokratie – weit verbreiteten Schubladendenken (‚compartmentalization') liefern können. – Anders hingegen *Schmidt am Busch* in *Grabitz / Hilf,* Das Recht der Europäischen Union, Art. 152 EGV Rn. 42, der zufolge sich die Zahl der Querschnittsklauseln als ‚zunehmend problematisch' erweist; in ihrer Wirksamkeit seien sie fraglich, weil immer mehr Gemeinwohlbelange privilegiert würden.

4 Erstmals als Begriff eingeführt von *Scheuing,* EuR 1989, 152, 176.

den Klauseln formulierten Inhalte als zu beachtende Positiva sozusagen vor die Klammer der gesamten Tätigkeit der Gemeinschaft gezogen sind[5]. Hierdurch werden Querschnittsaufgaben statuiert, die als Vertragszielbestimmungen[6] Schnittmengen[7] für die Verfolgung aller Vertragsziele bilden, mithin in die gesamte Vertragspolitik zu integrieren sind[8]. Die Klauseln werden daher teilweise auch als Integrationsklauseln oder -prinzipien[9] bezeichnet. Mitunter tituliert man

---

5 *Calliess* in *Calliess / Ruffert,* EUV/EGV, Art. 6 EGV Rn. 3.

6 Der EGV selbst liefert die Begriffskategorie ,Vertragsziel', indem er z. B. mit den Artikeln 5, 10 und 308 ausdrücklich Ziele als Kategorien des Primärrechts anerkennt. Eindeutig ergeben sich Vertragsziele aus Art. 2 und 3 EGV, sie sind indes nicht auf diese Vorschriften beschränkt. Kennzeichnend für eine Vertragszielbestimmung ist ihre finale Zweckrichtung, welche aus Systematik, Wortlaut oder teleologischer Funktion der betreffenden Norm abgeleitet werden kann. Vertragszielbestimmungen entfalten bindende Steuerungswirkungen, erweitern oder beschränken Tatbestände, sie können als Auslegungshilfe herangezogen werden und als Grundlage bei der Rechtsfortbildung fungieren, *Breier* in *Lenz,* EG-Vertrag, Art. 6 EGV Rn. 12.
Zu der Abgrenzung – soweit möglich – der Begrifflichkeiten ,Aufgabe' nach Art. 1 Absatz 3 Satz 2 und ,Ziele' nach Art. 2 EGV vgl. z. B. *Pechstein* in *Streinz,* EUV/ EGV, Art. 2 EGV Rn. 2, 3. Die Ziele des Vertrages werden zumeist in Anlehnung an Art. 2 EGV bestimmt. Dieser nennt indes derart allgemeine Ziele (u. a. harmonische Entwicklung des Wirtschaftslebens, Wirtschaftsausweitung, Stabilität, Hebung der Lebenshaltung, engere Beziehungen der Mitgliedstaaten), dass es einer deutlichen Abgrenzung nicht dienlich ist. Auch der Passus des Art. 308 EGV ,im Rahmen des Gemeinsamen Marktes' ist als Orientierungspunkt für die Abgrenzung wenig hilfreich.

7 *Calliess* in *Calliess / Ruffert,* EUV/EGV, Art. 6 EGV Rn. 18.

8 Treffend formuliert *Zils* bezüglich der alten Querschnittsklausel des EWGV zum Umweltschutz, sie werde deshalb als solche bezeichnet, weil sie ,Auswirkungen der Umweltpolitik auf andere Bereiche des Vertrages aufzeigen' solle, *Zils,* Die Wertigkeit des Umweltschutzes in Beziehung zu anderen Aufgaben der Europäischen Gemeinschaft, 26 ff.

9 *Middeke,* DVBl. 1993, 769, 770; *Jans* in *Winter,* European Environmental Law, 277, 287 (siehe hierzu auch die Rezension von *Wegener,* EuR 2001, 129 ff., der in der englischsprachlichen Studie *Jans'* eine ,Pionierleistung' auf dem Gebiet des europäischen Umweltrechts erblickt, was angesichts dessen Komplexität sowie der Unüberschaubarkeit umweltrechtlicher nationaler Umsetzung besondere Anerkennung verdiene); *Scherer / Heselhaus* in *Dauses,* Handbuch des EU-Wirtschaftsrechts, Band 2, Rn. 39; *Lane,* CML Rev. 1993, 939, 978: ,integration clauses'.

sie[10] als Kohärenzpostulate[11], Verträglichkeits-[12], Interdependenz-[13] oder Universalklauseln[14].

Uneinigkeit besteht über die Reichweite der erzeugten Querschnittswirkung und über die rechtliche Qualifikation der Klauseln. Handelt es sich um schlichte Programmsätze, letztlich rechtlich nicht geltend zu machende Vertragszielbestimmungen, oder normieren die Klauseln eindeutige[15] Handlungsaufträge, die gerichtlich einforderbar sind; begründen sie neue Kompetenzen der Europäischen Gemeinschaft, oder – weniger weitgehend – handelt es sich bei ihnen um reine Ermessensausübungsvorschriften ? Diesen Fragen widmet sich die vorliegende Arbeit.

Dabei sollen – im Anschluss an diese Einführung – im Allgemeinen Teil die Klauseln zunächst insgesamt anhand ihrer sprachlichen Besonderheiten untersucht werden, d. h. vorab, warum die Bestimmungen einmal mehr, einmal weniger ‚intensiv' gefasst sind, daran ist zugleich die Frage geknüpft, ob sich daraus rechtliche Konsequenzen ergeben. Ebenfalls im Allgemeinen Teil behandelt wird die Frage nach den Adressaten der Klauseln, d. h. ob sie sich ausschließlich an die Gemeinschaftsorgane oder auch an die Mitgliedstaaten richten.

Der darauf folgende Teil 2 untersucht allgemein das System der Kompetenzausübung innerhalb der Gemeinschaft, um auf dieser Grundlage beurteilen zu können, ob und gegebenenfalls wie sich die Klauseln in dieses System einfügen, oder ob sie möglicherweise zu nicht beabsichtigten Kompetenzüberschreitungen führen können. Besonders ausführliche Berücksichtigung erfährt dabei das Prinzip der ausdrücklichen / begrenzten Einzelermächtigung nach Art. 5 Absatz 1 EGV.

In dem sich anschließenden dritten Teil befasst sich die Untersuchung – unter dem Blickwinkel, dass der Gerichtshof vielfach für die Klauseln wegbereitend

---

10 Vgl. insoweit auch die Zusammenschau bei *Gasse,* Die Bedeutung der Querschnittsklauseln für die Anwendung des Gemeinschaftskartellrechts, 2.

11 *Müller-Graff* in *Dauses,* Handbuch des EU-Wirtschaftsrechts, Band 1, Rn. 120; ‚Kohärenzklausel', *Klein* in *Hailbronner,* Handkommentar, zu ex-Art. 130v EGV (ehemalige Querschnittsklausel zur Entwicklungspolitik), Rn. 1.

12 *Blanke,* Europa auf dem Weg zu einer Bildungs- und Kulturgemeinschaft, 103; *Häberle,* EuGRZ 1992, 429, 433 Fn. 29; *Calliess,* Subsidiaritäts- und Solidaritätsprinzip in der Europäischen Union, 136.

13 *Oppermann,* Europarecht, 872 Rn. 2012 (2. Auflage, in der 3. Auflage wird der Begriff allerdings nicht mehr verwendet).

14 *Purps,* Umweltpolitik und Verursacherprinzip im europäischen Gemeinschaftsrecht, 164.

15 Vielfach wird von ‚imperativischen' bzw. ‚imperativistischen' Handlungsaufträgen gesprochen, vgl. nur *Wiegand,* DVBl. 1993, 533, 536; *Calliess,* DVBl. 1998, 559, 567; *Kahl* in *Streinz,* EUV/EGV, Art. 6 EGV Rn. 9.

war – mit der Rechtsprechung des EuGH vor und nach Einführung der Querschnittsklauseln.

Teil 4 behandelt die Tatbestandsmerkmale der einzelnen Klauseln im Detail mit dem Ziel, hier weitere Antworten auf ihre jeweilige Wirkung innerhalb des Kompetenzgefüges der Europäischen Gemeinschaft zu finden. Dabei wurde bei der Behandlung der Gesundheitsschutzklausel ein Schwerpunkt mit der Erörterung des Streits um das Tabakwerbeverbot gesetzt, weil diese – seit geraumer Zeit geführte und noch immer aktuelle – Diskussion im Blick auf mögliche kompetenzrechtliche Auswirkung von Querschnittsklauseln nach diesseitiger Ansicht symptomatisch sein könnte.

Teil 5 betrifft die Frage nach der Wechselwirkung zwischen den Klauseln und dem Kartellrecht der Gemeinschaft. Zentrale Norm ist hierbei Art. 81 EGV, der das gemeinschaftsrechtliche Instrumentarium zur Bekämpfung von wettbewerbsbeschränkenden Unternehmensabsprachen enthält[16]. Möglicherweise bewirken die Querschnittsgebote eine Politisierung des gemeinschaftlichen Wettbewerbsrechts. Da die Wettbewerbspolitik zu den Kernaufgaben der Marktintegration gehört[17], soll dem Einfluss der Klauseln auf diese Politik ein gesondertes Kapitel gewidmet sein.

Für die Antwort auf die Frage nach der praktischen Effizienz der Querschnittsklauseln ist es von zentraler Bedeutung, ob sie gerichtlich einforderbar sind. Daher widmet sich der sechste Teil der Justiziabilität von Querschnittsklauseln durch den EuGH bzw. das EuG – auch mit Blick auf nationale Gerichte –, die Untersuchung geht also der Frage nach, ob und wie Querschnittsziele sowohl seitens bestimmter EG-Organe als auch einzelner Mitgliedstaaten oder natürlicher Personen eingefordert werden können.

Abschließend werden die gewonnenen Erkenntnisse in einer Bilanz (Teil 7) zusammengefasst.

---

16 Vgl. *Gasse,* Die Bedeutung der Querschnittsklauseln für die Anwendung des Gemeinschaftskartellrechts, 1.

17 Vgl. *Gasse,* a. a. O.

Teil 1: Allgemeiner Teil

A) Die einzelnen Klauseln – Übersicht

Zunächst sei eine Übersicht über die acht Klauseln vorangestellt, die indes nicht durchgehend der Reihenfolge im Vertrag folgt, sondern sich an den Formulierungen der Klauseln orientiert. Sprachlich ähnliche Klauseln sind hier also unabhängig von ihrer Stellung im Vertrag hintereinander gruppiert.

Art. 6 EGV, die Umweltklausel:

‚Die Erfordernisse des Umweltschutzes müssen bei der Festlegung und Durchführung der in Art. 3 genannten Gemeinschaftspolitiken und -maßnahmen insbesondere zur Förderung einer nachhaltigen Entwicklung einbezogen werden.'

Art. 151 Absatz 4 EGV, die Kulturklausel:

‚Die Gemeinschaft trägt bei ihrer Tätigkeit aufgrund anderer Bestimmungen dieses Vertrags den kulturellen Aspekten Rechnung, insbesondere zur Wahrung und Förderung der Vielfalt der Kulturen.'

Art. 152 Absatz 1 Unterabsatz 1 EGV – Gesundheitsschutz:

‚Bei der Festlegung und Durchführung aller Gemeinschaftspolitiken und -maßnahmen wird ein hohes Gesundheitsschutzniveau sichergestellt.'

Art. 153 Absatz 2 EGV – Verbraucherschutz:

Absatz 2:
‚Den Erfordernissen des Verbraucherschutzes wird bei der Festlegung und Durchführung der anderen Gemeinschaftspolitiken und -maßnahmen Rechnung getragen.'

Art. 127 Absatz 2 EGV – Beschäftigungspolitik:

‚Das Ziel eines hohen Beschäftigungsniveaus wird bei der Festlegung und Durchführung der Gemeinschaftspolitiken und -maßnahmen berücksichtigt.'

Art. 157 Absatz 3 Unterabsatz 1 Satz 1 EGV – Industriepolitik:

‚Die Gemeinschaft trägt durch die Politik und die Maßnahmen, die sie aufgrund anderer Bestimmungen dieses Vertrags durchführt, zur Erreichung der Ziele des Absatzes 1 bei.'

Art. 159 Absatz 1 Satz 2 EGV – Wirtschaftlicher und sozialer Zusammenhalt – Regionalpolitik:

‚Die Festlegung und Durchführung der Politiken und Aktionen der Gemeinschaft sowie die Errichtung des Binnenmarktes berücksichtigen die Ziele des Art. 158 und tragen zu deren Verwirklichung bei.'

Art. 163 EGV – Forschungspolitik:

Absatz 1:
‚Die Gemeinschaft hat zum Ziel, die wissenschaftlichen und technologischen Grundlagen der Industrie der Gemeinschaft zu stärken und die Entwicklung ihrer internationalen Wettbewerbsfähigkeit zu fördern sowie alle Forschungsmaßnahmen zu unterstützen, die aufgrund anderer Kapitel dieses Vertrags für erforderlich gehalten werden.'

Absatz 3:
‚Alle Maßnahmen der Gemeinschaft aufgrund dieses Vertrags auf dem Gebiet der Forschung und der technologischen Entwicklung, einschließlich der Demonstrationsvorhaben, werden nach Maßgabe dieses Titels beschlossen und durchgeführt.'

Art. 178 EGV – Entwicklungspolitik:

‚Die Gemeinschaft berücksichtigt die Ziele des Art. 177 bei den von ihr verfolgten Politiken, welche die Entwicklungsländer berühren können.'

Mögele zählt auch den Tierschutz und das Wohlergehen der Tiere zu den Querschnittsaufgaben[18]. Tatsächlich findet der Tierschutz in Protokollen zu den Verträgen von Maastricht und Amsterdam als Zielsetzung Erwähnung[19], womit

18 *Mögele,* ZEuS 2000, 79, 93.
19 Z. B. Protokoll von 1997 über den Tierschutz und das Wohlergehen der Tiere, in Kraft seit dem 1. 5. 1999; vgl. *Kahl* in *Streinz,* EUV/EGV, Art. 174 EGV Rn. 48.

er nach Art. 311 EGV Bestandteil des Vertrages ist. Anders als bei den umfassend ausgerichteten Querschnittsklauseln soll nach den Protokollen der Tierschutz indessen nicht in sämtliche Gemeinschaftspolitiken, sondern nur in die Bereiche Landwirtschaft, Verkehr, Binnenmarkt und Forschung integriert werden [z. B. Protokoll Nr. 33 zum Amsterdamer Vertrag (1997)]. Zudem ist der Tierschutz offenbar bewusst nicht zu einem allgemeinen Grundsatz des Gemeinschaftsrechts erhoben worden, da er nicht in den Zielkatalog der Art. 2 bzw. 33 EGV aufgenommen wurde[20]. Der EuGH spricht von einem bloßen ‚Interesse', das der Gesundheit und dem Schutz der Tiere von der Gemeinschaft entgegengebracht werde[21]. Schließlich sind Maßnahmen des Tier- und Pflanzenschutzes speziell der in dieser Arbeit nicht behandelten Agrarkompetenz nach Art. 37 EGV zugeordnet. Diese ist eine innerhalb des Binnenmarktkomplexes liegende, auf einen abgegrenzten Politikbereich zugeschnittene Sonderkompetenz[22]. Da sich im Vertrag keine explizite Querschnittsklausel zum Tierschutz findet, soll dieser nicht mit in den Kreis einschlägiger Klauseln einbezogen werden.

Die Auffassung, bei der durch den Amsterdamer Vertrag eingefügten Regelung des Art. 3 Absatz 2 EGV, wonach die Gemeinschaft bei allen in Art. 3 Absatz 1 EGV genannten Tätigkeiten auf die Beseitigung von Ungleichheiten hinwirken und die Gleichstellung von Männern und Frauen herstellen soll, handle es sich ebenfalls um eine Querschnittsklausel[23], kann aus rechtstechnischer Sicht nicht geteilt werden. Die Vorschrift ist eine Ausprägung des schon in Art. 6 Absatz 2 EUV enthaltenen Gleichheitssatzes als eines allgemeinen Rechtsgrundsatzes des Gemeinschaftsrechts zu einem Handlungsauftrag, aufgenommen auch in Art. 21 der Charta der Grundrechte der Europäischen Union. Querschnittsklauseln im hier verstandenen Sinn sind indessen nicht schon Normen, die ein bestimmtes Prinzip des Vertrages (oder Grundrecht) durchgehend zu beachten einfordern, sondern – und insoweit in ihrem Anspruch darüber hinausgehend – Regelungen, die verschiedenartige Materien europäischen Handelns auf Vertragsgrundlage zueinander in Beziehung setzen. Querschnitt bedeutet dann ein reziprokes Zueinanderbringen unterschiedlicher Handlungsfelder. Nun fordert jedwede Vertragsregelung, soweit sie Handlungsaufträge normiert, europaweite Be-

---

20 EuGH 12. 7. 2001, Rs C-189/01, Slg. I-5689 Rn. 71 – *Scheuing* bedauert, dass der EuGH diesen Rechtsfall nicht zum Anlass genommen hat, den Tierschutz als ‚Erhaltung und Schutz der Umwelt' zu den Zielen der gemeinschaftlichen Umweltpolitik zu rechnen und seine Geltung für alle Bereiche der Gemeinschaftstätigkeit über die Querschnittsklausel des Art. 6 EGV sicherzustellen, *Scheuing,* EuR 2002, 619, 622; vgl. auch *Jans / von der Heide,* Europäisches Umweltrecht, 34 Fn. 144.

21 EuGH 12. 7. 2001, Rs C-189/01, Slg. I-5689 Rn. 77.

22 *Mögele,* a. a. O., 89 ff.

23 *Streinz,* EUV/EGV, Art. 3 EGV Rn. 46.

achtung, wird indessen damit allein nicht automatisch zur Querschnittsklausel. Art. 3 Absatz 2 EGV fällt somit nicht in den Kreis der Vertragsrechtsspezifika, deren Wesen und Wirken diese Untersuchung sich widmet.

Die Klauseln pointieren einzelne Gemeinschaftspolitiken. Es gibt indes ungleich mehr Politiken der Gemeinschaft, angefangen von der Innen- und Justizpolitik über die Gemeinsame Außen- und Sicherheitspolitik, den Verkehr, die Telekommunikation, die Energie, die Landwirtschaft, das Marken- und Patentrecht, das Recht über das geistige Eigentum, Versicherungsrecht, Steuerrecht, Währungsfragen – wobei diese Aufzählung nicht erschöpfend ist.

In den Entwurf eines Vertrages über eine Verfassung für Europa[24] vom 18. Juli 2003 (Europäischer Konvent) sind die Querschnittsklauseln wörtlich – lediglich mit geringfügigen redaktionellen Änderungen dem Wortlaut des Verfassungsvertrags angepasst – aufgenommen worden[25],
die Umweltklausel in Art. III – 4,
die Kulturklausel in Art. III – 181 Absatz 4,
die Klauseln zu
Gesundheitsschutz in Art. III – 179 Absatz 1,
Verbraucherschutz in Art. III – 5,
Beschäftigungspolitik in Art. III – 99 Absatz 2,
Industriepolitik in Art. III – 180 Absatz 3 Satz 1,
wirtschaftlichem und sozialem Zusammenhalt, Regionalpolitik in Art. III – 117 Absatz 1 Satz 2,
Forschungspolitik in Art. III – 146 Absatz 1 und 3 und
Entwicklungspolitik in Art. III – 218 Absatz 1 Unterabsatz 2 Satz 2.

Hinzugekommen ist eine Querschnittsklausel im Bereich des auswärtigen Handelns der Union[26].

Der Verfassungsvertrag vereinigt in einem einheitlichen Dokument die bisherigen europäischen Grundverträge und lässt dabei in Teil III die Regelung über die EU-Fachpolitiken weitestgehend unverändert[27]. In diesen Teil sind die Quer-

24 Künftig abgekürzt zitiert als ‚Verfassungsvertrag'.

25 Vgl. die Zusammenstellung in: Eine Verfassung für Europa, insbesondere dort *Meyer / Hartleif*, 35 Fn. 41.

26 Art. III – 193 Absatz 3 Satz l: ‚Die Union wahrt bei der Ausarbeitung und Umsetzung ihres auswärtigen Handelns in den verschiedenen unter diesen Titel fallenden Bereichen sowie der externen Aspekte der übrigen Politikbereiche die in den Absätzen 1 und 2 aufgeführten Grundsätze und Ziele.'

27 *Meyer / Hartleif* in: Eine Verfassung für Europa, 37.

schnittsklauseln aufgenommen, so dass diese auch nach dem Verfassungsvertrag keinen Bedeutungswandel erfahren würden[28].

B) Sprachliche Differenzen

Trotz der Neufassung des Vertragstextes durch den Amsterdamer Vertrag sind sämtliche im EGV enthaltenen Klauseln nach wie vor unterschiedlich formuliert. Hierzu wird die Ansicht vertreten, es seien dafür keine sachlichen Gründe erkennbar; die redaktionellen Differenzen seien in der Praxis kaum von Bedeutung, vielmehr resultierten sie aus den Besonderheiten der betreffenden Materien[29].

Begrenzte Praxisrelevanz entbindet indes die Untersuchung nicht von der Beschäftigung mit den differierenden Begrifflichkeiten. Es lässt sich zwar auf den ersten Blick ausmachen, dass es im Rahmen der komplizierten Gemeinschaftstätigkeit, die in Rechtsetzung mittels der diversen Möglichkeiten von Kommission, Rat und Parlament und deren Zusammenspiel besteht, faktisch schwer abzugrenzen ist, wo Sachverhalte ‚Bestandteil' geworden sind, ‚berücksichtigt' wurden oder (nur) ‚beigetragen' haben. Was Querschnittsklauseln bewirken können und sollen, ist indessen entscheidend aus ihrer eigenen Aussage zu ihrer Funktion abzuleiten. Letztere folgt aus der Umschreibung ihrer jeweiligen ‚Arbeitsweise', der Umsetzung ihrer Ausstrahlung in andere gemeinschaftsrechtliche Tätigkeiten hinein. Deshalb muss Gegenstand der Untersuchung des Wesens der Klauseln sein, ihren jeweiligen Wortlaut in seiner Besonderheit ernst zu nehmen und zutreffend zu erfassen – in der Unterstellung, dass die Vertragstexte auch hier bewusst ausgehandelt und fixiert wurden, dass sie meinen, was sie sagen, dass hinter gewähltem Wortlaut spezifische Überlegungen stehen[30].

---

28 Kritisch mit Blick auf die Umweltquerschnittsklausel weist allerdings *Gwosdz*, Aktuelle Analyse Nr. 62, zum einen auf den keineswegs gesicherten Verfassungsrang der Grundrechtecharta, zum anderen auf die abgeschwächte Positionierung der Klausel laut Verfassungsentwurf gegenüber dem geltenden Vertrag hin, da sich die Klausel im Entwurf nicht mehr in einem übergeordneten Teil ‚Grundsätze' finde.

29 *Everling*, Mélanges en hommage à *Fernand Schockweiler*, 131, 149.

30 Gleichgültig, ob man das supranationale Gemeinschaftsrecht als Rechtsordnung sui generis versteht, vgl. *Hilf / Pache* in *Grabitz / Hilf*, Vorbem. zum EUV Rn. 54, besteht Einigkeit darüber, dass das Recht der Gemeinschaft grundsätzlich nach den klassischen Methoden, der grammatikalischen, systematischen, teleologischen und genetischen, auszulegen ist, statt vieler vgl. *Wegener* in *Calliess / Ruffert*, EUV/ EGV, Art. 220 EGV Rn. 7 ff.; EuGH Rs C-70/94, Slg. I-3189, 3225.

Wie weit aus den hier zu gewinnenden Ergebnissen Konsequenzen – etwa hinsichtlich rechtlicher Angreifbarkeit missverstandenen Klauselhandelns – zu ziehen sind, ist erst eine zweite Frage.

Als Kriterien bei dieser Bewertung können der Untersuchung auch die Entwicklungsgeschichte und die Stellung der jeweiligen Klausel im Vertrag dienen. Es zeigt sich dabei, dass aus dem Alter der jeweiligen Klausel für ihre heutige Gewichtung nichts Fundamentales abzulesen ist; wie lange die Vertragsschließenden schon auf durchgehende Berücksichtigung eines Vertragsziels bei anderen Politiken ausdrücklich gedrungen haben, dürfte heute bei der großen Zahl solcher Klauseln weniger entscheidend sein. Aufschlussreicher ist es zu verfolgen, wie eine Klausel im Verlauf der Zeit immer wieder neue Formulierungen erfahren hat, wofür sich insbesondere die Umweltklausel anbietet. An ihrem Beispiel wird sich auch erweisen, dass die Stellung der einzelnen Klauseln im Vertragswerk ebenfalls aussagekräftig sein kann, wenngleich die Systematik des Vertragswerks nicht durchgehend stringent ist.

Das verlässlichste Ordnungsmerkmal bei der Einordnung von Rechtssätzen ist immer noch der Wortlaut.

I. Echte und unechte Klauseln

Nach ihrer Formulierung lassen sich die Klauseln in zwei Gruppen einteilen. Die eingangs zitierte Auffassung[31] unterscheidet zwischen echten und unechten Klauseln. Echte Klauseln sollen danach solche sein, in denen gefordert wird, dass die jeweiligen Ziele im Rahmen der Maßnahmen anderer Vertragskapitel ‚zu berücksichtigen' oder deren ‚Bestandteil' sind; dies trifft für die Klauseln auf dem Umwelt-, Kultur-, Gesundheits- und Entwicklungspolitiksektor zu.

Die zweite Gruppe, also die unechten Klauseln, kennzeichnet, dass mit ihnen in Zusammenhang stehende Maßnahmen im Rahmen anderer Politiken zur Verwirklichung der Ziele dieser Klauseln beitragen. Die in Bezug genommene Ansicht hält nun selbst eine solche Unterteilung in Schutz- und Förderungsfunktion für zu schematisch, die Unterschiede in der Formulierung für eher zufällig. Durchgehend ergebe sich aber aus der Zusammenschau sämtlicher Klauseln, dass die Gemeinschaft in den mit ihnen versehenen Sachbereichen keine eigenständige Politik betreiben solle, sondern dass ihre Maßnahmen lediglich ergänzenden Charakter haben dürften. Nach dem Willen der Vertragsparteien solle die Ge-

---

31 *Everling*, a. a. O., 139.

meinschaft in den jeweiligen Materien also nur beschränkte Regelungsbefugnisse besitzen[32].

Möglicherweise sind darüber hinaus anhand der gewählten Formulierungen deutlichere Abgrenzungen zu treffen. Dabei könnte ein Blick auf die Historie der ersten Querschnittsklausel hilfreich sein.

II. Entwicklungsgeschichte der Umweltklausel

Jedenfalls am Beispiel der Umweltklausel zeigt sich, dass für deren jeweiligen Wortlaut durchaus Gründe bestanden, dass man sich bewusst für die jetzige Fassung entschieden und keine andere gewählt hat.

Historisch betrachtet hat diese Klausel in ihrem Wortlaut eine lebhafte Entwicklung durchlaufen. Eingeführt wurde sie durch die am 1. 7. 1987 in Kraft getretene EEA in Gestalt des Art. 130r Absatz 2 Satz 2 EWGV, wonach die Erfordernisse des Umweltschutzes Bestandteil der anderen Politiken der Gemeinschaft sind. Zu diesem Zeitpunkt war dies die einzige Querschnittsklausel im Vertrag, es kann – trotz der eingangs erwähnten Abstriche, die bei rein chronologisch orientierter Analyse zu machen sind – insofern nicht von der Hand gewiesen werden, dass dem Umweltschutz eine herausragende Bedeutung beigemessen wurde, die Klausel insoweit zur Ökologisierung des Vertrages beitrug[33]. Überholt wurde die Formulierung durch den Maastrichter Vertrag vom 7. 2. 1992, indem sie nunmehr lautete (Art. 130r Absatz 2 Unterabsatz 1 Satz 3 EGV a. F.):

‚Die Erfordernisse des Umweltschutzes müssen bei der Festlegung und Durchführung anderer Gemeinschaftspolitiken einbezogen werden.' Auf den ersten Blick wird deutlich, dass hierdurch sprachlich eine intensivere Verpflichtung zur Berücksichtigung des Umweltschutzes geschaffen wurde[34]. Aus der wie ein

---

32 *Everling,* a. a. O., 139 ff.

33 *Jahns-Böhm* in *Schwarze,* EU-Kommentar, Art. 6 EGV Rn. 2; in dieselbe Richtung *Krämer,* EuGRZ 1988, 285, 288: Art. 130r Absatz 2 Satz 2 EWGV sei im Vertrag einzigartig und müsse als Ausdruck der vorrangigen, ja essentiellen Bedeutung angesehen werden, die dem Umweltschutz im Rahmen der Gemeinschaftsaktivitäten zukomme.

34 So auch *Stein,* der von einer ‚Verschärfung' spricht, FS für *Ulrich Everling,* 1439, 1442; ebenso *Jans* in *Winter,* European Environmental Law, 277, 287; *Schweitzer / Hummer* zufolge stellt die Umweltklausel die ‚strengste' Querschnittsklausel im EGV dar, Europarecht, 478; *Ehle,* Die Einbeziehung des Umweltschutzes in das Europäische Kartellrecht, 25, spricht von der wichtigsten Vorschrift des Titels VII des EGV unter Hinweis auf *Grabitz / Hilf-Grabitz / Nettesheim,* Kommentar zur Europäischen Union, Art. 130r EGV Rn. 58.

Programmsatz anmutenden Fassung ‚sind Bestandteil' wurde ein eindeutig verpflichtender Rechtssatz. Durch die Neuregelung des Amsterdamer Vertrages vom 2. 10. 1997 erhielt die Umweltklausel nicht nur wiederum einen neuen Text, sie ist seitdem im ersten Teil des EGV ‚Grundsätze' verankert[35], was zusätzlich für eine besondere Gewichtung spricht. So liegt es nahe, dass die Vertragsschließenden Überlegungen angestellt (und im Laufe der Jahre revidiert) haben, wie das Ziel noch besseren Umweltschutzes[36] sprachlich treffend zu fassen sei, ohne indessen den Rahmen des Vertrages zu sprengen.

Sodann drängt sich der Schluss auf, es könne ebenfalls nicht ohne Grund geschehen sein, dass die später eingeführten weiteren Querschnittsklauseln[37] unterschiedlich formuliert wurden, je nachdem, welchen Intensitätsgrad man ihrer Berücksichtigung angedeihen lassen wollte. So besitzt nach diesseitiger Ansicht die Fassung ‚ist zu berücksichtigen' oder ‚ist einzubeziehen' deutlich mehr Verbindlichkeit als ‚ist zu fördern'. Ersteres impliziert im Sprachgebrauch, dass das betreffende Ziel in jede Entscheidung einzufließen hat, während letzteres auch Raum für Entscheidungen zu lassen scheint, bei denen das Ziel zwar allgemein bedacht wird, aber nicht berücksichtigt werden kann; der bloße Appell zur Förderung einer Zielbestimmung bedeutet nicht, dass es deswegen keine Maßnahmen geben darf, bei denen eine Förderung tatsächlich nicht bewirkt wird. Mit anderen Worten: ‚Einzubeziehen' ist stets, ‚gefördert' werden sollte, allerdings nur, soweit dies möglich ist. Kann nicht gefördert werden, so liegt noch keine Verletzung der Klausel vor, die den Förderungsappell enthält, wogegen bei Unterlassung der Einbeziehung des betreffenden Zieles gegen die Klausel, welche dessen Berücksichtigung verlangt, sehr wohl verstoßen werden kann. Das eine ist Muss-, das andere Sollvorschrift. Mithin: Dort, wo sich ‚echte' Klauseln finden, wird sicherlich ein verstärktes Engagement der Gemeinschaft verlangt, die betreffenden Ziele in jedem Fall bei anderen Politiken miteinzubeziehen.

III. Grundrechts- bzw. Individual-Relevanz einiger Klauseln

Wenn abgestufte Wirkungsweise der einzelnen Klauseln festzustellen ist, lässt dies verschiedene Erklärungsmöglichkeiten zu. Zum einen wäre die differierende Begrifflichkeit der Funktion der Querschnittsklauseln vordergründig daraus zu erklären, dass sich die Mitgliedstaaten explizit mehr oder weniger intensive

---

35 *Scherer / Heselhaus* in *Dauses,* Handbuch des EU-Wirtschaftsrechts, Band 2, Rn. 39, sprechen insoweit von einer ‚Aufwertung' der Umweltpolitik.

36 *Jahns-Böhm / Breier,* EuZW 1992, 49, 51.

37 *Stein* in FS für *Ulrich Everling,* 1439, 1442: ‚Der Vertrag von Maastricht hat das Instrument der Querschnittsklausel regelrecht inflationiert.'

Kompetenzverzichte auferlegen wollten, anders gesagt, hier und da auf weniger eigener Kompetenz zugunsten der europäischen Handlungsebene bestehen wollten. Dies würde möglicherweise eine den jeweiligen Kompetenzen der Gemeinschaft auf den betroffenen Feldern analoge Wirkweise der zugeordneten Querschnittsklauseln implizieren, letztere also in die Nähe der entsprechenden Kompetenznormen der Verträge rücken.

Zum anderen könnte in der Unterschiedlichkeit der Klauseln der Ausdruck einer Art Wertehierarchie gefunden werden, ein Bekenntnis zum relativen Mehr- oder Minderwert der verschiedenen querschnittlich ‚unterstützten' Materien, unabhängig davon, wer sie betreibt. Danach wäre etwa die Betonung der Umweltpolitik für die europäische Ebene wichtiger als zum Beispiel die der Beschäftigungs- oder Entwicklungspolitik. Dies wäre eine kompetenzneutrale Gewichtung des Spezifikums Querschnittsklausel. In diese Richtung geht der Ansatz *Ehles,* indem er sagt, ein Vorrang ökologischer Erwägungen und damit eine besondere Wertigkeit ließe sich möglicherweise begründen, wenn der Umwelt als Gegenstand eines Gemeinschaftsgrundrechts ein verfassungsrechtlich geschützter Rang zukäme[38].

Werden nur einzelne Sachgebiete der Akzentuierung durch eine Querschnittsklausel für würdig befunden, ist dies bereits eine klare Aussage; wird der Handlungsauftrag der Klausel mehr oder weniger nachdrücklich ausgestaltet, muss dasselbe gelten.

Die Intensität der Klauseln scheint in der Tat an dem jeweiligen Grundrechtsbezug der Handlungsfelder ausgerichtet zu sein, herausragend dabei die Umweltklausel mit ihrem zwingenden Wortlaut, wogegen sich beispielsweise die Kulturklausel mit der relativ zurückhaltend anmutenden Wendung des Rechnungtragens begnügt.

Das Maß an unmittelbarer Grundrechtsrelevanz erfordert womöglich nach Meinung der Vertragsschließenden einen höheren Grad an Verbindlichkeit als Bereiche mit entsprechend schwächeren Bezügen wie etwa die Industriepolitik. Sicherlich sind hier eindeutige Abstufungen schon deshalb nicht möglich, weil oftmals die Grenzen zwischen einzelnen Klauseln fließend sind, wie sich beispielsweise am Verhältnis von Gesundheits- zum Verbraucherschutz zeigt[39].

Die Vordringlichkeit des in der einzelnen Klausel fixierten Ziels mag sich indessen aus Grundüberzeugungen herleiten, zu denen die Gemeinschaft gefunden

38 *Ehle,* Die Einbeziehung des Umweltschutzes in das Europäische Kartellrecht, 30; vgl. auch *Krämer,* EuGRZ 1988, 285, 288: Bei Umwelt-, Gesundheits- und Verbraucherschutz handele es sich um Bereiche, die den Einzelnen unmittelbar beträfen und die sowohl national als auch international durch eine Reihe von Grundrechten und Garantien geschützt seien.

39 Vgl. dazu Teil 4 C) III.

hat, und die sie deshalb in die durch die Querschnittsklauseln angestoßene ‚Tagesarbeit' der Organe der Gemeinschaft nachdrücklich und gesichert hat einfließen lassen wollen.

Mit der Charta der Grundrechte der EU[40], verkündet auf der Konferenz von Nizza Anfang Dezember 2000, wurden in dem Kapitel IV (Solidarität) erstmals auch soziale bzw. modernere Grundrechte wie Gesundheits-, Umwelt- und Verbraucherschutz erwähnt[41]. Die Charta sieht in insgesamt 54 Artikeln vor, an welchen Grundrechten sich das Recht der Europäischen Union zu orientieren hat, und bedeutet damit eine explizite Kodifizierung des in der EU erreichten Entwicklungsstandes des Grundrechtsschutzes. Insoweit übernimmt sie eine beträchtliche Legitimations- und Integrationsfunktion. Sie ist Ausdruck eines Konsenses über diejenigen Werte, auf denen die europäische Einigung beruht, und sie partizipiert an der europäischen Identität[42]. Der Verfassungsvertrag sollte die Charta verbindlich machen, sein Schicksal ist derzeit ungewiss. Indessen ist zu erwarten, dass der Gerichtshof die Charta zur Auslegung von Gemeinschaftsgrundrechten heranziehen wird.

Nach Art. 35 der Charta (Gesundheitsschutz) hat jede Person das Recht auf Zugang zur Gesundheitsvorsorge und auf ärztliche Versorgung nach Maßgabe der einzelstaatlichen Rechtsvorschriften und Gepflogenheiten. Bei der Festlegung und Durchführung aller Politiken und Maßnahmen der Union wird zudem ein hohes Gesundheitsschutzniveau sichergestellt. Diese Grundsätze stützen sich auf Art. 152 EGV.

Gemäß Art. 37 der Charta müssen ein hohes Umweltschutzniveau und die Verbesserung der Umweltqualität in die Politiken der Union einbezogen und nach dem Grundsatz der nachhaltigen Entwicklung sichergestellt werden. Auch dieser Artikel stützt sich neben Art. 2 und 174 EGV auf Art. 6 EGV, die Querschnittsklausel zum Umweltschutz[43].

---

40 Vgl. dazu ausführlich *Hilf,* Sonderbeilage zu NJW 2000, 5; *Schwarze,* NJW 2002, 993, 995 ff.

41 Vgl. *Mahlmann,* ZEuS 2000, 419, 432 ff. – *Everling,* EuZW 2003, 225, weist in Auslegung des Art. 53 der Charta darauf hin, dass diese keineswegs ein Instrument zur Renationalisierung, sondern vielmehr zur Stärkung der Union bedeute. Es sei absurd, wollte man die bisher als erfüllt angesehene Voraussetzung aus ‚Solange II' (Danach prüft bekanntlich das BVerfG Gemeinschaftsrecht nicht anhand deutscher Grundrechte, *solange* ein nach dem GG unabdingbar gebotener Grundrechtsschutz generell auf europäischer Ebene gewährleistet ist) nunmehr deshalb verneinen, weil die Union ihren Grundrechtsschutz im Wege der Charta ausbaue und verfestige. Das müsse selbst dann gelten, wenn im einzelnen das nationale Schrankenverständnis enger sei als das der Gemeinschaft.

42 *Hilf,* Sonderbeilage zu NJW 2000, 5.

43 Vgl. dazu die Kritik von *Gwosdz,* Aktuelle Analyse Nr. 62.

Nach Art. 38 der Charta stellen die Politiken ein hohes Verbraucherschutzniveau sicher; Grundlage hierfür ist Art. 153 EGV[44].

Diese neuen Grundrechte der Charta wurzeln in den schon vorhandenen verfassungsrechtlichen Überzeugungen der einzelnen Mitgliedstaaten.

Dass gerade der Schutz der Umwelt besondere Nähe zu den Grundrechten aufweist, hat sich jüngst im Zuge der Ergänzung des deutschen Grundgesetzes um Art. 20a (Schutz der natürlichen Lebensgrundlagen) gezeigt[45].

Deutlich ist etwa auch die Verwandtschaft der Gesundheitsschutzklausel mit dem deutschen Grundrecht auf körperliche Unversehrtheit nach Art. 2 Absatz 2 Satz 1 GG, wenn Art. 152 EGV die Sicherstellung eines hohen Gesundheitsschutzniveaus bei der Festlegung und Durchführung aller Gemeinschaftspolitiken und -maßnahmen fordert.

Es wäre zu wünschen, dass in Gestalt der Charta der Grundrechte der EU solche Gemeinschaftsgrundrechte festgeschrieben würden, mit deren Hilfe eindeutigere Bezüge zu den Querschnittsklauseln hergestellt werden können. Es kann keinem Zweifel unterliegen, dass mit der Verankerung europäischer Grundrechte in einer Charta die von der Gemeinschaft bejahte besondere Bedeutung dieser Rechte zum Ausdruck kommt. Dass sich der Wunsch nach ihrer speziellen Gewichtung schon bei den etwas älteren, inhaltlich zielentsprechenden Querschnittsklauseln realisiert hat, indem man die verpflichtende Wortwahl bewusst und zielbestimmt traf, liegt nahe.

Als Zwischenergebnis darf demnach die im Wortlaut einzelner Querschnittsklauseln enthaltene ‚Befehlsintensität' (besonders die der Umweltschutzklausel) als Beleg für die zuvor in den Mitgliedstaaten schon bestehende Überzeugung von der Wichtigkeit des jeweiligen Ziels – eben wegen jenes Grundrechtsbezuges – verstanden werden.

Im Umkehrschluss heißt dies für andere Querschnittsklauseln, dass der mit ihrem Wortlaut ausgedrückte geringere Wirkungsgrad im Handlungsauftrag bedacht und beabsichtigt ist, die Abstufungen in den Formulierungen der Klauseln nicht generell zufällig erfolgt sind.

---

44 Vgl. zum Ganzen *Hilf*, a. a. O., 12.

45 Vgl. auch die zum deutschen Verfassungsrecht entwickelte sogenannte Mitverantwortungstheorie, die Bezüge der Umwelt zum Gebot der Achtung der Menschenwürde des Art. 1 Absatz 1 GG herstellt, der Umwelt damit zusätzlich einen gewissen ‚Mehrwert' zusprechen will; im Ansatz auch erkennbar bei den Überlegungen zur Entstehung des Art. 37 der Charta, vgl. auch *Erbel*, DVBl. 1986, 1235, 1251; im Ergebnis wohl auch *Zuck*, NJW 2001, 1258; vgl. auch BVerwG NJW 2001, 1225; VGH Mannheim NJW 1997, 1798.

Hält man den Ansatz der Grundrechtsrelevanz[46] als Erklärung für die nachdrücklicher formulierten Querschnittsklauseln für zu fernliegend, so bietet die Charta der Grundrechte der EU mit der Absicht der Verbriefung einzelner Grundrechte immerhin Anknüpfungspunkte für die Annahme eines besonderen Gewichts der Querschnittsklauseln mit entsprechenden Bezügen zu höchstpersönlichen Rechtsgütern des einzelnen EU-Bürgers – also mit besonderer Individual-Relevanz –, wie es bei den Klauseln zum Gesundheits-, Verbraucher- und Umweltschutz etwa der Fall ist[47]. Da in diesen Bereichen der Rechtsgüterschutz auf den Menschen bezogen elementarer und unmittelbarer wirkt als bei anderen Klauseln, weisen die grundrechts- bzw. individualrelevanten Klauseln einen offensichtlich bewusst verstärkt obligatorischen Charakter auf, wogegen sich andere Klauseln mit der weniger nachdrücklichen Forderung nach einer Zielbeachtung bzw. Zielförderung begnügen.

So betreffen andere Klauseln eher ‚ökonomische' (Forschungs-, Industriepolitik) oder aber ‚gesamtgesellschaftliche' (Kultur-, Regional- bzw. Entwicklungspolitik) Schwerpunktsetzungen, ihre Handlungssubstrate richten sich entweder nur mittelbar an den EU-Bürger oder aber schwerpunktmäßig auf seine ökonomischen Belange. Die Beschäftigungspolitik bewegt sich dabei im Grenzbereich. Diese Sicht wird durch die Verknüpfung der stärker verpflichtenden Klauseln (Ausnahme ist die ohnehin am zwingendsten formulierte Umweltklausel) mit der Erwähnung bestimmter Schutzniveaus unterstrichen, wie auf den Sektoren Gesundheits- und Verbraucherschutz sowie Beschäftigungspolitik.

Insofern schlagen sich in der unterschiedlichen Gewichtung einzelner Klauselziele verfassungsrechtliche und ethische Bekenntnisse der Gemeinschaft nieder, d. h. die erkannte Verpflichtung gegenüber dem Individuum als nicht nur einem bloßen Wirtschaftsfaktor innerhalb der Gemeinschaft.

Dem spezifischen Wortlaut der einzelnen Querschnittsklauseln ist demzufolge bei ihrer Bewertung Rechnung zu tragen.

---

46 Vgl. insoweit auch *Häberle,* EuGRZ 1992, 429, 432, dem zufolge sich viele neue Politiken wie die zur allgemeinen und beruflichen Bildung, zum Gesundheitswesen, zum Verbraucherschutz und zur Umweltpolitik als grundrechtsorientierte Staatsaufgaben entpuppen.

47 *Häberle,* EuGRZ 1992, 429, 434, zufolge sind bestimmte neuere Politiken eindeutig Ausdruck der Sozialstaatlichkeit: Die soziale Komponente klinge im Vertrag verschiedentlich an, indem sich beispielsweise die Art. 129 bzw. 129a EGV (a. F.) um ein hohes Gesundheits- bzw. Verbraucherschutzniveau ‚sorgten'. Es dürfte nicht schwer fallen, zwischen jener sozialen Dimension und eben der Bürgernähe eine Parallele zu ziehen.

C) Adressaten der Klauseln

Die Klauseln sprechen von Gemeinschaftsmaßnahmen und -politiken, bei deren Durchführung die in den Klauseln formulierten Ziele zu berücksichtigen bzw. zu fördern sind. Es stellt sich die Frage, wer die Adressaten dieser Forderungen sind – nur die Gemeinschaftsorgane oder auch die Mitgliedstaaten nebst innerstaatlicher Behörden.

In der Literatur gibt es Stimmen, die aus der Tatsache, dass in den Klauseln von der ‚Durchführung' der Gemeinschaftspolitiken und -maßnahmen die Rede ist, eine entsprechende Pflicht der Mitgliedstaaten herleiten wollen. Die Formulierung beziehe sich auf den Vollzug des Gemeinschaftsrechts[48]. Über den Begriff der Durchführung lasse sich eine entsprechende Pflicht der Mitgliedstaaten begründen, denn in der Regel würden die Gemeinschaftspolitiken durch die Mitgliedstaaten vollzogen. Wende man die Querschnittsklauseln dagegen allein im Bereich des Verwaltungsvollzugs durch die Gemeinschaft an, so liefen sie weitgehend leer[49].

In der Tat finden sich unter den Klauseln solche, die die Gemeinschaft direkt ansprechen, so etwa die Kultur-, Industrie-, Forschungs- und die Entwicklungspolitikklausel, andere formulieren (nur) ‚bei der Festlegung und Durchführung'

48 *Epiney / Furrer,* EuR 1992, 369, 387; *Breier* in *Lenz,* EG-Vertrag, Art. 6 EGV Rn. 8 f. mit Blick auf die Umweltklausel; im Ergebnis auch *Kamminga,* European Environmental Law Review 1994, 23, 25, zum Vorläufer der jetzigen Umweltklausel unter Hinweis auf den Wortlaut (‚... the integration principle in the Treaty of Maastricht ... applies not only at the level of the Community but also at the level of the Member States.') – *Niedobitek* in *Streinz,* EUV/EGV, Art. 127 EGV Rn. 9: Die Querschnittsklausel des Art. 127 EGV wende sich auch an die für die Durchführung der Gemeinschaftspolitiken und -maßnahmen zuständigen Stellen der Mitgliedstaaten, im Anschluss an *Christian C. Steinle,* Europäische Beschäftigungspolitik, 264. – Ebenso *Kahl* in *Streinz,* EUV/EGV, Art. 6 EGV Rn. 12. Im Ergebnis offenbar auch *Pernice,* EuZW 1995, 385: ‚In der Tat setzt schon der Vertrag von Maastricht mit dem Ziel des umweltverträglichen Wachstums in Art. 2, der Einführung einer Politik auf dem Gebiet der Umwelt in den Tätigkeitskatalog des Art. 3 sowie vor allem mit der Verstärkung der Querschnittsklausel des Art. 130r II 3 EGV die nötigen Vorgaben für die neue Akzentsetzung der Europäischen Union i. S. der Verpflichtungen, die die Gemeinschaft und ihre Mitgliedstaaten auf der Konferenz von Rio für Umwelt und Entwicklung übernommen haben.' – Anders *Streinz* zu der von ihm auch als Querschnittsklausel gesehenen Regelung des Art. 3 Absatz 2 EGV [Gleichstellung, vgl. oben unter A)]. Die Adressatenstellung der Mitgliedstaaten müsse verneint werden, Art. 3 Absatz 2 EGV richte sich ausschließlich an die EG-Organe, die Mitgliedstaaten könnten nur durch (kompetenzgemäß erlassenes) sekundäres Gemeinschaftsrecht verpflichtet werden, *Streinz,* EUV/EGV, Art. 3 EGV Rn. 49.

49 *Calliess* in *Calliess / Ruffert,* EUV/EGV, Art. 6 EGV Rn. 12; im Ergebnis wohl auch *Zuleeg,* NVwZ 1987, 280, 282.

... ‚der Gemeinschaftspolitiken und -maßnahmen', so die Umwelt-, Gesundheits- und Verbraucherschutzklausel, sprechen somit keinen Handlungsträger unmittelbar an. Zumindest bei der Durchführung einschlägiger Gemeinschaftsmaßnahmen könnten demnach auch die Mitgliedstaaten in ihrem Handeln mit gemeint sein.

Es fragt sich dabei, ob diese unterschiedlichen Fassungen bewusst und gewollt gewählt wurden. Da wo die Gemeinschaft angesprochen wird, ist fraglos nur sie betroffen; es gibt also Querschnittsklauseln, die sich explizit nur an die Gemeinschaft richten. Mit ‚Gemeinschaft' können nur die EG-Organe angesprochen sein, denn auch wenn die Mitgliedstaaten die Gemeinschaft letztlich tragen, sind sie ihr als Organe nicht zuzurechnen, die Gemeinschaft ist nach dem EGV rechtlich verselbständigt[50]. Daher verbietet sich eine derart umfassende Sicht der Gemeinschaft in dem Sinne, dass dieser Begriff die Nationalstaaten einschließt.

Gemäß Art. 157 Absatz 1 Satz 1 EGV sorgen zwar Mitgliedstaaten und Gemeinschaft gleichermaßen für die Gewährleistung der notwendigen Voraussetzungen der Wettbewerbsfähigkeit der Industrie[51], ähnliches findet sich in Art. 159 EGV, dessen auf Art. 158 EGV Bezug nehmender Absatz 1 Satz 1 auch die Mitgliedstaaten nennt und sie dazu aufruft, ihre Wirtschaftspolitik so zu führen und zu koordinieren, dass auch die in Art. 158 EGV genannten Ziele erreicht werden[52]. Beides kann aber speziell das Wortlautargument, Mitgliedstaaten prinzipiell nicht als Bestandteil der Gemeinschaft, sondern von ihr getrennt zu sehen, nur unterstreichen; es ist sehr wohl bei der Vertragsauslegung zu differenzieren, ob nur von einer Verpflichtung der Gemeinschaft oder auch der Mitgliedstaaten gesprochen wird.

Ein stichhaltiger Grund, weshalb die letztgenannten Klauseln, wenn sie – anders – auch die Mitgliedstaaten unmittelbar verpflichten wollen, dies aber nicht sagen, ist nicht ersichtlich. Festlegung und Durchführung von Gemeinschaftspolitiken und -maßnahmen werden in einem Atemzug genannt. Festlegung von Gemeinschaftspolitik kann nur durch die Gemeinschaft selbst geschehen. Durch-

---

50 Diese Selbständigkeit zeitigt beachtliche Konsequenzen. Mit ihr befasst sich das Urteil des EuGH vom 15. 7. 1964 *(Costa / E.N.E.L.)*, Rs 6/64, Slg. 1251, 1269, und nennt dazu typische Elemente: Gemeinschaft auf unbegrenzte Zeit, eigene Organe, Rechts- und Geschäftsfähigkeit, internationale Handlungsfähigkeit, echte Hoheitsrechte, Verbindlichkeit für die Mitgliedstaaten und für die Bürger. Allerdings überschreitet die Gemeinschaft die Schwelle zum Staat nicht und tastet die Staatlichkeit ihrer Mitgliedstaaten im Kern nicht an. Hierzu bedürfte es im übrigen eines konstitutiven Begründungsaktes einer europäischen verfassungsgebenden Gewalt, welcher den Rahmen des Art. 24 GG überschritte, vgl. *Everling*, FS für *Hermann Mosler*, 173, 190 Fn. 67, vgl. zur Problematik auch *denselben* in CML Rev. 1992, 1053.

51 Siehe auch unter Teil 4 F) I.

52 Siehe auch unter Teil 4 G) I.

führung dieser festgelegten Politiken könnte durch die Gemeinschaft und auch durch die Mitgliedstaaten erfolgen. Aus dem Nebeneinander der Begriffe ‚Festlegung und Durchführung' in Kombination mit 'Gemeinschaftspolitiken und -maßnahmen‘ ist indes mangels eindeutiger Erweiterung auf die Mitgliedstaaten abzuleiten, dass hier gemeinschaftseigene Durchführung gemeint ist und nur diese.

Zudem finden sich die Klauseln in Artikeln, die sich durchweg mit der Definition von Gemeinschaftstätigkeit befassen.

Hinzu kommt ein weiteres: Die Mitgliedstaaten wenden in ihren legislativen und exekutiven Funktionen die EG-Richtlinien und die EG-Verordnungen an bzw. setzen sie um. Dies hat stets in Entsprechung dazu zu geschehen, wie diese Rechtsakte von der Gemeinschaft vorgegeben werden; die Mitgliedstaaten besitzen nicht das Recht, Normen des Gemeinschaftsrechts eigenständig abzuändern. Insoweit haben sie als am Abschluss der europäischen Verträge Beteiligte ihre Souveränität zugunsten der Gemeinschaftsebene aufgegeben.

Die Querschnittsklauseln sollen, da sie sich ausdrücklich nur an die Gemeinschaft richten, explizit für die Arbeit der europäischen Ebene eine wünschenswerte Abstimmung unterschiedlicher Politikbereiche einführen. Es ist nichts dazu ersichtlich, den Vertragsschließenden die stillschweigende Absicht zu unterstellen, sich insoweit, ohne es ausdrücklich zu sagen, zugleich in ihrem eigenen nationalen Handeln binden zu wollen. Wohl waren sie mit der Einführung der Querschnittsklauseln bereit, die aus der Umsetzung der zu erwartenden Ergebnisse des postulierten Querschnittsdenkens resultierenden Standards für sich zu akzeptieren; ein Mehr an Verbindlichkeit wollten sie mit den inhaltlich sehr weitreichenden, umfassenden Klauseln für ihre eigenen nationalen Rechtssysteme nicht einführen. Die europäischen Verträge bieten prinzipiell keine Handhabe dafür, durch Auslegung nicht ausdrücklich erklärte einzelstaatliche Selbstbindung aus ihnen herauszulesen.

Wenn die Mitgliedstaaten damit durch die Querschnittsklauseln keinen Autonomieverlust erleiden, heißt das zugleich, dass sie zur Rechtfertigung eigenen Handelns die Klauseln nicht ohne weiteres in Anspruch nehmen können.

Der EuGH sah dies ebenfalls so, als er sich, wenn auch nur beiläufig, zu den Adressaten der Querschnittsklauseln äußerte. Er hatte den Fall zu entscheiden, ob sich ein Mitgliedstaat *positiv* – gegen geltendes Gemeinschaftsrecht – auf eine Querschnittsklausel unmittelbar stützen dürfe. Es ging um zwei verbundene Rechtssachen aus dem Jahre 2002 im Zusammenhang mit der Querschnittsklausel zum Verbraucherschutz des Art. 153 EGV. Hier wollten diverse Mitgliedstaaten gegenüber der Richtlinie 85/374/EWG[53] zur Haftung für fehlerhafte

53 Richtlinie vom 25. 7. 1985, ABl. L 210 S. 29.

Produkte nationales Recht, welches vor dem Erlass der Richtlinie schon existierte und ein höheres Maß an Verbraucherschutz bot, als es die Richtlinie einführte, aufrechterhalten und ihre Art der Umsetzung dieser Richtlinie auch auf den Auftrag des Art. 153 EGV zum höheren Schutz des Verbrauchers stützen. Der Gerichtshof dazu: ‚Art. 153 EG ist als an die Gemeinschaft gerichtete Anweisung für ihre zukünftige Politik gefasst und kann den Mitgliedstaaten wegen der unmittelbaren Gefährdung des gemeinschaftlichen Besitzstandes keine Befugnis verleihen, selbständig Maßnahmen zu ergreifen, die im Widerspruch zum Gemeinschaftsrecht stünden, wie es sich aus den zum Zeitpunkt des Inkrafttretens von Art. 153 EG bereits erlassenen Richtlinien ergibt‘[54].

Unabhängig von der Frage nach der Reichweite der Bindungswirkung der Querschnittsklauseln gilt hinsichtlich ihrer Adressaten daher, dass dies ausschließlich – und zwar auch im Hinblick auf die erwähnten Besonderheiten der Art. 157 Absatz 1 Satz 1 und 159 Absatz 1 Satz 1 EGV[55] – die Vollzugsorgane der EG, deren Legislativ- und Exekutivfunktionen, nicht aber unmittelbar die Mitgliedstaaten nebst deren innerstaatlichen Strukturen sind.

Es ist auch nicht ersichtlich, weshalb nur dann, wenn die Mitgliedstaaten gleichzeitig Adressaten wären, die Klauseln sich auf einer zweiten Zielebene, einer Vollzugsebene, in ihrer vertragspolitischen Wirksamkeit vollständig entfalten können sollen[56], die Art des Vollzugs kann in vollem Umfang unmittelbar durch die EG-Organe vorgegeben werden.

Die Klauseln sind Axiome für Gemeinschaftshandeln.

---

54 EuGH vom 25. 4. 2002, Rs C-52/00, Slg. I-3827 Rn. 15, verb. Rs C-183/00, Slg. I-3901 Rn. 24.

55 Vgl. Teil 4 F) I. und G) I.

56 So aber *Jahns-Böhm* in *Schwarze*, EU-Kommentar, Art. 6 EGV Rn. 15; *Wiegand*, DVBl. 1993, 533, 540.

Teil 2: Die Kompetenzausübung innerhalb der EG

Eine Antwort auf die Frage nach der Bedeutung der Querschnittsklauseln für die Kompetenzen innerhalb der Europäischen Gemeinschaft erfordert zuvor den Blick auf das derselben innewohnende System der Kompetenzausübung, und zwar in vertikaler wie horizontaler Hinsicht. Vertikale Zuständigkeitsregelungen betreffen dabei das Verhältnis zwischen Gemeinschaft und Mitgliedstaaten[57], horizontale beziehen sich auf die Kompetenzregelungen unter den Gemeinschaftsorganen. Ersteres betrifft die Verbands-, letzteres die Organkompetenz[58].

Zentrale Norm für das gesamte System der Kompetenzwahrnehmung ist Art. 5 EGV, jedoch existieren daneben einige Prinzipien, welche die Grundsätze der Vorschrift durchbrechen bzw. abschwächen. Art. 5 EGV beinhaltet drei Kompetenzausübungsschranken.

Die Untersuchung hat um die Frage zu kreisen, wie die Klauseln sich zu bestehenden Kompetenzgrenzen (zu Zuteilungs- und Ausübungsregelungen) verhalten, wie die ihnen zugedachte Rolle vertragsgemäß gehandhabt wird, ob und wieweit Querschnittsklauseln horizontale oder vertikale Kompetenzzuwächse vermitteln.

A) Das Prinzip der ausdrücklichen / begrenzten (Einzel)Ermächtigung

Gemäß Art. 5 Absatz 1 EGV wird die Gemeinschaft innerhalb der Grenzen der ihr in dem Vertrag zugewiesenen Befugnisse und gesetzten Ziele tätig. Für ein Tätigwerden der Gemeinschaft müssen demnach zwei Voraussetzungen kumulativ gegeben sein, zum einen die Zuweisung einer Befugnis, zum anderen die Verfolgung von Vertragszielen[59]. Von großen Teilen der Doktrin wird dieses Prinzip

57 *Krausser,* Das Prinzip begrenzter Ermächtigung im Gemeinschaftsrecht als Strukturprinzip des EWG-Vertrages, 21.

58 *Bungenberg,* Art. 235 EGV nach Maastricht, 121.

59 *Von Borries,* EuR 1994, 263, 267.

als ‚begrenzt'[60] bzw. ‚enumerativ'[61] betrachtet. Diese Begrenzung ist indes nicht in dem Sinne zu verstehen, dass die Ermächtigung eng sein muss. Seit jeher gab und gibt es weite Ermächtigungen wie Art. 43 EGV a. F. (nunmehr Art. 37 EGV), Art. 100 EGV a. F. (nunmehr Art. 94 EGV), Art. 100a EGV a. F. (nunmehr Art. 95 EGV) und Art. 113 EGV a. F. (nunmehr Art. 133 EGV). So erlässt etwa nach Art. 94 EGV (ex-Art. 100 EGV) der Rat im Rahmen einer Rechtsangleichungskompetenz Richtlinien für die Angleichung derjenigen Rechts- und Verwaltungsvorschriften der Mitgliedstaaten, die sich unmittelbar auf die Errichtung oder das Funktionieren des Gemeinsamen Marktes auswirken[62]. Der Vertrag kennt also weitreichende Ermächtigungen, was bei der Einordnung der Querschnittsklauseln, auch im Lichte des Art. 5 Absatz 1 EGV gesehen, eine Rolle spielen kann, indem ihnen möglicherweise von den Vertragsschließenden eine ähnlich weite Auslegung zugedacht worden ist.

‚Begrenzt' im Sinne des Art. 5 Absatz 1 EGV heißt richtig verstanden lediglich ‚*ab*gegrenzt', nicht uferlos. Der Grundsatz besagt, dass die Gemeinschaft für ein Handeln immer einer besonderen Ermächtigung durch eine Kompetenznorm bedarf und somit keine Allzuständigkeit, die ansonsten für Staaten typische Kompetenz-Kompetenz, besitzt[63]. Im Vorfeld jeglicher beabsichtigten Maßnahme muss deshalb seitens der dabei beteiligten Organe verifiziert werden, welchem Ziel dieselbe dient, ob dieses Ziel durch den Vertrag legitimiert ist und schließlich – und dies ist die entscheidende Frage nach der Ermächtigung –, ob sich eine passende Rechtsgrundlage im Vertragstext dafür findet. Das Vertragsziel für sich genommen kann also nie ausreichen, um eine Maßnahme auf einem bestimmten vertragspolitischen Sektor zu rechtfertigen[64]. Damit stellt der Vertrag

---

60 Vgl. nur *Krausser,* Das Prinzip begrenzter Ermächtigung im Gemeinschaftsrecht als Strukturprinzip des EWG-Vertrages, 17; *Müller-Graff,* ZHR 159 (1995), 34, 48; *von Borries,* EuR 1994, 263, 267; *Lambers,* EuR 1993, 229, 233; *Blanke,* ZG 1995, 193, 194; *Beyer,* Der Staat 1996, 189, 191; *Streinz,* EUV/EGV, Art. 5 EGV Rn. 2.

61 Vgl. *Beutler / Bieber / Pipkorn / Streil,* Die Europäische Gemeinschaft, 47 (zu Art. 3 EWGV).

62 Daneben besteht eine Reihe von speziellen, sektoral begrenzten Rechtsangleichungskompetenzen. Hierzu rechnen etwa Art. 37, Art. 40, Art. 44, Art. 46 Absatz 2, Art. 47 Absatz 2 (ggf. i. V. m. Art. 55), Art. 71, Art. 75 Absatz 1, Art. 93, Art. 132 Absatz 1, Art. 133 Absatz 1, Art. 137 Absatz 2 und 3, Art. 175 EGV. Weiterhin gibt es die allgemeinen, nur funktional begrenzten Rechtsangleichungskompetenzen, zu denen neben Art. 94 EGV auch Art. 95 – 97 EGV zählen, *Kahl* in *Calliess / Ruffert,* EUV/EGV, Art. 94 EGV Rn. 3.

63 *Schmidhuber / Hitzler,* NVwZ 1992, 720, 721; *von Borries,* EuR 1994, 263, 267; *Krausser,* Das Prinzip begrenzter Ermächtigung im Gemeinschaftsrecht als Strukturprinzip des EWG-Vertrages, 21.

64 *Calliess* in *Calliess / Ruffert,* EUV/EGV, Art. 5 EGV Rn. 12.

ausdrücklich klar, dass die Kompetenz der Gemeinschaft als die eines Verbandes eingeschränkt ist (beschränkte Verbandskompetenz).

Ihr verbleibt Handlungsspielraum allein in den ihr zugewiesenen Materien, und sie darf sich bei der Wahrnehmung ihr übertragener Aufgaben und Befugnisse – abgesehen von Randerscheinungen, die aus kompetenzgemäßem Verhalten erwachsen können – nicht in den Kompetenzbereich der Mitgliedstaaten einschalten. Nur diese können also im Gegensatz zur Gemeinschaft eine prinzipielle Allzuständigkeit für sich in Anspruch nehmen, hier gilt der Grundsatz der begrenzten Ermächtigung gerade nicht[65]. Diese Kompetenz-Kompetenz, also das Recht zur unbegrenzten Erweiterung der eigenen Zuständigkeit, findet ihre Grenze wiederum dort, wo die Zuständigkeit der Gemeinschaft ausdrücklich in Gestalt einer Ermächtigungsnorm benannt ist – in diesem Fall ist die Zuständigkeit der Mitgliedstaaten zugunsten der höheren Einheit aufgehoben[66].

Die Ermächtigung zur Ausübung von Hoheitsrechten durch die Gemeinschaft stammt naturgemäß von den Mitgliedstaaten. Insoweit steht die Union daher unter dem ‚Vorbehalt der vertraglichen Ermächtigung', ihre Befugnisse sind, weil von den Mitgliedstaaten verliehen, derivative[67]. *Krausser* spricht von ‚gebündelter Teilsouveränität' der EG[68].

Art. 5 Absatz 1 EGV könnte womöglich statt als Ausdruck des Prinzips der ‚begrenzten' treffender als des Prinzips der ‚ausdrücklichen' Ermächtigung bezeichnet werden. Allerdings vermag auch dies Missverständnisse zu provozieren, da bestimmte Zuständigkeiten existieren, die im Vertrag nicht explizit formuliert, jedoch dem EG-Recht anerkanntermaßen immanent sind[69]. ‚Ausdrücklich' heißt also sinngemäß richtig ‚vorhanden', ‚bestehend', ‚konkret'.

Die kompetenzmäßige Bewertung bzw. Einordnung der Querschnittsklauseln steht damit zuvorderst unter dem Axiom des Art. 5 Absatz 1 EGV. Teilweise wird Art. 5 Absatz 1 EGV bereits als Ausdruck des Subsidiaritätsprinzips[70] angesehen, und zwar deshalb, weil die Gemeinschaft gegenüber den Mitgliedstaaten Beschränkungen unterliegt, ihnen insoweit also untergeordnet ist[71]. Ob Absatz 1

---

65 *Geiger*, EUV/EGV, Art. 5 EGV Rn. 2; *Jarass*, EuGRZ 1994, 209.

66 *Schwartz*, AfP 1993, 409, 410.

67 Vgl. *Kenntner*, NJW 1998, 2871; vgl. aber Fn. 50 zur rechtlichen Selbständigkeit der Gemeinschaft.

68 *Krausser*, Das Prinzip begrenzter Ermächtigung im Gemeinschaftsrecht als Strukturprinzip des EWG-Vertrages, 21.

69 Siehe dazu ausführlich unter B).

70 Vgl. dazu unter E).

71 *Von Borries*, EuR 1994, 263, 267; *Pieper*, Subsidiarität, 184 ff., spricht insoweit von einer starren Subsidiarität im Gegensatz zur dynamischen oder elastischen des Art. 5 Absatz 2 EGV. Gegen diese Sichtweise sprächen auch nicht die im Vertrag enthaltenen Generalklauseln wie Art. 235 EWGV oder die Anwendung der implied-powers-

so eingeordnet werden kann, ist höchst fraglich, mag aber letztlich dahinstehen, die Begrifflichkeit ist nicht entscheidend. Sein Wortlaut gestattet jedenfalls nicht etwa Aktivitäten der Gemeinschaft immer da, wo die Mitgliedstaaten nicht tätig werden – also etwa hilfsweise – i. S. einer Auffangkompetenz oder Unterstützung (wenn der Begriff der Subsidiarität in seiner ursprünglichen Bedeutung im Lateinischen verstanden wird). Eine solche darf die Gemeinschaft unter Art. 5 Absatz 1 EGV auch dort nicht leisten, wo es sinnvoll wäre, d. h. wo die Mitgliedstaaten einer Gemeinschaftsaktivität ‚bedürftig' wären; dies zu bejahen könnte bei den positiven politischen Zielsetzungen, die die Querschnittsklauseln explizit unterstützen sollen, durchaus naheliegen. Negativ gesehen geht die Aussage des Artikels klar dahin, dass für die Gemeinschaft überall da ein Handlungsverbot besteht, wo es ihr an einer im Vertrag zugewiesenen Kompetenz oder einem von ihr zulässigerweise zu verfolgenden Vertragsziel mangelt. Positiv beschreibt der Artikel eine originäre vertragliche Handlungsgrundlage für die Gemeinschaft, welche ihr eben nicht allein aufgrund Subsidiarität im Sinne von Nachrangigkeit Aktionen gestattet; die Funktion des Absatzes 1 in ihrer Rechtsnatur ist deshalb eher keine Ausprägung des Subsidiaritätsprinzips.

Art. 5 Absatz 1 EGV fordert also jeweils eine ausdrückliche Kompetenzzuweisung zugunsten der Gemeinschaft. Freilich besagt er nichts darüber, welches die Grenzen der zugewiesenen Befugnisse und gesetzten Ziele sein sollen, und wie diese im Zweifelsfall zu ermitteln sind. Ob sich aus den Querschnittsklauseln Kompetenzzuweisungen an die Gemeinschaft ergeben, indem sie einerseits ein Tätigwerden, Handeln der Gemeinschaft ansprechen und dies andererseits in Bezug zu Vertragszielen im Sinne des Art. 5 Absatz 1 EGV setzen, muss demnach den Klauseln selbst entnommen werden.

Hilfestellung bei der Beantwortung dieser Frage können zusätzliche Regelungen des Vertrages und aus seiner Systematik abgeleitete Prinzipien zur Kompetenzverteilung leisten. Ohne eine Miteinbeziehung der Grundzüge dieser Kompetenzsystematik können die Klauseln schwerlich in ihrer Funktion erfasst werden.

B) Weitere vertragliche Kompetenzen der Gemeinschaft

Als Durchbrechung des Prinzips des Art. 5 Absatz 1 EGV wird von Teilen der Literatur Art. 308 EGV betrachtet, indem diese Autoren vor allem den in der

---

Lehre, denn beider Anwendungsgebiete seien eng. Die Annahme von implied powers sei unmittelbar abhängig von bereits bestehenden Kompetenzen, wie dies innerstaatlich für die Kompetenzen kraft Sachzusammenhangs, kraft Natur der Sache oder die Annexkompetenz gelte. Implied powers statuierten gerade keine Allzuständigkeit.

Vergangenheit betriebenen Einsatz des Art. 308 EGV als Methode zur ‚Lückenfüllung' bezeichnen[72], teilweise ist auch von einer Generalermächtigungsvorschrift[73] oder auch Ergänzungsklausel[74] die Rede[75]. Eine solche Methodik könnte Anhaltspunkte für die Analyse der beabsichtigten Funktionsweise der Klauseln liefern. Nach Art. 308 EGV erlässt der Rat, sofern ein Tätigwerden der Gemeinschaft erforderlich erscheint, um im Rahmen des Gemeinsamen Marktes eines ihrer Ziele zu verwirklichen, und sofern in dem Vertrag die hierfür erforderlichen Befugnisse nicht vorgesehen sind, einstimmig auf Vorschlag der Kommission und nach Anhörung des Europäischen Parlaments die geeigneten Vorschriften. Zweck der Vorschrift war und ist es, das Fortschreiten der Vereinigung der Gemeinschaft voranzutreiben, indem durch Ausdehnung von Befugnissen überbrückt werden soll, was im Hinblick auf die Ziele der Gemeinschaft einerseits und im Hinblick auf die Befugnisse ihrer Organe andererseits aufgrund von Diskrepanzen und Lücken (noch) nicht kongruent ist[76]. Der Artikel fand Anwendung auf Regelungen wie Regionalfonds, nichtnukleare Forschungsprogramme, Umweltschutzmaßnahmen einschließlich einiger ‚exotischer' Materien wie Vogelschutz, sozialpolitische Maßnahmen sowie Richtlinien für die Gleichbehandlung

72 Vgl. *Schmidhuber / Hitzler*, NVwZ 1992, 720, 722; *Streinz* spricht sogar von einer ‚Kompetenznorm' zur Lückenfüllung, *Streinz*, EUV/EGV, Art. 308 EGV Rn. 1 ff.; *Schweitzer / Hummer*, Europarecht, 99 Rn. 339; sehr kritisch auch *Weidenfeld*, Reform der Europäischen Union, 36: Art. 235 EGV (a. F.) komme im Ergebnis einer Generalermächtigung gleich, weshalb die Vorschrift entweder wesentlich restriktiver formuliert werden oder ganz entfallen solle. Angesichts der faktischen Ausweitung der Rechtsetzungstätigkeit der Gemeinschaft könne die bisherige Begründung des Art. 235 EGV a. F. nicht mehr überzeugen, wonach eine im Werden begriffene Rechtsgemeinschaft auf eine solchermaßen dynamisch-flexible Kompetenznorm unbedingt angewiesen sein solle. Schließlich bleibe es den Mitgliedstaaten ja auch ohne eine solche Bestimmung unbenommen, etwaige als notwendig erachtete Kompetenzen durch eine Vertragsänderung herbeizuführen. – Der baden-württembergische Europaminister *Christoph Palmer* (CDU) bezeichnete Art. 308 EGV als das ‚Einfallstor' für alles, was Europa aus der Sicht seiner Nationen und Regionen bedrohlich macht: Eine Selbstermächtigung der Union zu beinahe jedem Eingriff in die Kompetenzen der Staaten und Länder, vgl. *Schuller*, FAZ vom 14. 4. 2002 – eine extrem föderalistischer Sichtweise entsprungene Überspitzung.

73 *Blanke*, ZG 1991, 133, 135 ff.; *Beyer*, Der Staat 1996, 189, 201.

74 *Zuleeg*, DVBl. 1992, 1329, 1335.

75 Vgl. auch *Everling*, EuR, Sonderheft zum Jahrgang 1976, 2. ff. Mittlerweile bestehen – dank der EEA – weitgehend ausdrückliche Zuständigkeiten der Gemeinschaft durch besondere Ermächtigungen. Damit ging der verhältnismäßig extensive Gebrauch der Bestimmung zurück und wurde ersetzt durch ein vertraglich geordnetes Ermächtigungssystem, *Everling*, EuR 1987, 214, 218.

76 *Rossi* in *Calliess / Ruffert*, EUV/EGV, Art. 308 EGV Rn. 1.

von Mann und Frau, demnach meist den Inhalten der Querschnittsklauseln verwandte Materien.

In Art. 308 EGV findet sich eine Regelung, die im Dienste der Verwirklichung der Vertragsziele Handlungsmöglichkeiten schafft, wo keine ausdrücklichen oder ungeschriebenen Zuständigkeiten bestehen bzw. wo solche Zuständigkeiten nur unzureichend sind. Es sei jedoch festgestellt, dass die Norm zwar ein ‚Kompetenzreservoir' bereitstellt, aber auch keine gemeinschaftsrechtliche Kompetenz-Kompetenz begründet[77].

Wenn Teile der Literatur Art. 308 EGV als Durchbrechung des Prinzips des Art. 5 Absatz 1 EGV ansehen, ist dem entgegenzuhalten, dass die Überbrückung fehlender Kompetenzzuweisungen mittels extensiver Auslegung einer Vorschrift nicht bereits als Umgehung fehlender Zuständigkeiten zu werten ist, vielmehr handelt es sich schlicht um die erweiternde Auslegung einer Zuständigkeitsnorm – wie sie schließlich auch im Sinne des Art. 5 Absatz 1 EGV gewünscht ist. Legitimes Ziel solcher Auslegung ist es, der Gemeinschaft Zuständigkeiten in Bereichen zu eröffnen, in denen einerseits der Vertrag lückenhaft ist, andererseits eine EG-weite Regelung sinnvoll erscheint. Richtig verstanden geschieht die Durchbrechung des Prinzips der vertraglichen Ermächtigung durch Art. 308 EGV nur scheinbar[78]; über die Vorschrift werden ihr zufolge bereits bestehende und der Gemeinschaft zugewiesene Befugnisse ausgeübt[79].

Gleichwohl verkörpert die Regelung des Art. 308 EGV – absolut gemäß und im Sinne des Art. 5 Absatz 1 EGV – eine begrenzte Kompetenz, da ihre Wahrnehmung an gewisse Bedingungen geknüpft ist[80], neben der Zielverwirklichung im Rahmen des Gemeinsamen Marktes an zwei weitere Prämissen, die Erforderlichkeit eines Tätigwerdens der Gemeinschaft und fehlende Kompetenz im Rahmen des Vertrages. Letzteres drückt die Subsidiarität des Art. 308 EGV gegenüber anderen Befugnisnormen des Vertrages aus und bekräftigt damit zugleich neben Art. 5 Absatz 1 EGV den Grundsatz der begrenzten Ermächtigung[81].

Nur scheinbar eine Lockerung erfährt die Aussage des Art. 5 Absatz 1 EGV durch die Rechtsfigur der sogenannten ‚implied powers' (inhärente Zuständig-

77 *Bungenberg,* Art. 235 EGV nach Maastricht, 41 ff.

78 In diesem Sinne auch *Krausser,* Das Prinzip begrenzter Ermächtigung im Gemeinschaftsrecht als Strukturprinzip des EWG-Vertrages, 24; *von Borries,* EuR 1994, 263, 269; *Bungenberg,* Art. 235 EGV nach Maastricht, 122; *Everling,* EuR, Sonderheft zum Jahrgang 1976, 2, 3, meint, bei richtiger Herangehensweise an die Norm bestehe möglicherweise gar kein Kompetenzproblem.

79 *Everling* spricht von ‚Abrundung' bestehender konkreter Kompetenzen, EuR, Sonderheft zum Jahrgang 1976, 2, 17.

80 So auch *von Borries,* EuR 1994, 263, 269.

81 Vgl. *Rossi* in *Calliess / Ruffert,* EUV/EGV, Art. 308 EGV Rn. 60.

keiten), ungeschriebene Befugnisse, die immer dann zugestanden werden, wenn eine Materie, für die eine den Gemeinschaftsorganen ausdrücklich zugewiesene Kompetenz besteht, verständigerweise nicht geregelt werden kann, ohne dass gleichzeitig ein der Ermächtigungsnorm nicht explizit zugewiesener Bereich von dieser mit erfasst wird[82]. Hintergrund dieser ungeschrieben anerkannten Zuständigkeiten ist, dass, wenn das Ziel grundsätzlich Vertragsaufgabe ist, dies auch für die zur Erreichung dieses Ziels erforderlichen Mittel – die implied powers – zu gelten hat – anderenfalls bliebe es bei dem Vertragsziel als einem theoretischen, praktisch aber nicht durchführbaren Programmsatz. Im Unterschied zum ‚Vertragslückenschließungsverfahren' nach Art. 308 EGV, das Zielbestimmungen der Gemeinschaftsverträge zum Ausgangspunkt nimmt, um bisher nicht gegebene Kompetenzen neu zu begründen, knüpft die implied-powers-Lehre an bereits vorhandene Kompetenzbestimmungen an[83]. Sie relativiert indessen ebensowenig wie Art. 308 EGV das Vertragsprinzip der expliziten Kompetenzermächtigung.

C) Harmonisierungsverbote

Regelungen, die etwa vorhandene Kompetenzen einschränken, stellen die Harmonisierungsverbote des Vertrages dar. Solche Verbote finden sich z. B. im Rahmen der Vertragstitel zum Gesundheitsschutz und der Regionalpolitik, beides Politikfelder von Querschnittsklauseln. Damit können die Harmonisierungsverbote der Gemeinschaft etwa aus Querschnittsklauseln erwachsende Kompetenzen tangieren. Gemäß Art. 152 Absatz 4 Buchstabe c) EGV steht der dem Rat übertragene Beitrag bei Fördermaßnahmen, die den Schutz und die Verbesserung der menschlichen Gesundheit zum Ziel haben, ihm ‚unter Ausschluss jeglicher Harmonisierung der Rechts- und Verwaltungsvorschriften der Mitgliedstaaten' zu. Wie sich insbesondere aus Absatz 2 Unterabsatz 1 ergibt, handelt es sich hierbei um Tätigkeiten, mit denen die EG – zulässigerweise – entweder Maßnahmen der Mitgliedstaaten inhaltlich ergänzt oder unterstützt, oder mit denen sie die Zusammenarbeit der Mitgliedstaaten in organisatorischer Hinsicht fördert[84]. Diese Beschränkungen kann die EG auch nicht durch Rückgriff auf Art. 308 EGV unterlaufen[85]. Ein weiteres Harmonisierungsverbot enthält Art. 151 Absatz 5 Spiegelstrich 1 Satz 1 EGV. Danach erlässt der Rat als Beitrag zur Verwirklichung der Ziele dieses Artikels gemäß dem Verfahren des Artikels 251 EGV und nach

82 Dazu sowie zum Folgenden *Wemmer*, Die neuen Kulturklauseln des EG-Vertrages, 38 ff.

83 *Schweitzer / Hummer*, Europarecht, 99 Rn. 339.

84 *Wichard* in *Calliess / Ruffert*, EUV/EGV, Art. 152 EGV Rn. 16.

85 *Wichard*, a. a. O., Rn. 25; siehe hierzu auch unter Teil 4 D) V.

Anhörung des Ausschusses der Regionen Fördermaßnahmen unter Ausschluss jeglicher Harmonisierung der Rechts- und Verwaltungsvorschriften der Mitgliedstaaten. Auch diese Negativklausel verbietet der Gemeinschaft im Rahmen der Verwirklichung der in Art. 151 Absatz 2 EGV beschriebenen Vertragsziele einen Rekurs auf ihre allgemeinen Kompetenztitel zur Rechtsangleichung gemäß Art. 94 und 95 EGV sowie auf die Vielzahl spezieller Rechtsangleichungsvorschriften[86]. Dass Harmonisierungsverbote zu Querschnittsklauseln in Konflikt treten können, wird im Rahmen der Klausel zum Gesundheitsschutz dargelegt werden.

Das Spannungsfeld zwischen solchen Harmonisierungsverboten und unter Verweis auf Querschnittsklauseln in Anspruch genommene Kompetenzen spricht *Stein*[87] im Kontext des Maastricht-Urteils[88] an, wenn er sich durch die Entscheidung zu der Frage herausgefordert sieht, ob das BVerfG in ihr womöglich die Querschnittsklauseln übersehen habe, welche sich im geänderten EGV gerade auch dort fänden, wo der Gemeinschaft neue Bereiche eröffnet, die konkreten Handlungsmöglichkeiten aber sehr begrenzt gehalten würden. Könne es sich erweisen, so die Frage *Steins,* dass über die Querschnittsklauseln nicht nur die Inanspruchnahme ‚nicht benannter' Aufgaben und Befugnisse, sondern die Umgehung ausdrücklicher Harmonisierungsverbote ermöglicht werde[89]? Um dem Bestimmtheitsgebot für die Gemeinschaftskompetenzen zu genügen, dürften die Querschnittsklauseln an sich nur so ausgelegt werden, dass bei schwerpunktmäßig in andere Politiken einzuordnenden Maßnahmen Belange der jeweiligen Klausel mitbedacht werden[90], d. h. es müsse darauf zu achten sein, dass es – bei-

86 *Blanke* in *Calliess / Ruffert,* EUV/EGV, Art. 151 EGV Rn. 18.

87 *Stein,* FS für *Ulrich Everling,* 1439, 1440.

88 BVerfGE 89, 155.

89 *Stein,* a. a. O., 1440, fragt plastisch: ‚Ist nicht zu befürchten, dass mittels der Querschnittsklauseln – gleichsam im Bauch eines trojanischen Pferdes – Sachbereiche die Mauern überwinden, die das Prinzip der begrenzten Einzelermächtigung um die jeweilige Gemeinschaftspolitik gezogen hat, und hinter andere Mauern dringen, und dass sich mit den dort vorgefundenen Handlungsmöglichkeiten ein Gestaltungsspielraum eröffnet, der innerhalb der eigenen Mauern nicht bestand bzw. ausdrücklich ausgeschlossen war und dessen Ausmaß weder bestimmbar noch vorhersehbar ist ?' Dem schließt sich auch *Gasse* an, der der ‚aufgabeneröffnenden Absicht' der Querschnittsklauseln mit Skepsis begegnet. Durch sie könnten andere Politikbereiche für die betreffenden Querschnittspolitiken instrumentalisierbar gemacht werden, die zwar mit einem Integrationsappell, aber mit nur wenig Handlungsbefugnissen versehen sind, *Gasse,* Die Bedeutung der Querschnittsklauseln für die Anwendung des Gemeinschaftskartellrechts, 67.

90 Vgl. *Stein,* FS für *Ulrich Everling,* 1439, 1453.

spielsweise – nur noch eine umweltfreundliche Agrarpolitik, Verkehrspolitik etc. der Gemeinschaft gebe[91].

Ob dies die Intention der Klauseln erschöpft, wird noch zu untersuchen sein.

D) Auslegungsmaßstab

Geht es um die Auslegung der einzelnen Klauselvorschriften zur Ermittlung möglicher Kompetenzeröffnungen, so sei noch auf die aus deutscher Sicht geäußerte Kritik[92] an der Art der Wahrnehmung von Kompetenzgrundlagen im Bereich der gemeinschaftlichen Rechtsetzung und Rechtsprechung verwiesen; dem Widerspruch hiergegen hat sich das Bundesverfassungsgericht in seinem Maastricht-Urteil zumindest im Grundsatz angeschlossen. Kritikpunkte sind unter anderem die effet-utile-Auslegungsmethode des Gerichtshofes[93] sowie der Rückgriff auf implied powers, nicht zuletzt aber auch die vermehrte Anwendung des Art. 308 EGV. Insbesondere die letztere, in Verbindung mit der effet-utile-Regel, führe, so Teile der Literatur, zu einer immer weiteren Kompetenzausdehnung mit der Folge einer Überschreitung der Grenze zwischen Vertragsauslegung und Vertragsänderung[94]. Angesichts des von den Mitgliedstaaten gewollten Integrationsprozesses in Europa weist das Maastricht-Urteil einen rückschrittlichen Ansatz auf. Die Gemeinschaft als freiwilliger Zusammenschluss mehrerer Staaten ist in ständiger Weiterentwicklung begriffen, nicht vollendet. Zwischen der eher statischen, formaljuristischen Sicht eines einzelstaatlichen Rechtsgefüges und dem in steter Entwicklung befindlichen System des Europarechts müssen sich zwangsläufig Spannungsfelder auftun, die dann aber auch hinzunehmen sind. Die

---

91 *Stein,* FS für *Ulrich Everling,* 1439, 1441.

92 *Dänzer-Vanotti,* RIW 1992, 733 (judizielle Rechtserzeugung als Kompetenzproblem); *Hillgruber* in *von Danwitz,* Auf dem Wege zu einer Europäischen Staatlichkeit, 31; *Classen,* EuR 1990, 10, 17 f.; *Brenner,* DÖV 1992, 903, der vertritt, dass die Bewahrung der föderativen Struktur der Bundesrepublik in der Europäischen Union langfristig nur durch eine klare Kompetenzabgrenzung zwischen Gemeinschaft und Mitgliedstaaten gesichert werden könne. Die EG beschränke sich in ihrem Regelungsenthusiasmus längst nicht mehr auf Maßnahmen mit wirtschaftlicher Zielsetzung, sondern nehme zunehmend Kompetenzen für sich in Anspruch, die kaum mehr als einen lockeren, mittelbaren Bezug zum Komplex Wirtschaft aufwiesen (907); *Beyer,* Der Staat 1996, 189, 220, warnt vor der ‚Übertragung funktionell ungebundener politischer Gestaltungskompetenzen auf die Gemeinschaft', zu deren Abwehr eine katalogmäßig klare Beschreibung gemeinschaftlicher Zuständigkeiten unabdingbar sei.

93 Siehe dazu auch Fn. 682.

94 *Klein / Haratsch,* DÖV 1993, 785, 791: Die effet-utile-Regel eröffne angesichts der Ausweitung der Ziele des EGV die Gefahr, über Art. 235 EGV (a. F.) weite Aufgabengebiete gemeinschaftsrechtlich zu ‚unitarisieren'.

zutreffende Auslegung des Vertrages hat nicht aus einzelstaatlicher Sicht, sondern im Lichte des Vertragswerks selbst zu erfolgen.

E) Das Subsidiaritätsprinzip

Geht es in Art. 5 Absatz 1 EGV um die Verankerung des enumerativen Kompetenzzuweisungsprinzips des Vertrages, so betreffen die Absätze 2 und 3 die Ausübung solcher Kompetenzen, damit auch die, die aus Querschnittsklauseln abzuleiten wären.

Nach Art. 5 Absatz 2 EGV wird die Gemeinschaft in den Bereichen, die nicht in ihre ausschließliche Zuständigkeit fallen, nach dem Subsidiaritätsprinzip nur tätig, sofern und soweit die Ziele der in Betracht gezogenen Maßnahmen auf Ebene der Mitgliedstaaten nicht ausreichend und daher wegen ihres Umfangs oder ihrer Wirkung besser auf Gemeinschaftsebene erreicht werden können. Das Prinzip besitzt mithin eine positive und eine negative Seite[95]. Hierin ist eine Kompetenzausübungs-, nicht dagegen eine Kompetenzzuweisungsregelung enthalten. Ob und ggf. welche Konsequenz dies für die Handhabung der Querschnittsklauseln hat, wird sich erweisen. Festzuhalten ist: Das Subsidiaritätsprinzip ist von Belang nur bei der Frage, wann die Gemeinschaft von schon bestehenden Kompetenzregelungen Gebrauch machen darf.

Während Art. 5 Absatz 1 EGV also die Frage regelt, ob die EG überhaupt tätig werden kann (Kann-Frage), betrifft Absatz 2 die Frage nach dem Ob, also danach, ob ein Bedarf für ein Gemeinschaftshandeln besteht, ob die Gemeinschaft tätig werden ‚soll'[96]. Dabei manifestiert sich das Subsidiaritätsprinzip organisationsrechtlich in einem System, welches europaeinheitliche Zielfestlegung beinhaltet, Verwirklichung und Realisierung dieser Ziele aber den Mitgliedstaaten auferlegt. Beispiel hierfür sind die Richtlinien. Die Kompetenz zu deren Erlass

95 Vgl. auch *Jans / von der Heide,* Europäisches Umweltrecht, 11 ff.; *Scherer,* DVBl. 1993, 281, 282: Die positive, zuweisende Richtung besage, dass die übergeordnete Gemeinschaft tun solle, was die kleinere Einheit schlechterdings nicht könne, oder bei dem helfen solle, was diese nicht allein vermöge; die negative, abwehrende Seite bedeute, dass die größere Gemeinschaft nicht tätig werden solle, wo die kleinere Gemeinschaft auf ihrer Ebene sachgerecht handeln könne. Damit bilde jenes Prinzip gewissermaßen die Geschäftsgrundlage der EG: Eben weil die Mitgliedstaaten die Ziele des EWGV – die Errichtung des Gemeinsamen Marktes sowie nachgeordnete Vertragsziele – nicht für sich allein erreichen könnten, hätten sie sich zu einer Staatengemeinschaft zusammengeschlossen, welche durch ihre Organe das verwirklichen solle, was der einzelne Mitgliedstaat nicht allein leisten könne.

96 *Calliess* in *Calliess / Ruffert,* EUV/EGV, Art. 5 EGV Rn. 9, 19.

liegt bei der Gemeinschaft, die Umsetzung hingegen bei den Mitgliedstaaten[97]. Tragender Gedanke ist, dass die kleineren Verwaltungseinheiten, was die Rechtstransformation anbelangt, effektiver sind. Zudem sind bei einer Richtlinienumsetzung ja stets auch nationale Regelungen zu bedenken und mit den Richtlinien möglichst schonend in Einklang zu bringen, was, wie unschwer erkennbar ist, den Mitgliedstaaten aufgrund deren größerer Sachnähe leichter fällt als dem Dachverband in Gestalt der Gemeinschaft[98].

Ein Bedarf für ein Handeln der Gemeinschaft im Sinne des Art. 5 Absatz 2 EGV besteht immer erst dann, wenn beide Voraussetzungen erfüllt sind: Die angestrebten Ziele können von den Mitgliedstaaten nicht befriedigend erreicht und sie können auf Gemeinschaftsebene besser verwirklicht werden. Das Vorhandensein nur einer dieser Bedingungen reicht für sich genommen zur Kompetenzausübung nicht aus, sie müssen kumulativ erfüllt sein. Damit ist das Subsidiaritätsprinzip gleichsam als zweistufiger vergleichender Eignungstest zu prüfen[99].

F) Das Verhältnismäßigkeitsprinzip

Gemäß Art. 5 Absatz 3 EGV gehen die Maßnahmen der Gemeinschaft nicht über das für die Erreichung der Ziele des Vertrags erforderliche Maß hinaus.

Damit regelt Absatz 3 die kompetenzrechtliche Wie-Frage, ist also wiederum Kompetenzausübungsregel. Was die Reihenfolge der Prüfung einer Zuständigkeit der Gemeinschaft anbelangt, so macht Art. 5 Absatz 3 EGV den Schluss. Zunächst ist die Frage nach den Voraussetzungen des Art. 5 Absatz 1 EGV zu stellen, alsdann schließt sich die Prüfung nach Absatz 2 an, und erst am Ende ist

---

97 *Pieper*, DVBl. 1993, 705, 708.

98 Für das Handeln der Gemeinschaft besteht ein weites Feld an Möglichkeiten, auf verschiedene Weise und in unterschiedlicher Intensität im Zuständigkeitsbereich der Mitgliedstaaten zu wirken.
Zu erwähnen sind insoweit insbesondere
- die Ergänzung und Unterstützung nationaler Maßnahmen auf freiwilliger Basis (z. B. in Form von Aktions- oder Förderprogrammen),
- (rechtlich nicht verbindliche) Empfehlungen,
- Rechtsakte, die die gegenseitige Anerkennung nationaler Regelungen festschreiben, ohne den Inhalt zu harmonisieren,
- Rahmenregelungen, die nur die Grundsätze festlegen und die weitere Ausgestaltung den Mitgliedstaaten vorbehalten,
- Richtlinien mit einem weitergehenden Regelungsgehalt,
- unmittelbar verbindliche Verordnungen oder Entscheidungen, die den Mitgliedstaaten keinen Spielraum lassen, *Schmidhuber / Hitzler*, NVwZ 1992, 720, 723.

99 *Winter*, EuR 1996, 247, 265.

nach der Modalität der Kompetenzwahrnehmung im Sinne des Absatzes 3 zu fragen.

Dieser beinhaltet in dreistufiger Grundstruktur somit die Elemente der Erforderlichkeit einer Maßnahme, deren Eignung zur Erreichung des Ziels und die Verhältnismäßigkeit im engeren Sinn, d. h. die Angemessenheit der Maßnahme im Verhältnis zur angestrebten Zielsetzung[100]. Auf die Adressaten des Gemeinschaftshandelns bezogen heißt das, dass die Belastung des durch eine Gemeinschaftsmaßnahme Betroffenen zum einen in einem angemessenen Verhältnis zum jeweils angestrebten Ziel zu stehen hat (Zweck-Mittel-Relation), zum anderen ist die Gemeinschaft gehalten, unter mehreren geeigneten das mildeste Mittel zu wählen, so dass der Eingriff in Rechte und Interessen des Betroffenen so gering wie möglich bleibt (Gebot des Interventionsminimums[101]).

Zusammen mit Art. 6 Absatz 1 EUV, der insbesondere den Grundsatz der Rechtsstaatlichkeit innerhalb der Union garantiert, wahrt das Verhältnismäßigkeitsprinzip die nationale Identität der Mitgliedstaaten und schützt damit die Aufgaben und Befugnisse ihrer Parlamente gegen ein Übermaß europäischer Regelungen[102]. Das Prinzip stellt sich als ein übergreifender Grundsatz dar, der belastende gemeinschaftsrechtliche Maßnahmen hinsichtlich ihrer Folgen für Bürger, Mitgliedstaaten und die Wirtschaft begrenzen soll[103].

G) Zusammenfassung

Insgesamt betrachtet ergibt sich zu den Kompetenzen innerhalb der Europäischen Gemeinschaften folgendes System: Die Schrankentrias des Art. 5 EGV begrenzt die Kompetenzen der Gemeinschaft im Verhältnis zu den Mitgliedstaaten; die Gemeinschaft bedarf zum ersten für jegliche Handlungsbefugnis einer ausdrücklichen Ermächtigungsnorm. Verschiedene Harmonisierungsverbote treffen explizit negative Kompetenzregelungen zu Lasten der Gemeinschaft. Zum zweiten dürfen vorhandene Kompetenzen der Gemeinschaft nur ausgeübt werden, sofern

---

100 *Schmidhuber / Hitzler,* NVwZ 1992, 720, 722 – Verhältnismäßigkeit ist nicht gleichbedeutend mit Erforderlichkeit, vielmehr muss letztere vor ersterer geprüft werden. Erst auf die Feststellung der Erforderlichkeit eines Tätigwerdens der Gemeinschaft kann dessen Umfang und die Art und Weise mit Hilfe der Verhältnismäßigkeit bestimmt werden, *Schwartz,* AfP 1993, 409, 416. – Zur Kontrolle der in drei Stufen zu prüfenden Verhältnismäßigkeit, die er beim EuGH als dem deutschen Recht vergleichbar gewährleistet sieht, *Kischel,* EuR 2000, 380, 401.

101 *Von Borries,* EuR 1994, 263, 270.

102 BVerfGE 89, 155, 212.

103 Vgl. *Schwarze,* Europäisches Verwaltungsrecht, 690 ff.; *von Borries,* a. a. O.

hierfür ein tatsächlicher Bedarf besteht; in der Ausübung schließlich dürfen die Grenzen der Verhältnismäßigkeit nicht überschritten werden.

H) Einordnung der Querschnittsklauseln in die vertragliche Kompetenzsystematik

Wie sich in dieses System die Querschnittsklauseln einfügen, ist nicht so eindeutig, wie es auf den ersten Blick scheinen mag.

Fragen nach der Kompetenz umspannen Regelungen zur Zuteilung und solche zur Ausübung von Befugnissen; eine Befugnis zur Regelung von Rechtsangleichung ist Zuteilungs-, die Form der Richtlinie Ausübungsmodalität[104].

Handelte es sich bei den Querschnittsklauseln um Kompetenzverteilungsnormen, so müssten sie folglich Formulierungen enthalten, aufgrund derer ein Tätigwerden in den jeweiligen Zielfeldern gestattet würde, so dass sie also originäre Quellen spezifischer Handlungsmöglichkeiten wären und damit selbst neue Betätigungsfelder in den von ihnen angesprochenen politischen Sachgebieten für die Gemeinschaft eröffnen würden, etwa den erwähnten Erlass von Rechtsakten.

Keine der Querschnittsklauseln enthält indes ausdrücklich solche Vorgaben, keine fordert unmittelbar Aktivitäten in dem jeweils von der Klausel angesprochenen Politikbereich ein oder spricht davon, solche zu eröffnen. Wenn sie sich im Wortlaut auf Appelle zur Miteinbeziehung oder zur Förderung bestimmter Ziele *bei den Politiken und Maßnahmen* beschränken, so unterstellt dies, *dass* die Gemeinschaft irgendwie tätig wird, wobei – ungeschriebenes Tatbestandsmerkmal – sich diese Tätigkeit aus anderen Kompetenzquellen speist.

Die Klauseln lesen sich – vereinfacht – dahin, dass, *wenn* die Gemeinschaft tätig wird, sie *dann* im Sinne der Klauseln zu handeln hat. Sie setzen damit voraus, dass die Gemeinschaft zulässig (kompetenzgemäß) tätig wird, sich die Ermächtigung hierzu aus anderen vertraglichen Kompetenznormen herleitet, nicht aus den Klauseln selbst. Dazu wird dann mit den Klauseln vorgegeben, wie den jeweiligen mit ihnen angesprochenen Sachbereichen zur Wirkung verholfen werden soll (einbeziehen, berücksichtigen, Rechnung tragen, fördern ...). Somit sind die Klauseln dogmatisch nicht der Kategorie der Kompetenzzuweisung, sondern der Kompetenzausübung zuzuordnen. Wie bei der Kompetenzzuweisung gilt es auch bei der Kompetenzausübung zwischen horizontaler und vertikaler Ausrichtung zu unterscheiden, d. h. innerhalb der Gemeinschaftsorgane bzw. zwischen Gemeinschaft und Mitgliedstaaten.

---

104 So nach Art. 94 EGV, wonach der Rat Richtlinien zur Angleichung gewisser Rechtsvorschriften erlässt, vgl. *Pieper,* DVBl. 1993, 705, 708, zum Vorläufer des Art. 94 EGV, i. e. Art. 100.

Die Klauseln könnten hingegen auf dem Sektor der Kompetenzabgrenzung zwischen Gemeinschaft und Mitgliedstaaten von Bedeutung sein, wenn sie der angesprochenen Gemeinschaftsebene Zuwächse an Handlungsmöglichkeiten einräumen, was indes nicht zu verwechseln ist mit der schon beantworteten Frage nach den Adressaten der Klauseln.

Horizontale Wirkungsweise bzw. Zielrichtung ist den Klauseln indessen insofern zu entnehmen, als sie Anordnungen zur Konkurrenz von Gemeinschaftspolitiken enthalten. Diese horizontale Wirkung ist nicht identisch mit horizontaler Kompetenzzuweisung. Mit letzterer ist immer die Aufteilung von Kompetenzen zwischen Organen, nicht aber das Verhältnis zwischen einzelnen Sachbereichen gemeint.

Vordergründig gesehen scheinen sich die Klauseln somit reibungslos in das System der Kompetenzen auf EG-Ebene einzufügen. Indessen werden sie nicht allseits so gesehen. Wenngleich niemand bislang deutlich sagt, diese Klauseln seien originäre Grundlagen für neu geschaffene Kompetenzen, gibt es gleichwohl Überlegungen, dass sie sich in diese Richtung entwickeln könnten. So befürchtet *Stein,* gestehe man den Querschnittsklauseln den Rang von Ermächtigungsgrundlagen zu, so könnten sie das Prinzip der begrenzten Ermächtigung aushöhlen, denn es bliebe dann schließlich nicht bei einer einzigen neuen Kompetenzerweiterung in einem bestimmten Bereich; vielmehr könnte aufgrund der Weite und Übergeordnetheit der Klauseln in nahezu jeder Vertragsmaterie eine Kompetenz begründet werden[105]. Damit könnte sich in der Konsequenz im Vertrag entgegen dem Prinzip der begrenzten Ermächtigung ein solches der jederzeitigen klauselmotivierten Kompetenzausübungsberechtigung verwirklichen[106].

---

105 Vgl. *Stein,* FS für *Ulrich Everling,* Band 2, 1439, 1440 ff.; ebenso *Christian C. Steinle,* Europäische Beschäftigungspolitik, 257, dem zufolge die horizontale (im Sinne von Querschnitts-) Relevanz der Querschnittsklausel zur Beschäftigungspolitik gleichzeitig eine vertikale Kompetenzproblematik mit sich bringt (unter Berufung auf *Stein,* a. a. O.).

106 Im Hinblick auf die umweltpolitische Integrationsklausel – im Gegensatz zur kulturpolitischen – halten *Scherer / Heselhaus* in *Dauses,* Handbuch des EU-Wirtschaftsrechts, Band 2, Rn. 46, diese Sorge für kaum begründet, da die EG im Umweltbereich bereits im Rahmen des Art. 175 EGV über eine weitgefasste Rechtsetzungskompetenz verfüge. An diese und an die sonstigen vertraglich begründeten Kompetenzen knüpfe das Integrationsprinzip an, ohne dass es eine Kompetenzerweiterung bewirke. So könne die EG in den anderen Politikbereichen Umweltschutz in dem Maße betreiben, als ihr aufgrund der dortigen Vorschriften Kompetenzen zustünden. Beispielsweise könne sie in der Agrarpolitik verhältnismäßig umfassend tätig werden, wogegen sie in der Binnenmarktpolitik auf die Harmonisierung beschränkt sei. Wolle sie also in diesem Bereich umweltpolitisch aktiv werden, so müsse sie auf Art. 175 EGV zurückgreifen.

Das Subsidiaritätsprinzip würde, selbst wenn die Klauseln Ermächtigungscharakter besäßen, an sich unangetastet bleiben, denn die Frage nach einem Bedarf für gemeinschaftliches Handeln müsste auch in diesem Fall gestellt werden und wäre nicht außer Vollzug gesetzt[107]. Die Zuständigkeit für eine getroffene Maßnahme ist stets Vorfrage in Bezug auf das Wirksamwerden des Subsidiaritätsprinzips[108]. Gleiches gilt für das Prinzip der Verhältnismäßigkeit. Inwieweit Harmonisierungsverbote der Reichweite der Klauseln entgegenwirken können, muss an dieser Stelle noch offen bleiben, doch auch hier gilt, dass Voraussetzung für das Greifen dieser Verbote eine Kompetenznorm ist.

Mit der Einordnung der Querschnittsklauseln als ihrem vordergründigen Wortlaut entsprechende europarechtliche Kompetenzausübungsnormen ist nur ein erster Schritt zum Verständnis ihrer Rolle im Vertragsgefüge getan; eine sich am Prinzip der vertraglichen Ermächtigung des Art. 5 Absatz 1 EGV orientierende vertiefte Untersuchung ist unerlässlich.

---

107 Für *Ress*, DÖV 1992, 944, 948, scheidet deshalb die Einordnung der Kulturklausel als Kompetenznorm offenbar von vornherein aus: ‚Das Subsidiaritätsprinzip setzt schon früher (als die Querschnittsklausel des Art. 128 Absatz 4 EGV a. F.) ein. Es muss zunächst überhaupt die Handlungsbefugnis nach Art. 3b Absatz 2 EGV (nunmehr Art. 5 Absatz 2 EGV) gegeben sein und dann noch nach Art. 128 Absatz 4 EGV a. F. geprüft werden, wieweit auf die Kultur der Mitgliedstaaten Rücksicht genommen werden muss.‘ Da es sich nach *Ress* bei der Kulturklausel lediglich um ein Rücksichtnahmegebot (‚Interpretationstopos‘), nicht um eine vertragliche Kompetenzgrundlage handelt, muss folgerichtig das Subsidiaritätsprinzip vor der (diesem nachgeordneten) Klausel geprüft werden.

108 *Müller-Graff*, ZHR 159 (1995), 34, 48.

Teil 3: Tendenzen der Rechtsprechung des EuGH zur Wirkung der Querschnittsklauseln

Die Befassung mit den Entscheidungen des EuGH als dem Motor der Entwicklung des Gemeinschaftsrechts[109] ist für die Ortung der Querschnittsklauseln im Kompetenzgefüge des Vertrages unverzichtbar.

Epiney glaubte im Anschluss an das Titandioxid-Urteil des EuGH feststellen zu können, dass der Gerichtshof sich in erster Linie an den Gemeinschaftszielen (Umwelt, Gesundheit pp.) orientiert und die vertraglichen Vorschriften mehr oder weniger ausschließlich im Hinblick auf deren Verwirklichung auslegt, wobei man eine tiefergehende Auseinandersetzung mit Abgrenzungsproblemen vermisse. Nach der Systematik des Vertrages sollten dessen Ziele aber nicht als solche verfolgt werden, sondern (wegen des damaligen Art. 4 Absatz 1 EWGV) nach Maßgabe der im Vertrag zugewiesenen Befugnisse. Die Ziele seien nicht die einzigen Merkmale des Vertrages, gerade auch die Zuständigkeitsverteilung der verschiedenen Organe und ihr Zusammenspiel sei ein wichtiges Element gemeinschaftlichen Handelns[110].

Wie die Gemeinschaft selbst in Weiterentwicklung ihres räumlichen Umfangs und der Verfestigung ihrer Integration begriffen ist, muss auch ihre gesamte Verfassungsordnung nicht statisch, sondern dynamisch verstanden werden. Dieses Verständnis liegt der Rechtsprechung des EuGH zugrunde, wenn er vom ‚gegenwärtigen Entwicklungsstand des Gemeinschaftsrechts' spricht[111]. Der Gerichtshof verfügt zudem (Art. 164 EWGV, Art. 220 EGV) bei der Wahrung des Gemeinschaftsrechts über die Möglichkeit der Rechtsfortbildung – wohlgemerkt innerhalb der Grenzen zu einer Vertragsänderung[112] –, kann sich demnach über das

109 Die Rechtsprechung des EuGH war, ist und bleibt für die Ausgestaltung der Verträge richtungsweisend, was auf die Monopolstellung des Gerichts hinsichtlich der Auslegung des Vertrages zum Zwecke einheitlicher Anwendung des Gemeinschaftsrechts nach Art. 234 EGV (früher Art. 177 EGV) zurückgeht.

110 *Epiney,* JZ 1992, 564, 569.

111 *Kamann,* ZEuS 2001, 23, 26 mit Nachweisen in Fn. 12.

112 Streitig, vgl. nur *Dänzer / Vanotti,* RTW 1992, 733; siehe aber auch die Nachweise bei *Wegener* in *Calliess / Ruffert,* EUV/EGV, Art. 220 EGV Rn. 17, demzufolge die diskutierte Rechtsprechungspraxis den erhobenen Vorwurf einer unzulässigen Rechtsfortbildung, des Gebrauchs einer Kompetenz ‚ultra vires' nicht rechtfertigt (Fn. 51). Im Kern gehe es um eine Ergänzung der traditionellen Sicht der Gemeinschaftsgerichtsbarkeit als eines Integrationsmotors bei Wahrung der die Kompetenzgrenzen betonenden Sichtweise, *Stein,* Richterliche Rechtsfortbildung, FS, 619,

Prinzip des Art. 5 Absatz 1 EGV, wie es von den Mitgliedstaaten als den Herren des Vertrages jeweils durch Festlegung von Kompetenzgrenzen ausgeformt ist, nicht hinwegsetzen, insbesondere nicht unter dem Blickwinkel des Effektivitätsgrundsatzes (effet utile[113]). Dieses Kompetenzgefüge spielt nicht nur als vertikale Ordnung zwischen Gemeinschaft und Mitgliedstaaten zum Schutz der Souveränität der letzteren eine Rolle, das Prinzip der begrenzten Ermächtigung dient auch der Freiheitssicherung der Unionsbürger als Rechtssubjekte der Gemeinschaftsordnung[114], so dass selbst der Einzelne eine Verletzung des Prinzips des institutionellen Gleichgewichts geltend machen kann[115]. Das Gebot der Klarheit und Vorhersehbarkeit gemeinschaftlichen Handelns für den Bürger wird durch Art. 5 Absatz 1 EGV bewusst auch unterstrichen.

Es gilt also zu ermitteln, ob und wie der EuGH sich zu Charakter und Funktion der Querschnittsklauseln erklärt (hat). Wenn er etwa auch hinsichtlich des Klauselrechts eine Vorläuferfunktion übernommen hätte, indem mit ihnen positiviert wurde, was der Gerichtshof schon zuvor anerkannt hätte, so würde nicht allein die Beschäftigung mit seiner Rechtsprechung *nach* Einführung der Klauseln Hilfestellung für ihre Bewertung leisten, sondern bereits die Befassung mit davor vom Gerichtshof forcierten rechtspolitischen Absichten[116].

A) Rechtsprechung des EuGH vor Einführung der Querschnittsklauseln

Schon früh hatte sich der Gerichtshof mit einer der Anwendung von Querschnittsklauseln verwandten Problematik insofern auseinanderzusetzen, als es um

---

621. Indem die Vorschrift an den Gerichtshof die Forderung richtet, die Wahrung des Rechts bei der Auslegung und Anwendung des Vertrages zu sichern, betont sie, dass das Recht nicht nur insoweit, als es seinen Niederschlag im Vertrag gefunden hat, Gegenstand der Rechtsprechung sein soll. Damit ähnelt die EG-Bestimmung Art. 20 Absatz 3 GG, der die Bindung der Gerichte an Gesetz und Recht postuliert, vgl. *Everling,* JZ 2000, 217, 221, siehe auch zur Problematik *denselben,* EuR 1997, 398, und *Stein,* Richterliche Rechtsfortbildung, FS, 619.

113 Siehe dazu auch Fn. 682.

114 EuGH 29. 10. 1980, Rs 138/79, Slg. 3333, 3360 Rn. 33 *(Roquette Frères – Isoglucose /* Rat).

115 Vgl. nur EuGH 13. 6. 1958, Rs 9/56, Slg. 9, 36 ff. *(Meroni* I); EuGH 13. 6. 1958, Rs 10/56, Slg. 51, 75 ff. *(Meroni* II); EuGH 29. 10. 1980, Rs 138/79, Slg. 3333, 3360 Rn. 33.

116 Bezogen auf den Umweltschutz heißt das vor Einführung der ersten Umweltquerschnittsklausel in den EWGV im Jahr 1987, siehe dazu bereits unter Teil 1 B) II; bezogen auf den Gesundheits- bzw. Verbraucherschutz vor Einführung der Gesundheitsschutzklausel durch den Maastrichter Vertrag 1992 bzw. vor Einführung der Verbraucherschutzklausel durch den Amsterdamer Vertrag 1997.

das Gegenüber des Grundprinzips des Vertrages – Verwirklichung der Freiheit des Binnenmarktes – und von Gemeinwohlzielen wie Gesundheits-, Verbraucher- und Umweltschutz ging. Die Fragestellung ergab sich im Spannungsfeld der Art. 30, 36 EWGV mit den Vorbehalten für nationale Regelungen der Mitgliedstaaten. Öffentliche Gesundheit, Schutz der Verbraucher oder der Umwelt als zwingende, im allgemeinen Interesse liegende Ziele ließ der Gerichtshof als Legitimation für unterschiedliche nationalstaatliche Handelsregelungen oder technische Vorschriften nur dann gelten, sofern diese Regelungen notwendig, d. h. angemessen und nicht unverhältnismäßig waren; nur dann sei es gerechtfertigt, in Abweichung vom Grundprinzip des Vertrages, dem Freien Warenverkehr, solche Gemeinwohlziele zu verfolgen. Grundlage für derartige Entscheidungen war das Leiturteil *Cassis de Dijon*[117]. Seit ihm ist anerkannt, dass aus Gründen des Verbraucherschutzes in Ermangelung einer gemeinschaftsweiten Harmonisierung die Mitgliedstaaten den freien Warenverkehr einseitig einschränken können. Dass erst der EUV den Weg für spezifische Verbraucherschutzaktionen in der Union gebahnt hat, darf also nicht darüber hinwegtäuschen, dass Verbraucherschutz damals bereits seit fast zwei Jahrzehnten fest in der Rechtsprechung des Gerichtshofs verankert war[118].

Mit der Begriffsbestimmung der durch Art. 30 EWGV untersagten Handelshemmnisse wurden der Kommission Auslegungskriterien für eine strengere Kontrolle der Anwendung der Vertragsvorschriften über den Freien Warenverkehr vorgegeben: Nur unter den genannten Kautelen der Notwendigkeit für zwingende Erfordernisse bei der Verfolgung von Gemeinwohlzielen sollten die Mitgliedstaaten in Ermangelung gemeinschaftsrechtlicher Regelungen des Absatzes einer Ware für ihr Hoheitsgebiet diesen Absatz betreffende Vorschriften erlassen dürfen, die Hemmnisse für den Freien Warenverkehr mit sich brachten[119].

Dabei hob der Gerichtshof zu Art. 36 EWGV mit dessen Schutzzielen jeweils hervor, dass es sich hierbei um eine Ausnahmevorschrift, und – wie auch der Artikel formulierte – nicht etwa um einen Sondervorbehalt zugunsten der Mitglied-

117 EuGH 20. 2. 1979, Rs 120/78, Slg. 649.
118 Vgl. *Dauses / Sturm*, ZfRV 1996, 133.
119 Vgl. EuGH 9. 12. 1981, Rs 193/80, Slg. 3019; EuGH 17. 12. 1981 *(Fumicot)*, Rs 272/80, Slg. 3277; es sei in diesem Zusammenhang auch auf die frühe Entscheidung des EuGH vom 10. 12. 1968, Rs 7-68, Slg. 634, 4. und 5. Leitsatz, Kommission gegen Italienische Republik, hingewiesen, wonach sich ein Mitgliedstaat, der zum Schutz des nationalen Kulturgutes von künstlerischem, geschichtlichem oder archäologischem Wert Ausfuhrbeschränkungen erließ, auf Art. 36 EWGV berufen durfte, wenn er sowohl hinsichtlich des zu erreichenden Zwecks als auch der anzuwendenden Mittel die durch diese Vorschrift gezogenen Grenzen einhielt – eine frühe inhaltliche Bejahung des Schutzobjekts der heutigen Kulturquerschnittsklausel.

staaten im Sinne ihrer ausschließlichen Zuständigkeit für die in den Ausnahmetatbeständen genannten Politikbereiche handele; der Artikel nannte lediglich Rechtfertigungsgründe für eine Durchbrechung des grundsätzlichen Verbotes von Handelshemmnissen im Einzelfall[120].

Offensichtlich haben sich die heutigen Querschnittsklauseln, wenn sie die Einbeziehung ihrer Schutzziele in die Politik und Maßnahmen der Gemeinschaft postulieren, deutlich von einem Prinzip Regel-Ausnahme gelöst.

Diese frühere Rechtsprechung vermittelt mithin keine brauchbaren Ergebnisse für die Untersuchung zur Rolle der Querschnittsklauseln, zumal es bei diesen Entscheidungen um Aktionen der Mitgliedstaaten, nicht der Gemeinschaft, ging und – wie erörtert – die Querschnittsklauseln nicht zugunsten (bzw. zu Lasten) der Mitgliedstaaten spielen.

Für die Untersuchung von Interesse ist indessen, was der Gerichtshof schon damals in diesem Kontext inhaltlich zu den jetzt durch Querschnittsklauseln geschützten allgemeinen Vertragszielen sagte, dass nämlich Verbraucher- bzw. Gesundheitsschutz auf europäischer Ebene – durchaus abweichend vom nationalstaatlichen Verständnis – europarechtliche Spezifika sind. So heißt es etwa im sogenannten *Bierurteil*[121], nationaler Verbraucherschutz dürfe dem im Lichte des Vertrages (Freiheit des Marktes) gesehenen Gemeinschaftsziel ‚Verbraucherschutz' nicht entgegenstehen – keine Zementierung nationalstaatlicher Verbrauchergewohnheiten[122]. Der Gerichtshof führt aus[123], soweit beim jeweiligen Stand der Forschung noch Unsicherheiten bestünden, sei es mangels Harmonisierung Sache der Mitgliedstaaten, unter Berücksichtigung der Erfordernisse des Freien Warenverkehrs innerhalb der Gemeinschaft zu bestimmen, in welchem Umfang sie den Schutz der Gesundheit und des Lebens von Menschen gewährleisten wollten, jedoch müsse das ‚nationale Allgemeinwohl' mit den Gemeinschaftszielen übereinstimmen; nur unter dieser (inhaltlichen) Prämisse dürften die Mitgliedstaaten nicht-diskriminierende und verhältnismäßige Maßnahmen zum Schutz der Allgemeinheit treffen.

Hier findet sich bereits ein Element des gewünschten Funktionierens der später entstehenden Querschnittsklauseln: Zuvorderst die inhaltliche Bestimmung des Schutzzieles, danach die Abwägung gegenüber anderen Vertragsmaximen,

---

120 Der Mitgliedstaat trug deshalb auch die Beweislast für das Vorliegen eines Ausnahmetatbestandes, *Geiger*, EG-Vertrag, Art. 36 EGV Rn. 1- 4.

121 EuGH 12. 3. 1987, Rs 178/84, Slg. 1227.

122 Unter Verweis auf EuGH 27. 2. 1980, Rs 170/78, Slg. 417 bzw. auf EuGH 9. 12. 1981, Rs 193/80, Slg. 3019.

123 Unter Verweis auf seine ständige Rechtsprechung, z. B. EuGH 14. 7. 1983, Rs 174/82, Slg. 2445.

der Bezug europarechtlicher Allgemeinziele zu anderen Grundprinzipien des Vertrages und die zutreffende Gewichtung untereinander.

Eigentliche Relevanz für die Untersuchung können freilich nur Entscheidungen des EuGH zu einschlägigen Problematiken innerhalb der Gemeinschaftstätigkeit besitzen, also zur Rechtsanwendung von Gemeinschaftsorganen – den späteren Adressaten der Querschnittsklauseln – bei der Verwirklichung des Binnenmarktes.

Zum Miteinander von Gemeinschaftstätigkeit mit dem Ziel dieser Verwirklichung und anderen Vertragszielen – hier dem sozialpolitischen der Vermeidung drohender Arbeitslosigkeit, ein heute in der Klausel zur Beschäftigungspolitik verankertes Anliegen – heißt es in einem Urteil des Gerichtshofs vom 8. 2. 1968[124]: ‚Es trifft zu, dass es bei der Schaffung des Gemeinsamen Marktes vornehmlich auf die rationellste Verteilung der Erzeugung auf dem höchsten Leistungsstand ankommt. Dies bedeutet aber nicht, dass die in Art. 2 des Vertrages genannten sozialpolitischen Ziele unter allen Umständen zweitrangig sein müssten, und dass die Gemeinschaft in keinem Fall ihr Handeln von ihnen bestimmen lassen dürfte. Die in den Artikeln 2 und 3 aufgestellten allgemeinen Ziele des Vertrages können nicht sämtlich unter allen Umständen in vollem Umfang gleichzeitig verfolgt werden. Die Gemeinschaft muss daher ständig für einen Ausgleich zwischen einzelnen Zielen sorgen. Sie muss ferner, wenn Widersprüche auftreten, dem einen oder anderen dieser allgemeinen Ziele den ihm nach ihrer Meinung unter den wirtschaftlichen Verhältnissen, für die sie ihre Entscheidung trifft, gebührenden Vorrang einräumen...‘

Die Kommission war demzufolge im entschiedenen Fall nach Auffassung des EuGH berechtigt, unter Gewichtung der Gefahr drohender Arbeitslosigkeit Genehmigungen für Ausnahmetarife als Unterstützungsmaßnahmen zu erteilen, der Gerichtshof schloss sich damit der Argumentation des klagenden Mitgliedstaats von der ‚Zweitrangigkeit‘ des sozialpolitischen Ziels nicht an, erkannte eine bestehende Berechtigung, ja Verpflichtung der Gemeinschaft an, einem allgemeinen Vertragsziel unter Umständen Vorrang vor dem Prinzip der Freiheit des Wettbewerbs einzuräumen.

Weit vor Einführung der ersten Querschnittsklausel erkannte der Gerichtshof zudem die Praxis der Gemeinschaftsorgane an, Gemeinwohlziele wie Gesundheitsschutz, technische Sicherheit im Sinne von Verbraucherschutz und später auch Umweltschutz bei ihren Aktivitäten zu berücksichtigen, ohne dabei detailliertere Verfahrensvorgaben zu liefern oder die Beziehung des Grundsatzes der Handelsfreiheit zu im Allgemeininteresse liegenden Zielen näher zu definieren. Die Urteile billigten die entsprechende Handhabung der Gemeinschaftsorgane,

---

124 EuGH vom 8. 2. 1968, Rs 28-66, Slg. 2, 20.

ohne dieses Vorgehen dogmatisch einzuordnen oder Regeln für solche Abwägungsvorgänge aufzustellen.

Freier Wettbewerb und Umweltschutz waren die Gegenpole im Rahmen der EuGH-Entscheidung vom 7. 2. 1985 betreffend die Frage der Auslegung und Gültigkeit einer Richtlinie über Altölbeseitigung, um die Vereinbarkeit eines französischen Dekrets über die Regelung der Altölverwertung sowie der zu seiner Durchführung ergangenen Verordnungen mit den Gemeinschaftsvorschriften beurteilen zu können[125]. Hier formuliert der Gerichtshof dahin, dass der Grundsatz der Handelsfreiheit nicht absolut gelte, sondern bestimmten Beschränkungen unterworfen sei, die durch die von der Gemeinschaft verfolgten, im Allgemeininteresse liegenden Ziele gerechtfertigt seien, sofern das Wesen dieser (Handelsfreiheits-) Rechte nicht beeinträchtigt werde. Die Richtlinie nun habe jene Beschränkungen nicht ignoriert. Sie falle nämlich in den Rahmen des Umweltschutzes, eines wesentlichen Zieles der Gemeinschaft. Dies liest sich wie die inhaltliche Immanenz des Klauselzieles Umweltschutz in jedweder auf dem Vertrag basierenden Tätigkeit, hier der Gesetzgebung der Gemeinschaft, ist andererseits auch schon Ausdruck gebotener inhaltlicher Reziprozität.

Zum Zeitpunkt der Urteilsfindung war Art. 130r Absatz 2 Satz 2 noch nicht durch die EEA in den EWGV eingeführt. Dennoch hat das Gericht hier – richtungsweisend – bestätigt, dass Belange wie der Umweltschutz in andere Sachbereiche (Handelsfreiheit) derart einzubeziehen sind, dass sie hier unter Umständen als Beschränkung wirken. Hier findet sich die Bestätigung einer durch den Vertrag vorgegebenen gegenseitigen inhaltlichen Durchdringung, ohne dass der Gerichtshof die Wertigkeit der Allgemeinen Ziele einerseits und die Vollendung des Binnenmarktes andererseits näher bestimmt, er überlässt den Ausgleich, wie in dem vorgenannten Urteil des Jahres 1968 zitiert, der Entscheidung der Gemeinschaftsorgane.

Weitere Entscheidungen zum hier interessierenden Verhältnis Gemeinschaftstätigkeit in Bezug auf sonstige Schutzziele des Vertrages befassen sich im wesentlichen mit Fragen zu Inhalt und Verständnis des jeweils betroffenen Zieles, meist des Gesundheits- und Verbraucherschutzes. Der EuGH beschränkt sich darauf zu wiederholen, dass etwa der Verbraucherschutz auf Gemeinschaftsebene ein anzuerkennendes Anliegen sei, definiert mehr und mehr das Objekt dieses Schutzes, so z. B. das Recht auf zuverlässige und von nationalen Behörden leicht zu kontrollierende Information des Verbrauchers[126], kennzeichnet etwa den Ab-

---

125 EuGH 7. 2. 1985, Rs 240/83, Slg. 531, betreffend das Dekret Nr. 79-981 vom 21. 11. 1979, JORF vom 23. 11. 1979, S. 2900, zur Richtlinie 75/439 des Rates vom 16. 6. 1975, ABl. L 194, S. 31.

126 EuGH 13. 12. 1989, Rs 204/88, Slg. 4361.

fallbegriff in Richtlinien im Rahmen des von der Gemeinschaft angestrebten Gesundheits- und Umweltschutzes[127], unterstreicht in einem Urteil zur Trinkwasserqualität[128] die im Gemeinschaftsrecht begründete selbstverständliche Anerkennung des Rechts der Verbraucher auf eine möglichst hohe Produktqualität sowie auf den größtmöglichen Gesundheitsstandard eines Produktes, beschreibt beispielsweise in der Interdependenz zum Freien Warenverkehr das Spezifikum des Warenzeichens in seiner über das Recht des Inhabers hinausgehenden Hauptfunktion, dem Verbraucher die Ursprungsidentität des gekennzeichneten Erzeugnisses zur Vermeidung von Verwechselungen zu garantieren[129/130]. Dabei bestätigt das Gericht in der Regel das mit den jeweils angegriffenen Verordnungen im Verhältnis von Schutzzweck und Freiheit des Marktes getroffene Abwägungsergebnis.

Soviel zur Vorreiterrolle des EuGH zu den Absichten der Querschnittsklauseln[131].

Seine Einstellung dürfte ihnen entscheidend den Boden bereitet haben, indem er ‚Querschnittsüberlegungen' in verschiedenster Hinsicht schon früh angestellt hat, wenn er einmal die Bedeutung der betroffenen Politiken Umwelt-, Gesundheits- und Verbraucherschutz unterstreicht und sie mit neuen Inhalten füllt, sie gleichzeitig in Bezug zu anderen Vertragsmaximen setzt.

Wenngleich sich die Urteile überwiegend mit Maßnahmen der Mitgliedstaaten befassen, sind die Gedankengänge gegenseitiger Durchdringung von Handlungsfeldern damit jedenfalls im Grundsatz angestoßen worden.

---

127 EuGH 28. 3. 1990, verbundene Rechtssachen 206/88 und 207/88, Slg. I-1461 betreffend die Richtlinie 75/442 des Rates vom 15. 7. 1975 über Abfälle (ABl. L 194, S. 39) und Richtlinie 78/319 des Rates vom 20. 3. 1978 über giftige und gefährliche Abfälle (ABl. L 84, S. 43).

128 EuGH 5. 7. 1990, Rs C-42/89, Slg. I-2821 zur Richtlinie 80/778/EWGV des Rates vom 15. Juli 1980 über die Qualität von Wasser für den menschlichen Gebrauch, ABl. L 229, S. 11.

129 EuGH 17. 10. 1990, Rs C-10/89, Slg. I-3711.

130 Das EuG billigt – nach Durchführung des schriftlichen Verfahrens vor dem EuGH und dessen Verweisung an das Gericht – in einer Entscheidung zu Fernsehprogrammzeitschriften dem gemeinschaftsrechtlichen Verbraucher ein Recht auf umfassende Information über sämtliche Fernsehprogramme zu, EuG 10. 7. 1991, Rs T-70/89, Slg. II-535 Rn. 61, und zusätzlich auf deren komfortable Präsentation zwecks Planbarkeit der Freizeitaktivitäten, EuG 10. 7. 1991, Rs T-76/89, Slg. II-575 Rn. 48.

131 Vgl. für den Bereich der Gesundheitsschutzpolitik auch *Bélanger*, RMC 1989, 564, 567, dem zufolge der EuGH (im Vorfeld der Querschnittsklauseln) trotz strenger Anwendung des Vertragsrechts die Existenz der Gesundheitspolitik bejaht und ihre Entwicklung begünstigt hat.

B) Rechtsprechung des EuGH nach Einführung der Querschnittsklauseln

Mit der Einführung von Querschnittsklauseln haben die Verträge insofern jeweils einen qualitativen Schritt in Richtung Mehrwert der Klauselziele getan, als es bei der Anwendung der Klauseln ihrem Wortlaut nach nun nicht mehr nur um die Berechtigung des Einbringens solcher Ziele in die Gemeinschaftstätigkeit ging, sondern um die gesonderte Verankerung einer Verpflichtung hierzu; der Schritt reichte vom bisherigen *Darf, Kann, Soll* zum nunmehrigen eindeutigen *Muss.*

Über das Bekenntnis des Vertrages zu bestimmten, insofern ursprünglich ‚außervertraglichen' als nicht unmittelbar dem Ziel der Vollendung des Binnenmarktes dienenden politischen Anliegen hinaus – als sonstige Ziele in allgemeiner Form im Vertrag verstreut – werden mit den Klauseln Postulate für das Gemeinschaftshandeln aufgestellt.

Erstaunlich ist, dass sich der EuGH angesichts des langjährigen Engagements seiner Jurisdiktion in dieser Richtung bisher wenig explizit mit den nach und nach eingeführten eigentlichen Querschnittsklauseln und ihren spezifischen Auswirkungen befasst hat. Bislang hat er sich nicht ausdrücklich zur rechtlichen Bedeutung und Reichweite einer Querschnittsklausel *als solcher* geäußert, sie allenfalls zur Auslegung anderer Vorschriften herangezogen[132]. Dies mag daran lie-

---

132 So z. B. in der Entscheidung EuGH 14. 7. 1994, Rs C-379/92, Slg. I-3453, einem Vorabentscheidungsverfahren u. a. auch zur Frage nach der Auslegung des Art. 130r EWGV. – Das vorlegende italienische Gericht fragte an, ob die Art. 130r ff. EWGV einer Regelung wie der streitigen italienischen entgegenstünden, die bewirke, dass den nationalen Schiffen ein absolutes Verbot auferlegt werde, Kohlenwasserstoffe und schädliche Stoffe in exterritoriale Meeresgewässer abzulassen, und damit diese Schiffe praktisch verpflichte, ein anderes Abwasserbeseitigungssystem zu benutzen, das nach Ansicht des vorlegenden Gerichts ineffizient sei und in Widerspruch zu den Verpflichtungen stehe, die Italien auf internationaler Ebene eingegangen ist. Der Gerichtshof führte dazu aus, dass Art. 130r EWGV sich darauf beschränke, die allgemeinen Ziele der Gemeinschaft im Umweltbereich festzulegen. Gemäß Art. 130s EWGV sei der Rat damit betraut, über das Tätigwerden zu beschließen. Art. 130t EWGV bestimme zudem, dass die Schutzmaßnahmen, die gemeinsam aufgrund des Art. 130s EWGV getroffen werden, die einzelnen Mitgliedstaaten nicht daran hinderten, verstärkte Schutzmaßnahmen beizubehalten oder zu ergreifen, die mit dem Vertrag vereinbar sind. Art. 130r EWGV stehe daher einer Regelung wie im Ausgangsverfahren nicht entgegen. Die Querschnittsklausel ist also hier bei der Entscheidungsfindung unterstützend mit herangezogen worden, ohne dass dabei zu ihrer Reichweite, geschweige denn zu ihrem Rechtsnormcharakter eine eindeutige Aussage getroffen worden wäre. – Auch *Kamminga,* European Environmental Law Review 1994, 23, 25, weist darauf hin, dass der Gerichtshof bis dato keine eigene Interpretation des Integrationsprinzips (hier bezogen auf die Umweltklausel) entwickelt habe. Dies sei überraschend angesichts der Tatsache, dass das Gericht in der Vergangenheit, z. B. wenn es um die Balance zwischen Um-

gen, dass ihm ein Rechtsfall mit unmittelbar einschlägiger Problematik noch nicht vorgelegen hat. Die Position, die er zu den Klauseln einnimmt, kann also aus dem vorhandenen Entscheidungsmaterial nur bedingt ermittelt werden. Stellvertretend sei hier auf den auch für *Scheuing* zur Umweltschutzklausel ersichtlichen Gegensatz hingewiesen zwischen der Sorgfalt, die von der EEA bis zur Europäischen Grundrechtscharta der Gestaltung dieser Querschnittsklausel zuteil wurde und dem geringen Stellenwert, den die Klausel bislang in der Rechtsprechung des EuGH erfuhr[133].

Als *eine* quasi vor die Klammer der nachfolgend erörterten Entscheidungen gezogene Prämisse kann die immer wieder auftauchende Äußerung des Gerichtshofs gelten, besondere Ziele des Allgemeinwohls dürften bei dem Erlass eines Rechtsaktes auch dann Berücksichtigung finden, wenn diese Ziele gar nicht die eigentliche Intention, d. h. den Zweck und den Hintergrund für die betreffende Maßnahme bildeten. In eine große Zahl von Urteilen hat der Gerichtshof, wie schon zuvor, die Bejahung von Aspekten wie Gesundheits-, Verbraucher- oder auch Umweltschutz mit einfließen lassen und damit den Integrationsgedanken verwirklicht, ohne dabei auf eine Querschnittsklausel zurückzugreifen.

Im dänischen Pfandflaschen-Fall[134] heißt es: ‚Der Gerichtshof hat den Umweltschutz bereits in seinem Urteil vom 7. Februar 1985 ... als ein ‚wesentliches Ziel der Gemeinschaft' angesehen, das als solches bestimmte Beschränkungen des Freien Warenverkehrs rechtfertigen kann, *diese Beurteilung ist im übrigen durch die Einheitliche Europäische Akte bestätigt worden*'[135] und weiter: ‚Der Umweltschutz stellt somit ein zwingendes Erfordernis dar, dass die Anwendung des Art. 30 EWG-Vertrag einschränken kann'[136]. Im ersten Leitsatz heißt es: ‚Da der Umweltschutz ein wesentliches Ziel der Gemeinschaft darstellt, ist er solch ein zwingendes Erfordernis.'

Die Entscheidung wurde seinerzeit als bemerkenswert eingestuft[137].

---

weltanforderungen und freiem Güterverkehr gegangen sei, – wenn auch vergebens – darum bemüht gewesen sei, ein ‚grüneres' case law zu entwickeln.

133 *Scheuing,* EuR 2002, 619, 629 f.: Mit Ausnahme der Entscheidung zu den Dringlichkeitsmaßnahmen gegen BSE (EuGH 12. 7. 1996, Rs C-180/96 R, Slg. I-3903) habe die Querschnittsklausel dem EuGH nur zur Absicherung aufgrund anderweitiger Überlegungen vorgenommener Zuordnungen einzelner umweltschützender Gemeinschaftsrechtsakte außerhalb des Umwelttitels gedient (wobei sich indessen der BSE-Beschluss zum Gesundheitsschutz verhält).

134 EuGH 20. 9. 1988, Rs 302/86, Slg. 4607, 4630.

135 EuGH, a. a. O., VIII.

136 EuGH, a. a. O., IX.

137 *Rengeling / Heinz,* JuS 1990, 613, 615, sie sprechen von einem Grundsatzurteil des EuGH im Bereich des Spannungsfeldes von Freiem Warenverkehr und Umweltschutz. *Everling* bezeichnete es als Überraschung für all diejenigen, die eine Markt-

Mit dem Hinweis auf die EEA war offensichtlich deren neu eingeführte Querschnittsklausel des Art. 130r Absatz 2 Satz 2 EWGV[138] angesprochen. Diese Querschnittsklausel zum Umweltschutz bestätigte also nach Auffassung des Gerichtshofs, dass der Umweltschutz als wesentliches Gemeinschaftsziel Beschränkungen des Freien Warenverkehrs rechtfertigen kann[139]. Indessen ging es hier wiederum (nur) um die Anwendung von Art. 30 des Vertrages aus der Sicht mitgliedstaatlichen Handelns. Der kurze Verweis auf die EEA erfolgte nur zur Untermauerung der schon früher geäußerten Rechtsansicht, auf das Novum der Querschnittsklausel wurde im übrigen nicht eingegangen[140].

Intensiver befasst sich der Gerichtshof im Rahmen der *Titandioxid*-Entscheidung[141] mit dieser Querschnittsklausel und nun auch mit einem Aspekt der kompetenzmäßig korrekten Umsetzung der Vorschrift. Ihre ausdrückliche Kennzeichnung als das Spezifikum einer Querschnittsklausel findet sich indessen in der Entscheidung wiederum nicht.

Die zwischen Kommission und Rat hier umstrittene Richtlinie habe, so heißt es hier, nach Ziel und Inhalt sowohl den Charakter einer Maßnahme im Umweltbereich im Sinne von Art. 130s EWGV[142] als auch den einer Harmonisierungsmaßnahme im Sinne von Art. 100a EWGV, beides Ermächtigungsgrundlagen.

öffnung um jeden Preis verfolgen, *Everling,* Umweltschutz in der europäischen Gemeinschaft, 29, 38.

138 Vgl. oben Einführung.

139 Hier gab der Gerichtshof der Klage der Kommission gegen das Königreich Dänemark statt, unter Hinweis auf sein schon zitiertes Urteil aus 1985, wonach zum Schutz der Umwelt erlassene Maßnahmen nicht über die unvermeidlichen Beschränkungen hinausgehen dürfen, die aus Gründen des Umweltschutzes gerechtfertigt sind, er bezeichnete die Errichtung eines Pfand- und Rücknahmesystems für Leergut unter diesem Aspekt zwar für erforderlich (a. a. O. XIII.), nicht indessen die von der Kommission hier gerügte Begrenzung der Einfuhr von Getränken aus anderen Mitgliedstaaten in nicht genehmigten Verpackungen; dies sei gegenüber dem verfolgten Ziel unverhältnismäßig.

140 Deshalb lässt sich in dieser Entscheidung auch kein Anhaltspunkt dafür finden, dass der EuGH etwa der Ansicht wäre, Querschnittsklauseln besäßen unmittelbare Gültigkeit auch für die Mitgliedstaaten.

141 EuGH 11. 6. 1991, Rs C-300/89, Slg. I-2867 – Es ging um die Frage der Einschlägigkeit entweder des Art. 100a oder aber des Art. 130s EWGV. Art. 100a EWGV schreibt die Anwendung des in Art. 149 II EWGV vorgesehenen Verfahrens der Zusammenarbeit vor, wogegen Art. 130s EWGV eine einstimmige Beschlussfassung innerhalb des Rates nach einer bloßen Anhörung des Europäischen Parlaments bestimmt. Durch einen Rückgriff auf mehrere Rechtsgrundlagen werde das Verfahren der Zusammenarbeit ausgehöhlt.

142 Heutiger Art. 175 EGV, die Vorschrift gewährt(e) dem Rat Rechtsetzungskompetenzen im Bereich der Umweltpolitik gemäß Art. 130r EGV a. F. (heute Art. 174 EGV). Während Art. 130r EWGV nach der Systematik des Vertragstitels Umwelt

Für solche Fälle gelte die Rechtsprechung des Gerichtshofs, dass das handelnde Gemeinschaftsorgan seinen Rechtsakt auf der Grundlage beider Bestimmungen zu erlassen hat[143]. Diese Rechtsprechung finde hier aber deshalb keine Anwendung, weil wegen der verfahrensmäßigen Unterschiede der beiden einschlägigen Vorschriften die Mitwirkungsrechte des Parlaments (im Rahmen des Verfahrens nach Art. 100a EWGV) in Frage gestellt würden; es müsse also die zutreffende Rechtsgrundlage schon ermittelt werden. Weil nun inhaltlich das Gebot der Querschnittsklausel ohnehin allen anderen Vertragspolitiken immanent sei, also auch der beabsichtigten Angleichung nationaler Wettbewerbsverzerrungen mit umweltschutzrechtlichem Bezug durch die streitige Richtlinie, stehe eine Maßnahme im Sinne von Art. 100a EWGV in Rede, müsse also auch auf diesen Artikel gestützt werden. Die einschlägige Passage[144] lautet dahin: Nach Art. 130r Absatz 2 Satz 2 EWGV (Querschnittsklausel) seien die Erfordernisse des Umweltschutzes Bestandteil der anderen Politiken der Gemeinschaft und wörtlich: ‚Dieser Grundsatz bedeutet, dass eine Maßnahme der Gemeinschaft nicht bereits deshalb unter Art. 130s EWGV (‚Kompetenznorm') fällt, weil mit ihr auch Ziele des Umweltschutzes verfolgt werden.'

Umweltschutzrechtliche Vorschriften könnten die betroffenen Unternehmen belasten und mangels Angleichung der einschlägigen nationalen Bestimmungen den Wettbewerb spürbar verfälschen, *daraus folge,* dass eine Maßnahme, durch die die nationalen Rechtsvorschriften über die Produktionsbedingungen in einem bestimmten Wirtschaftssektor zur Beseitigung der Wettbewerbsverzerrungen in diesem Sektor angeglichen werden sollten, geeignet sei, zur Verwirklichung des Binnenmarktes beizutragen, deshalb in den speziell hierauf zugeschnittenen Geltungsbereich des Art. 100a EWGV falle.

Das Urteil endet mit der Erwägung, da nach Art. 100a Absatz 3 EWGV die Kommission bei ihren Maßnahmen zur Angleichung der nationalen Rechtsvorschriften in diesem Sinne unter anderem im Bereich des Umweltschutzes von einem hohen Schutzniveau ausgehen müsse, weise diese Bestimmung somit ausdrücklich daraufhin, dass die in Art. 130r EWGV genannten Ziele des Umweltschutzes mit gemäß Art. 100a EWGV erlassenen Harmonisierungsmaßnahmen wirksam verfolgt werden können[145].

---

eine obligatorische Intention gemeinsamer Umweltpolitik auf Gemeinschaftsebene vorgeben sollte, hielt Art. 130s EWGV die zu dieser Zielverfolgung notwendigen Befugnisse bereit, *Epiney / Furrer,* EuR 1992, 369, 393.

143 Unter Hinweis auf EuGH vom 27. 9. 1988, Rs 165/87, Slg. 5545 Rn. 11.

144 EuGH 11. 6. 1991, Rs C-300/89, Slg. I-2867 Rn. 22.

145 EuGH, a. a. O., Rn. 24.

Damit äußert sich der Gerichtshof zur Querschnittsklausel unmittelbar nur inhaltlich, indem er ihren Auftrag als ohnehin in jede Gemeinschaftspolitik integriert ansieht und zu ihrer eigenen kompetenzmäßigen Rolle keine Aussage trifft[146].

Die Entscheidung bedeutet zum einen keine Abkehr von der Schwerpunktbetrachtung des EuGH, bei der der Gerichtshof die Abstützung einer Maßnahme auf eine Ermächtigungsgrundlage dann ablehnte, wenn diese Maßnahme nur ‚nebenbei' die von der Norm bezeichneten bestimmten Rechtswirkungen erzielt[147], sagt zum anderen nicht aus, dass die Querschnittsklausel die Regelungen des Kompetenztitels Umwelt modifiziere. Die Entscheidung gründet nicht auf dieser Schwerpunktbetrachtung, sondern stellt auf der Suche nach der Rechtsgrundlage für Regelungen der Gemeinschaft im Umweltbereich klar, dass es zur Anwendung des Art. 100a EWGV bereits genüge, dass eine solche Maßnahme Unterschiede der Wettbewerbsbedingungen beseitigt, da dies der Verwirklichung des Binnenmarktes diene[148].

Breier will aus der Argumentation des Gerichtshofs ableiten, dass, sofern ein Rechtsakt neben der Umweltpolitik auch Ziele anderer Sachbereiche verfolgt, Art. 130s EWGV nicht mehr die korrekte Rechtsgrundlage abgeben könne[149]; über die Querschnittsklausel des Art. 130r Absatz 2 Satz 2 EWGV würden Umweltschutzerfordernisse in andere Politikbereiche inkorporiert, so dass die Klausel aufgrund ihrer integralen Intention es letztlich rechtfertige, Rechtsakte mit pluralistischer Zielverfolgung nur auf eine einzige Rechtsgrundlage zu stützen, ohne dass es noch einer Doppelabstützung bedürfe. In der Tat kann die Entscheidung den Eindruck entstehen lassen, als ob die Auswirkung jedenfalls der damaligen umweltpolitischen Querschnittsklausel aufgrund ihrer gesamtvertraglich wirksamen Bandbreite einen Verzicht auf Doppelabstützung ermögliche, die Ab-

---

146 *Scheuing,* EuR 2002, 619, 629 f., vgl. auch Fn. 133.

147 EuGH 4. 10. 1991, Rs C-70/88, Slg. I-4529, 4566 ff.; EuGH Rs C-405/92 European Environmental Law Review 1994, 117, 119 f.

148 *Everling,* NVwZ 1993, 209, 211 – Ähnlich auch *Micklitz / Reich,* EuZW 1992, 593, 597, nach deren Auffassung die Titandioxid-Entscheidung das Verhältnis von Art. 100a EWGV und Art. 130s EWGV in dem Sinne begreife, dass Art. 100a lex specialis zu Art. 130s EWGV sei, sofern eine Richtlinie sowohl die Verwirklichung des Binnenmarktes als auch eine Verbesserung des Umweltschutzes anstrebe. Nach der Schwerpunktbetrachtung ist also die Zielrichtung einer geplanten Maßnahme für die Frage nach deren Kompetenzbegründung entscheidend, unter dem Gesichtspunkt der Spezialität sollen demgegenüber alle Rechtsakte, die sich mit dem freien Warenverkehr in Verbindung bringen lassen, auf Art. 100a EGV a. F. gestützt werden, vgl. *Hüwels* in *Lenz,* EG-Handbuch, 780.

149 *Breier,* EuR 1995, 46, 51 ff.

stützung also allein auf eine an sich *Umwelt-fremde* Ermächtigungsnorm zulasse, wo neben dem Umweltschutz auch andere Vertragspolitiken verfolgt werden.

Die Aussage des Gerichtshofs geht indessen so weit nicht. Im zweiten Leitsatz der Entscheidung wird die Verpflichtung zur Doppelabstützung ausdrücklich vorausgeschickt; sie wird nur deshalb ausnahmsweise für nicht anwendbar erklärt, weil sonst Mitwirkungsrechte des Parlaments beeinträchtigt würden. Weil also die zutreffende der beiden in Frage kommenden Rechtsgrundlagen zu suchen war und Art. 100a Absatz 3 EWGV ohnehin auf die in Art. 130r EWGV genannten Ziele des Umweltschutzes verweise, müsse die im übrigen in den Geltungsbereich des Art. 100a EWGV fallende Richtlinie auch auf der Basis dieser Vorschrift erlassen werden, indem hier auch Ziele des Umweltschutzes (Art. 130r Absatz 2 Satz 2 EWGV) mitverfolgt werden. Ziele des Umweltschutzes könnten also nicht nur auf der Basis der Umweltschutzkompetenz des Art. 130s EWGV verfolgt werden. Damit rüttelt das Urteil keineswegs unter Verweis auf die Querschnittsklausel am Kompetenztitel Umwelt.

Die Klausel verlagert nach dieser EuGH-Feststellung weder Kompetenzvorschriften noch vermag sie sie zu schwächen; die Würdigung durch das Gericht will lediglich besagen, dass Umweltaspekte in anderen Politikbereichen Berücksichtigung finden können, ohne dass es einer Abstützung auf Umweltkompetenzen bedarf.

Mithin hat das Titandioxid-Urteil zum einen nichts dazu gesagt, ob die Querschnittsklausel als eine Art verdeckte Ermächtigungsgrundlage fungieren kann, zum anderen aber auch nicht bestätigt, dass sie von nun an die Kompetenzgrundlage bei Maßnahmen mit schwerpunktmäßigem Umweltbezug darstellt. Hätte das Gericht das ausgesprochen, so würde Art. 130r Absatz 2 Satz 2 EWGV den Art. 130s EWGV verzichtbar machen, was auf den heutigen EGV bezogen heißt: Über Art. 6 EGV ließe sich alles rechtfertigen, was primär im Hinblick auf Umweltaspekte geschieht, und es bedürfte keines Artikels 174 EGV mehr.

Angemerkt sei hier, dass im Rahmen dieses Verfahrens die Bewertung des Art. 130r Absatz 2 Satz 2 EWGV durch den Generalanwalt *Tesauro* weiter ging, wenn er in seinem Schlussantrag[150] ausführte, *die Vorschrift bedeute* zum einen, dass sich die Gemeinschaftsorgane bei der Erfüllung der ihnen zugewiesenen Aufgaben nicht über die Gesichtspunkte des Umweltschutzes hinwegsetzen könnten, zum anderen aber auch, dass Maßnahmen, in denen diese Gesichtspunkte zum Ausdruck kommen, auch bei der Ausübung anderer als der in Art. 130r ff. EWGV vorgesehenen Befugnisse, namentlich derjenigen, die sich auf die Verwirklichung des Binnenmarktes beziehen, getroffen werden könnten. Das hat der Gerichtshof indes in seinem Urteil so nicht aufgegriffen. Nur indirekt

150 EuGH 11. 6. 1991, Rs C-300/89, Slg. I-2867, 2891.

belegt die Entscheidung, dass es zunächst einmal zulässig sein muss, bei einer Regelung des Warenverkehrs Umweltgesichtspunkte mit zu berücksichtigen. Dies scheint für den Gerichtshof indessen mehr auf seiner gefestigten langjährigen Rechtsprechung als auf der Querschnittsklausel selbst zu beruhen.

Fazit der Titandioxid-Entscheidung bleibt daher, dass der EuGH hier in Bezug auf eine eigentliche Kompetenzbegründung durch eine Querschnittsklausel keine Aussage getroffen hat[151].

Die Querschnittsklausel zum Verbraucherschutz spielte im Rahmen eines Verfahrens aus dem Jahre 1997 eine Rolle. Hier hatte das Gericht über die Wirksamkeit der Richtlinie über Einlagensicherungssysteme zu entscheiden[152]. Sie verpflichtet in ihrem Artikel 3 die Mitgliedstaaten dazu, in ihren Hoheitsgebieten für die Errichtung und amtliche Anerkennung eines oder mehrerer Einlagensicherungssysteme zu sorgen.

Der Generalanwalt *Léger* hatte hier mit der Vorschrift des Art. 129a EGV a. F., der Querschnittsklausel zum Verbraucherschutz, argumentiert[153]. Ihr Anwendungsbereich sei keineswegs restriktiv auszulegen. Ihr Wortlaut sei so zu verstehen, dass die Zuständigkeit der Gemeinschaft auf dem Gebiet des Verbraucherschutzes ergänzender Natur sei (‚... leistet einen Beitrag ...‘). Art. 129a EGV a. F. erlaube den Erlass zwingender Vorschriften und müsse, falls die angefochtene Richtlinie einer zweiten Rechtsgrundlage bedürfe, diese Rechtsgrundlage darstellen.

Damit wurde die grundsätzliche Eignung einer Querschnittsklausel als kompetenzbegründende Norm bejaht.

---

151 Auch *Everling,* Buchpreisbindung im deutschen Sprachraum und Europäisches Gemeinschaftsrecht, 32, betont, dass der EuGH in der Entscheidung bei der Frage, ob Regelungen auf Art. 130s EWGV oder Art. 100a EWGV gestützt werden müssen, nicht die Querschnittsklausel als richtige Rechtsgrundlage benannt hat, sondern vielmehr den Sinn und Zusammenhang der Regelungen für ausschlaggebend erachtete. – In der Abfallrichtlinienentscheidung (EuGH 17. 3. 1993, Rs C-155/91, Slg. I-939), in der es wiederum um die Einschlägigkeit von Art. 130s oder Art. 100a EGV a. F. als Rechtsgrundlage für eine Richtlinie mit paralleler Zielsetzung ging, bezeichnete der Gerichtshof Art. 130s EGV a. F. als die zutreffende Norm, da der Schwerpunkt der Maßnahme im Umweltbereich liege. Eine Erwähnung der Querschnittsklausel zum Umweltschutz als (eventuelle zusätzliche) Legitimation erfolgte nicht, da mit der Umweltkompetenzregelung des Art. 130s EGV a. F. die Rechtsgrundlage eindeutig ausgemacht war.

152 EuGH 13. 5. 1997, Rs C-233/94, Slg. I-2405, zur Richtlinie 94/19/EG des Europäischen Parlaments und des Rates vom 30. Mai 1994 über Einlagensicherungssysteme, ABl. L 135, S. 5.

153 EuGH, a. a. O., Slg. I-2405, 2422 ff.

Auch die Klägerin (die Bundesrepublik Deutschland) machte geltend, bestimmte Regelungen der Richtlinie verstießen gegen das in Art. 129a EGV a. F. genannte Ziel, ein hohes Verbraucherschutzniveau zu erreichen.

Der Gerichtshof kommt indessen in seiner Entscheidung auf die Querschnittsklausel nicht zu sprechen. Es mag dies damit zusammenhängen, dass sie sich – entsprechend den jetzt geltenden Querschnittsklauseln, wie erörtert – an die Gemeinschaft richtete, ihre Beachtung als von der Klägerin ohnehin nicht einklagbar angesehen wurde. Der EuGH führt aus, die Mitgliedstaaten könnten im Falle fehlender Koordinierung auf Gemeinschaftsebene unter bestimmten Voraussetzungen nationale Maßnahmen erlassen, mit denen ein mit dem Vertrag vereinbares berechtigtes Ziel verfolgt werde, und die aus zwingenden Gründen des Allgemeininteresses, zu denen der Verbraucherschutz gehöre, gerechtfertigt seien[154]. Zur gerügten Missachtung des Zieles, ein hohes Verbraucherschutzniveau zu erreichen, führt der Gerichtshof aus, Verbraucherschutz sei zwar eines der Ziele der Gemeinschaft, offenkundig aber nicht ihr einziges[155]; der Vertrag enthalte keine Bestimmung, die den Gemeinschaftsgesetzgeber verpflichte, das höchste in einem Mitgliedstaat bestehende Schutzniveau festzuschreiben, wenngleich mit der Niederlassungsfreiheit und dem freien Dienstleistungsverkehr – Zielen, deren Förderung die Richtlinie diene – ein hohes Verbraucherschutzniveau einherzugehen habe.

In der Sache ging es in diesem Kontext nicht um die Problematik einer Kompetenz aufgrund von Querschnittsklauseln, sondern um deren Interpretation i. S. ihrer Ausstrahlungswirkung und Intensität.

In weiteren Entscheidungen, die sich ebenfalls mit der Suche nach der zutreffenden Rechtsgrundlage für Gemeinschaftshandeln befassten, kam es zu teilweise ausdrücklicher Bezugnahme auf die jeweils einschlägige existente Querschnittsklausel, so in den Urteilen zu den Richtlinien über Mindestanforderungen zum Schutz von Legehennen in Käfigbatteriehaltung[156], über das Verbot des Gebrauchs bestimmter Stoffe mit hormonaler Wirkung im Tierbereich[157], über den Handel mit tierischen Drüsen und Organen für die pharmazeutische Industrie[158] und in dem Urteil zum sogenannten Rinderwahnsinn (BSE)[159].

Gemeinsam enthielten diese Urteile erneut die Feststellung des Gerichtshofs, bei der Verfolgung der Ziele einer bestimmten Vertragspolitik (z. B. Gemeinsame Agrarpolitik) dürfe von Erfordernissen des Allgemeininteresses wie etwa des

---

154 EuGH, a. a. O., Slg. I-2405, 2450.
155 EuGH 13. 5. 1997, Rs C-233/94, Slg. I-2405, 2459.
156 EuGH 23. 2. 1988, Rs 131/86, Slg. 905.
157 EuGH 23. 2. 1988, Rs 68/86, Slg. 855.
158 EuGH 16. 11. 1989, Rs C-131/87, Slg. 3743.
159 EuGH 5. 5. 1998, Rs C-180/96, Slg. I-2265.

Verbraucher- oder Gesundheitsschutzes nicht abgesehen werden, vielmehr hätten die Gemeinschaftsorgane diesen Interessen bei der Ausübung ihrer Befugnisse Rechnung zu tragen. Damit bestätigte das Gericht jeweils seine ständige Rechtsprechung, der zufolge bei der Ausnutzung von Handlungsbefugnissen aus dem Vertrag auch andere Gesichtspunkte des Allgemeinwohls berücksichtigt werden können als diejenigen, denen jene Kompetenzen primär dienen, äußerte sich indessen trotz der ausdrücklichen Bezugnahme auf eine Querschnittsklausel zu deren Rechtsnatur auch hier nicht.

Ebensowenig geschah dies mit dem Beschluss zu den Eilmaßnahmen gegen BSE aus dem Jahre 1996. Das Vereinigte Königreich hatte sich gegen den Beschluss der Kommission gewandt, die vorläufig den Versand von Tieren oder Rindfleisch aus dem Vereinigten Königreich in die anderen Mitgliedstaaten untersagt hatte. England rügte die Anordnung mit der Begründung, es handle sich hierbei nur um eine wirtschaftliche Maßnahme der Kommission zur Stabilisierung des Rindfleischmarktes. Dagegen hält der EuGH, nach einer Begründungserwägung der Maßnahme habe die Kommission vor allem den Schutz der Gesundheit im Zusammenhang mit dem Binnenmarkt im Auge gehabt. Nach Art. 3 Buchstabe o) EGV a. F. gehöre zu den Zielen der Gemeinschaft ein ‚Beitrag zur Erreichung eines hohen Gesundheitsschutzniveaus'. Dieses Ziel werde in Art. 129 Absatz 1 Unterabsatz 1 EGV a. F. wieder aufgegriffen, wonach die Gemeinschaft einen Beitrag zur Sicherstellung eines hohen Gesundheitsschutzniveaus leistet. Und dann zur Querschnittsklausel wörtlich, ohne sie in irgendeiner Form zu werten: ‚Nach Art. 129 Absatz 1 sind die Erfordernisse im Bereich des Gesundheitsschutzes Bestandteil der übrigen Politiken der Gemeinschaft', dann erfolgt der Übergang zu anderen Überlegungen. Wenn hieraus geschlossen wird, im Blick auf die Dringlichkeitsmaßnahmen habe der EuGH hier der Querschnittsklausel eine über die Rechtsgrundlagenproblematik hinausgehende Bedeutung zuerkannt[160], vermag dies nicht zu überzeugen.

Die Maßnahmen werden vom EuGH nicht so eingeordnet, als ob ‚kraft der Querschnittsklausel' die umweltverfassungsrechtlichen Handlungsgrundsätze wie hohes Schutzniveau sowie Vorsorge und Vorbeugung in die Maßnahmen der Kommission einbezogen werden durften[161]. Zuzugestehen ist allein, dass hier der Transport besagter Grundsätze in andere Handlungsbereiche der Gemeinschaft immerhin angesprochen wurde. Die rechtliche Bewertung der Querschnittsklausel über eine Argumentationshilfe hinaus ist mit den Ausführungen des EuGH dagegen nicht erfolgt.

---

160 *Scheuing,* EuR 2002, 619, 630.
161 So aber *Scheuing,* a. a. O., 626, 630.

Deutlicher, nämlich ausdrücklich auf den Handlungsauftrag der Querschnittsklausel hinweisend, wird der EuGH in der Entscheidung *PreussenElectra AG* gegen *Schleswag AG*. Hier heißt es: ‚Außerdem müssen die Erfordernisse des Umweltschutzes gemäß Satz 3 des Art. 130r Absatz 2 Unterabsatz 1 EG-Vertrag (nach Änderung jetzt Art. 174 Absatz 2 Unterabsatz 1 EG) bei der Festlegung und Durchführung anderer Gemeinschaftspolitiken einbezogen werden. Im Vertrag von Amsterdam erscheint diese Bestimmung in leicht veränderter Form in Art. 6 EG im Ersten Teil – Grundsätze – des Vertrages‘[162]. Indessen schließt sich auch hier keine rechtliche Qualifikation der Klausel an, sie kann den Ausführungen allenfalls mittelbar entnommen werden.

Mit der sich wiederholenden Aussage, dass Ziele des Gemeinwohls, die an sich thematisch einen anderen Zuständigkeitsbereich berühren, im Rahmen einer sachfremden Zuständigkeit verfolgt werden können, hat der Gerichtshof die Mission der vertragsübergreifenden Wirkung der Querschnittsklausel angesprochen, eine weitergehende rechtliche Einordnung ihrer wiederum nicht vorgenommen.

Die Kultur-Querschnittsklausel schließlich war Gegenstand der sogenannten Fernsehrichtlinienentscheidung[163]. Hier führte der EuGH nach der Feststellung, diese Richtlinie verfolge auch kulturelle Ziele, aus, die Gemeinschaft leiste zwar gemäß Artikel 128 EGV a. F. einen Beitrag zur Entfaltung der Kulturen der Mitgliedstaaten unter Wahrung ihrer nationalen und regionalen Vielfalt sowie gleichzeitiger Hervorhebung des gemeinsamen kulturellen Erbes und trage ferner gemäß Absatz 4 den kulturellen Aspekten bei ihrer Tätigkeit aufgrund anderer Bestimmungen des Vertrages Rechnung; dieser Artikel enthalte jedoch keine Ermächtigung des Empfangsstaates, Sendungen aus einem anderen Mitgliedstaat in Abweichung von der Regelung der Fernsehrichtlinie einer erneuten Kontrolle zu unterwerfen[164].

Dies war die Antwort auf den Vortrag der belgischen Regierung, die Richtlinie müsse ‚im Lichte‘ des neu eingefügten Art. 128 des Vertrages ausgelegt werden und gestatte deshalb das von Belgien eingeführte zusätzliche Kontrollsystem für Fernsehsendungen aus anderen Mitgliedstaaten.

Es bleibt offen, ob der EuGH damit prinzipiell eine Berufung auf die Querschnittsklausel als Ermächtigungsgrundlage ablehnt; jedenfalls lässt er sie hier nicht zugunsten eines Mitgliedstaates für die Abweichung von einer Richtlinie spielen[165].

---

162 EuGH 13. 3. 2001, Rs C-379/98, Slg. I-2099 Rn. 76.

163 EuGH 10. 9. 1996, Rs C-11/95, Slg. I-4115.

164 EuGH, a. a. O., Rn. 46 – 50.

165 Was im übrigen dem Ergebnis der Untersuchung zum fehlenden Adressatenstatus der Mitgliedstaaten entspräche.

Wahrscheinlich spricht der EuGH hier nur zur inhaltlichen Vorgabe der Kulturquerschnittsklausel: Die von ihr eingeforderte Wahrung der nationalen Vielfalt der Kulturen autorisiere keine über die Fernsehrichtlinie hinausgehende zusätzliche nationale Kontrolle.

Somit ist auch dieser Befassung mit einer Querschnittsklausel nichts Generelles zu ihrer rechtlichen Beurteilung zu entnehmen.

Die bisherige Rechtsprechung des EuGH zur Wirkweise der Querschnittsklauseln lässt sich zusammenfassend wie folgt bewerten:

Die inhaltliche Nähe des Gerichtshofs zu den Zielen der Gemeinschaft, wie sie die Klauseln positiv-rechtlich unterstreichen, ist offensichtlich. Mit dem Zusammenspiel mehrerer Vertragsziele in Konkurrenz hat sich der Gerichtshof verschiedentlich befasst.

Spezifische Kennzeichnungen von Rechtsnatur und Funktion der Querschnittsklauseln fehlen hierbei, es bestand offenbar für das Gericht noch kein Bedarf nach entsprechender dogmatischer Klärung. Der Gerichtshof billigt weiterhin die Praxis der Gemeinschaftsorgane, bei ihrer Arbeit durch Querschnittsklauseln betonte Vertragsziele zu berücksichtigen. Dies zu bestätigen erwähnt er fallweise die einschlägige Querschnittsklausel, meist beschränkt er sich dabei auf die Betonung eines selbstverständlichen Grundprinzips des Vertrages. Eine durch Einführung der Querschnittsklauseln entstandene Änderung der Rechtslage kennzeichnet er nicht. Die spezifische Anwendung einer Klausel durch den Gerichtshof ist nicht auszumachen, er vollzieht inhaltlich nach, was die Klauseln vorsehen, zitiert sie zur ergänzenden Rechtfertigung von Inhalten der jeweils betroffenen Gemeinschaftstätigkeit in an sich klauselfremden Materien, nicht jedoch in dem Sinne, dass er die Klauseln ausdrücklich als zusätzliche Kompetenzquellen verstünde.

Es lässt sich weiterhin festhalten, dass nach Auffassung des Gerichtshofes Maßnahmen, die zur Erreichung der Ziele einer Querschnittsklausel beitragen, auch auf andere vertragliche Rechtsgrundlagen als die der Klausel gestützt werden können. Bislang wurde hingegen keiner Klausel ausdrücklich eine Funktion zugesprochen, die über ein inhaltlich-integratives Verständnis hinausreichte und die als solche neue, spezifische Handlungsmöglichkeiten erschlösse. Geraten mehrere Vertragsziele gleichzeitig ins Spiel, kommt es für den EuGH – zumindest nach der Abfallrichtlinienentscheidung – auf den Schwerpunkt des mit dem Rechtsakt angestrebten Zieles an, d. h. sofern eine Richtlinie sowohl die Verwirklichung des Binnenmarktes als auch eine Verbesserung z. B. des Umweltschutzes anstrebt, ist die Rechtsgrundlage zu wählen, zu welcher die objektiv stärkere Regelungsnähe besteht[166]. Dient der Rechtsakt mehreren Zielen, und ist ein Schwerpunkt nicht eindeutig auszumachen, so ist der Rechtsakt im Zweifel auch auf mehrere Rechtsgrundlagen zu stützen[167]. Bei prozeduralen Unterschieden zwischen den in Betracht kommenden Kompetenznormen sind indes Doppelabstützungen nicht mehr möglich[168].

Sanktionen einer gemeinschaftsrechtlichen Maßnahme speziell wegen der Nichtbeachtung einer Querschnittsklausel sind in der Rechtsprechung bislang nicht auszumachen.

---

166 Dieser Schwerpunktbetrachtung schließen sich, was die Literatur betrifft, im Umweltbereich beispielsweise auch *Schweitzer / Hummer* an, indem sie fordern, dass Harmonisierungsmaßnahmen mit Bezug zum Umweltschutz auf Art. 100a EGV (a. F.) zu stützen seien, sofern sie in erster Linie der Verwirklichung des Binnenmarktes dienten (z. B. Emissionswerte bei Kraftfahrzeugen); für Maßnahmen hingegen, die vordringlich aus Gründen des Umweltschutzes getroffen werden sollten (z. B. Vogel- und Artenschutz), bildeten die Art. 130r – 130t EGV (a. F.) die richtige Rechtsgrundlage, Europarecht, 479; im Grundsatz ebenso *Herdegen,* Europarecht, 371 Rn. 8, unter Verweis (u. a.) auf die Gentechnikbestimmungen; abweichend dagegen *Micklitz / Reich,* EuZW 1992, 593, 597.

167 So im übrigen auch eine recht neue Entscheidung aus 2006, EuGH 10. 01. 2006, Rs C-178/03 Rn. 43, bisher nicht veröffentlicht, siehe *www.eugh transitpage dynamique*, Veröffentlichung der Rechtssachen aus den Jahren 1989 ff.

168 Vgl. auch *Scheuing,* EuR 1989, 152, 185.

Teil 4: Die einzelnen Klauseln – Besonderer Teil

Die Literatur hat sich vielfältig mit Rechtsnatur, prinzipieller Stellung und kompetenzmäßiger Gewichtung der Klauseln im System des Vertrages befasst.

Die Frage, ob diese Aspekte für alle Klauseln einheitlich beantwortbar sind und wieweit insofern eine homogene Einordnung dieser Spezies von Vertragsregelungen möglich ist, setzt die Beschäftigung mit den einzelnen Klauseln voraus.

Im nachfolgenden Besonderen Teil ist daher eingehender auf die jeweilige inhaltliche Ausgestaltung der einzelnen Klauseln einzugehen mit dem Ziel, auf diese Weise deren Reichweite näher zu umgrenzen und die damit verbundene Wirkweise im gemeinschaftsrechtlichen Kompetenzgefüge zu bestimmen.

A) Art. 6 EGV, die Umweltklausel

‚Die Erfordernisse des Umweltschutzes müssen bei der Festlegung und Durchführung der in Art. 3 genannten Gemeinschaftspolitiken und -maßnahmen insbesondere zur Förderung einer nachhaltigen Entwicklung einbezogen werden‘[169].

I. Erfordernisse des Umweltschutzes

Art. 175 i. V. m. Art. 174 EGV ist die Kompetenzgrundlage für Rechtsakte mit dem Ziel des Umweltschutzes[170]. Art. 174 Absatz 1 EGV spricht von der *Umweltpolitik der Gemeinschaft.* Schon in Art. 3 Absatz 1 lit. l) EGV heißt es, dass die Tätigkeit der Gemeinschaft nach Maßgabe des Vertrages ‚eine Politik auf dem Gebiet der Umwelt‘ umfasst; Art. 2 EGV bezeichnet es als Aufgabe der Gemeinschaft, u. a. mittels Durchführung der in Art. 3 EGV genannten Politiken ein hohes Maß an Umweltschutz zu fördern. Die Vorschrift des Art. 174 Absatz 1 EGV bezieht sich damit auf eine eigene Gemeinschaftspolitik auf dem Sektor Umwelt, so als ob an dieser Politik die Mitgliedstaaten nicht partizipierten. Ent-

169 Zur Entstehungsgeschichte des Artikels vgl. oben unter Teil 1 B) II; siehe auch die Chronik in der Informationsbroschüre der Generaldirektion Umwelt der Europäischen Kommission, europa.eu.int/corn/dgs/environment/pdf7/information-brochure-de.pdf.

170 Vgl. *Herdegen,* Europarecht, 371 Rn. 7; *Koenig / Haratsch,* Europarecht, Rn. 788.

sprechendes findet sich in Kompetenznormen zu den Materien anderer Querschnittsklauseln in dieser Form nicht. Diese Besonderheit im Wortlaut darf indes nicht darüber hinwegtäuschen, dass auch im Bereich der Umweltpolitik die Kompetenzen zwischen Gemeinschaft und Mitgliedstaaten geteilt sind.

Die Erfordernisse des Umweltschutzes[171] benennt Art. 174 EGV (ex-Art. 130r EGV)[172]. Dabei ist streitig, ob nur Absatz 1 (Ziele der gemeinschaftlichen Umweltpolitik) und Absatz 2 (allgemeine Prinzipien des Umweltschutzes wie hohes Schutzniveau, regionale Differenzierung, Vorsorge- und Vorbeugeprinzip, Ursprungs- und Verursacherprinzip) oder aber auch Absatz 3 (Berücksichtigungs- und Abwägungspflichten der Gemeinschaft bei der Erarbeitung ihrer Umweltpolitik) zu den ‚Erfordernissen' rechnen. Letzteres würde bedeuten, dass zu den Erfordernissen einer bestimmten Politik auch Kriterien zählen können, die diese Politik in der Sache begrenzen, d. h. ein Erfordernis der Umweltpolitik wäre es dann auch, dass diese nicht in Widerspruch zu etwa der Regionalpolitik (Art. 174 Absatz 3 zweiter Spiegelstrich EGV) gerät.

Gegen den Einschluss auch der Berücksichtigungsgebote des Absatzes 3 in die ‚Erfordernisse'[173] spricht, dass es sich bei diesen Geboten durchgehend um Aspekte handelt, die in erster Linie gerade nicht dem Umweltschutz dienen. Das gilt insbesondere für das Gebot der regionalen Differenzierung nach Spiegelstrich 2, denn die Berücksichtigung der Umweltbedingungen in den einzelnen Regionen kann Einschränkungen und Abstriche an einer Verbesserung des Umweltschutzes, wie ihn Absatz 1 und 2 fordern, bewirken. Es wird hierdurch die Beachtung regionaler Besonderheiten eingefordert. Maßnahmen mit Umweltbezug sind also so zu treffen, dass sie aus einer Abwägungsentscheidung hervorgehen, die dem Prinzip der regionalen Differenzierung gebührend Rechnung trägt. Wenn eine Region in bestimmten Umweltbereichen rückständig ist, so darf dies wegen Absatz 3 zweiter Spiegelstrich nicht zwangsläufig zu einer Benachteiligung dieser Region führen, es muss vielmehr verifiziert werden, ob nicht die

---

171 Nach *Bahadir / Parlar / Spiteller*, Umweltlexikon, 1216, ist der Begriff der Umwelt seit 1921 ein zentraler Ausdruck der Ökologie. Die Umwelt umfasse die Gesamtheit der direkt und indirekt auf einen Organismus, eine Population oder eine Biozönose einwirkenden abiotischen und biotischen Faktoren mit all ihren Wechselwirkungen. – *Ehle* meint, bezogen auf die alte Querschnittsklausel des Art. 130r EGV, der Begriff der Umwelt sei im EGV bewusst nicht definiert, sei somit für alle Entwicklungen offen, folglich seien alle Notwendigkeiten des Umweltschutzes aufgrund der Querschnittsklausel zu berücksichtigen, *Ehle,* Die Einbeziehung des Umweltschutzes in das Europäische Kartellrecht, 27 f., auch zum Folgenden.

172 *Everling,* Mélanges en hommage à *Fernand Schockweiler,* 131, 134.

173 Dafür aber die h. M., vgl. nur *Jahns-Böhm* in *Schwarze,* EU-Kommentar, Art. 6 EGV Rn. 9.

Rückständigkeit speziell aus der regionalen Besonderheit erwächst[174]. Es steht hier mithin die Regional- der Umweltpolitik, also auch ihren Erfordernissen, begrenzend, die Quantität an möglichem Umweltschutz regional reduzierend, gegenüber.

Absatz 3 ist als Ausdruck mitgliedstaatlicher Vorbehalte gegenüber einer zu weitgehenden gemeinschaftsrechtlichen Umweltpolitik zu verstehen. Auch die Formulierung ‚bei der Erarbeitung ihrer Umweltpolitik' in Absatz 3 zeugt davon, dass die Erfordernisse des Umweltschutzes im Sinne der Querschnittsklausel ausschließlich die in Art. 174 Absatz 1 EGV benannten sind, die dann allerdings nach Maßgabe des Absatzes 3 zu erfüllen sind. Letzterer gibt also Grenzen vor, in denen sich die Umweltpolitik nach Absatz 1 und 2 zu bewegen hat. In der Bestimmung des Absatzes 3 sind demzufolge richtigerweise immanente Schranken des Art. 174 EGV Absatz 1 und 2 zu erblicken und nicht auch ‚Erfordernisse' des Umweltschutzes[175].

Gemäß Art. 174 Absatz 1 Spiegelstrich 2 EGV trägt die Umweltpolitik der Gemeinschaft zu dem Ziel des Schutzes der menschlichen Gesundheit bei. Interessant hieran ist, dass der Schutz der Gesundheit traditionell eine Materie des Polizeirechts war, weshalb viele Umweltschutzbestimmungen spezialisierte Gefahrenabwehrregelungen beinhalten, bei denen im Mittelpunkt der Mensch steht. Dahinter verbirgt sich eine (anthropozentrische, Kant'sche sowie christliche) Betrachtungsweise, die den Menschen hinsichtlich seiner Lebensgrundlagen als Herrscher über die Natur schützen will[176].

Zu erwähnen bleibt, dass die Mitgliedstaaten nach Art. 176 EGV[177] nicht gehindert sind, strengere Schutzmaßnahmen als die des Art. 175 EGV zu treffen, der Kompetenznorm für ein Tätigwerden der Gemeinschaft, das der Verwirklichung der in Art. 174 EGV genannten Ziele dient. Solche Maßnahmen müssen allerdings mit dem Vertrag vereinbar sein. Sie werden der Kommission notifi-

174 Erst dann kann entschieden werden, welche umweltpolitischen Maßnahmen und Projekte hier möglicherweise durchzuführen sind oder aber zu unterbleiben haben und welche Fördermittel bereitzustellen sind. Hat etwa eine Region bisher in ihrem Gebiet noch nicht durchgängig Filteranlagen für Fabriken vorgeschrieben, dürfen ihr wegen des Gebotes der regionalen Rücksichtnahme nicht allein aufgrund dieser umweltpolitischen Rückständigkeit automatisch weniger Fördermittel gewährt werden, es ist vielmehr zu prüfen, ob jener Rückstand nicht auf schlechteren Ausgangsbedingungen (typischerweise wirtschaftlicher Natur) beruht.

175 *Calliess,* DVBl. 1998, 559, 565.

176 Dazu ausführlich *Bleckmann,* Europarecht, 1025.

177 Der frühere Art. 130t EGV, der dem EuGH zur Begründung dafür diente, dass die Umweltpolitik der Gemeinschaft nicht auf das in technischer Hinsicht höchstmögliche Schutzniveau abzielen müsse, EuGH 14. 7. 1998, Rs C-341/95, Slg. I-4355 Rn. 47.

ziert. Gleichwohl kann aus Art. 176 EGV nicht ohne weiteres ein Grundsatz des bestmöglichen Umweltschutzes entnommen werden[178]. Wenn den Mitgliedstaaten ein ‚Mehr' an eigenem Umweltschutz zugestanden bleibt, ist dies keine Aussage darüber, wie diese Politik in ihrem Verhältnis zu anderen auf Vertragsebene zu sehen ist.

II. Einbeziehung

Mit dem in Art. 6 EGV enthaltenen Verlangen der ‚Einbeziehung'[179] der Erfordernisse des Umweltschutzes bei der Festlegung und Durchführung der in Art. 3 EGV genannten Gemeinschaftspolitiken und -maßnahmen lässt sich die Vorschrift als Appell des Primärrechts begreifen, der sich im Sinne einer gebotenen Umweltverträglichkeitsprüfung auf sämtliche vertragspolitischen Aktionen (Politiken, Programme, Pläne und Gesetze) bezieht[180]. Inhaltlich basiert diese Prüfung auf dem Grundsatz der Nachhaltigkeit und dem Vorsorgeprinzip[181]. Die Querschnittsklausel zielt mithin auf das gesamte Gemeinschaftshandeln. Sie verlangt, dass Entscheidungen in Bereichen außerhalb der Umweltpolitik sich jedenfalls

---

178 So aber *Schweitzer / Hummer,* Europarecht, 481; a. A. zutreffend *Everling,* Buchpreisbindung im deutschen Sprachraum und Europäisches Gemeinschaftsrecht, 32, der einen solchen Grundsatz nicht anerkennt, mit der Begründung, hierfür fehle es an einer Aussage im Vertrag; siehe auch *Ehle,* Die Einbeziehung des Umweltschutzes in das Europäische Kartellrecht, 34-36.

179 In ihren ersten Beiträgen zur Regierungskonferenz über die Europäische Union [Sek (91) 500 vom 15. 5. 1991, S. 112] hob die Kommission die Notwendigkeit einer Überarbeitung des Art. 130r Absatz 2 Satz 2 EWGV hervor und führte zur Begründung aus, Wortlaut und Rechtsfolgen der Klausel seien zu unbestimmt und zudem zu optimistisch, da die Worte ‚sind Bestandteil' eher eine Tatsache als eine Pflicht ausdrückten. – Der Europäische Rat hat bei der Verabschiedung des Vertrages von Amsterdam beschlossen, den Grundsatz der Einbeziehung der Umweltschutzerfordernisse nicht mehr in Art. 130r EGV, sondern im Grundsatzkapitel des Vertrages zu verankern, vgl. Erklärung des 1997 von der Europäischen Kommission im Rahmen des Fünften Umweltaktionsprogramms gegründeten Europäischen Beratenden Forums für Umwelt und nachhaltige Entwicklung zur Einbeziehung der Erfordernisse des Umweltschutzes in alle Politikbereiche, Luxemburg, Amt für amtliche Veröffentlichungen der Europäischen Gemeinschaften 1998, S. 7.

180 *Calliess,* DVBl. 1998, 559, 565.

181 Dieses Prinzip verkörpert den Grundsatz des präventiven Umweltschutzes, d. h. die Verhütung von Umweltschäden. ‚Vorsorge' ist zu verstehen im Sinne einer vorausschauenden Fürsorge. Im Französischen findet der Begriff seine Entsprechung in dem Ausdruck ‚précaution', was auch Vorsicht oder Voraussicht bedeutet, *Epiney / Furrer,* EuR 1992, 369, 384 ff. Der Umgang mit der Umwelt hat also, wenn sie nachhaltig geschützt werden soll, mittels Vorausschau zu geschehen.

auch am Schutz der Umwelt orientieren, was eine durchgängige Pflicht zur Prüfung der Umweltauswirkungen impliziert, unter Umständen mit der Konsequenz, dass geplante Maßnahmen unterlassen, zumindest aber den Erfordernissen des Umweltschutzes angenähert werden müssen. Dies verkörpert das Gebot, kollidierende Belange gegeneinander abzuwägen und mittels praktischer Konkordanz die jeweiligen Rechtsgüter einem möglichst schonenden Ausgleich zuzuführen[182]. Die Querschnittsklausel soll als vorbeugendes umweltpolitisches Integrationsprinzip verhindern, dass die Ausgestaltung eines Politikbereichs insgesamt den Erfordernissen des Umweltschutzes zuwiderläuft[183]. Zielvorstellung der Klausel ist indessen nicht nur diese Einbettung in andere Politiken der europäischen Ebene generell, sondern in jede Einzelmaßnahme, so formuliert Art. 6 EGV ausdrücklich.

Stumpf will generell aus einer angeblich unterschiedlichen Verwendung des Begriffs der ‚Politiken' im Vertrag ableiten, die Querschnittsklauseln sprächen mit den ‚Politiken' nur Tätigkeitsfelder an, auf denen die Gemeinschaft konzeptionelle Gestaltungsfreiheit besitze, nicht aber solche, auf denen sie – wie z. B. in der Wettbewerbspolitik – auf den Rechtsvollzug beschränkt sei[184]. Ihre ausschließlich auf eine vermeintliche Vertragssystematik gestützte Auslegung ist indes nicht zwingend. Ersichtlich sind die Klauseltexte so gefasst, dass sie prinzipiell alle Gemeinschaftstätigkeit ansprechen, sei sie als Politik konzeptioneller oder als Maßnahme vollziehender Natur. Dies bringen die Klauseln durch die Kombination von ‚Politiken', ‚Maßnahmen' bzw. ‚Aktionen' hinreichend deutlich zum Ausdruck. Eine Reduzierung der Reichweite ihrer Objekte lässt sich insbesondere aus ihren jeweiligen Platzierungen im Vertrag nicht eindeutig entnehmen. Der EGV ist – anders als etwa ein deutsches Gesetz – kein übermäßig akribischer Auslegung zugängliches, sondern ein politisch erzeugtes Gebilde. Aufgrund der verschiedenen Vertragsänderungen ist die Systematik des Vertrages ohnehin nicht immer stringent durchgeführt. Die Klauseln nehmen nicht von vornherein bestimmte Gemeinschaftstätigkeiten aus ihrem Wirkungsbereich aus.

Zum kompetenzrechtlichen Aspekt des Art. 6 EGV lässt sich mit *Jans* sagen, dass man ohne diese Querschnittsklausel z. B. darüber streiten müsste, in welchem Ausmaß durch den Rat Umweltzielsetzungen bei der Annäherung an den Gemeinsamen Markt in Betracht gezogen werden können. Am Art. 100a Absatz 3 EGV a. F., der sich nur an die Kommission richtete, war kritisiert worden, der Rat als die letztlich entscheidende Körperschaft könne von Kommissionsvorschlägen abweichen und sich so von solchen, die einem hohen Schutz der Um-

182 *Calliess,* DVBl. 1998, 559, 565.
183 *Jahns-Böhm / Breier,* EuZW 1992, 49, 51.
184 *Stumpf,* Aufgabe und Befugnis, 267 f.

welt schon verpflichtet waren, abwenden. Dieser Schwachpunkt wurde durch den Maastrichter Vertrag, der der gesamten Gemeinschaft die besondere Berücksichtigung des Umweltschutzes auferlegte, ausgemerzt[185].

Ein weiterer Kritikpunkt gegen den früheren Art. 100a Absatz 3 EGV a. F. war die Tatsache, dass das Prinzip eines hohen Schutzniveaus nur im Kontext der Errichtung des Binnenmarktes Erwähnung fand, nicht im eigentlichen Titel des Vertrags über die Umwelt. Auch dies änderte Maastricht.

In der Zeit vor der EEA wurde ein Großteil der gemeinschaftsrechtlichen Umweltmaßnahmen auf Art. 100 in Verbindung mit Art. 235 EWGV gestützt. Die Kompetenzen der Gemeinschaft bei der Rechtsangleichung waren in Art. 3 h) EWGV a. F. festgelegt und bestanden in dem Ausmaß, welches für das Funktionieren des Gemeinsamen Marktes erforderlich ist. Da letzteres nicht stets und automatisch synonym mit den Ansprüchen ist, die an einen vernünftig betriebenen Umweltschutz zu stellen sind, war es erforderlich, die Rechtsgrundlage des Art. 235 EWGV – mit der Erwähnung der Ziele – neben Art. 100 EWGV stets mit zu bemühen, wenn es darum ging, Umweltschutz nachhaltig durchzusetzen. Mit der Einführung der Querschnittsklausel wurden derart künstliche Umwege verzichtbar. Sie bewirkte, dass neben der vertragsübergreifenden Verankerung der binnenmarktpolitischen Ziele sowie der Ziele der Gemeinsamen Wirtschaftspolitik von nun an auch umweltpolitische Zielsetzungen auf nicht umweltbezogenen Politiksektoren in Erwägung gezogen werden konnten und sollten[186].

Bei diesem Integrationsvorgang wird das Prinzip der begrenzten Ermächtigung nicht angetastet. Die Integrationsklausel spricht nicht von Zusatzkompetenzen. Sie modifiziert indessen die gesamte vorgegebene, vertraglich legitimierte Gemeinschaftstätigkeit, beschränkt sich dabei nicht auf die Rechtfertigung einer ‚*Beachtungserlaubnis*', sondern begründet eine *Rechtspflicht* zur Beachtung bei Tätigkeiten, die der Gemeinschaft eröffnet sind – der Gestaltung ihrer Politik und der kompetenzmäßig abgesicherten Einzelmaßnahme[187].

---

185 *Jans* in *Winter,* European Environmental Law, 277, 283.

186 Vgl. *Jans* in *Winter,* European Environmental Law, 277, 289 ff.; *Jans / von der Heide,* Europäisches Umweltrecht, 19; *Seidel,* DVBl. 1989, 441, 445 ff., weist zutreffend darauf hin, dass die Bedeutung der durch die EEA neugefassten Kompetenz im Bereich des Umweltschutzes weniger in der Ausweitung bereits bestehender Kompetenzen als vielmehr in der Schaffung einer vollkommen anderen Legitimation für Maßnahmen in diesem Bereich und darüber hinaus in der Festschreibung einer konkreten inhaltlichen umweltpolitischen Ausrichtung gesehen werden muss. Die eigentliche Neuerung bilde dabei die Querschnittsklausel in Gestalt des Art. 130r Absatz 2 Satz 2 EWGV.

187 Zu widersprechen ist *Zils,* Die Wertigkeit des Umweltschutzes in Beziehung zu anderen Aufgaben der Europäischen Gemeinschaft, 30, wenn er in der ersten Umweltklausel des EWGV die Errichtung der Umweltpolitik auf einem zweiten Fundament

Warum sich die Klausel sachlich auf sämtliche nicht-umweltbezogenen Politikbereiche erstreckt, verdeutlicht eine praktische Überlegung: Die Beeinträchtigungen der Umwelt werden eben nicht im Rahmen der Umweltpolitik, sondern innerhalb anderer Politikbereiche – Transport, Landwirtschaft, Industrie usw. – verursacht, so dass dort die Grundsätze der Vorbeugung, der Bekämpfung am Ursprung etc. überhaupt erst ihre Wirkung entfalten können[188].

Die Querschnittswirkung als Integrationsprinzip besagt nach *Jans* zwar nicht, dass die Umweltaspekte integriert werden müssten, sondern allein, dass sie in Betracht gezogen werden sollten. Diese Verpflichtung zwinge die Gemeinschaftsinstitutionen dann aber letztlich doch dazu, bei der Bearbeitung anderer Politikbereiche eine integrierte und ausgewogene Entscheidung aller relevanten Umweltaspekte zu erzielen, wie auch aus der Declaration on Assessment of the Environmental Impact of Community in der Schlussakte des Vertrages der Europäischen Union hervorgehe: ‚Die Konferenz merkt an, dass die Kommission in ihren Vorschlägen und dass die Mitgliedstaaten bei der Durchführung dieser Vorschläge volle Rücksicht auf deren umweltmäßige Wirkung und auf das Prinzip nachhaltigen Wachstums nehmen müssen'[189].

Zu unterstreichen ist, dass zwecks Verwirklichung des Vertragszieles Umweltschutz keine ‚negative' Querschnittsklausel mit noch intensiverer Wirkung als das geltende Positivprogramm des Art. 6 EGV statuiert wurde, etwa dergestalt, dass Maßnahmen definitiv zu unterbleiben haben, die in sich die Gefahr von Umweltbeeinträchtigungen im Sinne des Art. 174 EGV bergen. Dies hätte die Effizienz der EG-Politik insgesamt beeinträchtigt, im schlimmsten Falle zu vertragspolitischer Handlungsunfähigkeit geführt, da die bloße Möglichkeit einer

---

und darüber hinaus die Schaffung einer unselbständigen – im Gegensatz zur selbständigen – Umweltpolitik in jedem Politiksektor des Vertrages mit dem dort vorgesehenen Instrumentarium erblicken will. Diesem Ansatz liegt ein fundamentales Missverständnis des Integrationscharakters der Klausel zugrunde. Sie etabliert gerade nicht ein zweites politisches Fundament, steht als Prinzip im Gegenteil vielmehr neben den Vertragspolitiken, fordert dazu auf, diese zusammenzuführen, ohne selbst Grundlage für Politik zu sein. – *Jacobs*: ‚The Article only states that environmental protection should be a component of other policies and not the objective of them', Legal issues of European integration 1993, 37, 45.

188 *Krämer* in *von der Groeben / Thiesing / Ehlermann*, EU-/EG-Vertrag, Art. 130r EGV Rn. 31.

189 *Jans* in *Winter*, European Environmental Law, 277, 287 ff. Er verweist dabei ausdrücklich auf die Intensivierung des Integrationsprinzips in der Maastricht-Version verglichen mit der Fassung der EEA; die spätere Version sei insofern eindeutig fordernder, als sie sich nunmehr ausdrücklich gleichermaßen auf die Konzipierung wie die Anwendung anderer Politiken richte; der Zusatz ‚andere Gemeinschaftspolitiken' in der Maastrichter Regelung mache deutlich, dass das Prinzip nicht nur auf Teil 3 des Vertrages, sondern auf den gesamten Vertrag bezogen sei.

Umweltgefährdung bei den meisten Maßnahmen schwerlich ganz ausgeschlossen werden kann. Indem etwa die Produktion von Kraftfahrzeugen durch deren spätere Nutzung eine Gefahr für die Erdatmosphäre mit sich bringt, hätten – bei negativer, blockierender ‚umweltquerschnittlicher' Handhabung – sämtliche die Fahrzeugindustrie fördernde Maßnahmen wegen potentieller Umweltgefährdung zu unterbleiben. Damit erweist sich eine negative Ausgestaltung der Klausel in Form eines Instruments mit Sperrwirkung als unvereinbar mit dem Gedanken voranschreitender Marktentwicklung.

Dass die Umweltklausel – ebensowenig wie die anderen Querschnittsklauseln – so gerade nicht aufgebaut ist, sagt ein Zweites aus: Die Klauseln beschränken sich nicht darauf, ‚Schädlichkeitsverhinderungsmaximen' zu sein, verkörpern im Gegenteil die Aufforderung zur Erzielung eines durch Zusammentreffen verschiedener Materien verdoppelten bzw. multiplizierten Positiveffekts.

Eine positive Abgrenzung der Reichweite der Umweltklausel ist bei der Vielzahl denkbarer Konstellationen, in denen Umweltschutz eine geringere oder bedeutendere Rolle spielt, im Vorhinein nicht starr fixierbar. Die Wirkung der Klausel wird letztlich nur in fallweiser Deutung durch den EuGH gewertet und intensiviert werden können, indem immer mehr Präzedenzfälle geschaffen werden, wo und wie Umweltschutz zu berücksichtigen ist[190].

III. Festlegung und Durchführung der in Art. 3 genannten Gemeinschaftspolitiken und -maßnahmen

Die Einbeziehung der Erfordernisse des Umweltschutzes zielt auf die Festlegung und Durchführung der in Art. 3 EGV genannten Gemeinschaftspolitiken und -maßnahmen, und zwar aller vorhandenen und zukünftigen Politiken[191], wobei hiervon die Umweltpolitik als solche von vornherein ausgenommen ist. Die

190 Ähnlich auch *Breier* in *Lenz,* EG-Vertrag, Art. 6 EGV Rn. 18.

191 Die vereinzelt vertretene Ansicht, mit der Querschnittsklausel des früheren Art. 130r Absatz 2 Satz 2 EWGV könnten eventuell nur die vor Inkrafttreten der EEA, also vor Einführung dieser ersten Umweltklausel existenten Politiken gemeint sein – so *Schröer,* EuR 1991, 356, 364 –, ist im übrigen nicht haltbar, vgl. *Ehle,* Die Einbeziehung des Umweltschutzes in das Europäische Kartellrecht, 26 Fn. 146, und *Zils,* Die Wertigkeit des Umweltschutzes in Beziehung zu anderen Aufgaben der Europäischen Gemeinschaft, 28: Bei der Vertragsauslegung bestünden weder grammatikalische noch systematische oder teleologische Anhaltspunkte dafür, dass bestimmte Politiken von der Integrationswirkung der Klausel ausgenommen sein sollten.

Querschnittsklausel wirkt zwar umweltpolitisch in andere Politiken hinein, lässt aber die Umweltpolitik selbst keine inhaltliche Erweiterung erfahren[192].

Ob mit ‚Gemeinschaftspolitiken' alle gemäß Art. 3 EGV erfassten Aufgaben und Handlungsfelder der EG im Bereich des EGV gemeint sind[193], oder ob die Funktion von Art. 6 EGV hier weitgehend auf den Erlass von Sekundärrecht gerichtet ist[194], ist umstritten. Der Streit kann hier dahinstehen, da der Erlass von Sekundärrecht ohne weiteres auch unter das Tatbestandsmerkmal der Gemeinschaftsmaßnahmen subsumiert werden kann, denn bei ihnen handelt es sich um alle auf der Basis des EGV umgesetzten Aufgaben[195]: Während mit ‚Festlegung' soviel wie die theoretische Bereichsabsteckung (Definition) der anderen Politikbereiche gemeint ist, bezeichnet die ‚Durchführung' den praktischen Vollzug jener Politiken (operative Phase), d. h. die konkrete Anwendung der Vertragsbestimmungen. Hierzu zählt auch der Erlass von Sekundärrecht[196].

Uneinigkeit herrscht zudem darüber, ob, soweit die Gemeinschaft auf der Grundlage des EGV Sekundärrecht erlassen hat, nach Wortlaut, Sinn und Zweck der Klausel auch die konkrete Anwendung dieser Bestimmungen unter die ‚Durchführung' anderer Gemeinschaftspolitiken fällt, d. h. ob insoweit auch die Mitgliedstaaten samt nachgeordneter Behörden unmittelbar in die Pflicht genommen sind[197]. Für *Meinhard Schröder* folgt aus dieser Formulierung keine solche Bindung bei legislativer und administrativer Umsetzung des Gemeinschaftsrechts[198]. Auch *Jans* meint, das Integrationsprinzip beim Umweltschutz habe angesichts des Wortlauts der Umweltklausel, der sich explizit auf Politiken der Gemeinschaft bezieht, keine direkten rechtlichen Konsequenzen für die Mitgliedstaaten, wenngleich sie das Prinzip aufgrund ihrer Verpflichtung, an sie gerichtete EU-Gesetzgebung umzusetzen, indirekt bei der Ergebnisfindung zu beachten hätten. Auf Gebieten, die noch nicht harmonisiert worden seien, hält er eine unmittelbare Verpflichtung der Mitgliedstaaten auf Umwelt-Ziele des Vertrages durch die Integrationsklausel für nicht existent: ‚National environment laws cannot be reviewed directly in the light of Article 130r (2) of the Treaty.'[199]

---

192 Siehe auch *Niestedt,* WHI-Paper 5/99, Rn. 17.

193 So beispielsweise *Breier* in *Lenz,* EG-Vertrag, Art. 6 EGV Rn. 8.

194 So *Calliess,* DVBl. 1998, 559, 566.

195 *Breier* in *Lenz,* EG-Vertrag, Art. 6 EGV a. a. O.

196 *Breier / Vygen,* a. a. O., Rn. 7.

197 So jedenfalls *Breier / Vygen,* a. a. O.; *Niestedt,* WHI-Paper 5/99, Rn. 20 ff.

198 *Meinhard Schröder* in *Rengeling,* Handbuch zum europäischen und deutschen Umweltrecht, 943, 948 Rn. 15.

199 *Jans* in *Winter,* European Environmental Law, 277, 291, unter Hinweis auf EuGH vom 14. 7. 1994, Rs C-379/92, Slg. I-3453 Rn. 55 – 59, und *Jans / von der Heide,* Europäisches Umweltrecht, 23.

Angesichts der Bindung der Mitgliedstaaten an die Vorgaben der Gemeinschaft beim Vollzug des Gemeinschaftsrechts bleibt keine Notwendigkeit für die Bejahung einer direkten Verpflichtung. Dass sie an der ‚Durchführung' beteiligt sind, indem sie das vorgegebene Gemeinschaftsrecht im Detail vollziehen, zwingt nicht dazu, sie durch diesen Terminus als originär bzw. direkt von der Querschnittsklausel angesprochen anzusehen. Mehr als das von Europa kommende Sekundärrecht haben sie, was Umweltschutz angeht, aufgrund der Querschnittsklausel nicht zu beachten[200].

Es trifft angesichts dieser Beschränkung der Verpflichtung der Mitgliedstaaten auf die Beachtung der von der Gemeinschaft angewandten Klausel auch nicht zu, das letztere bei solcher Anwendung allein im Bereich des Verwaltungsvollzugs durch die Gemeinschaft weitgehend leer liefe[201], wie die weitere Untersuchung demonstrieren wird.

IV. Nachhaltige Entwicklung

Insbesondere zur Förderung einer nachhaltigen Entwicklung müssen die Erfordernisse des Umweltschutzes nach Art. 6 EGV in alle in Art. 3 genannten Gemeinschaftspolitiken und -maßnahmen einbezogen werden.

Der Europäische Rat hat in der Vergangenheit, insbesondere wegen einer unzureichenden Durchführung des primär- wie sekundärrechtlichen gemeinschaftlichen Umweltschutzes[202], mehrfach eine Stärkung des Umweltschutzes auf euro-

---

200 Siehe oben unter Teil 1 C).

201 So aber *Calliess,* DVBl. 1998, 559, 566, vgl. auch bereits unter Teil 1 C).

202 Jene Defizite beginnen bei der Ausgestaltung der Politiken und Maßnahmen und reichen bis hin zu der verspäteten oder unterlassenen Umsetzung von Richtlinien, ihrer unvollständigen oder unrichtigen Umsetzung sowie einer falschen Anwendungspraxis in den Mitgliedstaaten, *Calliess,* DVBl. 1998, 559, 560; vgl. auch die Kritik von *Kahl* in *Streinz,* EUV/EGV, Art. 6 EGV Rn. 43, der der Klausel nur ‚symbolische Rechtspolitik' attestiert. Die Integrationsbemühungen verharrten überwiegend im Unverbindlich-Abstrakten. Die sorgfältigen diversen sprachlichen Umgestaltungen der Klausel stünden in Widerspruch zu deren weitgehender praktischer Irrelevanz; möglicherweise habe die Klausel sogar eine eher kontraproduktive Wirkung entfaltet. Auch für *Sach* bedeutet die zweifellos bestehende rege Rechtsetzungstätigkeit der Gemeinschaft und auch der Mitgliedstaaten im Bereich der Umweltpolitik allein noch keine Garantie für einen tatsächlich wirksamen Umweltschutz. Die praktische Anwendung (Berücksichtigung bei Einzelentscheidungen zuständiger Behörden) des Umweltrechts und dessen Durchsetzung (Überwachung, Kontrollen, Sanktionen, Zwangsmaßnahmen, wodurch die zuständigen Behörden zur Beachtung der einschlägigen Rechtsvorschriften anhalten) sei nach wie vor mangelhaft, *Sach,* Handbuch zum europäischen und deutschen Umweltrecht, 1477

päischer Ebene eingefordert. Auf seinem Gipfeltreffen in Dublin im Juni 1990 gab er eine grundlegende Erklärung zur Umweltpolitik der EG ab, den sogenannten ‚Environmental Imperative'[203]. Einleitend wird hervorgehoben, dass der anvisierte intensivere Umweltschutz von Gemeinschaft und Mitgliedstaaten auf der Grundlage des Prinzips der nachhaltigen Entwicklung sowie des Vorbeuge- und Vorsorgeprinzips gestaltet werden solle. Insbesondere müssten die Umweltbelange in umfassender und effektiver Weise in alle Politikbereiche integriert werden. Die Erklärung endet mit der Feststellung, der Mensch sei Treuhänder der Natur und daher verpflichtet, dieses Erbe zum Nutzen dieser wie auch künftiger Generationen auf vernünftige Weise zu verwalten. Damit kommt dem Umweltschutz die Funktion einer ‚Schicksalsaufgabe der Gemeinschaft'[204] zu.

Der Grundsatz der nachhaltigen Entwicklung ist Ausdruck eines Leitbildes, dessen Zielvorstellungen vielfach auf europäische Impulse zurückgehen. Im Anschluss an den sogenannten Brundtland-Bericht nahm die Konferenz der Vereinten Nationen für Umwelt und Entwicklung (UNCED) in Rio de Janeiro im Juni 1992 den Grundsatz des ‚sustainable development' in die sogenannte Rio-Deklaration[205] sowie in das darauf beruhende Aktionsprogramm – die die Grundsätze der Rio-Deklaration konkretisierende Agenda 21 – auf und machte ihn damit zum prägenden Prinzip der internationalen Umweltpolitik, in deutscher Übersetzung ‚Nachhaltigkeit' bzw. ‚nachhaltige Entwicklung'[206].

Grundsatz 1 der Rio-Deklaration stellt die Menschen in den Mittelpunkt der Bemühungen um ‚sustainable development' und betont deren Recht auf ein gesundes und produktives Leben im Einklang mit der Natur. Grundsatz 3 zufolge muss das Recht auf Entwicklung so erfüllt werden, dass den Entwicklungs- und

---

ff. – Nach *Pernice* hat der Umweltschutz in der Europäischen Union ‚schlechte Konjunktur'. Er stellt – im Jahr 1995 – fest, dass politisch die Themen Wachstum, Industriepolitik und internationale Wettbewerbsfähigkeit im Vordergrund stünden, dass man weiterhin im Personalbereich hochqualifizierte Spitzenbeamte ziehen lasse oder in weniger sensible Tätigkeitsbereiche versetze. ‚Man wird auf die nächsten Industrieunfälle, Unwetter- und Dürrekatastrophen warten müssen, bis unser Blick von der Schönwetterpolitik wieder auf die Frage gelenkt wird, was wir für den Schutz der Lebensgrundlagen unserer und künftiger Generationen zu tun bereit sind ... Vor allem die gezielt verschärfte Querschnittsklausel scheint ihre Wirkung nicht zu tun', *Pernice,* EuZW 1995, 385.

203 EA 1990, S. D 396, 407; dazu *Calliess,* DVBl. 1998, 559, 560.

204 Vgl. *Sparwasser / Engel / Voßkuhle,* Umweltrecht, 3 Rn. 1 ff.: Die Herausforderung an den ‚Umweltstaat' bestehe indes darin, eine neue Form des Totalitarismus zu vermeiden, in der jedes Produkt und jeder Bürger von der Wiege bis zur Bahre im Hinblick auf seine Umweltverträglichkeit überwacht und entsprechend verplant werde.

205 Vgl. www.rio-declaration.

206 Vgl. dazu *Calliess,* DVBl. 1998, 559, 560.

Umweltbedürfnissen heutiger und künftiger Generationen in gerechter Weise entsprochen wird (intergenerational equity). Um ein ‚sustainable development' zu gewährleisten, soll der Umweltschutz nach Grundsatz 4 integraler Bestandteil des Entwicklungsprozesses sein und nicht von diesem getrennt betrachtet werden dürfen – ein dem der Umweltklausel vergleichbares Postulat. Die Staaten werden dazu aufgefordert, bei potentiell umweltgefährdenden Vorhaben nationale Umweltverträglichkeitsprüfungen durchzuführen (Grundsatz 17). Außerdem sind sie nach Grundsatz 15 gehalten, ‚im Rahmen ihrer Möglichkeiten weitgehend den Vorsorgegrundsatz' anzuwenden. Dieser wird mit der für den Umweltschutz bedeutsamen Maßgabe konkretisiert, dass ‚ein Mangel an vollständiger wissenschaftlicher Gewissheit kein Grund dafür sein' darf, ‚kostenwirksame Maßnahmen zur Vermeidung von Umweltverschlechterungen aufzuschieben', falls ‚schwerwiegende oder bleibende Schäden' drohen[207].

Der Begriff des ‚sustainable development' ist demzufolge Ausdruck einer auf Langfristigkeit angelegten umweltpolitischen Entwicklungsstrategie. Sie soll Umweltschutz mit ökonomischen und sozialen Entwicklungsinteressen der Gegenwart in Übereinstimmung bringen, so dass den Nachkommen der gegenwärtigen Generation die natürlichen Ressourcen der Erde erhalten und die Bedürfnisbefriedigung in menschenwürdiger Weise sichergestellt wird. Diese generationenübergreifende Sicherung vorhandener natürlicher Quellen verbindet ökonomische, ökologische und soziale Prozesse untrennbar miteinander[208]. Für die Zukunft ist daher auch nicht beabsichtigt, lediglich – ausgehend vom Status quo – keine zusätzlichen Umweltbeeinträchtigungen mehr zuzulassen, dies bedeutete einen zu geringen Anspruch und entspräche nicht dem auf Langfristigkeit angelegten umweltpolitischen Planungsprinzip, es muss bewusst vorausschauende ökologische Politik betrieben werden[209].

---

207 Vgl. *Calliess,* a. a. O.

208 *Calliess,* DVBl. 1998, 559, 561; *Priebe,* Cahiers de droit européen 1988, 3, 35, führt beispielsweise zum Zusammenhang zwischen Agrar- und Umweltpolitik aus, eine intensive landwirtschaftliche Produktion könne sich einerseits äußerst umweltverschmutzend niederschlagen, andererseits aber durchaus auch namhaft zur Rettung der Umwelt beitragen, Landwirte besäßen insoweit beim Umweltschutz eine echte Funktion im Dienste der Gesellschaft.

209 *Jahns-Böhm* in *Schwarze,* EU-Kommentar, Art. 6 EGV Rn. 21 – Zutreffend stellt *Krämer,* allerdings zu den alten Umweltschutzbestimmungen der Art. 130r ff. EWGV, fest, dass Aufgabe der Umweltpolitik nicht nur Schutz der Umweltqualität, sondern auch deren Verbesserung sei, womit die Umweltpolitik im Grundsatz nicht defensiv angelegt sei, sondern vielmehr ein aktives Vorgehen der Gemeinschaftsorgane erfordere, *Krämer,* EuGRZ 1988, 285, 288.

Im Zuge des Vertrages von Amsterdam hat die EU in der Präambel und in Art. 2, 1. Spiegelstrich EUV die Aufgabe einer nachhaltigen Entwicklung[210] als Gemeinschaftsziel in ihren Katalog aufgenommen. Seit Geltung der EEA kann, auch wenn man nicht so weit geht, in der Vorschrift des Art. 130r Absatz 2 Unterabsatz 1 Satz 3 EGV a. F. die Einführung eines Prinzips des bestmöglichen Umweltschutzes in den Vertrag zu sehen[211], immerhin von einer hierdurch entstandenen Auslegungsregel dahin gesprochen werden, dass grundsätzlich diejenige Abwägung den Zielen des Vertrages am gerechtesten wird, die dem Umweltschutz einen möglichst hohen Rang zukommen lässt[212]. Das erlaubt aber nicht,

---

210 Etwas verengt formuliert durch die Bezugnahme auf das Wirtschaftsleben und die davon getrennte Vorgabe eines hohen Maßes an Umweltschutz und Verbesserung der Umweltqualität, *Calliess*, DVBl. 1998, 559, 562.

211 So *Meinhard Schröder*, Handbuch zum europäischen und deutschen Umweltrecht, 181, 209 Rn. 62; dagegen richtig *Everling*, Buchpreisbindung im deutschen Sprachraum und Europäisches Gemeinschaftsrecht, 32, vgl. bereits Fn. 178; siehe auch *Jans / von der Heide*, Europäisches Umweltrecht, 34, mit der Abgrenzung zum Grundsatz des hohen Schutzniveaus, den sie als einen der wichtigsten materiellen Grundsätze europäischer Umweltpolitik bezeichnen; siehe auch Fn. 212 und 251 zur Frage eines Vorrangs des Umweltschutzes gegenüber anderen Vertragszielen.

212 *Epiney / Furrer*, EuR 1992, 369, 388 – Der Grundsatz des bestmöglichen Umweltschutzes gehört nicht zu den im Vertrag fixierten Grundsätzen der europäischen Umweltpolitik. Mit dem Resultat einer Gewichtsverlagerung zugunsten des Umweltschutzes, eines relativen Vorrangs, wird der Grundsatz im allgemeinen dort bemüht, wo das Gemeinschaftsrecht selbst die Gewichtung der verschiedenen Ziele oder Interessen verlangt. Er ist dann das Ergebnis eines Konzentrats aus der Zusammenschau verschiedener Vertragsnormen. So begründet *Meinhard Schröder* diesen Grundsatz mit folgenden Ausstrahlungswirkungen:
- Er verpflichtet dazu, eine Umweltpolitik zu betreiben und dabei ein hohes Umweltschutzniveau einzuhalten (Handlungsregel).
- Er beinhaltet das Gebot der funktionell-arbeitsteiligen Verwirklichung des bestmöglichen Umweltschutzes (Kooperationsregel).
- Er verleiht dem Einzelnen unter bestimmten Voraussetzungen Leistungs-, Abwehr- und Entschädigungsansprüche (subjektive Rechtsstellungsregel).
- Er sichert dem Umweltschutz gegenüber ökonomischen Zielen des Vertrages eine relative Präferenz (Präferenzregel).
- Er gibt eine Abwägungsregel für das Verhältnis Umweltschutz und freier Warenverkehr der Gemeinschaft und für die Abwägungen bei der Gestaltung der Umweltpolitik (Abwägungsregel).
- Er führt zu einer umweltschutzfreundlichen Auslegung des Primär- und Sekundärrechts (Auslegungsregel).
- Er eröffnet nationale Schutzverstärkungen, wo der gemeinschaftliche Fundamentalschutz nicht ausreicht (Supplementierungsregel).
- Er legt bei schwierigen Kompetenzabgrenzungen im Zweifel den Vorrang der Kompetenz nahe, die den Umweltschutz bestmöglich verwirklicht (Kompetenzregel);

den Umweltschutz gleichsam als ‚Übermaterie' im Verhältnis zu anderen Vertragspolitiken zu bewerten. Optimierter Umweltschutz kann nur bedeuten, dass dieser so weit wie möglich Berücksichtigung finden muss, aber eben auch nur so weit wie möglich, d. h. relativ, nicht absolut, so dass es nicht auf Kosten anderer Politiken geschieht. Die praktische Konkordanz hat den Umweltschutz hoch zu veranschlagen, aber ‚möglich' heißt in diesem Kontext, auch andere Politiken müssen zur Entfaltung kommen. In diesem Sinne betont *Jans* richtig, der Vertragstext gebe nichts für eine Priorität der Umweltpolitik im Konflikt mit anderen Politiken her, kein ‚certain added value from a legal point of view', auch nicht unter dem Blickwinkel, dass er das Integrationsprinzip nur bei der Umweltpolitik finden will[213].

‚Einbeziehung' ist weder gleichbedeutend mit ‚vorrangig' noch als tendenziell auf inhaltlichen Vorrang gegenüber den einbeziehenden Politiken hinweisend zu begreifen. Aus der Mehrfachnennung des Umweltschutzes im Vertrag lässt sich ebensowenig ein Prinzip inhaltlichen Mehrwerts im Verhältnis zu anderen Politiken ableiten.

Wenn auch der EuGH unter Bezugnahme auf die mit der EEA eingeführte neue Querschnittsklausel des Art. 130r Absatz 2 Satz 2 EWGV davon sprach, der Umweltschutz als ‚zwingendes Erfordernis des Gemeinschaftsrechts' entspreche einem Immanenzvorbehalt des Art. 30 EWGV[214], ihn also als negatives Tatbestandsmerkmal dieses Artikels und nicht nur als Rechtfertigungsgrund sah, hat er doch weder hier noch später vom grundsätzlichen Vorrang des Umweltschutzes vor anderen Vertragszielen gesprochen, ihn stattdessen ausdrücklich hier und auch sonst unter den weiteren Vorbehalt des Verhältnismäßigkeitsprinzips gegenüber anderen Vertragszielen gestellt. Damit besteht zwar eine begriffliche, gleichwohl aber keine inhaltliche Priorität des Vertragsziels Umweltschutz[215].

Meinhard Schröder in *Rengeling,* Handbuch zum europäischen und deutschen Umweltrecht, 181, 209 Rn. 62 ff.

213 *Jans* in *Winter,* European Environmental Law, 277, 288; siehe auch Fn. 251.

214 Pfandflaschenfall, vgl. Fn. 134, und *Rengeling / Heinz* in Fn. 137 zum Verhältnis des Art. 30 EWGV zu Umweltregelungen eines Mitgliedstaates, JuS 1990, 613, 615 mit Nachweisen in Fn. 22.

215 Gegen die Erweiterung des Grundsatzes bestmöglichen Umweltschutzes zu einer horizontalen Kompetenzausübungsregel wendet sich *Ullrich,* da ein solcher Grundsatz die vertraglich vorgegebenen Strukturen nicht in Frage stellen dürfe, *Ullrich,* ZEuS 2000, 243, 257, unter Verweisung auf *Epiney,* Umweltrecht in der Europäischen Union, 64, 66 (1. Auflage – 2. Auflage: 112 ff.); *Hans-J. Glaesner* schließt indessen aus der Singularität der Querschnittsklausel zum Umweltschutz sowie aus der Formulierung in Art. 95 Absatz 1 EGV ‚soweit in diesem Vertrag nichts anderes bestimmt ist', dass die Art. 174 ff. EGV einen Vorrang des Umweltschutzes vor an-

Die Umweltklausel ist nicht als ein so dominantes Rechtsgebot zur Umweltfreundlichkeit zu verstehen, dass daraus zu folgern wäre, Umweltschutzbelange seien nur dann zurückzustellen, wenn besonders gewichtige Gründe europäischen Gemeinwohls dies rechtfertigten[216].

Die Änderung der Klausel von ihrer Ursprungsfassung nach der EEA, Erfordernisse des Umweltschutzes ‚sind Bestandteil' der anderen Politiken, in die insofern deckungsgleichen Postulate der Klausel nach den Verträgen von Maastricht und Amsterdam, die Erfordernisse in andere Politiken einbeziehen zu müssen, unterstreicht das vorausgesetzte, zunächst einmal gleichwertige Nebeneinander verschiedener Politiken, fordert ausdrücklich den Abwägungsvorgang, nicht die Verdrängung.

Die neugefasste Klausel des Art. 6 EGV trägt zur Ökologisierung des Vertrages und zur Herausbildung einer Umweltgemeinschaft bei[217]: In Anlehnung an die ersten Umweltaktionsprogramme der EG formuliert Art. 174 EGV verschiedene, das Gemeinschaftsziel Umweltschutz konkretisierende Ziele.

Der Grundsatz der nachhaltigen Entwicklung ist dem Gemeinschaftsrecht zur Umsetzung vorgegeben und unter den Anforderungen des Art. 174 EGV, insbesondere als Bestandteil des Vorsorgeprinzips[218], mit materiellen Inhalten aufzufüllen.

Die Querschnittsklausel des Art. 6 EGV ist Instrument zur Umsetzung des Grundsatzes der nachhaltigen Entwicklung[219].

V. Qualifizierung des Rechtsnormcharakters

Um eine Antwort auf die Frage nach den Auswirkungen der Umweltklausel im Rahmen des gemeinschaftsrechtlichen Prinzips der begrenzten Ermächtigung formulieren zu können, bedarf es nach der Klärung der Tatbestandsmerkmale der Klausel der Einordnung ihres Rechtsnormcharakters.

---

deren Gemeinschaftszielen zum Ausdruck bringen, *Hans-J. Glaesner,* Reihe der Vorträge aus dem Europa-Institut 1988, 35, 37, 52.

216 So aber *Scheuing,* EuR 1989, 152, 176 ff., zur Fassung der Klausel nach der EEA; dagegen ausdrücklich *Rengeling / Heinz,* JuS 1990, 613, 617, unter Hinweis auf die Aufgaben- und Tätigkeitsbestimmung der Gemeinschaft als einer überwiegenden und vorrangigen Wirtschaftsgemeinschaft.

217 Vgl. auch *Meinhard Schröder* in *Rengeling,* Handbuch zum europäischen und deutschen Umweltrecht, 181, 194 Rn. 29.

218 Dazu ausführlich *Calliess,* DVBl. 1998, 559, 563 ff.

219 *Calliess,* a. a. O., 564.

Ihre Einschätzung reicht vom politisch unverbindlichen Programmsatz bzw. ‚Verhaltensmaßstab'[220] bis hin zur verbindlichen Rechtsregel mit Kompetenzauswirkung.

Von einigen Stimmen in der Literatur wird die Rechtsqualität bzw. die rechtliche Verbindlichkeit der Umweltklausel angezweifelt[221]. Sie lege keine ‚legally binding rule for all cases', sondern vielmehr ein Ziel (principle) fest, welches durch die Tätigkeiten der Gemeinschaft erst noch erreicht werden müsse. ‚Since the clause, in contrast to its 1987 version, no longer states affect but rather forms a necessity of procedure for Community policy, its implementation will depend almost entirely on the political will of the Community institutions to make the Integration clause fully operational'[222]. Danach hinge also die Durchführung der Klausel fast ausschließlich vom politischen Willen der Gemeinschaftsinstitutionen ab. Die Fassung des Art. 6 EGV gebe nur einen allgemeinen Auftrag für zukünftige Maßnahmen der Gemeinschaft, ohne dass Zeit und Form der Verwirklichung vorgeschrieben würden. Da auch keine rechtlichen Konsequenzen für den Fall der Nichtbeachtung der Vorschrift aufgestellt würden (‚The objectives are, in practice, not enforceable'), will diese Ansicht in der Klausel lediglich ein Prinzip und keine rechtlich verbindliche Regel erblicken[223]. Dann wäre die Klausel nicht mehr als eine in die Zukunft verlegte Absichtserklärung.

Demgegenüber wird zu Recht eingewandt, die Verwendung des Wortes ‚müssen' bedeute eindeutig eine Verpflichtung zur Einbeziehung der Umwelterfordernisse, bereits der Wortlaut der Klausel konkretisiere ein Rechtsgebot[224]. Dies entspricht auch den Motiven, die der zweimaligen Überarbeitung der Klausel zugrunde lagen, ihr größere Verbindlichkeit und mehr Einfluss in der Praxis zukommen zu lassen. Anders lässt sich die zweifache Abänderung nicht erklären[225].

Die der Vorschrift fehlende Regelung von Sanktionsmöglichkeiten im Nichtbeachtungsfall vermag die Bedeutung des Wortlauts nicht zu entkräften. Es ist

---

220 Vgl. *Ehle,* Die Einbeziehung des Umweltschutzes in das Europäische Kartellrecht, 28.

221 *Krämer,* E. C. Treaty and Environmental Law, 72; *Jahns-Böhm,* Umweltschutz durch europäisches Gemeinschaftsrecht am Beispiel der Luftreinhaltung, 262.

222 *Krämer,* a. a. O., 72.

223 *Krämer,* a. a. O., 55.

224 *Calliess* in *Calliess / Ruffert,* EUV/EGV, Art. 6 EGV Rn. 22; sogar schon zu Art. 130r EGV a. F. *Ehle,* Die Einbeziehung des Umweltschutzes in das Europäische Kartellrecht, 28.

225 Vgl. auch *Kahl* in *Streinz,* EUV/EGV, Art. 6 EGV Rn. 3, dem zufolge mit der Formulierung des Vertrages von Maastricht (... müssen einbezogen werden ...) eine bewusste Abkehr von der euphemistischen, einen vermeintlichen Status quo feststellenden Formulierung des EWGV (‚... sind Bestandteil ...') vollzogen, stattdessen der Gebotscharakter der Vorschrift betont wurde.

nicht das Essentiale einer Mussvorschrift, dass sie immer mit einer Regelung zur Sanktionierung bei ihrer Missachtung verknüpft sein muss.

Art. 6 EGV enthält mithin einen – konkret jetzt geltenden – imperativistischen Handlungsauftrag[226], mehr als eine bloß politische, in der Umsetzung vom guten Willen der Gemeinschaftsorgane abhängige Deklaration. Die zwingende Formulierung des Art. 6 EGV drückt eine Rechtspflicht zur Umorientierung oder Neuausrichtung der gesamten Gemeinschaftspolitik auf die Vorgaben des Art. 174 EGV aus[227]. Als Vertragszielbestimmung erzeugt die Norm rechtsverbindliche Steuerungswirkungen[228]. *Schweitzer / Hummer* gehen dabei so weit zu sagen, infolge des an die Gemeinschaft gerichteten Berücksichtigungsgebotes sei ihr eine Umweltbeeinträchtigung bei ihrer Rechtsetzung in allen Politikbereichen verboten, was unter Umständen sogar zur Nichtigkeit eines Rechtsaktes führen könne[229], eine Ansicht, die wiederum über das Anliegen der Klausel ersichtlich hinausschießt.

Ein systematisches Argument unterstützt die Verbindlichkeit der Umweltklausel: Sie steht am Anfang, d. h. in den ‚Grundsätzen' im Ersten Teil des Vertrages, und hebt aufgrund dieser exponierten Stellung (insoweit ist sie unter den übrigen Klauseln einzigartig) – vor die Klammer gezogen[230] – die grundlegende Bedeutung des Umweltschutzes für alle Tätigkeiten der Gemeinschaft hervor[231]. Dies bedeutet indessen nicht, dass die besondere Schwerpunktsetzung in Gestalt dieser Klausel neue originäre Kompetenzen auslöst; Kompetenznormen bleiben in diesem Feld die Art. 130r EGV a. F. bzw. 174 EGV n. F. Die Querschnittsklausel modifiziert lediglich verpflichtend die auf anderen Bestimmungen des Vertrages basierende Gemeinschaftstätigkeit.

Ein anschauliches Beispiel für ein denkbares Ergebnis dieser Regieanweisung der Klausel liefert *Meinhard Schröder,* wenn er zur alten Querschnittsklausel des Art. 130r Absatz 2 Satz 3 EGV a. F. ausführt, es bedürfe einer nachhaltigen Ein-

226 Vgl. *Kahl* in *Streinz,* EUV/EGV, Art. 6 EGV Rn. 9.

227 So im Ergebnis auch *Jahns-Böhm* in *Schwarze,* EU-Kommentar, Art. 6 EGV Rn. 22; *Stroetmann* in *Rengeling,* Umweltschutz und andere Politiken der Gemeinschaft, 1, 3; *Wiegand,* DVBl. 1993, 533, 536; *Meinhard Schröder* in *Rengeling,* Handbuch zum europäischen und deutschen Umweltrecht, 181, 192 Rn. 24; *Scheuing,* EuR 1989, 152, 176; *Breier,* NuR 1992, 174, 181.

228 Nach *Breier* in *Lenz,* EG-Vertrag, Art. 6 EGV Rn. 12, sollen diese zu Tatbestandserweiterungen oder -beschränkungen führen sowie als Auslegungshilfe oder als Bausteine zur Rechtsfortbildung dienen, vgl. insoweit schon Fn. 6 sowie Teil 5.

229 *Schweitzer / Hummer,* Europarecht, 478, was *Jans* indessen nur als ganz große Ausnahme für denkbar hält, *Jans* in *Winter,* European Environmental Law, 277, 290.

230 Vgl. Einführung.

231 *Calliess* in *Calliess / Ruffert,* EUV/EGV, Art. 6 EGV Rn. 22.

beziehung der Umweltpolitik in die vorwiegend ökonomisch orientierte und vielfach umweltschädliche Agrarpolitik derart, dass durch die Klausel das Zielquintett des Art. 39 EGV a. F. – Produktivitätssteigerung, Einkommenssicherung in der Landwirtschaft, Stabilität der Agrarmärkte, Versorgungssicherheit und angemessene Verbraucherpreise – zum Sextett erweitert werde[232].

VI. Praktische Auswirkungen: Vollzug effizienter Umweltpolitik durch die EG-Organe

Obgleich es in der vorliegenden Untersuchung nicht darum geht, welche Art Umweltpolitik die europäischen Handlungsträger zu betreiben und wie sie diese eventuell zu optimieren haben, sondern darum, wie vorhandene Standards vertragsweit tatsächliche Beachtung finden, scheint ein Blick auf das geboten, was die Gemeinschaft im Rahmen ihrer Umweltkompetenz tatsächlich tut, was also durch ihre sonstigen Politiken und Maßnahmen i. S. d. Art. 6 EGV aufzunehmen ist.

Bereits vor Einführung der EEA in den EWGV betrieb die Gemeinschaft eine eigene Umweltpolitik, da die Zusammenschau des Vertrages schon zuvor den Schluss zuließ, der Gemeinschaftsgesetzgeber erachte eine effiziente Umweltpolitik als wünschenswert[233]. Ein Kommissionsvorschlag konnte aber damals nicht allein deshalb angegriffen werden, weil er kein ausreichend hohes Maß an Umweltschutz gewährleistete[234].

Mit Einführung des Art. 100a Absatz 3 EGV in der Fassung der EEA sollten nun Vorschläge der Kommission als Bestandteil von Rechtsangleichungsregelungen, die auf die Vollendung des Binnenmarktes abzielten, u. a. auf einem hohen Umweltschutzlevel erfolgen; gleichzeitig bestimmte Art. 130r Absatz 2 Satz 2 EWGV als erste Querschnittsklausel, dass die Erfordernisse des Umweltschutzes Bestandteil der anderen Gemeinschaftspolitiken seien, was sich zwangsläufig an alle Gemeinschaftsorgane richtete.

Zeitgleich mit der erneuerten Querschnittsklausel des Maastrichter Vertrages – Art. 130r Absatz 2 Unterabsatz 1 EGV a. F. –, die gebot, die Erfordernisse des Umweltschutzes bei der Festlegung und Durchführung anderer Politiken einzubeziehen, verlangte nun der überarbeitete Art. 130r Absatz 2 EGV von der Kommission, dass die Umweltpolitik selbst auf ein hohes Maß an Umweltschutz gerichtet werde, und zwar unter Beachtung regionaler Unterschiede.

---

232 *Meinhard Schröder,* NuR 1995, 117, 118.

233 Vgl. nur EuGH 7. 2. 1985, Rs 240/83, Slg. 531 Rn. 13.

234 *Krämer* in *Winter,* European Environmental Law, 297, 302 ff.

Der neue Art. 95 Absatz 3 EGV erweitert einerseits den Appell an die Kommission dahin, dass sie bei ihren von einem hohen Schutzniveau ausgehenden Vorschlägen insbesondere alle auf wissenschaftliche Ergebnisse gestützten neuen Entwicklungen berücksichtigt; andererseits wurde Art. 100a Absatz 3 EGV a. F. seinerseits dahin modifiziert, dass nunmehr nach Art. 95 Absatz 3 Satz 2 EGV auch das Europäische Parlament und der Rat im Rahmen ihrer jeweiligen Befugnisse wie die Kommission zu verfahren haben. Art. 174 EGV legt die allgemeinen Ziele der Gemeinschaft im Umweltbereich fest[235]. Die derzeitige Umweltpolitik aller Gemeinschaftsorgane muss also auf ein hohes Maß an Umweltschutz gerichtet sein, unter Beachtung regionaler Unterschiede und aller auf neue wissenschaftliche Erkenntnisse gestützten Entwicklungen.

Anlass für die Schutzniveauklausel war die Sorge einiger Mitgliedstaaten, es könne (aufgrund der Mehrheitsabstimmungen im Rat) zu einer Absenkung ihrer progressiveren nationalen Schutzstandards auf einen ‚mittleren gemeinsamen Nenner' kommen. Die Schutzklausel ist nicht nur Spezialausprägung des Art. 2 EGV, wonach es Aufgabe der Gemeinschaft ist, ein hohes Maß an Umweltschutz zu fördern, sondern konkretisiert zugleich die Querschnittsklauseln der in Bezug genommenen Materien[236].

Querschnittsklauseln, die wie die zur Umwelt mit der Festschreibung eines hohen Niveaus in der zugrundeliegenden Politik verknüpft sind, stellen bei der Subsumtion in der Querschnittsentscheidung an den Entscheidungsträger inhaltlich höhere Anforderungen als das Gebot gesamtvertraglicher Einbeziehung ohne solchen Maßstab. Es stellt sich für die erstere Kategorie der Querschnittsklauseln somit die Frage, wer denn eigentlich bestimmt, wie und womit ein hohes Niveau erreicht ist, ein Problem inhaltlicher Verifizierbarkeit vor dem Abwägungsprozess.

Leichter lässt sich ermitteln, ob einer Klausel bei einer Maßnahme Rechnung getragen bzw. ob sie berücksichtigt wurde. Bei den Niveau-Klauseln ist die Grenze nach oben gleichsam offen, sie sind insoweit nicht griffig, wogegen die Frage der Berücksichtigung oder Einbeziehung in der Regel mit einem klaren Ja oder Nein beantwortet werden kann.

Ob die Einforderung eines hohen Niveaus lediglich Appellfunktion besitzt, oder ob sie im Sinne eines unbedingt einzuhaltenden Optimierungsgebotes zu verstehen ist, wird vertieft bei der Erörterung der Gesundheitsschutzklausel geprüft. Der Gerichtshof jedenfalls vertritt den Standpunkt, das optimale Niveau dürfe durchaus unterschritten werden. Zur schon im Rahmen der allgemeinen

---

235 Vgl. EuGH vom 14. 7. 1998, Rs C-341/95, Slg. I-4355, 4377 Rn. 49 (noch zum entsprechenden Art. 130r EGV).

236 Vgl. *Kahl* in *Calliess / Ruffert*, EUV/EGV, Art. 95 EGV Rn. 25.

Ziele und Grundsätze der Gemeinschaft im Umweltbereich nach dem damaligen Art. 130r EGV zu treffenden Abwägung führt der EuGH ausdrücklich aus, wenn die Umweltpolitik der Gemeinschaft nach Art. 130r Absatz 2 EGV auf ein hohes Schutzniveau abzielen muss, so doch nicht unbedingt auf das in technischer Hinsicht höchstmögliche; zur Begründung wird interessanterweise auf Art. 130t EGV a. F. verwiesen, der den Mitgliedstaaten gestattet, verstärkte (also höhere) Schutzmaßnahmen zu ergreifen[237]. Dies erscheint pragmatisch, weil das mit einer Klausel verfolgte Ziel regelmäßig mit den Absichten anderer Sachbereiche konkurriert. Dem wird die Erreichung des Optimums eines einzigen Zieles in der Mehrheit aller Fälle entgegenstehen, ein Höchstmaß an Realisierung eines Sachziels führt notwendig zur Verdrängung anderer Anliegen. Es müssen Kompromisslösungen gefunden werden.

Der Beachtung regionaler Unterschiede innerhalb der Umweltpolitik entspricht der EuGH, wenn er in zwei Entscheidungen darauf hinweist, der Gemeinschaftsgesetzgeber müsse beim Erlass von Umweltschutzmaßnahmen nicht stets Maximal- oder Gesamtlösungen verfolgen, ein schrittweises Vorgehen sei zulässig[238]. Dass es dazu kommt, wird entscheidend auch in seiner Hand liegen.

Man kann nicht davon ausgehen, dass die Politik ‚Umweltschutz' in ihren Dimensionen schon abschließend erfasst ist, so dass es auf EG-Ebene nicht genügen kann, lediglich dafür Sorge zu tragen, jeweils schon bestehende Standards

237 EuGH in Sachen *Bettati* gegen *Safety Hi-Tech,* 14. 7. 1998, Rs C-341/95, Slg. I-4355 Rn. 41 und 47 – In der gleichen Entscheidung leitet der EuGH aus Art. 130r Absatz 1 i. V. m. Art. 130s und 130t EGV a. F. ab, der Gemeinschaftsgesetzgeber müsse, wenn er Maßnahmen zur Erhaltung und zum Schutz der Umwelt erlasse, die ein spezielles Umweltproblem behandeln sollen, nicht gleichzeitig Maßnahmen erlassen, die auf die Umwelt insgesamt abzielen (Rn. 42). Beide Blickrichtungen können verschieden sein, was unterstreicht, dass es ein einzig richtiges Optimum an erreichbarem Umweltschutz allgemein in einer Einzelmaßnahme nicht geben kann. Art. 130r Absatz 1 EGV a. F. erlaube den Erlass von Maßnahmen, die nur bestimmte Aspekte der Umwelt betreffen, sofern diese Maßnahmen zur Erhaltung und zum Schutz der Umwelt sowie zur Verbesserung ihrer Qualität beitragen (Rn. 42, 43), so auch EuGH vom 14. 7. 1998, Rs C-284/95, Slg. I-4301 Rn. 45; anders *Epiney,* NuR 1999, 181 ff.: Richtig sei zwar, dass Art. 130r Absatz 1 EGV a. F. die Gemeinschaft nicht verpflichte, bei der Bekämpfung eines speziellen Umweltschutzproblems stets gleichzeitig alle weiteren Maßnahmen zu erlassen, die dem Schutz der Umwelt insgesamt dienten, so dass auch Einzelaspekte geregelt werden könnten. Die Wirkungen isolierter Schutzmaßnahmen auf den Schutz anderer Umweltgüter müssen aber berücksichtigt werden, so dass es Art. 130r Absatz 1 EGV a. F. zuwiderliefe, wenn eine bestimmte Maßnahme spürbare Beeinträchtigungen anderer umweltpolitischer Schutzgüter in sich berge, in diesem Fall trüge die Gemeinschaftstätigkeit gerade nicht zu Schutz und Verbesserung der Umwelt bei.

238 EuGH 14. 7. 1998, Rs C-284/95, Slg. I-4301, 4346 Rn. 44 und Rs C-341/95, Slg. I-4355, 4375 Rn. 42.

gedanklich in sämtliches Gemeinschaftshandeln einfließen zu lassen. Wie Art. 174 Absatz 3 erster Spiegelstrich EGV anklingen lässt, sollen neue wissenschaftliche Erkenntnisse im ständigen Blick der EG-Umweltpolitik bleiben. Dies verfahrensmäßig sicherzustellen, scheint eine noch nicht hinreichend erkannte Aufgabe der Gemeinschaft zu sein[239]. Das Know-How nicht-staatlicher Umweltorganisationen verfahrensmäßig in die Arbeit der EG-Organe einzubringen – etwa in Gestalt einer nicht nur möglichen, sondern obligatorischen Anhörung –, verbunden mit der Pflicht zu ständigem Informationsaustausch, besser noch die institutionelle Mitarbeit in bestimmten EG-Gremien, entspräche der in der Querschnittsklausel herausgestellten Wichtigkeit des Themas Umwelt.

In diese Richtung geht der – im übrigen bereits im Vorfeld kritisierte, letztlich nicht zum Zuge gekommene – Richtlinienentwurf der Kommission von Oktober 2003, der weitreichende Klagerechte mit vorläufigem Rechtsschutz für Umweltverbände und -organisationen einführen will. Entsprechende Befugnisse für Umweltverbände sind indes in zwei weiteren Richtlinien festgeschrieben, der Umweltinformations- und der Öffentlichkeitsbeteiligungsrichtlinie[240].

Die praktische Umsetzung von Umweltpolitik stößt auf eine weitere natürliche Hürde in dem eigentlichen Hauptanliegen des Vertrages, der Vollendung des Binnenmarktes. Wie gerade der freie Handel, dessen Funktionieren erleichtert

---

239 *Scheuing* spricht ausdrücklich von den im Umweltbereich noch unerfüllten Aufgaben. Experimente mit der Schaffung von Umweltkorrespondenten, Spiegelreferaten oder ‚watch-dogs' für Umwelterfordernisse in anderen Generaldirektionen der Kommission als der der Umwelt hätten noch keine ermutigenden Ergebnisse erbracht, *Scheuing,* EuR 2002, 619, 654; auch *Ehle* stellte (1996) fest, die Kommission sei sich zwar der Notwendigkeit, Umweltschutzvorkehrungen in andere Politikbereiche zu integrieren, bewusst, die Konsequenzen der Einbeziehung in formeller, institutioneller und materiell-rechtlicher Hinsicht seien indessen noch unklar, *Ehle,* Die Einbeziehung des Umweltschutzes in das Europäische Kartellrecht, 28 Fn. 167 m. w. N. *Krämer* stellt immerhin fest, suche man nach einem Modell für Umweltgesetzgebung zwischen souveränen Staaten, welches man anderen Teilen der Welt anbieten könne, so stelle sich die europäische Lösung als weitaus befriedigender als beispielsweise die der U.S.A. dar. Er plädiert für Verbesserung der Transparenz des einschlägigen Gesetzgebungsprozesses und regt eine Gesetzgebung über den Zugang zu Umweltinformationen an, *Krämer* in *Winter,* European Environmental Law, 297, 316.

240 Entwurf der Kommission vom 28. 10. 2003, IP/03/1466, *http://europa.eu.int/comm/environment/aarhus/index.htm* bzw. Richtlinie 2003/4/EG, ABl. L Nr. 41, 26 vom 14. 2. 2003 bzw. Richtlinie 2003/53/EG, ABl. L 156 vom 25. 6. 2003. Auch die Verordnung EG Nr. 166/2006 des Parlaments und des Rates vom 18. 1. 2006 über die Schaffung eines Europäischen Schadstofffreisetzungs- und -verbringungsregisters ‚PRTR', ABl. vom 4. 2. 2006 L 33/1, auf Vorschlag der Kommission entstanden, beruht auf der Überlegung, dass Zugang zu Informationen und Öffentlichkeitsbeteiligung am Entscheidungsverfahren der Kohärenz im Umweltschutz dienen.

werden soll, im Detail gegen den Umweltschutz steht, zeigt sich überdeutlich bei der unendlichen Geschichte des Dosenpfandes in der Bundesrepublik Deutschland. Eindeutig wirtschaftliche Interessen geraten zu oft in Konflikt mit dem ökologisch-weltanschaulich begründeten Befehl des EGV, einen erhöhten Schutz der Umwelt sicherzustellen. So regte sich Kritik gegen den soeben angeführten Richtlinienentwurf der Kommission gerade mit dem Argument, laut der Lissabon-Agenda solle doch die EU bis zum Jahre 2010 zum wettbewerbsfähigsten Wirtschaftsraum der Welt werden[241].

Der Schwerpunkt Umweltschutz darf in der Tat nicht grundsätzlich die Maßstäbe europäischen Handelns verschieben: Wirtschaftswachstum unter Verhinderung einer Ausuferung von Verwaltungsaufwand bleibt ein vordringliches Anliegen der Gemeinschaft.

Adressat der Postulate der Querschnittsklauseln ist, wie erörtert, die Gemeinschaft, der praktische Vollzug des Auftrags des Art. 6 EGV obliegt ihren Organen, Kommission, Rat und Europäischem Parlament.

Indem die Kommission wesentlich für die Einbringung von Gesetzesinitiativen zuständig ist, sind von ihr als der umweltrechtlichen Vordenkerin auf EU-Ebene auch weiterhin im Bereich des Umweltschutzes die entscheidenden Anstöße zu erwarten. Das mit den erörterten Vertragsänderungen intensivierte Verlangen nach Berücksichtigung des Umweltschutzes bei aller Tätigkeit auf Gemeinschaftsebene muss somit vordringlich in das Bewusstsein der Kommission dringen. Sie sollte dabei nicht nur politischer Ideengeber sein, sondern auch Regeln für die praktische Realisierung, das procedere bei der Umsetzung liefern, etwa durch Veränderung von Verfahrensabläufen und Institutionen an den willensbildenden Stellen der Gemeinschaft, die die Nachhaltigkeit der Berücksichtigung des Umweltschutzgedankens auch tatsächlich sicherstellen. Mit der Einrichtung einer Generaldirektion, die sich mit Umweltfragen befasst, sind Voraussetzungen hierfür bei der Kommission geschaffen[242].

Spezifisch dem Querschnittsauftrag entspricht die schon erwähnte Erklärung des 1997 von der Kommission ins Leben gerufenen Europäischen Beratenden Forums für Umwelt und nachhaltige Entwicklung zur Einbeziehung der Erfordernisse des Umweltschutzes in alle Politikbereiche[243], in der die Forderung aufgestellt wird, dieses Prinzip müsse ‚in der Arbeitsweise des Ministerrates, der Europäischen Kommission und des Europäischen Parlaments in vollem Umfang

241 *Mai,* Financial Times Deutschland vom 20./21. 3. 2004.

242 Vgl. aber Fn. 239 und ausführlich für alle Klauseln hierzu die Bilanz unter Teil 7.

243 *Amt für amtliche Veröffentlichungen der Europäischen Gemeinschaften,* Erklärung des Europäischen Beratenden Forums für Umwelt und nachhaltige Entwicklung zur Einbeziehung der Erfordernisse des Umweltschutzes in alle Politikbereiche.

zum Tragen kommen'[244]. Die Erklärung begrüßt den Vorschlag der Kommission für eine Richtlinie über die strategische Umweltverträglichkeitsprüfung und verlangt, die Kommission solle bei jeder Vorlage eines Vorschlages für neue Rechtsvorschriften in der Begründung darlegen, auf welche Weise die Umweltschutzerfordernisse im Vorschlag berücksichtigt wurden und inwiefern der Vorschlag dazu beiträgt, das Ziel der nachhaltigen Entwicklung zu verwirklichen[245].

Solchen Gedankengängen müssen allerdings entsprechende Taten folgen, wie es letztlich auch die Umsetzung des Querschnittsauftrages impliziert.

Die Verdienste des Rates in Bezug auf die Förderung einer effektiven Umweltpolitik sind als relativ gering zu bewerten[246]. Er orientiert sich an entsprechenden Vorgaben der Kommission. Zudem hindert ihn das Erfordernis einstimmiger Entscheidung, Maßstäbe in der Umweltpolitik zu setzen, da schon unter den bis 2003 in der EG befindlichen Mitgliedstaaten die Intensität des Umweltbewusstseins noch deutlich differierte. Zeigte bereits die Wiedervereinigung Deutschlands, wie gravierend der Unterschied dieses Bewusstseins zwischen West und Ost war, so ist ein zunehmendes Erschwernis für effektiven Umweltschutz in dem Beitritt neuer östlicher Mitgliedstaaten seit 2004 zu erwarten. Deren ökonomische Rückständigkeit wird der Umsetzung von bisherigen EG-Umweltnormen wegen des vordergründigen Verlangens nach Wirtschaftswachstum zumindest auf nahe Sicht entgegenstehen und das Ziel eines höheren Umweltschutzlevels vermutlich nicht befördern. Bedürftigere Mitgliedstaaten werden sich ohnehin nur ein Mindestmaß an Umsetzung leisten können und praktizieren.

Zwar vermögen Richtlinien eine zwangsweise Durchsetzung gewisser Standards zu bewirken, indessen sind die Beispiele für divergierende Umsetzung in den einzelnen Mitgliedstaaten zahlreich, so bei den Anforderungen an Trinkwasserstandards, bei Maßstäben für Luftqualität, Abfallbeseitigung oder der Ausweisung und dem Schutz von Naturschutzgebieten[247].

Das Parlament war trotz seiner erstarkten Stellung im Prozess der Initiierung neuer umweltpolitischer Akzente bislang wenig richtungsweisend. Bis 1996 z. B. war es ihm nur bei der Verabschiedung von Maßstäben für Autoabgase gelungen, seinen politischen Willen diesbezüglich maßgeblich geltend zu machen[248].

---

244 A. a. O., 5.

245 A. a. O., 9.

246 Laut *Krämer* hat er bisher wenig Umweltschutzvisionen entwickelt, *Krämer* in *Winter*, European Environmental Law, 297, 315; gleichwohl gab es einschlägige Aktivitäten des Rates seit 1973, vgl. die Hinweise bei *Geiger*, EGV-Vertrag, Art. 130r Rn. 1 ff.

247 Vgl. *Krämer*, a. a. O., der nur bei einer Minderheit von Mitgliedstaaten eine echte nationale Umweltpolitik sieht.

248 *Krämer*, a. a. O., 303.

Es wäre zu wünschen, dass in Zukunft das Parlament die ihm durch Art. 251, 174, 175 Absatz 1 EGV eröffnete Möglichkeit der Einflussnahme zunehmend nutzt, wenn auch die durch den Verfassungsvertrag vorgesehene weitere Stärkung der Rechtsposition des Parlaments noch nicht Realität werden konnte. Damit kann es einen beträchtlichen Teil dazu beitragen, dass nicht nur Vertragsziele als solche gefördert werden, sondern dabei auch die vertragliche Realität der Querschnittsklauseln als geltendes Recht durchgehend in die politische Arbeit der Gemeinschaft einfließt.

Klare Handlungslinien im Sinne der Umweltschutzklausel sind bei den Organen der EG bislang nicht deutlich auszumachen; dazu mag die Amsterdamer Regelung noch zu jung sein. Vordringlich erscheint im Stadium der Erweiterung der EU, schon erreichte Umweltstandards nicht etwa im Blick auf ökonomische Machbarkeit zurückzufahren. Ob sich dies in der Tagesarbeit der neu zusammengesetzten Gemeinschaftsorgane wird halten lassen, dass es unter diesen Bedingungen zu ständiger nachhaltiger Berücksichtigung des Umweltschutzes im Rahmen aller vertraglichen Politiken kommen wird, erscheint ungewiss, ist jedoch das eindeutige Gebot des Vertrages.

Die Querschnittsklausel richtig anzuwenden, ist eine andere Sache, als Umweltpolitik zu entwickeln. Es gilt daher immer noch: ‚Achieving true Integration of environmental protection requirements into other policies will be much more difficult than the simple creation of an isolated environmental policy‘[249].

VII. Konsequenzen des Berücksichtigungsgebotes für Abwägungsmaximen

Die Untersuchung geht nun dahin, in welcher Art und Weise sich das Gebot des Art. 6 EGV bei Abwägungsvorgängen zu realisieren, d. h. wie die Berücksichtigung der Umwelterfordernisse bei Festlegung und Vollzug von Politiken und Maßnahmen zu geschehen hat.

Die Formulierung ‚müssen bei ... einbezogen werden‘ zeigt an: Die Klausel geht davon aus, dass etwas Vorgegebenes existiert, das, in was sie einbezogen werden soll. Sie postuliert daneben nicht selbst dem Umweltschutz dienende Maßnahmen, sondern deren Integration in diese vorgegebenen Materien, liefert die Vorgabe für einen Abwägungsvorgang, vermittelt damit keine Basis für eigenständige Rechtsakte, stattdessen die Pflicht, die aufeinandertreffenden Mate-

---

249 *Kamminga,* European Environmental Law Review, January 1994, 23, 25; angesichts misslicher Beispiele aus den Jahren 1985 – 1992, bei denen die in der Bürokratie der Gemeinschaft besonders ausgeprägte ‚compartmentalization‘ Integration von Umweltschutz in Binnenmarktpolitik verhinderte, begrüßte er die von der Kommission initiierte erste Umwelt-Querschnittsklausel der EEA; vgl. schon Fn. 132.

rien in einem Abwägungsvorgang zum Ausgleich zu bringen. Art. 6 EGV regelt damit weder das Kann noch das Ob einer Maßnahme, sondern deren Wie, vergleichbar dem Prinzip der Verhältnismäßigkeit des Art. 5 Absatz 3 EGV[250].

Wie erörtert genießt der Umweltschutz aufgrund der Existenz der Querschnittsklausel, auch nicht in Kombination mit der auf hohem Schutzniveau zu verfolgenden Umweltpolitik, weder absolute noch relative Priorität[251], selbst wenn er, insbesondere durch die Position der Klausel nahezu am Beginn des Vertrages, als elementares vertragspolitisches Ziel betont wird. So zieht die mittels juristischen Imperativs postulierte Einbeziehung zwangsläufig Konkurrenz zu, wenn nicht Kollision mit anderen Belangen nach sich. Dieser Rivalität unterschiedlicher Realisationsabsichten kann sinnvoll nur im Wege einer Abwägung begegnet werden[252].

Jans spricht sich insoweit dafür aus, die jeweiligen Konflikte auf dem Hintergrund des case law zu lösen, welches der Gerichtshof unter Berücksichtigung des Prinzips der Verhältnismäßigkeit entwickelt habe[253]. Er bedient sich des Beispiels des Art. 39 EGV a. F. Auch hier habe der EuGH verschiedene Zielsetzungen gegeneinander abgewogen. Die Institutionen der EG hätten weite Ermessensbefugnisse, wenn sie Politiken im Hinblick auf die verschiedenen Zielsetzungen, die in Art. 39 EGV a. F. enthalten sind, harmonisieren sollen, indem sie etwa einen guten Lebensstandard für die Agrargemeinschaft, Marktstabilisierung, Stabilisierung der Versorgung und vernünftige Verbraucherpreise garantieren sollten. Eines oder mehrere dieser Ziele könnten (zeitweise) bevorzugt werden, solange die Politik nicht so sehr auf ein bestimmtes Objekt fokussiert sei, dass

---

250 Vgl. oben unter Teil 2 F).

251 So auch *Everling,* Buchpreisbindung im deutschen Sprachraum und Europäisches Gemeinschaftsrecht, 32, da es an einer entsprechenden Aussage im Vertrag fehle; er spricht der Umweltklausel die konstitutive Wirkung im Sinne einer Kompetenzbegründung ab; im Ergebnis ebenso *Sparwasser / Engel / Voßkuhle,* Umweltrecht, 35 Rn. 108. – Anders *Scherer / Heselhaus* in *Dauses,* Handbuch des EU-Wirtschaftsrechts, Band 2, Rn. 40: Durch die Verknüpfung mit dem Ziel des hohen Schutzniveaus nach Art. 2 EGV schaffe die Querschnittsklausel die Grundlage für einen relativen Vorrang des Umweltschutzes. Das Integrationsprinzip sichere aufgrund weitreichender Beachtenspflichten dem Umweltschutz eine Sonderstellung auch gegenüber anderen Integrationsklauseln im EGV, vgl. auch die Ausführungen von *Breier* in *Lenz,* EG-Vertrag, Art. 6 EGV Rn. 18 mit Hinweis auf *Zuleeg* und *Kahl* sowie *Rengeling / Heinz,* JuS 1990, 613, 617.

252 In der Tat ist es weitaus schwieriger, den Umweltschutzgedanken in andere Politiken zu integrieren (‚achieving true integration'), als lediglich eine isolierte Umweltpolitik zu kreieren, denn unvermeidlich beinhalte das Integrationsprinzip einen mühsamen Kampf gegen anderslautende Interessen, so *Kamminga,* European Environmental Law Review 1994, 23, 25.

253 *Jans* in *Winter,* European Environmental Law, 277, 288 ff.

die Berücksichtigung anderer Zielsetzungen unmöglich gemacht werde. Diese Annäherung an das Problem könne auch im Hinblick auf die Umwelt benutzt werden. Sofern ein bestimmtes Ziel auf verschiedene Art und Weise erreicht werden könne, verlange das Integrationsprinzip, den am wenigsten umweltschädlichen Weg zu beschreiten.

Die Abwägung darf sicherlich nicht in der Weise vollzogen werden, dass zugunsten eines Vertragszieles ein anderes unterdrückt oder ihm zu wenig Raum zugemessen wird. Anzustreben ist der möglichst umfassende, schonende – i. e. ‚politikfreundlichste' – Ausgleich[254]. Die ordnungspolitische Systematik des Vertrages verlangt Harmonisierung i. S. der Herstellung praktischer Konkordanz zwischen kollidierenden Belangen. Die im Rahmen dieser Ermessensausübung bestehende Gestaltungsfreiheit ist indessen erst überschritten, wenn das Ergebnis des Abwägungsvorgangs im Verhältnis zu den bei der Abwägung einbezogenen Aspekten, den Abwägungskriterien, nahezu unvertretbar erscheint, was jedenfalls dann zu bejahen ist, wenn im Ergebnis eine Gemeinschaftsaufgabe den Umweltschutz komplett verdrängt oder ihn in untragbarer, d. h. der Querschnittsklausel zuwiderlaufender Form schlicht unberücksichtigt lässt[255]. Umgekehrt liegt eine Ermessensüberschreitung auch dann vor, wenn dem Umweltschutz ein derart hoher Stellenwert eingeräumt wird, dass dies eine (nahezu) vollständige Verdrängung einer anderen Vertragspolitik bewirkt.

Dabei sollten an die nach Art. 253 EGV erforderliche Begründung des Abwägungsvorgangs[256] keine überspitzten Anforderungen gestellt werden. Für den Zweck dieses Erfordernisses – Selbstkontrolle der Gemeinschaftsorgane, Vereinfachung des Rechtsschutzes und der Justiziabilität[257] – dürfte es genügen, wenn das Abwägungsergebnis aufgrund der mitgeteilten Gesichtspunkte nachvollziehbar ist[258] und von vernünftigen Abwägungskriterien getragen erscheint.

Man mag einwenden, die Rechtsprechung des EuGH, der zufolge rechtliche Maßnahmen nicht notwendig auf Art. 175 EGV (ex-Art. 130s EGV) gestützt werden müssen, selbst wenn mit ihnen (u. a.) Ziele des Umweltschutzes verfolgt

---

254 Sehr instruktiv zu der Frage, welche Politiken der Umweltpolitik typischerweise ins Gehege kommen, siehe *Niestedt,* WHI-Paper, 5/99, Rn. 35 f. mit besonderer Akzentuierung von Umwelt und Verkehr.

255 *Meinhard Schröder* in *Rengeling,* Handbuch zum europäischen und deutschen Umweltrecht, 181, 193 Rn. 27.

256 Dazu eingehender im Rahmen des Kapitels über die Justiziabilität, Teil 6 B).

257 EuGH 20. 3. 1957, Rs 2/56, Slg. 9, 37; EuGH 7. 7. 1981, Rs 158/80, Slg. 1805, 1833 Rn. 25; EuGH 15. 10. 1987, Rs 222/86, Slg. 4097, 4117 Rn. 15.

258 *Meinhard Schröder* in *Rengeling,* Handbuch zum europäischen und deutschen Umweltrecht, 181, 194 Rn. 28.

werden[259], verhalte sich in Widerspruch zu dieser Betrachtungsweise. In der Tat erscheint die Möglichkeit nicht gänzlich fernliegend, auf diese Weise indirekt mit oder aus der Umweltklausel eine Ermächtigungsgrundlage zu konstruieren, die jederzeit beliebig herangezogen werden kann[260]. Unter Umständen zieht die Klausel in der Interpretation des Gerichts – tatbestandserweiternd oder -beschränkend[261] – die Inhalte des Art. 174 EGV in sämtliche anderen Vertragsmaterien hinüber und lässt sie, wenn auch nicht formal, so doch faktisch, zu einer Kompetenzquelle werden. So will denn auch *Breier* aus der dem Querschnittsprinzip entspringenden Verpflichtung zur Inkorporierung von Umweltschutzerfordernissen in andere Politikbereiche der umweltrechtlichen Querschnittsklausel den Rang einer Ermächtigungsgrundlage beimessen, und zwar für einen Rechtsakt, der unterschiedliche politische Ziele gleichzeitig verfolgt[262]. Diese Sichtweise erkennt zwar richtig, dass Einbettung von Umwelterfordernissen in andere, umweltfremde Politiken naturgemäß Rechtsakte unterschiedlicher politischer Zielsetzung nach sich zieht. Indes ist nicht die Querschnittsklausel zum Umweltschutz jeweils die Rechtsgrundlage solch politikpluralistischer Akte, sondern die jeweilige Politik, in welche Art. 6 EGV mit hineingelesen wird. Insofern ist es auch dogmatisch nicht sauber formuliert, wenn *Breier* sinngemäß ausführt, die Querschnittsklausel mache Doppelabstützungen verzichtbar: Sie verbindet, aber sie ermächtigt nicht. Eine andere Handhabung findet in der Umweltschutzquerschnittsklausel keine rechtliche Grundlage. Deshalb sei hier für die Zukunft der EuGH zu genauer Abgrenzung und Klarstellung aufgerufen:

Die Klausel ermächtigt nicht zum Betreiben der durch sie unterstrichenen Politik, nur zur Einarbeitung der Ergebnisse der von den zuständigen Organen fixierten Umweltpolitik in andere Vertragspolitiken und -maßnahmen.

---

259 Auch für *Scheuing* bewirkt die Querschnittsklausel (allerdings bezogen auf Art. 130r EWGV) in rechtstechnischer Hinsicht, dass dieser Artikel auch in jenen Fällen beachtlich bleibt, in denen die Gemeinschaft Umweltschutzmaßnahmen nicht nach Art. 130s EWGV, sondern etwa auf der Grundlage des Art. 43 EWGV (zentrale Kompetenznorm für das Handeln der Gemeinschaft auf dem Gebiet der Landwirtschaft) oder 100a EWGV trifft, *Scheuing*, EuR 1989, 152, 177. Ebenso will *Breier* für den Bereich der Rechtsetzung aus der Querschnittsklausel ableiten, rechtliche Maßnahmen, die den Umweltschutz bewirken oder bezwecken, könnten auch auf andere Rechtsgrundlagen als Art. 130s EWGV gestützt werden, *Breier*, NuR 1993, 457, 459.

260 Dazu, dass die Querschnittsklausel bei Kompetenzabgrenzungen in der Konkurrenz von Umweltschutzmaßnahmen der Gemeinschaft nach Art. 175 bzw. 95 EGV argumentativ herangezogen wird, vgl. *Ullrich*, ZEuS 2000, 243, 255.

261 Vgl. dazu *Breier* in *Lenz*, EG-Vertrag, Art. 6 EGV Rn. 12 – 15.

262 *Breier*, Handbuch zum europäischen und deutschen Umweltrecht, Band 1, 2. Auflage 2003, 414, 427 Rn. 38.

Art. 6 EGV ist sicher die am intensivsten formulierte Klausel. Während er die Integration zwingend (müssen) festschreibt, sprechen die übrigen Klauseln hinsichtlich der in ihnen enthaltenen Zielbestimmungen zurückhaltender – im Gegensatz zum Einbeziehen – von Rechnung tragen, sicherstellen, stärken, dazu beitragen, berücksichtigen. Selbst wenn man also der Umweltklausel kompetenzähnliche Funktion zuspräche, müsste Entsprechendes nicht auch für die anderen Klauseln gelten; umgekehrt steht fest, dass, sofern die Klausel lediglich Abwägung ermöglicht, erst recht die anderen Klauseln in ihren Inhalten nicht über diese Vorgabe hinausgehen.

An einem Urteil des EuGH aus jüngster Zeit[263] sei abschließend diese latente Gefahr einer kompetenzausweitenden Wirkung der Querschnittsklausel demonstriert. Gegenstand der Entscheidung waren Kompetenzfragen zum Umweltstrafrecht. Der EuGH befasste sich neben dem Kompetenzstreit zwischen Kommission und Rat mit der Frage, ob trotz fehlender Kompetenz der Gemeinschaft auf dem Gebiet des Strafrechts ein Beschluss auf Gemeinschaftsebene von den Mitgliedstaaten die Sanktionierung bestimmter Umweltstraftaten einfordern durfte. Der Gerichtshof führt dazu aus[264]: Der Umweltschutz sei eines der wesentlichen Ziele der Gemeinschaft, dazu folgt der Verweis auf Art. 2 und 3 EGV. Dann heißt es[265]: ‚Darüber hinaus müssen nach Art. 6 EG *„(d)ie Erfordernisse des Umweltschutzes ... bei der Festlegung und Durchführung der ... Gemeinschaftspolitiken und -maßnahmen ... einbezogen werden"*, was den Querschnittscharakter und die grundlegende Bedeutung dieses Zieles verdeutlicht‘ und im direkten Anschluss: Die Art. 174 bis 176 EG stellten grundsätzlich den Rahmen dar, in dem die gemeinschaftliche Umweltpolitik durchzuführen ist, Art. 174 EG führe die Ziele auf, Art. 175 EG lege die Verfahren zur Erreichung dieser Ziele fest. Der Rahmenbeschluss des Rates verfolge das Ziel des Umweltschutzes. Er enthalte Teilharmonisierungen der Strafrechtsvorschriften der Mitgliedstaaten. Zwar falle das Strafrecht wie das Strafprozessrecht nicht in die Zuständigkeit der Gemeinschaft, *dies könne jedoch den Gemeinschaftsgesetzgeber nicht daran hindern, Maßnahmen in Bezug auf das Strafrecht der Mitgliedstaaten zu ergreifen, die nach seiner Meinung erforderlich sind, um die volle Wirksamkeit der von ihm zum Schutz der Umwelt erlassenen Rechtsnormen zu gewährleisten, wenn die Anwendung von Sanktionen durch nationale Behörden eine zur Bekämpfung schwerer Beeinträchtigungen der Umwelt unerlässliche Maßnahme darstellt.* Vorschriften des Vertrages, die die Anwendung des Straf- und Strafverfolgungs-

---

263 EuGH 13. 9. 2005, Rs C-176/03, Slg. I-7879, betreffend den Rahmenbeschluss des Rates zum Schutz der Umwelt durch das Strafrecht, 2003/80/JI vom 27. 1. 2003, ABl. L 29, 55.

264 EuGH, a. a. O., Rn. 15 ff.

265 EuGH, a. a. O., Rn. 4.

rechts den Mitgliedstaaten vorbehalten, stünden dem nicht entgegen. Diesen Vorschriften ‚lässt sich nämlich nicht entnehmen', dass im Rahmen der Durchführung der Umweltpolitik jede strafrechtliche Harmonisierung unzulässig wäre.

Die Argumentationskette lautet also dahin, dass das gewichtige, weil ja auch querschnittlich gesicherte Gemeinschaftsziel des Umweltschutzes der Gemeinschaft Handlungsmöglichkeiten eröffnet, die der Vertrag an anderer Stelle ausdrücklich nicht vorsieht – eine bedenkliche Ableitung: Das Recht auf Harmonisierung nach Art. 175 EGV impliziert nicht a priori die Kompetenz, i. S. des Umweltschutzes zugleich auf einem Gebiet (Strafrecht) harmonisieren zu dürfen, wo die Gemeinschaft dies laut Vertrag nicht darf, wenn sie es auch für erforderlich halten mag. Es kann nicht darum gehen, dass sich aus anderen Kompetenzvorschriften des Vertrages die Unzulässigkeit dieser Harmonisierung nicht explizit entnehmen lässt, umgekehrt muss letztere ausdrücklich eröffnet sein, um der Gemeinschaft offen zu stehen[266].

Dass gerade auch die eingangs dieser Begründung des EuGH zitierte und erläuterte Querschnittsklausel des Art. 6 EGV hier zu einer zweifelhaften Begründung von Gemeinschaftskompetenz mit herangezogen wurde, ist offensichtlich, und es wird sehr deutlich, wie leicht eine Querschnittsklausel bei Bedarf über den typischen Integrationsauftrag hinaus zur vertragswidrigen Ausweitung von Gemeinschaftskompetenz argumentativ verwendet wird.

Die Umweltklausel ist zweifellos ein Schwergewicht unter den Querschnittsklauseln. Am Ende ihrer Untersuchung sollte die Erwähnung des für das Klauselrecht insgesamt wesentlichen Gedankens *Jacobs'* – stellvertretend für verschiedene Autoren – nicht fehlen, der unter Hinweis auf die entsprechende Erklärung des Rates vom 3. Dezember 1992 für das Verhältnis Umweltschutz/Wettbewerb feststellt, die freiwillige Einbeziehung von Umweltschutz durch die Industrie führe letztlich zu mehr Effektivität als zwingende Umweltschutzregelungen[267].

B) Art. 151 Absatz 4 EGV, die Kulturklausel

‚Die Gemeinschaft trägt bei ihrer Tätigkeit aufgrund anderer Bestimmungen dieses Vertrages den kulturellen Aspekten Rechnung, insbesondere zur Wahrung und Förderung der Vielfalt der Kulturen.'

266 So auch die Rechtsauffassung des Rates im betreffenden Verfahren, vgl. EuGH, a. a. O., Rn. 27: Wegen der erheblichen Bedeutung des Strafrechts für die Souveränität der Mitgliedstaaten sei dem Art. 175 EGV keine stillschweigend eingeräumte entsprechende Kompetenzübertragung zu entnehmen.

267 *Jacobs*, Legal issues of European Integration 1993, 37, 46 Fn. 68.

Der frühere Art. 128 Absatz 4 EGV beinhaltete den letzten Halbsatz noch nicht, indem es dort lediglich hieß: ‚Die Gemeinschaft trägt den kulturellen Aspekten bei ihrer Tätigkeit aufgrund anderer Bestimmungen dieses Vertrages Rechnung.'

Die Platzierung der Querschnittsklausel, oft auch bezeichnet als Kulturverträglichkeitsklausel[268], hinter Art. 151 Absatz 1 bis 3 EGV lässt den Schluss zu, dass die kulturellen Aspekte als Oberbegriff für die in Art. 151 Absatz 1 EGV[269] enthaltene Formulierung ‚Kulturen der Mitgliedstaaten und kulturelles Erbe' zu verstehen sind. Das Gebot des Rechnungtragens ist demnach am Maßstab der Kulturbegriffe des Absatzes 1 zu messen[270].

Es existiert keine allgemeingültige Definition des Kulturbegriffes. Die über das rein juristische Gebiet hinausgehenden Versuche, eine treffende Umschreibung zu finden, sind zahlreich[271]. Innerhalb der Diskussion um das Verhältnis von Staat und Kultur herrscht im (deutschen) öffentlichen Recht ein verhältnismäßig begrenztes Verständnis von Kultur. Laut Bundesverfassungsgericht[272] meint sie ‚die Gesamtheit der innerhalb einer Gemeinschaft wirksamen geistigen Kräfte, die sich unabhängig vom Staate entfalten und ihren Wert in sich tragen'. Für *Wemmer,* der sich auf diese Definition stützt, ist Kultur ein zum Staat in einer Sonderbeziehung stehender Bereich geistig-schöpferischer Betätigung des Menschen, wozu insbesondere Wissenschaft, Bildung und Kunst zählen.

Kultur gestaltet sich primär nach ‚kulturimmanenten', d. h. autonomen und nicht von außen bestimmten Maßstäben. Ihre Veränderung und Weiterentwicklung geschehen intern, oftmals ohne dass dies von der sie definierenden Gesellschaft registriert wird. Sie kann als die Pflege des geistigen und künstlerischen

---

268 Vgl. *Blanke* in *Calliess / Ruffert,* EUV/EGV, Art. 151 EGV Rn. 14; *Calliess,* Subsidiaritäts- und Solidaritätsprinzip in der Europäischen Union, 137.

269 Text: Die Gemeinschaft leistet einen Beitrag zur Entfaltung der Kulturen der Mitgliedstaaten unter Wahrung ihrer nationalen und regionalen Vielfalt sowie gleichzeitiger Hervorhebung des gemeinsamen kulturellen Erbes.

270 *Wemmer,* Die neuen Kulturklauseln des EG-Vertrages, 116 ff., allerdings zu Art. 128 Absatz 4 EGV a. F.

271 So wird beispielsweise im Rahmen eines soziologischen Ansatzes Kultur als Inbegriff der typischen Lebensformen, Werteinstellungen und Verhaltensweisen innerhalb einer Gesellschaft verstanden, vgl. dazu und zum Folgenden sowie zu weiteren Definitionsversuchen *Wemmer,* Die neuen Kulturklauseln des EG-Vertrages, 11 f., der diesbezüglich auf BVerfGE 41, 29, (52, 64) verweist; *Marx* und *Engels* bezeichneten Kultur als die materiellen Lebensbedingungen der herrschenden Klasse; *Roellecke* assoziiert demgegenüber mit Kultur ‚so etwas wie feinere Lebensart', DÖV 1983, 653.

272 BVerfGE 10, 20, 36.

Lebens einer bestimmten Generation bezeichnet werden, deren Erscheinungsform dem gesellschaftlichen Wandel unterworfen ist. Ihr Wesen liegt in ihrer Eigengesetzlichkeit, und daher ist jeder Versuch, sie definieren zu wollen, schon an sich kulturfeindlich, indem damit jener Eigengesetzlichkeit letztlich Grenzen gesetzt werden[273].

Der Gebrauch des Kulturbegriffes in Art. 151 Absatz 1 EGV lässt den Schluss zu, dass das ‚Kulturelle' nicht als ein gemeinschaftsrechtlicher Begriff zu werten ist, sondern als die Summe der kulturellen Anschauungen in den Mitgliedstaaten. Genau diese nationalstaatliche kulturelle Gesamtsumme als Ausfluss der nationalen Identität i. S. d. Art. 6 Absatz 3 EUV[274] ist dann das, was wiederum die Gemeinschaft zu wahren und zu berücksichtigen hat[275].

Schon in der Präambel des EUV ist neben der Achtung der Geschichte und Traditionen der Mitgliedstaaten auch die Achtung der Kultur vor die Klammer des Vertrages gezogen. Als ein wesentliches Moment solch nationaler Identität sei als Beispiel das Verhältnis von Staat und Kirche angeführt. *Häberle* sieht in Art. 128 Absatz 1 EGV a. F. eine status-quo-Garantie der wesentlichen Strukturelemente des deutschen Staatskirchenrechts, grundlegend verschieden von anderen im europäischen Raum; wenn in Art. 151 EGV von gleichzeitiger Hervorhebung des gemeinsamen kulturellen Erbes die Rede ist, sei darin die christliche Dimension Europas mindestens als Kulturaspekt mit angesprochen. Auch die kulturelle Querschnittsklausel des Art. 151 Absatz 4 EGV sei in diesem Licht zu lesen[276].

Anders als die Tatbestandsmerkmale des Art. 6 EGV, Erfordernisse des Umweltschutzes und nachhaltige Entwicklung, wird der Kulturbegriff nicht von verifizierbaren wissenschaftlichen Erkenntnissen geprägt, darüber hinaus ist er selbst naturgemäß abhängig von den jeweils herrschenden kulturellen Ausprägungen in den Ländern der Gemeinschaft. Unter beiden Aspekten unterliegt er zudem stärkerem Wandel als etwa der Umweltschutzbegriff. Selbst wenn sich wissenschaftliche Erkenntnisse im Laufe der Zeit ändern, häufig sogar neueste Forschungen die früheren vollkommen widerlegen können[277], darf nicht verkannt werden, dass die naturwissenschaftliche Orientierung eines Begriffes diesen regelmäßig absehbar und überschaubar festlegt, wogegen dessen geisteswissenschaftliche Abhängigkeit ihn dehnbarer und entwicklungsoffener macht. Im Folgenden soll davon

273 *Wemmer,* Die neuen Kulturklauseln des EG-Vertrages, 12.

274 Wortlaut: Die Union achtet die nationale Identität ihrer Mitgliedstaaten.

275 *Blanke* in *Calliess / Ruffert,* EUV/EGV, Art. 151 EGV Rn. 2; *Everling,* Buchpreisbindung im deutschen Sprachraum und Europäisches Gemeinschaftsrecht, 34.

276 *Häberle,* Europäische Verfassungslehre in Einzelstudien, 230 ff.

277 Man denke nur an die kontroversen wissenschaftlichen Auffassungen über die Ursachen der Erderwärmung.

ausgegangen werden, dass mit ‚kulturellen Aspekten' die Gesamtheit des Kulturgutes der Mitgliedstaaten gemeint ist[278], welche im Einzelfall zu berücksichtigen ist. Unterstützt wird dieses Gebot durch die Formulierung ‚zur Wahrung und Förderung der Vielfalt der Kulturen'. Damit haben die Vertragsschließenden die auf Individualität angelegte Eigenart des Kulturbegriffs unterstrichen, die es verbietet, an einem einheitlichen Standard gemessen zu werden.

Folglich muss es bei der Anwendung des Art. 151 Absatz 4 EGV darum gehen, die von den einzelnen Mitgliedstaaten verfolgten kulturpolitischen Anliegen in die den jeweiligen Maßnahmen vorausgehenden Erwägungen zu integrieren[279].

II. Gebot des Rechnungtragens

Wie weit reicht nun die Verbindlichkeit des Gebots des Rechnungtragens bezüglich kultureller Belange ? ‚Die Gemeinschaft trägt... Rechnung' formuliert nach deutschem Sprachgebrauch nicht als Imperativ, sondern als Feststellung, indes wird in internationalen Vertragstexten das Präsens seit jeher imperativisch verwendet. Die Formulierung muss demnach dahin verstanden werden, dass die Vertragsschließenden davon ausgingen, immer und bei allem Tun auf Gemeinschaftsebene geschehe das so, und damit ausdrückten, es sei ihr Wunsch, dass es

278 Dabei soll mit *Schwartz,* AfP 1993, 409, 417, davon ausgegangen werden, dass zu den kulturellen Aspekten auch der Schutz des künstlerischen und des literarischen Schaffens (Art. 151 Absatz 2 EGV), des Urheberpersönlichkeitsrechts (droit moral) sowie medienspezifische Aspekte wie der Schutz des Pluralismus (der Informations- und Meinungsvielfalt) und der Medienvielfalt rechnen.
Everling wirft die Frage auf, ob auch die Bildungspolitik, die nach allgemeinem Verständnis kulturelle Bedeutung besitze, unter den Kulturbegriff der Querschnittsklausel zu subsumieren sei. Da sie in den Artikeln 126 und 127 EGV a. F. (nunmehr Art. 149 und 150 EGV) behandelt werde, die als besonderes Kapitel Teil des Titels Sozialpolitik waren (und sind), spreche viel gegen eine Einbeziehung. Jedoch erscheine die Folgerung, dass Belange der Bildungspolitik in anderen Vertragsbereichen nicht berücksichtigt zu werden brauchten, wenig sachgerecht, wie sich am Zusammenhang zwischen Freizügigkeit, Anerkennung der Diplome und Belangen der Universitäten zeige, und entspreche auch nicht der Rechtsprechung des EuGH (unter Verweis auf EuGH 13. 2. 1985, Rs 293/83, Slg. 593), *Everling,* Mélanges en hommage à *Fernand Schockweiler,* 131, 135. Dem ist im Interesse einer möglichst kulturfreundlichen Auslegung zuzustimmen, vgl. auch Fn. 286. Bildungspolitik ist mit dem Kriterium ‚Wahrung der Kulturen' insofern inhaltlich verwoben, als gerade Bildung ein Axiom zur Wahrung des vorhandenen Bestandes an Kultur ist; ein Ausschluss dieser Politik – die ja längst nicht nur Bezüge zu sozialen Aspekten aufweist – würde die Absicht der neu formulierten Kulturklausel konterkarieren.

279 *Everling,* Buchpreisbindung im deutschen Sprachraum und Europäisches Gemeinschaftsrecht, 35.

so zu geschehen habe. Eine andere Auslegung dieses Wortlauts, wenn er nicht rechtlich ohne Gewicht sein soll, ist nicht vertretbar. Im Vertragstext ist damit festgeschrieben, dass bei jeder Maßnahme auf EG-Ebene der Gedanke an die Kultur dabei zu sein hat, nicht wahlweise, sondern ausnahmslos. Insofern entspricht auch diese Klausel faktisch einem Imperativ[280]. Daraus folgt für alle Politikbereiche der Gemeinschaft die Pflicht, bei der Betreibung jeglicher Maßnahme zu verifizieren, ob das Gebot der Rücksichtnahme auf die kulturellen Aspekte der Mitgliedstaaten[281] zu Genüge bedacht wurde. Aber auch der Schutz des gemeinsamen kulturellen Erbes ist als Entscheidungsfaktor in den gemeinschaftsrechtlichen Willensbildungsprozess zu integrieren.

Es gilt nun, die Befehlsintensität des Rechnungtragens zu untersuchen. Zu deren Abstufung innerhalb der Querschnittsklauseln meint *Niedobitek,* sprachlich reiche der Begriff über ein Berücksichtigungsgebot (so bei der beschäftigungspolitischen Klausel des Art. 127 Absatz 2 EGV) hinaus[282]. Das Rechnungtragen birgt in der Tat ein doppeltes Element, die Wahrnehmung des außerhalb stehenden Gegenstandes und die Reaktion auf den diesbezüglichen einschlägigen Kenntnisstand. Eine gewisse Abstimmung auf die erkannten Kulturbelange ist demnach mit Art. 151 Absatz 4 EGV unmissverständlich eingefordert, eine Art Kurskorrektur, wenn es um Negativa für die Anliegen der Kulturen geht. Berücksichtigt ist eine Fremdmaterie schon, wenn sie bedacht wurde, das Element der zusätzlich eingeforderten Abwägungsänderung ist dabei im Wortsinn weniger obligatorisch ausgebildet.

Aber auch mit dem ‚Rechnungtragen' ist die Gemeinschaft nicht durchgehend dazu verpflichtet worden, dass sich der kulturelle Bezug einer Materie immer und ausnahmslos positiv in der jeweiligen Maßnahme eines anderen Politikbereichs zu manifestieren hat. Auch eine bewusste Nichtbegünstigung kann eine plausible Ermessensentscheidung darstellen, sofern die entsprechenden Gemeinschaftsorgane die kulturellen Bezüge vor Augen hatten und diese in ihre Gesamtwertung mit einfließen ließen. Nur ein Endergebnis mit Mängeln im Abwägungsvorgang und nur eine nicht von einschlägiger Überlegung getragene Regelung sind ermessensfehlerhaft[283].

280 So auch *Schwartz,* AfP 1993, 409, 417 – Die Neufassung der Kulturklausel birgt im Hinblick auf die Sicherung der kulturellen Vielfalt zudem gegenüber dem alten Art. 128 EGV eine normative Verstärkung. Darüber hinaus erfährt der Aspekt des Kulturpluralismus eine Betonung, womit zugleich die Einschätzungsprärogative der Mitgliedstaaten gestärkt wird, *Ress / Ukrow,* ZEuS 1999, 1, 44.

281 Wohlgemerkt aber nicht auf den kulturellen Kompetenzbereich der Mitgliedstaaten, dies käme einem Kulturvorbehalt gleich, dazu unter III.

282 *Niedobitek* in *Streinz,* EUV/EGV, Art. 151 EGV Rn. 34.

283 So auch *Niedobitek,* Kultur und Europäisches Gemeinschaftsrecht, 211 ff.

Im Prinzip schreibt die Kulturklausel mithin zunächst die Prüfung dahingehend vor, dass keine kulturspezifischen Aspekte übersehen werden, daneben trifft die Gemeinschaft zusätzlich die Pflicht, die kulturellen Belange wenn möglich positiv in ihre politische Gestaltungstätigkeit miteinzubeziehen[284]. Angestrebt wird auf diese Weise, dass im Zuge der Verfolgung anderer Vertragsziele, insbesondere bei Harmonisierungsmaßnahmen im Binnenmarkt, kulturelle Interessen der Mitgliedstaaten nicht missachtet werden.

Freilich darf dies wiederum nicht automatisch mit einer Legitimation zum Betreiben von Kulturpolitik selbst verwechselt werden[285]: Art. 151 IV EGV spricht keine Aufforderung zu Kulturpolitik, sondern eine Modalität für das Betreiben anderer Politiken durch die Gemeinschaft aus. Das Berücksichtigungsgebot dient damit nicht nur als Korrektiv bei der Verwirklichung kulturfremder

---

284 *Blanke* in *Calliess / Ruffert,* EUV/EGV, Art. 151 EGV Rn. 14; die Klausel ist ‚Leitlinie für die Ausübung sämtlicher Kompetenzen der EG', *Ress / Ukrow* in *Grabitz / Hilf,* Das Recht der Europäischen Union, Art. 151 EGV Rn. 76. – Eine positive Berücksichtigung kultureller Bezüge stellt es etwa dar, wenn der Rat in der Richtlinie 92/100/EWG vom 19. November 1992 zum Vermiet- und Verleihrecht sowie zu bestimmten dem Urheberrecht verwandten Schutzrechten im Bereich des geistigen Eigentums (ABl. 1992 L 346/61) die Verabschiedung der Richtlinie u. a. damit begründete, dass Urheber und ausübende Künstler eines angemessenen Einkommens als Grundlage für weiteres schöpferisches und künstlerisches Arbeiten bedürfen. Gleiches gilt für die Richtlinie 93/98/EWG des Rates vom 29. Oktober 1993 zur Harmonisierung der Schutzdauer des Urheberrechts und bestimmter verwandter Schutzrechte (ABl. 1993 L 290/9). In den Erwägungsgründen zitiert der Rat eine Mitteilung der Kommission, in der diese darauf hinweist, die Harmonisierung des Urheberrechts und der verwandten Schutzrechte müsse auf hohem Schutzniveau erfolgen, weil diese Rechte die Grundlage für das geistige Schaffen bildeten (zehnter Erwägungsgrund). Ein hohes Schutzniveau müsse, so fährt der Rat dann selbst fort, sowohl den Anforderungen des Binnenmarkts als auch der Notwendigkeit entsprechen, ein rechtliches Umfeld zu schaffen, das die harmonische Entwicklung der literarischen und künstlerischen Kreativität in der Gemeinschaft fördert (elfter Erwägungsgrund). Auch die Richtlinie 92/77/EWG des Rates vom 19. Oktober 1992 zur Ergänzung des gemeinsamen Mehrwertsteuersystems und zur Änderung der Richtlinie 77/388/EWG betreffend die Annäherung der Mehrwertsteuersätze (ABl. 1992 L 316/1) trägt kulturellen Bezügen Rechnung, wenn sie den Mitgliedstaaten gestattet, auf die Lieferung kultureller Waren oder auf die Erbringung kultureller Dienstleistungen ermäßigte Steuersätze anzuwenden, vgl. *Niedobitek,* EuR 1995, 349, 373 ff.

285 *Calliess* geht wegen der vordringlich wirtschaftlichen Ausrichtung der Gemeinschaft von deren akultureller Orientierung aus, weshalb es gerade deshalb besonders geboten sei, die Kompetenzvorschriften der EG dahingehend zu interpretieren, dass sie den kulturellen Bereich der Mitgliedstaaten nicht berühren bzw. zumindest auf diesen Bereich entsprechend Rücksicht nehmen, *Calliess,* Subsidiaritäts- und Solidaritätsprinzip in der Europäischen Union, 135.

Vertragsziele, sondern zugleich als Steuerungsmechanismus für Zielkonflikte mit der Maxime, Auswirkungen auf den kulturellen Bereich möglichst so zu gestalten, dass er so wenig wie möglich beeinträchtigt wird, stattdessen so weit wie möglich zur Geltung kommt (praktische Konkordanz, wie schon zur Umweltklausel erörtert)[286].

Bei der vorzunehmenden Güterabwägung sind die allgemeinen Verfahrensgrundsätze zu beachten, wozu insbesondere das Diskriminierungsverbot und der Grundsatz der Verhältnismäßigkeit zählen[287]. Eine sachgerechte Ermessensausübung verlangt dabei die Kenntnis der in Betracht kommenden Kriterien.

Weniger noch als die Umweltklausel liefert die Kulturklausel eine Basis für die Annahme, Kultur besitze Priorität vor anderen relevanten Vertragszielen. Die kulturellen Aspekte müssen aber von den Gemeinschaftsorganen als Kriterien in angemessener Weise bei Entscheidungsvorgängen gesehen und in ein harmonisches und ausgewogenes Verhältnis zu den übrigen zu beachtenden Maßstäben gebracht werden[288].

Es bleibt festzuhalten, dass auch die Kulturklausel sich nicht in einem bloßen politischen Appell an die Organe der Gemeinschaft erschöpft, sondern eine Verpflichtung begründet[289].

III. Kompetenzrechtliche Bedeutung

Damit ist noch nichts Abschließendes darüber gesagt, ob durch die Kulturklausel neue Handlungsmöglichkeiten der Gemeinschaft (oder auch der Mitgliedstaaten) eröffnet werden. Vorab sei auf einen entscheidenden kompetenzrechtlichen Unterschied zur Umweltklausel hingewiesen[290]: Umwelt ist nach Art. 174 EGV eine

---

286 *Fischer* in *Lenz,* EG-Vertrag, Art. 151 EGV Rn. 14; *Wemmer* will so weit gehen, dass bei schwieriger Feststellung im Einzelfall, ob eine Maßnahme der Gemeinschaft einen kulturellen Aspekt betrifft, auf Grund der Bedeutung der Kultur für die Entwicklung der Gemeinschaft der Grundsatz ‚in dubio pro Kultur' gelten müsse, d. h. im Zweifel sei davon auszugehen, dass kulturelle Aspekte berührt sein könnten, *Wemmer,* Die neuen Kulturklauseln des EG-Vertrages, 117.

287 *Wemmer,* a. a. O., 118.

288 *Wemmer,* a. a. O.

289 So im Ergebnis die h. M., vgl. *Fischer* in *Lenz,* EG-Vertrag, Art. 151 EGV Rn. 14; *Sparr* in *Schwarze,* EU-Kommentar, Art. 151 EGV Rn. 63; *Blanke* in *Calliess / Ruffert,* EUV/EGV, Art. 151 EGV Rn. 14; an der rechtlichen Verbindlichkeit der Klausel zweifelnd *Lane,* CML Rev. 1993, 939, 978: ‚merely policy guidelines ?'

290 Dazu *Everling,* Buchpreisbindung im deutschen Sprachraum und Europäisches Gemeinschaftsrecht, 34 ff.

Politik der Gemeinschaft, für die der Vertrag Ziele, Aufgaben und (Art. 175 EGV) Kompetenzen benennt.

Demgegenüber existiert in dem Sinne keine Kulturpolitik der Gemeinschaft; vielmehr hebt Art. 151 EGV die grundsätzliche kulturpolitische Festlegungs- und Gestaltungszuständigkeit der Mitgliedstaaten hervor. Die Gemeinschaftsorgane sind somit nicht befugt, eine eigenständige europäische Kulturpolitik zu entwickeln, wohl dürfen sie unterstützen und ergänzen. Eine Gemeinschaftspolitik gibt es dementsprechend auch nicht im Teilbereich der Bildungspolitik, wie der Gerichtshof bereits im Urteil *Gravier* festgestellt hat[291]; Kulturpolitik bleibt die Angelegenheit der Mitgliedstaaten.

Daran ändert die Querschnittsklausel explizit nichts. Auch sie kann nur dahin interpretiert werden, dass die kulturellen Aspekte, denen bei der Anwendung der Vertragsbestimmungen Rechnung getragen werden soll, von den Auffassungen bestimmt werden, die sich in den Mitgliedstaaten durchgesetzt haben. Maßstab bei Abwägungsvorgängen ist also, im Unterschied zur Umweltklausel, nicht eine gemeinschaftsrechtliche Auffassung von Kultur, sondern stets die Gesamtheit der kulturpolitischen Ausprägungen der Mitgliedstaaten in ihren jeweils berührten Aspekten[292].

Vereinzelt wird daraus geschlossen, die Klausel als eine Art Kulturvorbehalt für die Mitgliedstaaten zu begreifen, welcher die Wahrnehmung von Gemeinschaftskompetenzen einschränken kann oder auch die Mitgliedstaaten zum Abweichen von Gemeinschaftsrecht ermächtigt[293]. Da die Mehrzahl der Einzelvorschriften der Gemeinschaft allein wirtschaftlichen Charakter besäßen, also gewissermaßen akulturell seien, müssten sie aufgrund der Querschnittsklausel[294] so interpretiert werden, dass sie die Kulturhoheit der Mitgliedstaaten nicht tangieren dürfen.

Wenn die Querschnittsklausel explizit die kulturellen Aspekte und darin die Vielfalt der Kulturen schützt, trifft sie indessen damit keine Aussage zugunsten mitgliedstaatlicher Kompetenzen; als Norm des Gemeinschaftsrechts bekennt sie sich auf dem Gebiet der Kultur inhaltlich zu deren mitgliedstaatlicher Vielfalt, nicht mehr und nicht weniger.

---

291 EuGH 13. 2. 1985, Rs 293/83, Slg. 593, 612.

292 So muss die Kommission bei Anwendung von Wettbewerbsregeln auf Vereinbarungen mit kulturellen Bezügen auch in der Auslegung des Art. 81 EGV von den Wertungen der Mitgliedstaaten ausgehen, darf nicht eigene Ansichten an die Stelle kulturpolitischer Entscheidungen der Mitgliedstaaten setzen, *Everling,* Buchpreisbindung im deutschen Sprachraum und Europäisches Gemeinschaftsrecht, 37 ff.

293 *Ress,* DÖV 1992, 944, 947 ff.

294 Hier die frühere des Art. 128 Absatz 4 EGV a. F.

Eine kompetenzrechtliche Komponente wollen *Ress* und *Ukrow* der Kulturquerschnittsklausel entnehmen, wenn sie diese – in Verbindung mit Art. 6 Absatz 3 EUV – zur Begründung des Ausschlusses von gemeinschaftsrechtlichen Wettbewerbsregelungen heranziehen wollen. In ihrer Untersuchung der Auswirkung der Klausel auf die wettbewerbliche Beurteilung von Buchpreisbindungssystemen[295] kommen sie zu dem Schluss, das Gebot der Achtung nationaler kultureller Identität der Mitgliedstaaten müsse via Art. 6 Absatz 3 EUV in die Kulturklausel dergestalt hineingelesen werden, dass hierdurch einer diese Identität bedrohenden Wahrnehmung von Kompetenzen durch die Gemeinschaft vorgebeugt wird. Büchern komme als Kulturträgern eine herausragende Bedeutung für die nationale Identität der Mitgliedstaaten zu. Letztere zu achten werde durch Art. 6 Absatz 3 EUV auch bezogen auf die Kulturkompetenz besonders akzentuiert. Die Grenze gemeinschaftsrechtlicher Harmonisierungs- und Vereinheitlichungskompetenz werde da überschritten, wo die Gemeinschaft Instrumente wie die Buchpreisbindung, die sich im Geflecht von Massenkommunikation und demokratischer Willensbildung in einzelnen Staaten bewährt haben, generell durch allgemeine Wettbewerbsregeln ausschalten wolle, es dürfe nicht auf diesem Weg ein Ergebnis – ein europaeinheitliches Büchervertriebsmodell – erzielt werden, für das die Rechtsetzungsbefugnisse der Gemeinschaft (wegen Harmonisierungsverbots bzw. bestehender Kompetenzausübungsschranken) nicht hinreichten.

Als Ergebnis dieser Überlegungen wird der Kulturklausel eine kompetenzreduzierende Wirkung bei anderen Vertragsbestimmungen zugestanden, mit der Folge, dass es der Gemeinschaft nicht gestattet sei, in Entscheidungen einzugreifen, welche die nationale kulturelle Identität der Mitgliedstaaten betreffen[296].

Dies käme einer die Gemeinschaftskompetenz nicht erweiternden Funktion der Klausel, sondern ihrem Gegenteil gleich; eine bemerkenswerte Facette der (theoretischen) Wirkweise einer Querschnittsklausel, die regelmäßig nur auf kompetenzerweiternde Wirkung zugunsten der Gemeinschaft untersucht wird.

Verkörpert die Klausel tatsächlich einen Kulturvorbehalt, gar eine Ermächtigung zugunsten der Mitgliedstaaten, oder hat es bei ihrer Einordnung als schlichte Ermessensausübungsnorm für zulässige Gemeinschaftstätigkeit zu verbleiben?

Der Wortlaut der Klausel besagt nicht mehr, als dass die Gemeinschaft bei der ihr rechtlich aufgrund anderer Vertragsbestimmungen möglichen Tätigkeit den kulturellen Aspekt in seiner mitgliedschaftlichen Vielfalt wahren soll, ist we-

---

295 *Ress / Ukrow,* ZEuS 1999, 1, 45 f. und in *Grabitz / Hilf,* Das Recht der Europäischen Union, Art. 151 EGV Rn. 84 ff.; vgl. auch zur Vereinbarkeit der verschiedenen nationalen Buchpreisbindungssysteme mit dem EWGV die Dissertation von *Langbein,* Die Buchpreisbindung in der EWG.

296 *Ress / Ukrow,* ZEuS 1999, 1, 49.

der Aufforderung zu eigener Kulturpolitik noch Zubilligung von Handlungszuwächsen für die Mitgliedstaaten bei ihrer Kulturpolitik im Verhältnis zu Gemeinschaftstätigkeiten aufgrund solcher anderer Vertragsbestimmungen.

Mehr als der Wortlaut vermittelt, ist der Klausel nicht abzugewinnen. Sie erschöpft sich ersichtlich darin, Richtschnur für Abwägungsvorgänge mit Kulturbezug zu sein, soll keine Grundlage für Rechtsakte und sonstige einschlägige Maßnahmen abgeben. Wie sie der Gemeinschaft keine Handlungszuwächse gewährt, reduziert sie auch keine Befugnisse, sie als negative Kompetenznorm zu Lasten der Gemeinschaft zu interpretieren, geht über ihre erklärte Funktion hinaus.

Dass Querschnittsklauseln inhaltlich faktisch kompetenzeinengende Auswirkungen haben, ist das zwangsläufige Ergebnis dieser Normen, indem sie gemeinschaftsrechtlichen Kompetenzträgern bei der Verfolgung ihrer jeweiligen Ziele politikfremde Gedankengänge vorschreiben. Aus der Kulturklausel kann zwar ein Verbot abgeleitet werden, Gemeinschaftstätigkeit zu entfalten, die inhaltlich der nationalen Kulturenvielfalt entgegenwirkt. Insofern bringt die Klausel für die Gemeinschaftsorgane eine Beschränkung der Gestaltungsfreiheit. Als bloßes Abwägungsgebot tendiert sie jedoch nicht, auch nicht mittelbar, auf die Stärkung mitgliedstaatlicher Kompetenzen. Die Vollendung des Binnenmarktes mittels der Freiheit des Wettbewerbs angesichts der Kulturenvielfalt zu relativieren, ist nicht Anliegen der Kulturquerschnittsklausel, wohl die Abwägung dieser beider Felder gegeneinander, wo sie in Zielkonflikt geraten[297].

Schon nach der alten Rechtslage, also vor Inkrafttreten des Unionsvertrages, war die Gemeinschaft befugt, kulturelle Aspekte in ihre Tätigkeit zu involvieren, von dieser Möglichkeit haben die Gemeinschaftsorgane auch tatsächlich Gebrauch gemacht[298]. Insoweit bestätigt die Klausel etwas, was ohnehin schon vorhanden war[299]. Diese Befugnisse hat die Neufassung der Klausel nicht reduziert.

---

297 So richtig *Niedobitek* in *Streinz,* EUV/EGV, Art. 151 EGV Rn. 33 ff.: Die Kulturklausel spiele zwar eine wichtige interpretative Rolle, diene indes nicht dazu, die Kompetenzverteilung zwischen Gemeinschaft und Mitgliedstaaten im kulturellen Bereich zu regulieren.

298 Vgl. insoweit Ziffer 7 der Schlussfolgerungen der im Rat vereinigten Minister für Kulturfragen vom 12. 11. 1992 zu Leitlinien für ein Kulturkonzept der Gemeinschaft, ABl. C 336/1 ff.

299 *Niedobitek,* EuR 1995, 349, 373 – Nach *Schwartz* wird mit der Querschnittsklausel anerkannt, dass es seit jeher Vorschriften im EWGV gibt, die auf entgeltliche Tätigkeiten mit kulturellen Aspekten anwendbar sind, z. B. die der Urheber und der Medien sowie auf ihre Träger, ihre Arbeitnehmer und ihre Erzeugnisse. Es gehe dabei vor allem um die Vorschriften über die Errichtung und das Funktionieren des Binnenmarktes, über den Wettbewerb und über die Gemeinsame Handelspolitik, *Schwartz,* AfP 1993, 409, 417.

Die Ergänzung im Verhältnis zum früheren Art. 128 IV EGV a. F. um den Halbsatz ‚insbesondere zur Wahrung und Förderung der Vielfalt der Kulturen' ist zwar in einer Absicht erfolgt. Diese kann indessen nur als inhaltliche Aussage der Vertragsschließenden darüber gesehen werden, welche Blickrichtung die Gemeinschaftsorgane beim geforderten Gedanken an kulturelle Belange einnehmen sollen, nämlich die auf den positiven Aspekt der Kulturenvielfalt unter den Mitgliedstaaten.

Die quervertragliche Verpflichtung zur Befassung auch mit kulturellen Aspekten – über die Berechtigung dazu hinausgehend – ist, was die Kulturquerschnittsklausel an der früheren Rechtslage geändert hat.

Alles spricht also dafür, es bei der Qualifizierung der Kulturklausel als einer reinen Ermessensausübungsnorm für Gemeinschaftstätigkeit zu belassen. Über das Gebot der kulturellen Rücksichtnahme hinaus formuliert Art. 151 Absatz 4 EGV weder einen einzelstaatlichen Kulturvorbehalt, noch beinhaltet er eine Erweiterung der Zuständigkeiten der Gemeinschaft oder eine Schranke für deren Ausübung[300].

Damit besteht indessen im Einzelfall immer noch die Möglichkeit einer faktischen Auswirkung des Postulats der Vorschrift dahin, dass sie den mitgliedstaatlichen Kompetenzbereich im Ergebnis doch berührt. Dies gilt z. B. im Rahmen des Art. 87 Absatz 3 Buchstabe d) EGV, der der Kommission gestattet, unter bestimmten Umständen den Mitgliedstaaten Kulturbeihilfen zu gewähren[301]. Deren Auswahl wird immer ein Stück Gemeinschaftsentscheidung, eigene Akzentuierung, damit eine Art eigener Kulturpolitik sein.

Art. 151 Absatz 4 EGV erkennt an, dass die Gemeinschaft aufgrund der ‚anderen Bestimmungen' auch in Bezug auf Tätigkeiten, Güter und Rechte mit kulturellen Aspekten tätig ist und auch künftig sein darf. Sie bleibt also namentlich dafür zuständig, das ihr vom Vertrag gesetzte Ziel der Errichtung des Binnenmarktes auch für Kulturträger, -güter und -leistungen zu verwirklichen, d. h. die ihr im Vertrag – insbesondere in den Artikeln 47 Absatz 2, 55 und 95 EGV – zugewiesenen Befugnisse auszuüben. Zugespitzt bedeutet das, dass eine Maßnahme der Gemeinschaft nicht bereits deshalb eine solche im Rahmen des Art. 151 Absatz 4 EGV ist, weil mit ihr auch kulturelle Ziele verfolgt werden[302], andererseits lässt die Vorschrift Einwirkungen der Gemeinschaft in den Kulturbereich auch aufgrund primär nicht kulturbezogener Ermächtigungen, wie beispielsweise im Dienstleistungssektor, prinzipiell zu[303]. Dies ist nicht gleichbedeutend mit einer

---

300 *Schwartz,* AfP 1993, 409, 418.

301 *Niedobitek,* EuR 1995, 349, 375.

302 *Schwartz,* AfP 1993, 409, 417.

303 Ähnlich *Hochbaum,* BayVBl. 1997, 680, 684, der meint, aufgrund der Kulturverträglichkeitsklausel dürften Tätigkeiten der Gemeinschaft z. B. in den Bereichen der

Akzeptanz des Ermächtigungscharakters der Kulturklausel, in dem Sinne, dass sie bei Bedarf nach Belieben zur Rechtfertigung bestimmter politischer Absichten jederzeit herangezogen werden könnte.

Es trifft deshalb nicht zu, wenn *Wemmer* meint, die Rechtsprechung des Gerichtshofs zur Umweltklausel liefere eine hinreichende Grundlage für die Annahme, Maßnahmen, die der Kultur dienlich sind, könnten generell auch auf andere Rechtsgrundlagen als Art. 128 EGV, jetzt Art. 151 EGV, gestützt werden[304]. In dieser Annahme sind zwei sachliche Unstimmigkeiten enthalten: Zum einen hat sich der Gerichtshof bisher, was die Rechtsprechung zur Umweltklausel anbelangt, niemals ausdrücklich dahin geäußert, die Klausel selber fungiere als Ermächtigungsgrundlage, insbesondere nicht in der Titandioxid-Entscheidung[305]. Zudem wurde in der Fernsehrichtlinien-Entscheidung die Funktion der Kulturklausel als Ermächtigungsgrundlage – wenn auch bezogen auf die Mitgliedstaaten[306] – vom Gerichtshof ausdrücklich negiert.

Die Klausel darf wegen ihres quer durch den Vertrag geltenden kulturellen Berücksichtigungsgebotes nicht dazu instrumentalisiert werden, Maßnahmen mit Kulturbezug aufgrund jedweder Rechtsgrundlage zu rechtfertigen[307]. Hier offenbart sich erneut die Tendenz, Querschnittsklauseln als Vehikel zur Ausräumung von Kompetenzunsicherheiten einzusetzen. Es ist zwar richtig, dass es kaum Materien gibt, welche für sich genommen nicht auch ein kulturelles Substrat beinhalten. Daraus darf für die Kulturklausel aber nicht gefolgert werden, sie fungiere als Maßstab für die europäischen Politiken[308]. Dass gewisse Handlungsfelder schon von sich aus kulturelle Bezüge enthalten, liegt nicht an der Querschnittsklausel; sie reduziert bzw. erweitert die anderweits statuierten Handlungsmöglichkeiten der Gemeinschaft nicht.

Förderung des Tourismus, der Verkehrsnetze und der Mobilitätsprogramme kulturelle Wirkungen (*Hochbaum* spricht von Mitnahmeeffekten) nicht mehr von vornherein ausschließen.

304 *Wemmer,* Die neuen Kulturklauseln des EG-Vertrages, 116.

305 Vgl. dazu schon Fn. 146 und 151.

306 Vgl. unter Teil 3 B).

307 Anders *Wemmer* für die frühere Klausel des Art. 128 Absatz 4 EGV unter Heranziehung folgenden Beispiels: Der Rat erließ am 25. Juni 1985 eine Richtlinie über die Umweltverträglichkeitsprüfung bei bestimmten öffentlichen und privaten Projekten (ABl. Nr. L 175/40 vom 5. 7. 1985). Nach Art. 3 dieser Richtlinie hat diese Prüfung neben zahlreichen anderen Faktoren auch die Sachgüter und das kulturelle Erbe mit zu berücksichtigen. Eine solche Regelung sei, so *Wemmer,* nach heutiger Gesetzeslage auch auf Art. 128 Absatz 4 EGV zu stützen, *Wemmer,* Die neuen Kulturklauseln des EG-Vertrages, 119.

308 *Wemmer,* a. a. O., 116.

Zu Recht hegt *Stein* die Befürchtung, die Klausel könne es erlauben, aus den Fesseln ausdrücklicher Handlungsbeschränkungen oder gar Harmonisierungsverbote[309] auszubrechen, ja ein Harmonisierungsverbot zu umgehen[310].

Er schlägt in diesem Kontext vor, die Berücksichtigung der kulturellen Aspekte bei einem Tätigwerden der Gemeinschaft aufgrund anderer Bestimmungen in Übereinstimmung mit der Querschnittsklausel nur dann zuzulassen, wenn der Schwerpunkt der geplanten Maßnahme nicht im kulturellen, sondern im Bereich anderer Politiken liegt[311]; der Gerichtshof müsse, sofern schwerpunktmäßig der kulturelle Sektor betroffen ist, die Gemeinschaft in die Grenzen der dafür festgelegten Handlungsmöglichkeiten verbannen.

Dem hält *Niedobitek* entgegen, wenn eine Harmonisierungsmaßnahme z. B. auf Art. 100a EGV a. F., jetzt Art. 95 EGV, gestützt werde, handle es sich dabei nicht um die Umgehung eines in einer anderen Vorschrift festgeschriebenen Harmonisierungsverbotes. Eine funktionale Kompetenz wie Art. 100a EGV a. F. bedürfe stets einer materiellen Anreicherung. Die Anwendung insbesondere der binnenmarktrelevanten Vorschriften des Vertrages werde durch die neue Regelung in keiner Weise beeinträchtigt[312].

Wie berechtigt indes die Befürchtung *Steins* ist, wird sich bei der späteren Erörterung der Rechtsprechung zum Tabakwerbeverbot im Rahmen der Gesundheitsschutzklausel erweisen.

Dogmatisch nicht überzeugend ist die Ansicht *Toths* zur angeblich kompetenzbezogenen Funktion der Kulturklausel. Er stellt den Zusammenhang zwischen der Querschnittsklausel des Art. 128 Absatz 4 EGV a. F. (und auch anderer Klauseln wie der des Art. 130r Absatz 2 Unterabsatz 1 Satz 3, des Art. 129 Absatz 1 Satz 3 oder des Art. 129a Absatz 1 EGV a. F.), dem Politikbereich der Kultur (bzw. den jeweiligen anderen Politiken) und den Binnenmarktregelungen der Art. 100, 100a EGV a. F. wie folgt her: Inhaltlich seien alle Politiken mit Binnenmarktbezug mit solchen ohne diesen wie die Kulturpolitik untrennbar miteinander verbunden. Deshalb sei eine kompetenzrechtliche Unterscheidung nicht möglich, ohne auch die Wirksamkeit der – in der Regel nicht binnenmarktbezogenen – Klauseln generell auszuschalten. Demnach dürfe nicht zwischen bin-

309 Das Harmonisierungsverbot für den Bereich der Kultur findet sich in Art. 151 Absatz 5 1. Spiegelstrich EGV, vgl. insoweit schon Teil 2 C).

310 *Stein*, FS für *Ulrich Everling*, 1439, 1444.

311 *Stein*, a. a. O., 1452 ff.

312 *Niedobitek*, EuR 1995, 349, 375 ff. Deshalb müsse auch *Steins* Vorgabe an den EuGH jedenfalls im Bereich funktionaler Gemeinschaftskompetenzen wie Art. 100a EGV a. F. versagen, weil der inhaltliche Schwerpunkt hier stets in einem anderen Bereich als dem der ‚Errichtung des Binnenmarktes' liege, der gerade kein eigenständiger ‚Sachbereich' sei.

nenmarktbezogenen und anderen Maßnahmen differenziert werden, so dass sich auch die mit Querschnittsklauseln versehenen, an sich binnenmarktfremden Politiken mittelbar auf die Verwirklichung des Binnenmarktes bezögen, mit entsprechenden Kompetenzzuwächsen[313].

Wenn dies zuträfe, wären im Prinzip alle Querschnittsklauseln zugleich auch Rechtsangleichungsvorschriften. Dem kann nicht gefolgt werden, die Ansicht vereinfacht willkürlich die spezifischen Unterschiede der kompetenzrechtlichen Situation einzelner Politiken im Vertrag. Nochmals: Mit der durch Art. 151 Absatz 4 EGV vorgegebenen Kulturverträglichkeitsprüfung soll zwar einer materiell-integrativen, aber nicht Kompetenzen verändernden Absicht entsprochen werden. Die Bestimmung relativiert richtig verstanden die begrenzten Möglichkeiten der Gemeinschaft, auf dem Kultursektor aktiv zu werden, nicht.

Ein Rückgriff auf die Art. 94, 95 EGV oder Art. 308 EGV liefe daher auf eine schlichte Umgehung des Art. 151 EGV hinaus[314].

Auch wo die Kultur als Annex in einer Gemeinschaftsmaßnahme zulässigerweise mit erfasst wird, ist der von Art. 151 EGV definierte zu schützende Kulturbereich über die Verträglichkeitsklausel des Absatzes 4 ebenfalls mit zu berücksichtigen. Da wo Kultur inhaltlich betroffen ist, muss ihr auf die von der Kulturklausel eingeforderte Art und Weise Rechnung getragen werden.

C) Art. 153 Absatz 2 EGV – Verbraucherschutz

Absatz 2: ‚Den Erfordernissen des Verbraucherschutzes wird bei der Festlegung und Durchführung der anderen Gemeinschaftspolitiken und -maßnahmen Rechnung getragen.'

Der Verbraucherschutz findet an mehreren Stellen des Vertrages Erwähnung.

Nach Art. 3 lit. t) EGV leistet die Gemeinschaft einen Beitrag zur Verbesserung des Verbraucherschutzes. Dieser Beitrag ist in Art. 153 EGV näher beschrieben. Dessen Absatz 2 ist Sitz der Querschnittsklausel zum Verbraucherschutz, eingeführt durch den Amsterdamer Vertrag.

Absatz 1 der Vorschrift gibt das Ziel eines hohen Verbraucherschutzniveaus vor. Die schon in Art. 129a Absatz 1 EGV a. F. enthaltene Formel, nach der die Gemeinschaft durch bestimmte Maßnahmen und Aktionen einen Beitrag zur Erreichung eines hohen Verbraucherschutzniveaus leistet, besagte nach richtiger Ansicht zunächst nur, dass der Gemeinschaftsgesetzgeber bei der Verwirklichung

313 *Toth*, CML Rev. 1992, 1079, 1094.

314 *Calliess*, Subsidiaritäts- und Solidaritätsprinzip in der Europäischen Union, 136.

des Binnenmarktes nach Art. 100a EGV a. F. auch Ziele des Verbraucherschutzes verfolgen sollte[315].

Art. 95 EGV, ex-Art. 100a EGV, enthält in seinem Absatz 3 die Schutzniveauklausel; danach geht die Kommission in ihren Vorschlägen nach Absatz 1 auch im Bereich Verbraucherschutz von einem hohen Schutzniveau aus und berücksichtigt dabei insbesondere alle auf wissenschaftliche Ergebnisse gestützten Entwicklungen[316]. Auch das Europäische Parlament und der Rat streben nach Satz 2 des Absatzes 3 dieses Ziel im Rahmen ihrer jeweiligen Befugnisse an. Dieser zuletzt genannte Zusatz bringt gegenüber der Fassung des Art. 100a Absatz 3 EGV a. F. auch hier eine erweiternde Neuerung.

Art. 95 Absatz 3 EGV stellt eine Konkretisierung sowohl des Art. 2 EGV (‚hohes Maß an Umweltschutz und an Verbesserung der Umweltqualität') als auch der korrespondierenden Querschnittsklauseln des Umwelt-, Gesundheits- und Verbraucherschutzes dar. Die Vorschrift ist Vorläufer jener Schutzniveauklauseln, welche durch den EU-Vertrag in die soeben aufgeführten Politikbereiche aufgenommen wurden, Art. 152 Absatz 1, Art. 153 Absatz 1 und Art. 174 Absatz 2 Satz 1 EGV[317].

Auch in Art. 38 der Charta der Grundrechte der EU ist der Verbraucherschutz verankert[318], abweichend z. B. vom deutschen Grundgesetz.

Was die Aufgabenverteilung zwischen EG und Mitgliedstaaten anbelangt, postuliert der EGV keine eigenständige Verbraucherschutzpolitik der Gemeinschaft, er beschränkt letztere auf einen ‚Beitrag zur Verbesserung des Verbraucherschutzes' (Art. 153 Absatz 1 EGV).

Dem Verbraucherschutz als Hauptziel darf die Gemeinschaft sich nur mit Maßnahmen zur Unterstützung, Ergänzung und Überwachung der Politik der Mitgliedstaaten widmen [Absatz 3 lit. b)]. Indem damit die Verantwortung für den Verbraucherschutz vordringlich bei den Mitgliedstaaten verbleibt (Nachrangigkeit der binnenmarktunabhängigen Verbraucherpolitik der EG), verwirklicht sich das Subsidiaritätsprinzip[319].

---

315 *Everling,* Mélanges en hommage à *Fernand Schockweiler,* 131, 136.

316 Dieser Zusatz ist im Vertrag der Verfassung für Europa entfallen (Art. 111-132).

317 *Kahl* in *Calliess / Ruffert,* EUV/EGV, Art. 95 EGV Rn. 25.

318 ‚Die Politiken der Union stellen ein hohes Verbraucherschutzniveau sicher.'

319 *Schweitzer / Hummer,* Europarecht, 486 – Auch nach *Hochbaum* bedeutet der Begriff des Beitragleistens, dass die Gemeinschaft Tätigkeiten der Mitgliedstaaten, welche diese kraft eigener Zuständigkeiten ausführen, nach den Grundsätzen der Subsidiarität im Rahmen gemeinschaftlicher Förderkompetenz und unter Achtung der nationalen Identitäten unterstützt. Der Begriff deute also an, dass die Gemeinschaft auf dem betreffenden Gebiet keine ausschließliche Zuständigkeit besitzen solle, *Hochbaum,* BayVBl. 1997, 680, 681.

Gemäß der Schutzverstärkungsklausel des Art. 153 Absatz 5 EGV hindern die nach Absatz 4 beschlossenen Maßnahmen die einzelnen Mitgliedstaaten nicht daran, strengere Schutzmaßnahmen beizubehalten oder zu ergreifen. In der Rechtsangleichung ist die Gemeinschaft gemäß Art. 153 Absatz 3 lit. b) EGV gehalten, den Mitgliedstaaten Mindeststandards unter gleichzeitigem Belassen eines ausreichenden Spielraums vorzugeben. Inhaltliche Eingriffe in einzelstaatliche Politiken – etwa die Vorgabe bestimmter Schutzniveaus – sind zulässig, anderenfalls wäre die Schutzverstärkungsklausel ohne Sinn[320]. Anders als bei der Gesundheitsschutzpolitik – Art. 152 Absatz 4 lit. c) EGV – besteht für den Verbraucherschutz kein Harmonisierungsverbot. Dieser Kompetenzunterschied auf dem Gebiet des Gesundheitsschutzes im Verhältnis zum Verbraucherschutz kann wegen inhaltlicher Überschneidungen beider Politiken problematisch werden.

I. Begriff des Verbrauchers

Was die Querschnittsklausel des Art. 153 Absatz 2 EGV zu leisten hat, wenn sie den Erfordernissen des Verbraucherschutzes bei anderen Gemeinschaftspolitiken und -maßnahmen Berücksichtigung verschaffen soll, ist dem Absatz 1 der Vorschrift zu entnehmen: Aus dem unmittelbaren Anschluss des Absatzes 2 muss gefolgert werden, dass diese Erfordernisse als Zusammenfassung der Umschreibung des Absatzes 1 gemeint sind, dass also die Querschnittsklausel, wenn sie Verbraucherschutz in andere Politiken und Maßnahmen einbringt, die Kriterien des Absatzes 1 sämtlich im Auge hat.

Was alles diese umfassen können, hängt zuvorderst vom Verständnis des Verbraucherbegriffes ab. Obwohl der EGV die Verbraucher an mehreren Stellen erwähnt, enthält er keine Definition dieses Begriffs, und auch dem mitgliedstaatlichen Recht ist eine solche Normierung überwiegend fremd[321]. Es ist indessen festzustellen, dass je nach Zielrichtung einer Maßnahme, d. h. ihrem sachlichen Bezug, ein gewisses einheitliches Verständnis der Rolle des Verbrauchers existiert[322].

Der Verbraucherbegriff ist in doppelter Hinsicht zu ermitteln. Es geht einerseits um die Abgrenzung der Rechtssubjekte, die Gegenstand verbraucherschüt-

---

320 *Wichard* in *Calliess / Ruffert,* EUV/EGV, Art. 153 EGV Rn. 19.

321 Vgl. *Dauses / Sturm,* ZfRV 1996, 133 – Eine Definition enthält seit dem 1.1. 2002 das deutsche Zivilrecht. Nach § 13 BGB ist Verbraucher jede natürliche Person, die ein Rechtsgeschäft zu einem Zwecke abschließt, der weder ihrer gewerblichen noch ihrer selbständigen beruflichen Tätigkeit zugerechnet werden kann.

322 Dazu und zum Folgenden *Reich* in *Reich / Micklitz,* Europäisches Verbraucherrecht, 46 ff.

zender Gemeinschaftstätigkeit sind oder sein können, zum zweiten um die Bestimmung des Grades, in dem der so ermittelte Verbraucher als eines Schutzes bedürftig gesehen wird; auch dies ist ein Aspekt der Definition des Verbrauchers, von dem zu treffende Schutzmaßnahmen abhängig sind.

Reich stellt Kriterien auf, die im Sinne einer Abgrenzung der Zielgruppe Verbraucher als gemeinschaftsrechtlicher Kern zur Klärung des Verbraucherbegriffs beitragen können[323]. Dabei geht er von der Voraussetzung aus, dass es sich beim Verbraucher um einen passiven Marktbürger handelt und regelmäßig um eine natürliche Person. Zu unterscheiden sei die Handlungsweise des Verbrauchers funktional von unternehmerischer, selbständiger und auch von Arbeitnehmer-Tätigkeit. Nicht nur Eigen-, sondern auch Fremdkonsum mache den Verbraucher aus, immer aber unter der Voraussetzung, dass der Konsum weder gewerbs- noch berufsmäßig erfolgt. Betreffe der Rechtsgüterschutz den nicht-wirtschaftlichen Bereich, so könne der Verbraucherbegriff ungeachtet der jeweiligen Tätigkeit bestimmt werden, eingeschlossen sei dann jede natürliche Person. Auch juristische Personen könnten als Verbraucher geschützt werden, sofern sie – und zwar ausschließlich – die Interessen privater Konsumenten unterstützten.

Daran ist richtig, dass der Verbraucher vornehmlich durch die einzelne natürliche Person verkörpert wird, die unter ökonomischen Aspekten sowie in Bezug auf höchstpersönliche Rechtsgüter wie Leib, Leben und Gesundheit als schutzbedürftig gesehen wird. Geht es um den Schutz wirtschaftlicher Interessen, werden all diejenigen Rechtspersonen als Verbraucher angesehen, die Verträge zu Zwecken abschließen, die außerhalb eigener gewerblicher oder beruflicher Tätigkeit liegen. Der Verbraucher ist hier Adressat absatzpolitischer Aktivitäten der Anbieter privater Konsumgüter oder Dienstleistungen[324]. Wenn das Europäische Parlament den Verbraucher als ‚eine natürliche Person, die im Hinblick auf die betreffende Transaktion nicht im Rahmen einer gewerblichen oder beruflichen Tätigkeit handelt oder vorgibt, so zu handeln'[325] definiert, so ist daran zwar die ökonomische Dimension des Verbraucherbegriffes unverzichtbar, will man den Verbraucherschutz aus dem allgemeinpolitischen Programm des ‚Europa der Bürger' hervorheben[326]. Indessen ist die Beschränkung auf natürliche Personen zu eng. Geht es etwa um Finanzdienstleistungen im Bank-, Versicherungs- und Anlegerrecht, gelten als Verbraucher zu Recht auch juristische Personen, hier ist der Verbraucherbegriff funktionsbezogen, d. h. gemeinschaftsrechtlich geschützter Verbraucher kann auch die juristische Person sein, die auf diesem Sek-

---

323 *Reich,* a. a. O., 48.

324 *Dauses / Sturm,* ZfRV 1996, 133; *Wimmer* in *Mielenhausen,* Verbraucherpolitik – Politik für Verbraucher ?, 161, 164.

325 ABl. EG 1983, C 68/92.

326 *Dauses / Sturm,* ZfRV 1996, 133, 134.

tor im Rahmen ihrer gewerblichen oder beruflichen Tätigkeit als Vertragspartner von Banken oder Versicherungen agiert. Auch insofern greift die obige Definition des Europäischen Parlaments zu kurz.

Schließlich ist Verbraucher auch nicht nur derjenige, der Verträge über Waren oder Dienstleistungen abschließt. Geht es um Produkthaftung und Produktsicherheit, werden als Verbraucher auch dritte Personen geschützt, die, ohne selbst zu kontrahieren, mit fehlerhaften oder gefährlichen Produkten in Kontakt geraten, wobei hier der Schutz höchstpersönliche Rechtsgüter wie Leib, Leben und Gesundheit umfasst, Vermögensschutz besteht im Bereich der Produkthaftung nur eingeschränkt.

Im Wettbewerbsrecht ist auf die anfängliche französische Umschreibung des Verbrauchers mit ‚utilisateur' hinzuweisen (Art. 85 Absatz 3 EGV a. F.). Damit war recht allgemein schlicht die Marktgegenseite gemeint. Folglich wären sowohl gewerbliche als auch private Abnehmer, natürliche und juristische Personen von dieser Definition umfasst[327], und zwar in verschiedensten Aktivitäten. Der Verbraucherbegriff ist auch hier rein funktionsbezogen, indem er sich ausschließlich an der Abnehmer-Eigenschaft orientiert.

Die Feststellung *Tenreiros* aus dem Jahre 1997, im Gemeinschaftsrecht existiere kein einheitlicher Verbraucherbegriff[328], besitzt bis heute Gültigkeit. Für ihn ist Verbraucherschutzrecht allgemein gesehen nicht eigentlich das Recht des Schutzes des Verbrauchers. Es gehe zwar von der Prämisse aus, den Zustand des Verbrauchers auf ‚d'être à la merci' von jemandem reduziert zu sehen, erstrecke sich aber auch auf andere als natürliche Rechtspersonen. Daher sei das Verbraucherschutzrecht nur ein Recht ‚autour du consommateur'. Letztlich sei ein einheitlicher Verbraucherbegriff verzichtbar[329].

Indessen sind die im Primärrecht vorhandenen Konturen des gemeinschaftsrechtlichen Verbrauchers hinreichend deutlich, um Rechtsunsicherheiten ausschließen zu können. Der Gemeinschaftsgesetzgeber kann den Verbraucherbegriff im Einzelfall enger oder weiter anwenden. Außerhalb der beschriebenen Sonderfälle wird der Verbraucher überwiegend als die einzelne schutzbedürftige Person oder die Gesamtheit dieser Personen adressiert, meist wird sein Schutz an eine bestimmte Rolle innerhalb des Binnenmarktes – die notwendige andere Seite des Marktgeschehens – geknüpft gesehen.

Verbraucherschutz hat demzufolge zwei Stoßrichtungen. Einerseits soll er Schäden im Zusammenhang mit der privaten Abnahme oder Nutzung von Waren

---

327 Vgl. *Ehle,* Die Einbeziehung des Umweltschutzes in das Europäische Kartellrecht, 134 Fn. 58.

328 *Tenreiro,* Law and diffuse interests in the European Legal Order, 339, 348 f.

329 *Tenreiro,* a. a. O., 356. Er untersucht u. a. einzelne nationale Bemühungen um die Erstellung eines einheitlichen Verbraucherkodexes.

oder Dienstleistungen möglichst verhindern. Andererseits soll er aber auch die Voraussetzungen dafür schaffen, dass die Verbraucher selbst ihre Rolle als solche verantwortlich und wirtschaftlich vernünftig ausüben können[330]. So lassen sich die Konturen des gemeinschaftsrechtlichen Verbraucherbegriffs auch aus Art. 153 Absatz 1 EGV selbst herauslesen, wonach zur Förderung der Interessen der Verbraucher und zur Gewährleistung eines hohen Verbraucherschutzniveaus die Gemeinschaft einen Beitrag zum Schutz der Gesundheit, der Sicherheit und der wirtschaftlichen Interessen der Verbraucher leistet *sowie* zur Förderung ihres Rechts auf Information, Erziehung und Bildung von Vereinigungen zur Wahrung ihrer Interessen[331].

Die Qualität der Schutzmaßnahmen zugunsten des europäischen Verbrauchers in seinen verschiedenartigen Erscheinungsformen gestaltet sich in Abhängigkeit vom Grad der vermeintlich bestehenden Schutzwürdigkeit.

Zu diesem zweiten Element des Verbraucherbegriffs steuert *Roth*[332] bei, es sei von einem aktiven Verbraucher auszugehen, dem ‚confident consumer', der durch grenzüberschreitende Nachfrage die Vorteile des Binnenmarktes realisieren können und dem mit der Rechtsvereinheitlichung die Gewähr gegeben werden soll, dass er – gleichgültig in welcher Rechtsordnung – über einen Mindestsockel von Verbraucherrechten verfügt.

Der EuGH hat seit seiner *Cassis*-Rechtsprechung[333] bei Urteilen zu Art. 30, 36 EGV dem Verbraucher Mündig- und Verständigkeit unterstellt, so, dass er Kennzeichnungen auf Waren lesen kann und auch tatsächlich liest. Darauf gründet sich die Tendenz des Gerichts bezogen auf europäisches Primärrecht, eine in einem der Mitgliedstaaten rechtmäßig hergestellte Ware als auch in anderen verkehrsfähig anzusehen[334]. Dieses Leitbild vom aufgeklärten Durchschnittsverbraucher hat der EuGH in jüngerer Zeit in dem Vorabentscheidungsverfahren *Gut Springheide* zur Kennzeichnungspflicht von Eiern[335] bestätigt, wenn er dort sagt, das nationale Gericht habe darauf abzustellen, wie ein durchschnittlich informierter, aufmerksamer und verständiger Verbraucher die Warenkennzeich-

---

330 *Wichard* in *Calliess / Ruffert*, EUV/EGV, Art. 153 EGV Rn. 4 ff.

331 Vgl. insoweit Fn. 337.

332 Unter Bezugnahme auf die Richtlinie des Rates vom 22. 12. 1986 zur Angleichung der Rechts- und Verwaltungsvorschriften der Mitgliedstaaten über den Verbraucherkredit, 87/102/EWG, ABl. 1987 L 42/48, *Roth*, JZ 2001, 475, 478.

333 EuGH 20. 2. 1979, Rs 120/78, Slg. 649, vgl. Fn. 117.

334 Vgl. *Gündisch*, FS für *Rudolf Nirk*, 417, 422, mit umfangreichen Nachweisen, 417 Fn. 1; siehe auch EuGH 16. 1. 1992 *(Nissan)*, Rs C-373/90, Slg. I-131 und EuGH 6. 7. 1995 *(Mars)*, Rs C-470/93, Slg. I-1923.

335 EuGH 16. 7. 1998, Rs C-210/96, Slg. I-4657, 4691, Vorlageverfahren des BVerwG zu der VO EWG Nr. 1907/90 des Rates vom 26. 6. 1990 (ABl. L 173, S. 5) mit Besprechung *Volkmann-Schluck*, Freundesgabe für *Gündisch*, 217 f., 223 f.

nung wahrscheinlich auffassen werde. Eine Vorlagefrage des deutschen BVerwG ging hier dahin, ob es für die Beurteilung möglicher Irreführung im Rahmen der Verordnung EWG Nr. 1907/90 – also bei der Anwendung sekundären EG-Rechts – auf die Auffassung des aufgeklärten Durchschnitts- oder die des flüchtigen Verbrauchers ankomme.

Für die vorliegende Untersuchung mag die Frage dahinstehen, ob das europäische Sekundärrecht den vom EuGH angewandten Verbraucherbegriff des europäischen Primärrechts de facto auch durchgehend übernommen hat[336]. Immerhin legt die Vielzahl der zum Schutz des Verbrauchers vor Täuschung erlassenen Richtlinien und Verordnungen mit insgesamt strengen Maßstäben gelegentlich die Annahme nahe, das europäische Sekundärrecht stelle in überzogener Ausweitung des Verbraucherbegriffes – zumindest da, wo es um Irreführungsverbote in der Werbung geht – statt auf den aufmerksamen und verständigen gemeinschaftsrechtlichen Verbraucher nun doch auf die Sichtweise des arglosen, unkritischen, unaufgeklärten Verbrauchers ab, wie es die deutsche Rechtsprechung seit jeher praktiziert, also mit protektionistischer Tendenz[337].

II. Verwirklichung des Verbraucherschutzes in der Gemeinschaft

In Beispielen soll vorab aufgezeigt werden, in welchen Bereichen die Gemeinschaft den Verbraucherschutz verstärkt anstrebt, was ihre Politik im Sinne des Beitrags zur Verbesserung des Verbraucherschutzes kennzeichnet, wie diese durch andere Politiken und Maßnahmen der Gemeinschaft – der Querschnittsklausel entsprechend – wahrgenommen und berücksichtigt werden kann.

Zulässige Tätigkeit der Gemeinschaft entfaltet sich zugunsten des Verbraucherschutzes im Rahmen der Rechtsangleichung des Art. 95 EGV. Voraussetzung für Rechtsangleichung war nach Art. 100 Satz 1 EWGV, dann Art. 100a Absatz 1 Satz 2 EGV a. F., jetzt Art. 95 EGV, dass sie sich unmittelbar auf die Errichtung oder (EWGV) bzw. und (EGV a. und n. F.) das Funktionieren des Gemeinsamen Marktes (Art. 100a EGV a. F.) bzw. des Binnenmarktes (Art. 95 Absatz 1 Satz 2 EGV) auswirkt/bezieht.

---

336 So offenbar *Volkmann-Schluck*, a. a. O., 228 f.; er sieht durch europarechtliches Sekundärrecht die nationale Rechtsordnung mit horizontalen und vertikalen Irreführungsverboten durchzogen.

337 Vgl. *Reich*, Europäisches Verbraucherschutzrecht, 234, 236 – Er meint, der EuGH habe erkennen lassen, dass er eine autonome Begriffsbildung zur Irreführung anstrebt, die die beiden Komponenten des Verbraucherrechts, Schutz der Verbraucher-, der Mitbewerber- und Allgemeininteressen einerseits, Öffnung der Märkte im Rahmen des Binnenmarktkonzepts andererseits, gleichmäßig berücksichtigt.

Wenn Mitgliedstaaten etwa durch Regelungen zur Beschaffenheit von Waren oder Leistungen im Lebensmittel-, Arzneimittel-, Kosmetikrecht oder aber – genereller – auf dem Gebiet der allgemeinen Produktsicherheit Hindernisse für den Warenverkehr aufstellten und sich dabei auf Art. 30 EGV oder die ‚zwingenden Erfordernisse' stützten, durften solche Hindernisse durch Rechtsangleichung ausgeräumt werden, wobei seit jeher zwangsläufig in verbraucherschutzrelevante Gebiete wie Gesundheit oder Sicherheit hineingewirkt wurde.

In diesem Kontext hat sich als Grundgedanke des Verbraucherschutzes herauskristallisiert, dem einzelnen EG-Bürger ein Recht auf Gesundheit und Sicherheit zuzugestehen. Verbraucherschutz ist damit nicht nur Kollektivschutz. Mit diesem Recht korrelieren Hersteller- und Informationspflichten, juristische Möglichkeiten des Verbrauchers, erlittene Schäden geltend zu machen, sowie nicht zuletzt gesetzgeberische Verpflichtungen der einzelnen Mitgliedstaaten.

Kennzeichnend für die Standards des EuGH zum Verbraucherschutz – in Gegenüberstellung dessen zu Erfordernissen des Binnenmarktes und mit Vorläuferqualität im Bereich der Querschnittsproblematik – ist die *Cassis*-Entscheidung von 1979 zur Vereinbarkeit einer deutschen Regelung über die Verkehrsfähigkeit alkoholischer Getränke mit dem Gemeinschaftsrecht[338].

Der Gerichtshof führte zum Miteinander von Freiheit des Binnenmarktes und anderen Vertragszielen u. a. aus, Hemmnisse für den Binnenhandel der Gemeinschaft, die sich aus den Unterschieden der nationalen Regelungen über die Vermarktung dieser Erzeugnisse ergäben, müssten hingenommen werden, soweit diese Bestimmungen notwendig seien, um zwingenden Erfordernissen gerecht zu werden, insbesondere den Erfordernissen u. a. des Schutzes der öffentlichen Gesundheit, der Lauterkeit des Handelsverkehrs und eben des Verbraucherschutzes[339].

Schon lange vor der Existenz einer Verbraucherschutz-Querschnittsklausel – diese existierte zum Zeitpunkt der *Cassis*-Entscheidung noch nicht – unterstrich so der Gerichtshof im Bereich des Lebensmittelrechts Belange des Verbraucherschutzes in Gestalt eines Anspruchs auf bestimmte Lebensmittelqualität und schuf damit zugleich eine Grundlage und Argumentationsbasis für spätere Streitigkeiten. Das Bemühen um eine hochwertige Lebensmittelqualität ist also von jeher Bestandteil der vom EuGH angemahnten Verbraucherschutzpolitik; der Verbraucher soll in seinem Wunsch nach einem bestimmten qualitativen Standard von Lebensmitteln geschützt sein. Unschwer lässt sich dieser Anspruch auf

338 Vgl. Fn. 117.

339 *Rewe-Zentral-AG* gegen Bundesmonopolverwaltung für Branntwein *(Cassis de Dijon),* EuGH 20. 2. 1979, Rs 120/78, Slg. 649, 662, vgl. bereits Fn. 117.

andere Produkte als Lebensmittel übertragen. Verbraucherschutz beinhaltet also nach der *Cassis*-Entscheidung immer auch die Sorge für Produktqualität.

Innerhalb der auf Art. 95 EGV basierenden Gemeinschaftsaktivität zur Verwirklichung des Binnenmarktes bedürfen der Erwähnung als Harmonisierungsmaßnahmen im Rahmen des Verbraucherschutzes beispielhaft die Richtlinie 85/577 EWG betreffend den Verbraucherschutz in Fällen von außerhalb von Geschäftsräumen geschlossenen Verträgen[340], die Richtlinie 87/102 EWG zur Angleichung der Rechts- und Verwaltungsvorschriften der Mitgliedstaaten über den Verbraucherkredit[341], die Richtlinie 94/47 EWG über Timesharing[342], die Richtlinie 97/7 EWG über den Verbraucherschutz bei Vertragsabschlüssen im Fernabsatz[343] betreffend alle Verträge, die für den Verbraucher wegen der ‚Unsichtbarkeit des Vertragspartners und des Produkts'[344] besonders gefahrenträchtig sind, und die Richtlinie 1999/44 EG zu bestimmten Aspekten des Verbrauchsgüterkaufs und der Garantien für Verbrauchsgüter[345], deren Umsetzung zu beträchtlicher Verbesserung der Verbraucherstellung im deutschen Kaufrecht, z. B. mittels Verlängerung der Gewährleistungsfrist auf zwei Jahre, geführt hat, sämtlich Gemeinschaftsrecht, das weitreichenden Schutz des Verbrauchers auf Gebieten, wo sein Vermögen in Gefahr gerät, angestoßen hat. Es geht also um Vermögensschutz.

Schließlich engagiert sich die Gemeinschaft auch für den reisenden Verbraucher. Hier diente die Richtlinie 90/314/EWG[346] der Verwirklichung des Binnenmarktes für Reisedienstleistungen auf einem hohen Schutzniveau (Art. 100a EWGV), indem sie dem Reiseveranstalter Informationspflichten auferlegt und Absicherungen des Verbrauchers im Falle von Insolvenz des Veranstalters vorschreibt.

Rechtsangleichung zum Zweck der Verwirklichung des Binnenmarktes fand einen weiteren Schwerpunkt im Bereich der Werbung.

Werbung ist die Aufforderung an den Verbraucher, in das Marktgeschehen einzutreten. Sie trägt in sich spezifische Gefahren für die in Art. 153 EGV umrissenen Schutzgüter des Verbrauchers, ist indessen das Lebenselixier einer freien

340 Richtlinie vom 20. 12. 1985, ABl. L 372, S. 31.
341 Richtlinie vom 22. 12. 1986, ABl. L 42, S. 48.
342 Richtlinie vom 26. 10. 1994 zum Schutz der Erwerber im Hinblick auf bestimmte Aspekte von Verträgen über den Erwerb von Teilnutzungsrechten an Immobilien, ABl. L 280, S. 83; laut *Martinek*, NJW 1997, 1393, 1399 eher ein Stolperstein denn ein Meilenstein für das nationale Verbraucherrecht.
343 Richtlinie vom 20. 5. 1997, ABl. L 144, S. 19.
344 *Martinek*, NJW 1998, 207.
345 Richtlinie vom 25. 5. 1992, ABl. L 171, S. 12.
346 ABl. L 158/59 vom 23. 6. 1990.

Marktgemeinschaft und deshalb eine zwangsläufig für Harmonisierungsmaßnahmen hochsensible Materie.

Nach dem Gemeinschaftsrecht ist es verboten, täuschende oder irreführende Werbebehauptungen zu verbreiten[347]. Abgeleitet wird dieser Schutzgedanke sowohl aus dem Lauterkeitspostulat als auch aus dem Straf- und Gewerbepolizeirecht. Er erlangt Relevanz einmal aus der Sicht auf die beworbenen Güter (Alkohol, Tabak, gesundheitsbezogene Produkte), zum anderen unter den Aspekten der diversen Werbemethoden und der Werbemedien[348].

Grundlegend zum Verbot irreführender Werbung in der EG schreibt die sogenannte Werberichtlinie[349] Mindeststandards fest. Werbung bedeutet danach jede Äußerung bei der Ausübung eines Handels, Gewerbes, Handwerks oder freien Berufes mit dem Ziel, den Absatz von Waren oder die Erbringung von Dienstleistungen, einschließlich unbeweglicher Sachen, Rechte und Verpflichtungen zu fördern; irreführend ist eine Werbung dann, wenn sie in irgendeiner Weise – einschließlich ihrer Aufmachung – die Personen, an die sie sich richtet oder die von ihr erreicht werden, täuscht oder zu täuschen geeignet ist und infolge der ihr innewohnenden Täuschung deren wirtschaftliches Verhalten beeinflussen kann oder aus diesen Gründen einen Mitbewerber schädigt oder zu schädigen geeignet ist. Speziell hat die Gemeinschaft etwa im Bereich des Lebensmittelrechts das Verbot täuschender Werbung in einer Richtlinie[350] verkörpert, die einerseits die

---

347 Dazu sowie zum Folgenden *Reich,* Europäisches Verbraucherschutzrecht, 230 ff.; teilweise wird insoweit, insbesondere im Hinblick auf Lebensmittel, auch von Produktklarheit gesprochen, *von Schwanenflügel,* Die Entwicklung der Kompetenzen der Europäischen Union im Gesundheitswesen, 47.

348 Einschränkungen der Werbefreiheit, insbesondere Totalverbote, müssen dabei stets grundrechtliche Gewährleistungen beachten, so die Meinungs- und Informationsfreiheit, die Pressefreiheit, die Berufs-, Gewerbe- und die Freiheit von Eigentum und Kunst sowie den Gleichheitssatz, *Skouris,* EuZW 1995, 438, 439; *Stein,* EuZW 1995, 435, 437.

349 Richtlinie 84/450/EWG vom 10. 9. 1984 zur Angleichung der Rechts- und Verwaltungsvorschriften der Mitgliedstaaten über irreführende Werbung, ABl. L 250/17 vom 19. 9. 1984.

350 Richtlinie des Rates vom 18. 12. 1978 (79/112/EWG) zur Angleichung der Rechtsvorschriften der Mitgliedstaaten über die Etikettierung und Aufmachung von für Endverbraucher bestimmten Lebensmitteln sowie die Werbung hierfür, ABl. L 33/1 vom 8. 2. 1979, geändert durch die Richtlinie 89/395/EWG, ABL L 186/17 vom 30. 6. 1989, ergänzt um Richtlinie 90/946/EWG vom 24. 9. 1990, ABl. L 276/40 zur (freiwilligen) Nährwertkennzeichnung; vgl. auch die Richtlinie 2000/13/EG des Europäischen Parlaments und des Rates vom 20. 3. 2000 zur Angleichung der Rechtsvorschriften der Mitgliedstaaten über die Etikettierung und Aufmachung von Lebensmitteln sowie die Werbung hierfür, ABl. L 109 vom 6. 5. 2000, S. 29, geändert durch die Richtlinie 2001/101/EG der Kommission vom 28. 11. 2001, ABl. L 310, S. 19, und die diversen Regelungen zur Kennzeichnung genetisch veränderter Le-

Kennzeichnung von Lebensmitteln im gesamten Gemeinschaftsraum, andererseits ein ausdrückliches und weitreichendes Täuschungsverbot festschreibt; nach Art. 2 Absatz la, 3b der Richtlinie ist jede Kennzeichnung und Werbung verboten, die geeignet ist, den Verbraucher irrezuführen, z. B. Lebensmitteln Eigenschaften zuzuschreiben, die diese nicht haben (etwa heilende oder gesundheitsfördernde Wirkung).

Der Gerichtshof bemüht sich in seiner Rechtsprechung zum Werberecht, den Ausgleich zwischen Schutz von (Einzel-)Verbraucher und Allgemeininteressen und der gebotenen Öffnung der Märkte im Zusammenhang mit dem Binnenmarktkonzept zu finden. Bei Streit um das Irreführungsverbot greift er regelmäßig auf den Verhältnismäßigkeitsgrundsatz zurück.

So stellte das Gericht im ‚Bierurteil' fest, die Gewohnheiten von Verbrauchern unterlägen dem Wandel, ein Faktor, welcher zu einem solchen Wandel führen könne, sei der Binnenmarkt[351]. Auch in der Rechtssache *Pall / Dahlhausen*[352] objektivierte der Gerichtshof beispielhaft den Irreführungstatbestand. In diesem Verfahren zur Verwendung des im Ausland rechtmäßig erworbenen (R)–Zeichens in Deutschland kam der EuGH zu dem Ergebnis, dass es sich bei dem Verbot einer derartigen Werbung um eine Maßnahme gleicher Wirkung (Einfuhrbeschränkung) i. S. d. Art. 30 EWGV handele, die weder durch zwingende Erfordernisse des Verbraucherschutzes noch durch die Lauterkeit des Handelsverkehrs gerechtfertigt sei.

Insbesondere für den Bereich der Werbeträger, z. B. der Fernsehwerbung, hat die Gemeinschaft rechtliche Vorgaben qualitativer und quantitativer Art entwikkelt. So beinhaltet die Richtlinie 89/552/EWG[353] verschiedenartige Ansätze des Verbraucherschutzes, so das Verbot von TV-Werbung für Tabak oder rezeptpflichtige Arzneimittel, die Einschränkung der Werbung für Alkohol (produktbezogen); desweiteren verbietet sie Diskriminierung aufgrund der Rasse, Nationalität oder des Geschlechts sowie eine Verletzung der Menschenwürde oder von politischen oder religiösen Überzeugungen (werbemethodisch). Fernsehwerbung soll weiterhin nicht dazu anreizen, sich gesundheits- oder umweltschädlich zu verhalten (verhaltenserziehend). Besonderes Augenmerk wird auf Werbung mit Bezug auf Minderjährige gelenkt (adressatenbezogen). Sie darf ihnen weder körperlichen noch seelischen Schaden zufügen, sich nicht mittels unmittelbarer Aufforderung zum Kauf ihre Unerfahrenheit und Leichtgläubigkeit zunutze machen und auch keine Kaufappelle äußern.

---

bensmittel, z. B. insbesondere die VO (EG) Nr. 1829/2003 des Europäischen Parlaments und des Rates vom 22. 9. 2003, ABl. L 268 vom 18. 10. 2003, S. 1.

351 EuGH 12. 3. 1987, Rs 178/84, Slg. 1227, 1270 Rn. 32.

352 EuGH 13.12. 1990, Rs C-238/89, Slg. I-4827.

353 ABl. L 289/23 vom 17. 10. 1989.

Im Bereich der Werbung ist Bezugspunkt der gemeinschaftsrechtlichen Verbraucherschutzpolitik der mündige Durchschnittsverbraucher, der sich im Umgang mit Werbung durchgehend kritisch verhält, nicht der unaufgeklärte Verbraucher, der Werbebotschaften nur flüchtig zur Kenntnis nimmt und notfalls gegen sich selbst geschützt werden muss[354]. Dies gilt ungeachtet dessen, dass Werbung unaufgefordert, oft aggressiv, an den Bürger herantritt, zu Übertreibung, damit Fehlinformation tendiert, was durch intensiveren Schutz auf der Verbraucherseite ausbalanciert werden könnte, zu welcher Handhabung sich das deutsche Verbraucherschutzrecht bekennt. Insbesondere geht der europäische Verbraucherschutz nicht über die Grenze bewusster Selbstgefährdung hinaus. So hat sich das Gemeinschaftsrecht auf dem Sektor der Arzneimittelwerbung auf die Forderung beschränkt, jede entsprechende Werbung müsse einen ‚zweckmäßigen Einsatz des Arzneimittels fördern, indem sie seine Eigenschaften objektiv und ohne Übertreibung darstellt'[355], auch beim unaufgeklärten Verbraucher wird also zu Recht ein gewisses Maß an Vernunft vorausgesetzt, zumal er mit dem Medikament die informierende Packungsbeilage erhält.

Daher erklärt es sich auch, dass der garantierte Schutz des Verbrauchers vor Werbung im Binnenmarkt erst in dem Moment ansetzt, da die Schwelle zu strafrechtlich relevantem Handeln durch den Werbenden überschritten wird (Täuschung, Irreführung, Diskriminierung, Körperverletzung etc.). Das breite Spektrum an unterschwelliger, verborgener, vielfach hochgradig subtiler Werbung, die als solche nicht selten – je nach Alter und Bildungsgrad des Adressaten – erst gar nicht erkannt und auf die gerade deshalb mit Kaufaktionen reagiert wird, toleriert das Gemeinschaftsrecht unter dem Aspekt von Meinungs- und Informationsfreiheit.

III. Abgrenzung zum Gesundheitsschutz

Wenn die Querschnittsklausel des Art. 153 Absatz 2 EGV die Erfordernisse des Verbraucherschutzes zu anderen Vertragspolitiken und Maßnahmen der Gemeinschaft in Beziehung setzt, unterstellt sie auf beiden Seiten der Abwägung vertragsgemäß stattfindende Tätigkeit, also auch entsprechend zustande gekommene Erfordernisse des Verbraucherschutzes.

Die Gemeinschaftspolitik Verbraucherschutz ist als subsidiärer Beitrag zur Verbesserung des von den Mitgliedstaaten betriebenen Verbraucherschutzes

---

354 Vgl. *Reich,* Europäisches Verbraucherschutzrecht, 234, 236.

355 Vgl. Art. 2 Absatz 3 1. Spiegelstrich der Richtlinie 92/28/EWG des Rates vom 31. 3. 1992, ABl. L 113/13 vom 30. 4. 1992.

festgeschrieben, in der Rechtsangleichung darf die Gemeinschaft Mindeststandards für die Mitgliedstaaten festlegen. Auf dem benachbarten Feld des Gesundheitsschutzes darf sie dies nicht, Art. 152 Absatz 4 lit. c) EGV. Die inhaltliche Nähe dieser Politiken lässt die Möglichkeit offen, dass eigentliche Gesundheitsschutzharmonisierung im Mantel des Verbraucherschutzes daherkommt, um dessen erweiterten Handlungsspielraum für die Gemeinschaft in Anspruch zu nehmen[356].

Der Vertrag nennt die Politiken verschiedentlich in einem Atemzug. In unmittelbarem Anschluss an die Regelung zum Gesundheitsschutz, Art. 152 EGV, stellt Art. 153 Absatz 1 EGV sie zu Beginn des Titels Verbraucherschutz nebeneinander, indem er den Gesundheitsschutz als Teil des Verbraucherschutzes anspricht: Ziel des Verbraucherschutzes ist es danach auch, Schäden für die Gesundheit von Verbrauchern zu hindern, sowohl des Einzelnen als auch der Gesamtheit der Verbraucher. Hiernach wäre Gesundheitsschutz ein Teilaspekt des Verbraucherschutzes.

Für den gesondert geregelten Gesundheitsschutz haben die vertragsschließenden Mitgliedstaaten das Harmonisierungsverbot vereinbart. Der entstehende Kompetenzwiderspruch ist aufzulösen. Dogmatisch sauber kann das nur dahin geschehen, in Art. 152 Absatz 4 lit. c) EGV – als Sonderregelung im Gesundheitsschutz – eine Spezialvorschrift zu sehen, so dass die Politik Gesundheitsschutz insoweit aus der Verbraucherschutzpolitik herausgelöst wurde. Dies gilt unbeschadet des Umstands, dass Verbraucherschutzpolitik tatsächlich auch den Schutz von am Marktgeschehen gar nicht beteiligten Personen betreibt, so bei den Regelungen zu Sicherheitsanforderungen an gefährliche Güter. Streng genommen stehen der Gemeinschaft noch nicht einmal harmonisierende Maßnahmen mit gesundheitsschützender Absicht zu rollenbezogenem Verhalten der Verbraucher offen, ansonsten wäre die Vorschrift des Art. 152 Absatz 4 lit. c) EGV sinnlos.

Die Rechtsprechung zieht hier keine Trennungslinie, lässt gesundheitsschützende Harmonisierung als Inhalte gemeinschaftlicher Verbraucherpolitik durchgehen.

Abgrenzung ist indessen möglich. Gesundheitsschutz im Sinne des Vertrages ist als die umfassende generalpräventive Sorge für die Gesundheit des Einzelnen und der Gesamtheit aller EU-Bürger zu sehen, unabhängig von einer marktbezogenen Funktion. Der gesundheitsschützende Aspekt in der Verbraucherschutzpo-

356 So stützen sich z. B. die zahlreichen Regelungen der EU zu genetisch veränderten Organismen (GVO) wechselweise auf die Anliegen des Gesundheits- und des Verbraucherschutzes, vgl. die Veröffentlichungen zu Regelungen über GVO auf den Webseiten der Generaldirektionen Gesundheits- bzw. Verbraucherschutz.

litik ist rollenbezogen, geknüpft an Vorgänge der Abnahme von Waren und Dienstleistungen, hierbei soll der Verbraucher nicht nur in seinen wirtschaftlichen Interessen, sondern auch in seiner gesundheitlichen Sicherheit geschützt werden[357], insbesondere durch Stärkung seiner Wahl- und Entscheidungsfreiheit. Somit ist Gesundheitsschutz nicht bloße Teilmenge des Verbraucherschutzes, sondern nach seiner Zielsetzung ein qualitatives aliud.

In zutreffender Vertragsauslegung wäre daher zu fordern, im Einzelfall zu prüfen, ob bei Harmonisierungsmaßnahmen der Gemeinschaft politisches Anliegen die allgemeine Vorsorge für das menschliche Individuum in Ein- oder Mehrzahl ist, dann kann eine Harmonisierungsmaßnahme wegen Art. 152 Absatz 4 lit. c) EGV kein legitimes Erfordernis der Verbraucherschutzpolitik verkörpern. Diese Prüfung kann Schwierigkeiten bereiten.

Die Querschnittsklausel zum Verbraucherschutz ist indes a priori gerade nicht dazu gedacht, solche Abgrenzungsprobleme zu relativieren.

IV. Querschnittswirkungen

Übergeordnete Ziele der Querschnittsklausel des Art. 153 Absatz 2 EGV sind die Verbraucherinteressen und ein hohes Verbraucherschutzniveau (Absatz 1). In der konkreten Gemeinschaftspolitik sind diese Ziele dadurch anzustreben, dass der Schutz der Gesundheit, der Sicherheit und der wirtschaftlichen Interessen der Verbraucher sowie ihr Recht auf Information, Erziehung und Bildung von Vereinigungen zur Wahrung ihrer Interessen gefördert werden.

Diesen Erfordernissen wird bei der Festlegung und Durchführung der anderen Politiken und Maßnahmen der Gemeinschaft Rechnung getragen. Wie bei der Kulturklausel ist diese Aussage ein eindeutiges Postulat[358], der Vorgang des Rechnungtragens ist als Aufgabenstellung wie dort ‚schwächer' als das ‚Einbeziehen' der Umweltschutzklausel.

Ein unbedingtes Integrieren der Verbraucherschutzpolitik in jede andere Gemeinschaftstätigkeit ist nicht gefordert. Rechnungtragen meint den zweistufigen Vorgang, zunächst das Bedenken, das Sich-Bewusstmachen, das Erreichen des Kenntnisstandes zum Standard des Verbraucherschutzes, danach als zweite Komponente das Reagieren auf dieses Wissen, also das Inbezugsetzen zu eigenen Absichten.

Aus der Mehrfachnennung des Verbraucherschutzes im Vertrag in Verbindung mit der Formulierung der Querschnittsklausel selbst darf abgeleitet werden,

---

357 Vgl. *Wichard* in *Calliess / Ruffert,* EUV/EGV, Art. 153 EGV Rn. 9.
358 Vgl. Teil 4 B II.

dass aufgrund des Art. 153 Absatz 2 EGV zumindest eine Verbraucherschutzverträglichkeitsprüfung im Sinne der Konfrontation geplanter Politiken oder Maßnahmen mit dem Verbraucherschutzgedanken erwartet, ohne dass der zweite Schritt, die Art und Weise einer eventuellen Konfliktlösung, vorgezeichnet wird. Das Rechnungtragen verkörpert in sich kein Optimierungsgebot. Dass die Gemeinschaftskompetenz zum Verbraucherschutz gemäß Art. 95 EGV von einem hohen Schutzniveau auszugehen hat, ist Gegenstand dieser Kompetenz selbst, den die Klausel zwar zu transportieren hat, soweit Gemeinschaftskompetenz die Erfordernisse des Verbraucherschutzes mit Inhalten füllt; das Anstreben dieses Niveaus ist indessen nicht Aufgabe der Verbraucherschutzklausel selbst. Sie erteilt weder explizit noch derivativ einen Auftrag zur Verbesserung des Verbraucherschutzes, zielt nicht auf positive Aktionen zur Verbesserung der Lebensumstände des Einzelnen oder der Gesamtheit der Verbraucher, sondern hat – negativ gesehen – die Bewahrung des Verbraucherschutz*bestandes* im Sinne der Ausschaltung verbraucherschädlicher Maßnahmen und Politiken durch andere Handlungsfelder der Gemeinschaft zum Ziel, soweit dies für jeweils vertretbar erachtet wird. Der Querschnittsauftrag beinhaltet damit zwar die Aufnahme verbraucherschutzfreundlicher Tendenzen in die Entscheidungsfindung der jeweiligen Politik bzw. Maßnahme, er fordert dagegen auch hier neue (verbraucherschützende) Aktivitäten nicht ein und weitet vorhandene Befugnisse der Gemeinschaft, auf dem Gebiet des Verbraucherschutzes tätig werden zu dürfen, nicht aus.

Die Klausel des Art. 153 Absatz 2 EGV erschöpft sich in der Verpflichtung, sie in eine Abwägung mit anderen Gemeinschaftspolitiken und -maßnahmen einzustellen und dort ausreichend zu berücksichtigen[359]. Sie räumt der Verbraucherpolitik kein Übergewicht hinsichtlich anderer Vertragsziele ein[360], begründet keinen Grundsatz bestmöglichen Verbraucherschutzes, gebietet aber, diese Politik mit kollidierenden Belangen in ein ergebnisoffenes Verhältnis praktischer Konkordanz zu bringen[361].

359 *Berg* in *Schwarze,* EU-Kommentar, Art. 153 EGV Rn. 13; anders *Dauses / Sturm,* ZfRV 1996, 133, die in Art. 129a EGV a. F. eine Ermächtigungsgrundlage für spezifische Verbraucherschutzaktionen erblicken wollen, darüber hinaus der Ansicht sind, der Maastrichter Vertrag habe den Verbraucherschutz in den Rang eines Verfassungsziels der neuen Union erhoben. Diese Interpretation verkennt die lediglich integrative Funktion der Querschnittsklausel.

360 *Grub* in *Lenz,* EG-Vertrag, Art. 153 EGV Rn. 38.

361 *Wichard* in *Calliess / Ruffert,* EUV/EGV, Art. 153 EGV Rn. 21.

Diese durch den Wortlaut der Querschnittsklausel klar gezogene Relativierung der Integration des Verbraucherschutzes in sonstige Tätigkeit in Gestalt des Rechnungtragens ist von der Gemeinschaft ernst zu nehmen[362].

Verbraucherbelange können auf den unterschiedlichsten Feldern relevant werden. Sie decken ein breites Spektrum ab. Es kann beinahe jede andere Vertragspolitik Aspekte des Verbraucherschutzes berühren[363]. Führt man sich allein die in einem Jahr (hier am Beispiel 2000) erlassenen EU-Richtlinien vor Augen[364], so zeigt sich, dass die ganz überwiegende Zahl der geregelten Materien den Schutz des Verbrauchers in seinen aufgezählten Rollen im Visier hat, wobei Rat, Kommission und Parlament gleichermaßen als Autoren der Richtlinien fungieren. Dies lässt befürchten, dass bei einem solchen Wust von Schutzmaßnahmen die Beweglichkeit und damit die Funktion des freien Binnenmarktes immer mehr eingeengt werden. Es scheint daher weniger zu besorgen zu sein, dass die Querschnittsklausel zum Verbraucherschutz in der Realität des Gemeinschaftshandelns vernachlässigt würde; die Auffassung von *Grub*[365], es lasse sich feststellen, dass Verbraucherbelange in der Gemeinschaft einen nicht allzu hohen Stellenwert genießen, kann hier nicht geteilt werden[366]. Eher ist darauf zu achten,

---

362 *Reich* äußert unter Hinweis auf die Erfahrungen mit der Umweltklausel Skepsis gegenüber einer wirklichen Integration der Verbraucherpolitik in sonstige Gemeinschaftspolitiken, gesteht aber zu, dass der Klausel bei den Maßnahmen zur Einführung des Euro eine tragende Rolle zugefallen sei, indem hier Verbraucherinteressen in Gestalt von Transparenz, Kontinuität von Verträgen und Vermeidung von Kostenüberwälzungen tangiert worden seien, *Reich* in *Reich / Micklitz,* Europäisches Verbraucherrecht, 31.

363 *Stuyck,* CML Rev. 2000, 367, 386 ff., sieht für die Klausel ein tiefergreifendes Problem darin, dass die Tätigkeit der Gemeinschaft, bei der Verbraucherinteressen Berücksichtigung finden sollen, nur schwer abzugrenzen sei (‚... how to determine the acts of the Community in which the consumer interests should be considered ...'). Es trifft zwar zu, dass ‚The point of view of consumers can be taken into account in respect of virtually every policy', *Stuyck* verkennt aber, dass es nicht darum gehen darf, bestimmte Politiken via Abgrenzung vom Berücksichtigungsgebot der Verbraucherschutzklausel auszunehmen. Das Wesen der Klausel ist es ja gerade, dass sie gesamtvertraglich zu berücksichtigen ist. Für Abgrenzung besteht hier kein Bedarf, das von *Stuyck* aufgeworfene Problem stellt sich in Wirklichkeit im Rahmen der Anwendung der Querschnittsklausel nicht, wohl aber im Zusammenhang mit Kompetenzabgrenzungen.

364 Vgl. die Aufstellung vom 19. 10. 2001 über die EU-Regelungen 2000, *http://www.sidiblume.de/info-rom/europa/rl/dat/2000.*

365 *Grub* in *Lenz,* EG-Vertrag, Art. 153 EGV Rn. 37.

366 Im Mai 2004 erließ der Rat gemäß Art. 251 EGV die VO über die Zusammenarbeit im Verbraucherschutz (EiÜ 15/2004), die ein Netzwerk der europäischen Verbraucherschutzeinrichtungen vorsieht, was dem Rechnungtragen im Sinne der Querschnittsklausel sicherlich hilfreich ist.

dass die Klausel des Art. 153 Absatz 2 EGV – in ihrer Intensität dem Wortlaut nach keineswegs die Verkörperung eines andere überragenden Gemeinschaftsziels – nicht zunehmend als Grundlage für exzessiven Verbraucherschutz (mit)genutzt wird. Im Verhältnis der gemeinschaftsrechtlichen Politiken untereinander verschiebt die Klausel die Wertigkeiten nicht.

Der Rat hatte sich schon lange (z. B. mit Programmen in den Jahren 1975, 1981 und 1989) darum bemüht, Verbraucherinteressen in die einzelnen Gemeinschaftspolitiken miteinzubeziehen. In seiner Entschließung vom 13. Juli 1992 über künftige Prioritäten für den Ausbau der Verbraucherpolitik hieß es, ‚den Interessen der Verbraucher ist bei den übrigen Gemeinschaftspolitiken Rechnung zu tragen‘[367].

Gegen die Einführung einer Querschnittsklausel zugunsten des Verbraucherschutzes wandte sich *Dreher*[368], da diese dem Verbraucherschutz z. B. gegenüber der Wettbewerbs-, der Handels-, der Telekommunikationspolitik und anderen rechtlich wie wirtschaftlich bedeutenden Politiken einen völlig neuen und unangemessenen Stellenwert verleihe, wobei dieser Schluss bei zutreffendem Verständnis der Klausel in ihr indessen keine Stütze findet.

Neben dieser Einordnung des horizontalen Wirkungsgrades der Verbraucherschutzklausel lässt der Maastrichter Vertrag auch nach Einführung der Querschnittsklausel in der Gesamtschau aller einschlägigen Regelungen überdies keinen Zweifel daran, dass Verbraucherschutz – vertikal gesehen – vom Prinzip her eine Angelegenheit der Mitgliedstaaten geblieben ist; die Kompetenz der Gemeinschaft in diesem Bereich bleibt ein Beitrag.

Indem dieser Beitrag zur Verbesserung des Verbraucherschutzes mit den Erscheinungsformen des Unterstützens, Ergänzens und Überwachens umschrieben wird, zeigt sich die Aufgabenstellung der Gemeinschaft in diesem Bereich weniger in inhaltgebender als in funktionaler Rolle. Angleichende Maßnahmen zur Harmonisierung des Binnenmarktes aus Verbraucherschutzsicht sind der Gemeinschaft eröffnet, ihr werden damit Handlungsmöglichkeiten in Bezug auf sämtliche der Verwirklichung des Binnenmarktes dienende Maßnahmen verliehen. Von daher ist in der Tat keines der verbraucherschutzbezogenen Felder mitgliedstaatlicher Zuständigkeit für Maßnahmen gesperrt, die Hindernisse für den Binnenmarkt ausräumen wollen. Die Binnenmarktperspektive des Art. 95 EGV erlaubt indessen ausschließlich Maßnahmen, die darauf abzielen, Hindernisse abzubauen, die sich auf die tatsächliche Ausübung der grenzüberschreitenden Nach-

367 ABl. 1992 C-186/1.
368 *Dreher*, JZ 1997, 167, 176.

frage beziehen[369]. Diese aus dem Gedanken der Weiterentwicklung des Binnenmarktes sich legitimierende Möglichkeit der Gemeinschaft muss in Abgrenzung zur gegenständlich bestimmten Zuständigkeit der Mitgliedstaaten gesehen werden. So war es in der Rechtssache Einlagensicherung Auffassung Deutschlands[370], da auf dem Gebiet des Verbraucherschutzes die Harmonisierungsmöglichkeit zum Schutz des Binnenmarktes nach den Art. 100a und 57 Absatz 2 EGV a. F. in die ausschließliche Zuständigkeit der Gemeinschaft falle, besäße letztere eine Zuständigkeit in fast allen Sachbereichen, sofern nur die betreffende Maßnahme Hindernisse für den Binnenmarkt beseitigt[371].

Es ist durchaus festzustellen, dass europäische Handlungsträger dahin tendieren, auf dem Gebiet des Verbraucherschutzes differierende nationale Regelungen als harmonisierungsbedürftig zu bezeichnen. Harmonisierung darf aber von der Idee her nicht die Regel, sondern immer nur die Ausnahme sein, die unter dem Vorbehalt der Erforderlichkeit und Subsidiarität steht.

Auch der Auftrag der Querschnittsklausel in Kombination mit der Harmonisierungsoption soll das Substrat der den Mitgliedstaaten verbliebenen Verbraucherschutzkompetenz nicht reduzieren. Auf eine Trennung von gegenständlicher Zuständigkeit zu funktional querschnittlich wirkender Integration ist also unter dem Ziel des Verbraucherschutzes besonderes Augenmerk zu richten.

Wenn auch bei Vorschlägen zum Verbraucherschutz die Kommission nach Art. 95 Absatz 3 EGV von einem hohen Schutzniveau ausgehen soll und die Querschnittsklausel des Art. 153 Absatz 2 EGV bei sämtlichen Festlegungen und Durchführungen aller anderen Gemeinschaftspolitiken und -maßnahmen zusätzlich einfordert, den davon geprägten Erfordernissen des Verbraucherschutzes Rechnung zu tragen, muss doch hier immer auch im Blick bleiben, dass es sich bei den geregelten Materien um nationale Gesichtspunkte handelt, die nicht Gegenstand einer spezifischen Gemeinschaftskompetenz sind.

Der Binnenmarkt umfasst nach Art. 14 EGV einen Raum ohne Binnengrenzen, in dem vorrangig der freie Verkehr von Waren, Personen, Dienstleistungen und Kapital gemäß den Bestimmungen des Vertrages gewährleistet sein soll. Be-

369 Dazu *Roth*, JZ 2001, 475, 478 ff.: Der über Art. 95 EGV gerechtfertigte Schutz der Nachfragefreiheit der Verbraucher reiche indes nicht so weit, als dass er psychologische Befindlichkeiten der Konsumenten umfasse. Der Verbraucher dürfe über Art. 95 EGV nicht vor Enttäuschungen geschützt werden, die er erleben könne, wenn er in einem anderen Mitgliedstaat einkaufe und dort andere als ihm bekannte Regelungen (z. B. unterschiedliche Schutzstandards) vorfände.

370 Siehe die Urteilsbegründung des EuGH 13. 5. 1997, Rs C-233/94, Slg. I-2405, zur Richtlinie 94/19/EG vom 30. 5. 1994 über Einlagensicherungssysteme, ABl. L 135, S. 5.

371 Vgl. auch die Schlussanträge des Generalanwaltes *Fennelly* vom 15. Juni 2000 in der Rechtssache C-376/98, Slg. I-8423 Rn. 144.

kennt man sich zum Grundsatz des eigenverantwortlichen EU-Bürgers, sollten dieser Freiheit über das Kriterium des Verbraucherschutzes keine übermäßigen Fesseln angelegt werden.

Wie leicht Verbraucherschutz und Binnenmarktbeschränkung in Konflikt geraten, sei abschließend beispielhaft an der Entscheidung des Gerichtshofs in der Rechtssache über die allgemeine Produktsicherheit aufgezeigt. Sie betraf die Berechtigung einer Maßnahme, die die Kommission ermächtigte, von den Mitgliedstaaten vorläufige Maßnahmen zur Verhinderung des Verkaufs gefährlicher Produkte zu verlangen. Hier führte der Gerichtshof aus, der freie Warenverkehr könne nur garantiert werden, wenn die Sicherheitsanforderungen für die Produkte in einzelnen Mitgliedstaaten nicht erheblich voneinander abwichen. Das hohe Schutzniveau könne nur erreicht werden, wenn gefährliche Produkte in allen Mitgliedstaaten *Gegenstand geeigneter Maßnahmen* seien[372]. In dieser verallgemeinerten Form ist die Aussage vertragsfest, wogegen die Anordnung ganz bestimmter Maßnahmen durch die Kommission unter dem Aspekt des Verbraucherschutzes an die Grenze des noch rechtlich Zulässigen stoßen könnte.

Die Aufgabe der Gemeinschaft, das Ziel der Errichtung und des Funktionierens des Binnenmarktes zu verfolgen, darf nicht, dies sei im Verbraucherschutzrecht besonders unterstrichen, mit einem Appell auf durchgehende Herbeiführung einer Harmonisierung auf bestimmtem, etwa durchschnittlichem, mitgliedstaatlichem Niveau gleichgesetzt werden. Dafür liefert insbesondere die Querschnittsklausel des Art. 153 Absatz 2 EGV keine Handhabe. Die Harmonisierungsbefugnisse im Vertrag mit der Generalrechtsangleichungskompetenz des Art. 95 EGV sind immer dem Ziel untergeordnet, die Ausübung der Freiheiten des Binnenmarktes zu erleichtern oder die Wettbewerbsbedingungen anzugleichen[373].

Gemeinschaftshandeln hat ganz besonders unter dem Etikett Verbraucherschutz exakt zwischen dem integrativen Auftrag der einschlägigen Querschnittsklausel – dazu gedacht, bei allen anderen Vertragspolitiken dem Aspekt des Verbraucherschutzes gebührende Berücksichtigung und angemessenen Rang zu sichern – und den einschlägigen Kompetenznormen des Vertrages zu trennen.

---

372 EuGH 9. 8. 1994, Rs C-359/92, Slg. I-3681 Rn. 34, siehe aber auch *Roth* in Fn. 369.

373 Insoweit darf auch Art. 95 Absatz 3 EGV, wonach die Kommission in ihren Vorschlägen nach Absatz 1 (u. a.) im Bereich des Verbraucherschutzes von einem hohen Schutzniveau ausgeht, nicht missverstanden werden. Absatz 3 verleiht nicht die Befugnis zur Rechtsangleichung in Richtung eines einheitlich hohen Verbraucherschutzniveaus, sondern beinhaltet lediglich eine Inhaltsvorgabe für Verbraucherschutzpolitik.

Die Normierung des Art. 153 Absatz 2 EGV hat, so bleibt abschließend zu unterstreichen, entgegen den Befürchtungen *Drehers* als solche der – subsidiären – Verbraucherschutzpolitik der Gemeinschaft keinen inhaltlichen Mehrwert vermittelt. Die von den Vertragsschließenden festgelegten einschlägigen Gemeinschaftszuständigkeiten sind nicht erweitert, indessen ist vereinheitlichend die Berücksichtigung der schon erreichten und noch anzustrebenden Standards auf dem Gebiet des Verbraucherschutzes durch alle Handlungsträger der Gemeinschaft sichergestellt worden – ein wichtiges Signal auch für die Tätigkeit einer jetzt erheblich vergrößerten Gemeinschaft.

D) Art. 152 Absatz 1 Unterabsatz 1 EGV – Gesundheitsschutz

‚Bei der Festlegung und Durchführung aller Gemeinschaftspolitiken und -maßnahmen wird ein hohes Gesundheitsschutzniveau sichergestellt.'

I. Neuerungen

Die Vorschrift ist Art. 95 Absatz 3 EGV angepasst worden, wo – u. a. neben Umwelt- und Verbraucherschutz – der Gesundheitsschutz im Rahmen der Rechtsangleichung angesprochen wird. Art. 129 Absatz 1 Unterabsatz 3 EGV a. F. lautete:

‚Die Erfordernisse im Bereich des Gesundheitswesens sind Bestandteil der übrigen Politiken der Gemeinschaft'. Eine ähnliche Formulierung in Bezug auf die Umwelt enthielt Art. 130r Absatz 2 Satz 2 EGV a. F.[374].

Der Gemeinschaft fehlte es vor Einführung des Art. 129 EGV a. F. an einer eigenen Zuständigkeit für das Gesundheitswesen[375]. Wenn damit gesagt sein soll, eine solche bestehe nunmehr, ist dies nur bedingt richtig, denn nach Art. 152 EGV hat die Gemeinschaftstätigkeit auf dem Gesundheitssektor lediglich ergänzenden Charakter, unabhängig davon, dass zusätzlich ohnehin auch hier das Subsidiaritätsprinzip des Art. 5 Absatz 2 EGV gilt[376].

Im Verhältnis zur alten Fassung wertet die neue Querschnittsklausel die Politik Gesundheitsschutz ganz offensichtlich auf[377], der gesundheitspolitische Aspekt soll nunmehr nicht bloß stets zu integrieren sein, sondern – darüber hin-

374 Vgl. oben unter Teil 1 B) II.

375 Vgl. *Fischer* in *Lenz*, EG-Vertrag, Art. 152 EGV Rn. 1.

376 *Streinz*, EUV/EGV, Art. 152 EGV Rn. 36.

377 *Berg* in *Schwarze*, EU-Kommentar, Art. 152 EGV Rn. 4; *Schmidt am Busch* in *Grabitz / Hilf*, Das Recht der Europäischen Union, Art. 152 EGV Rn. 41.

ausgehend – bei der Einbeziehung zugleich auf einem möglichst hohen Niveau realisiert werden. Während ex-Art. 129 Absatz 1 EGV zunächst den strategischen Ansatz der Gemeinschaft im Gesundheitswesen beschrieb, im Anschluss daran die Förderbereiche auflistete und schließlich die Querschnittsklausel anfügte, wird nunmehr das Politikfeld des Titels XIII im neuen Art. 152 Absatz 1 EGV anders präsentiert. Die Querschnittsklausel steht jetzt im ersten Unterabsatz des Absatzes 1, gefolgt von den Tätigkeitsbereichen der Gemeinschaft (Unterabsätze 2 und 3). Die Zielsetzung der Gemeinschaft, durch Maßnahmen im Rahmen des Titels XIII einen Beitrag zur Sicherstellung bzw. Erreichung eines hohen Gesundheitsschutzniveaus zu leisten, ergibt sich jetzt explizit aus der Querschnittsklausel und aus Art. 3 lit. p) EGV[378]. Die Voranstellung der Klausel deutet auf die künftig zunehmende Bedeutung von Querschnittsdenken im Sinne der Verwirklichung des Gesundheitsschutzes auf Gemeinschaftsebene hin – in Gestalt einer Berücksichtigung gesundheitlicher Aspekte in den anderen Politiken der Gemeinschaft[379].

II. Aufgabenbereich der Gemeinschaft im Gesundheitswesen

Der EGV definiert die Begriffe ‚Gesundheitswesen', ‚Gesundheitsschutz' und ‚Gesundheit' nicht. Mit *Wichard* soll davon ausgegangen werden, dass Gesundheit als Zustand vollständigen körperlichen, geistigen und psychisch-seelischen Wohlseins zu verstehen ist[380], Gesundheitsschutz als die präventive Wahrung dieses Zustandes[381], Gesundheitswesen als Übersetzung von ‚public health' mit der Folge, dass hier neben die präventive noch eine sozialmedizinische Kompo-

378 ‚Die Tätigkeit der Gemeinschaft im Sinne des Artikels 2 umfasst nach Maßgabe dieses Vertrags und der darin vorgesehenen Zeitfolge:... p) einen Beitrag zur Erreichung eines hohen Gesundheitsschutzniveaus.'

379 *Berg* in *Schwarze,* EU-Kommentar, Art. 152 EGV Rn. 5.

380 *Wichard* in *Calliess / Ruffert,* EUV/EGV, Art. 152 EGV Rn. 4; ebenso *Berg,* Gesundheitsschutz als Aufgabe der EU, 62, und *Schmidt am Busch* in *Grabitz / Hilf,* Das Recht der Europäischen Union, Art. 152 EGV Rn. 6: Der Gesundheitsbegriff stelle eben nicht nur auf das Freisein von Krankheit und Gebrechen ab (in Anlehnung an die Präambel der WHO-Satzung), sondern sei umfassend zu verstehen, indem in Art. 152 EGV nicht mehr nur die Verhütung von Krankheiten betont werde, sondern die Bestimmung darüber hinaus auf die Verbesserung der Gesundheit der Bevölkerung und in sehr allgemeiner Weise auf die Vermeidung jeglicher Gesundheitsgefährdung gerichtet sei.

381 *Berg,* Gesundheitsschutz als Aufgabe der EU, 62 f.

nente tritt und Anknüpfungspunkt nicht der Einzelne, sondern die Gesamtheit der Bevölkerung ist[382].

Der Anwendungsbereich des Art. 152 EGV umfasst neben dem vorbeugenden Schutz der Gesamtbevölkerung vor Krankheiten (Absatz 1 Unterabsatz 2) und der allgemeinen Prävention (Absatz 1 Unterabsatz 3) ausdrücklich auch die Verbesserung der Gesundheit der Bevölkerung (Absatz 1 Unterabsatz 2). Damit wird der betont präventive Ansatz des ehemaligen Art. 129 EGV[383] zugunsten einer gesundheitspolitischen Programmatik aufgegeben, welche nicht lediglich darauf abzielt, Krankheit zu vermeiden, sondern langfristig die Volksgesundheit optimal fördern will. Die Tätigkeit der Gemeinschaft kann – im Rahmen der Handlungsformen nach Absatz 4[384] – daher auch in der Förderung wirksamer Behandlungs- und Rehabilitationsmethoden bestehen[385]. Auch palliativmedizinische Maßnahmen können jetzt von der Gemeinschaft gefördert werden. Stärker als in Art. 129 EGV a. F. wird in Art. 152 EGV der gesundheitspolitische Aspekt der Drogenbekämpfung hervorgehoben: Nach Absatz 1 Unterabsatz 3 ergänzt die Gemeinschaft die mitgliedstaatlichen Maßnahmen zur Verringerung drogenkonsumbedingter Gesundheitsschäden. Entsprechende Gemeinschaftsmaßnahmen sind von Unterabsatz 2 bereits erfasst[386].

Von der Gemeinschaft wird also – im Gegensatz zu früher – gesundheitspolitisch vorsorgende Aktivität erwartet, es genügt fortan nicht mehr, lediglich den einmal erreichten Status quo zu verteidigen.

Nach Art. 152 Absatz 1 Unterabsätze 2 und 3 EGV ergänzt die Tätigkeit der Gemeinschaft diejenige der Mitgliedstaaten. Die Gemeinschaftspolitik auf dem Gesundheitsschutzsektor hat damit eine Komplementärfunktion erhalten[387]. Gleichwohl ist gegenüber ex-Art. 129 EGV das Tätigkeitsfeld der Gemeinschaft

---

382 *Berg,* a. a. O., 63 ff.

383 Vgl. dazu *Berg,* a. a. O., 455.

384 Danach trägt der Rat gemäß dem Verfahren des Artikels 251 EGV und nach Anhörung des Wirtschafts- und Sozialausschusses sowie des Ausschusses der Regionen mit verschiedentlichen Maßnahmen (z. B. Maßnahmen zur Festlegung hoher Qualitäts- und Sicherheitsstandards für Organe und Substanzen menschlichen Ur sprungs sowie für Blut und Blutderivate) zur Verwirklichung der Ziele des Artikels 152 EGV bei.

385 Vgl. *Lurger* in *Streinz,* EUV/EGV, Art. 152 EGV Rn. 10: ‚Prävention' und ‚Kuration'. – Enger offenbar *von Dürckheim,* Gesundheitsschutz im europäischen Gemeinschaftsrecht, 31, der Gesundheitsschutz als ‚Schutz der Gesamtbevölkerung und des einzelnen Bürgers vor Schädigungen der Gesundheit durch die Gesellschaft beziehungsweise die Umwelt' definiert. Präventive Tätigkeiten seien hiervon erfasst, nicht jedoch die nachwirkende Heilung, da diese an einen Zustand gerade fehlender Gesundheit anknüpfe.

386 *Berg* in *Schwarze,* EU-Kommentar, Art. 152 EGV Rn. 6 ff.

387 *Berg,* a. a. O., Rn. 8.

erweitert, denn dort war lediglich von der Förderung der Zusammenarbeit zwischen den Mitgliedstaaten und von der Unterstützung ihrer Tätigkeit[388] die Rede. Dies hatte zur Konsequenz, dass für originäre gesundheitspolitische Aufgaben die Gemeinschaft nur im Rahmen des Subsidiaritätsprinzips zuständig war und keine Rechtsetzungsbefugnisse besaß[389].

Aber auch nach neuer Rechtslage bleiben im Rahmen der durch die Verträge gesetzten Grenzen die Mitgliedstaaten ‚Herren der Gesundheitspolitik', d. h. die EG darf mitgliedstaatlicher einschlägiger Politik nicht zuwiderhandeln[390]. Art. 152 Absätze 2 und 3 EGV verdeutlichen diesen Primat der Mitgliedstaaten im Bereich der Gesundheitspolitik, denn danach ist die Gemeinschaft hier auf die Förderung der Zusammenarbeit beschränkt[391]. Das bedeutet, dass nach wie vor keine vollständig autonome Politik der EG im Bereich des Gesundheitswesens zulässig ist, sondern immer nur ein Vorgehen in Abstimmung mit der mitgliedstaatlichen Gesundheitspolitik[392].

Von Bedeutung ist deshalb besonders das Harmonisierungsverbot nach Art. 152 Absatz 4 Buchstabe c) EGV[393]. Es betont die Eigenständigkeit mitgliedstaatlicher Zuständigkeit im Gesundheitswesen und die Akzeptanz nationaler Unterschiede, indem es dort heißt: ‚Der Rat trägt ... mit folgenden Maßnahmen zur Verwirklichung der Ziele dieses Artikels bei: ... Fördermaßnahmen, die den Schutz und die Verbesserung der menschlichen Gesundheit zum Ziel haben, unter Ausschluss jeglicher Harmonisierung der Rechts- und Verwaltungsvorschriften der Mitgliedstaaten.' Die Gemeinschaft darf also fördern, nicht aber eigenes Gesundheitsschutzrecht mit Verbindlichkeit für die Mitgliedstaaten setzen.

III. Gesundheitsschutz und Umweltschutz

Inhaltlich offenkundig ist der enge Zusammenhang, in dem Gesundheits- und Umweltschutz miteinander stehen. Auf die diesbezüglichen Verflechtungen weist *von Schwanenflügel* hin[394] und führt aus, der anthropozentrisch ausgerichtete

388 *Von Schwanenflügel,* EuR 1998, 210, 211: ‚Bei dieser ‚Unterstützungszuständigkeit' der Gemeinschaft handelt es sich um die schwächste aller möglichen Kompetenzformen'.

389 *Von Schwanenflügel,* JZ 1993, 551, allerdings zu Art. 129 Absatz 1 Satz 3 EGV a. F.

390 *Wichard* in *Calliess / Ruffert,* EUV/EGV, Art. 152 EGV Rn. 10.

391 *Berg* in *Schwarze,* EU-Kommentar, Art. 152 EGV Rn. 13.

392 *Von Schwanenflügel,* JZ 1993, 551, 554.

393 Vgl. dazu bereits Teil 2 C).

394 *Von Schwanenflügel,* Die Entwicklung der Kompetenzen der Europäischen Union im Gesundheitswesen, 40 f.

Umweltschutz diene in seinem Kern dem Gesundheitsschutz; zum Beleg dieser These greift er einige Richtlinien auf, die verdeutlichen, dass Umwelt- und Gesundheitsschutz eine Schnittmenge bilden.

So sei die Richtlinie über Gefahren schwerer Unfälle bei bestimmten Industrietätigkeiten[395] einerseits ausdrücklich als ein Instrument der Umweltpolitik gedacht, indem sie insbesondere die Öffentlichkeit in ihrer Gesamtheit vor negativen ökologischen Auswirkungen zu schützen bezwecke, zugleich diene sie aber dem körperlichen Integritätsschutz der Arbeitnehmer an deren Arbeitsplatz. Damit treffen hier Umwelt- und Gesundheitsschutz unmittelbar aufeinander, wenngleich ersterer im Vordergrund steht.

Desweiteren wird der Bereich der Gentechnik in zwei entscheidenden Richtlinien angeführt, etwa in der über die Anwendung gentechnisch veränderter Mikroorganismen in geschlossenen Systemen[396] und der über die absichtliche Freisetzung genetisch veränderter Organismen in die Umwelt[397].

Sie basieren auf Art. 130s EGV a. F. (jetzt Art. 175 EGV), der sich auf die Ziele der Umweltpolitik der Gemeinschaft nach ex-Art. 130r EGV (jetzt Art. 174 EGV) bezieht; hier wird als erstes Ziel die Erhaltung und der Schutz der Umwelt sowie Verbesserung ihrer Qualität, sodann als zweites der Schutz der menschlichen Gesundheit genannt, Gesundheitsschutz als Teilanliegen des Umweltschutzes gegenüber den Gefahren der Gentechnik. Die Systemrichtlinie schreibt für den Einsatz der gentechnischen Arbeit eine vorherige Risikoabschätzung sowie Vorsorgemaßnahmen vor; die Freisetzungsrichtlinie stellt Regelungen zum Inverkehrbringen gentechnisch veränderte Organismen enthaltender Produkte sowie zu sonstigen absichtlichen Freisetzungen (etwa zu Forschungs- und Entwicklungszwecken) auf.

Schließlich überschneiden sich Aspekte des Umwelt- und Gesundheitsschutzes z. B. auch im Rahmen der Richtlinie über die Qualität von Wasser für den menschlichen Gebrauch[398] sowie in der Lärmschutzrichtlinie[399].

Auf die kompetenzbezogene Problematik solcher Überschneidung von Inhalten unterschiedlicher Querschnittsklauseln wurde bereits im Rahmen der Erörterung der Verbraucherschutzklausel hingewiesen.

---

395 Sog. Seveso-Richtlinie, 82/501/EWG, ABl. EG 1982 L 230/1.

396 Sog. Systemrichtlinie, 90/219/EWG, ABl. EG 1990 L 117/1.

397 Sog. Freisetzungsrichtlinie, 90/220/EWG, ABl. EG 1990 L 117/15.

398 Richtlinie des Rates vom 15. Juli 1980 über die Qualität von Wasser für den menschlichen Gebrauch, 80/778/EWG, ABl. EG 1980 L 229/11.

399 Richtlinie des Rates vom 6. Februar 1970 zur Angleichung der Rechtsvorschriften der Mitgliedstaaten über den zulässigen Geräuschpegel und die Auspuffvorrichtung von Kraftfahrzeugen, 70/157/EWG, ABl. EG 1970 L 42/16.

Anders als Umwelt- und Kultur- enthält die Gesundheitsschutzklausel eine Art ‚doppeltes' Optimierungsgebot. Das hohe Gesundheitsschutzniveau sicherzustellen, fordert eine umschriebene Zielvorstellung sowie ein intensives Agieren ein.

Nur die Querschnittsklausel zum Gesundheitsschutz verwendet den Begriff des Sicherstellens. Wo rangiert dieser Handlungsauftrag unter den anderen, dem Einbeziehenmüssen, dem Rechnungtragen, dem Berücksichtigen bzw. Beitragen ?

‚Sicherstellen' geht in die Richtung, das Gewünschte am Ende unbeschädigt verwirklicht zu sehen. Dies scheint weitreichender als etwa das Bedenken und – nur da wo mögliche – Realisieren des ‚Rechnungtragens', und zwar im Sinne einer Art Garantie des anvisierten Zustandes, des hohen Schutzniveaus, vermittelt damit ein besonderes Maß an Verbindlichkeit. Ob dieser Handlungsauftrag indessen derart zwingend ist, dass am Ende eines Abwägungsvorgangs niemals ein Ergebnis stehen darf, welches ein hohes Schutzniveau unterschreitet, so dass in diesem Falle die geplante Maßnahme zu unterbleiben hat[400], erscheint fraglich. Inhaltlich begegnet dies schon der Schwierigkeit, dass das abwägende Gemeinschaftsorgan das sicherlich relative inhaltliche Maß des hohen Schutzniveaus schwerlich exakt ermitteln kann. Im übrigen ist es nicht realistisch, jeder anderen Politik und Maßnahme abzufordern, zugleich immer ein hohes Gesundheitsschutzniveau zu implizieren. Wenngleich der Appell zur Sicherstellung besagtes Niveau nachdrücklich einfordert, ist auch die Querschnittsklausel im Gesundheitsschutz nicht mehr als eine Abwägungsvorgabe. Es kann keine Vertragsverletzung ausmachen, wenn sich aus Sicht anderer Politiken erforderliche Maßnahmen einmal ‚gesundheitsschutzneutral' in dem Sinne auswirken, dass sie kein ausgesprochen hohes Schutzniveau, geschweige denn ein Optimum erreichen. Die vom Vertrag autorisierte Verwirklichung anderer Ziele darf nicht grundsätzlich an einer solchen Hürde scheitern; eine in der Einzelmaßnahme wegen ihrer zielgerechten Vordringlichkeit nach sorgfältiger Abwägung sich verwirklichende relative Vernachlässigung des Optimierungsgebotes ist in der Gesamtschau der vertraglichen Regelungen möglich und rechtlich vertretbar.

So werden in den neuen Beitrittsländern ökonomische Überlegungen zumindest anfänglich im Vordergrund stehen dürfen, da ihre Standards im Gesundheitswesen die der ‚alten' Mitgliedstaaten ohnehin erst nach und nach erreichen können. Anderenfalls könnte dort wohl vielfach nicht das Notwendige geschehen. Schließlich spricht auch diese Querschnittsklausel von dem Nebeneinander bzw.

400 So *Fischer* in *Lenz*, EG-Vertrag, Art. 152 EGV Rn. 21, wobei er immerhin konzediert, die EG habe nicht das höchstmögliche Schutzniveau sicherzustellen.

dem gemeinsamen Recht auf Realisierung verschiedener Absichten, wenn sie davon ausgeht, dass (andere) Gemeinschaftspolitiken festgelegt werden, und ‚dabei' ein hohes Gesundheitsschutzniveau sicherzustellen ist; damit werden Parallelität bzw. Pluralität unterschiedlicher Materien, mögliche Zielkonflikte und die Akzeptanz der Realisierung beider (oder mehrerer) Intentionen unterstellt.

Auch in der Sicht auf die umschriebene Zielvorstellung, dem zweiten Element des doppelten Optimierungsgebotes, kann das Ergebnis nicht anders lauten. Wenn bei Umwelt- und Kulturklausel festgestellt wurde, dass die Funktion dieser Klauseln wegorientiert ist, bietet die Ausformung der Gesundheitsschutzklausel keinen ausreichenden Anhalt dafür, dass sie anders als diese Klauseln ergebnisorientiert funktionieren müsse. In solchem Fall würde sie dann keine Abwägungsvorgabe mehr verkörpern, sondern direkt ein konkretes Resultat einfordern, den möglichst hohen Gesundheitsschutzstandard. Dies entspräche gerade nicht ihrem Auftrag, sie will das hohe Gesundheitsschutzniveau als Entscheidungskriterium eben nicht introvertiert im Sinne von ‚selbstwirkend', sondern extrovertiert im Sinne von 'fremdwirkend' in die Arbeit der anderen Gemeinschaftspolitiken und -maßnahmen einfließen lassen, ihm also wegorientiert zur Realisierung verhelfen.

Wie schon bei der Umweltklausel schließt sich indes zumindest die Frage an, ob ein so verstandenes Optimierungsgebot immerhin aussagt, dass bei Abwägung verschiedenartiger Vertragsziele im Rahmen eines Beurteilungsspielraums die Gemeinschaft gehalten ist, dem Gesundheitsschutz einen irgendwie gearteten Vorrang gegenüber anderen Materien einzuräumen. Wenn bei anderen Vertragszielen nicht von einem hohen Niveau gesprochen wird, könnte das für ein inhaltliches Übergewicht der Politik Gesundheitsschutz sprechen, insbesondere in Kombination mit dem Auftrag zur Sicherstellung. Diesen Gedanken weiterführend ließe sich der Schluss ziehen, die Querschnittsklausel bewirke am Ende gerade deshalb auch, dass die EG Rechtsakte, welche zuvorderst dem Gesundheitsschutz dienen, auf der Grundlage von Kompetenznormen erlassen darf, die zur Erreichung an sich ‚gesundheitsfremder' Zwecke, etwa der Errichtung des Binnenmarktes, gedacht sind.

Diese Fragestellungen sind keineswegs abwegig, die Querschnittsklausel des Art. 152 Absatz 1 EGV wird durchaus argumentativ in dieser Richtung eingesetzt, wie sich innerhalb dieses Kapitels ergeben wird.

Mit Blick auf die bei der Erörterung der Umwelt- und Kulturklausel gewonnenen Ergebnisse kann indessen die Einführung solch einer Art Generalkompetenz auch der Gesundheitsschutzklausel weder nach Wortlaut noch ratio entnommen werden. Die Formel von der Sicherstellung eines hohen Gesundheitsschutzniveaus ist zweifellos eine sprachlich besonders nachdrückliche Kennzeichnung der Beachtung dieses bestimmten Vertragsziels. Wenn dieses Niveau bei aller Gemeinschaftstätigkeit ‚sichergestellt‘ werden soll, wird dies zu Recht so verstanden, als dass sämtliche Maßnahmen der Gemeinschaft (angesichts anderer Querschnittsklauseln wird man hier sagen müssen ‚unter anderem‘) auch einer Art Gesundheitsverträglichkeitsprüfung unterworfen werden müssen[401]. Dazu gehört dann nicht nur die Kontrolle, ob Beeinträchtigungen besagten Niveaus vermieden werden, sondern auch dahin, ob zusätzlich ein positiver Beitrag zum Erhalt bzw. zur Anhebung jenes Niveaus erfolgt.

Die Klausel verkörpert indessen keine Aufforderung zu eigener Gesundheitspolitik der Gemeinschaft. Wenn ein hohes Gesundheitsschutzniveau bei anderen Politiken und Maßnahmen gewahrt werden soll, heißt das nicht, dass die Gemeinschaft ein solches zunächst zu konzipieren habe, sie soll indessen darauf als einem Politikum von besonders unterstrichenem Stellenwert bei allen Tätigkeiten besonderes Augenmerk richten. Die bestehende Kompetenzsituation innerhalb der Politik Gesundheitsschutz ist damit nicht geändert oder auch nur relativiert, ein hervorzuhebender Aspekt der Klausel.

Zum zweiten ist ein hohes Ziel nicht gleichbedeutend mit einem bestimmbaren. Zwar haftet dem Terminus vom hohen Niveau etwas Ergebnisorientiertes an, indessen ist bei sich z. B. in der Medizin ständig erneuernden wissenschaftlichen Erkenntnissen ein inhaltliches Mehr oder Besser im Gesundheitsschutz schon in relativ kurzen Zeiträumen jeweils zu erreichen, das Wissen ist ständig im Fluss. Ein hoher Standard kann damit ohnehin nur ein relativer Begriff sein.

Es darf also festgestellt werden, dass weder die Konzipierung einer bestimmten Gemeinschaftspolitik noch konkrete ergebnisfixierte Einzelmaßnahmen durch die Klausel des Art. 152 Absatz 1 EGV als solche eingefordert sind noch autorisiert werden.

Höchstmöglicher Standard – wenn er denn vorstellbar wäre – ist durch den Wortlaut der Klausel ausdrücklich nicht postuliert, ebensowenig das inhaltliche Maximum an denkbarer Berücksichtigung des Gesundheitsschutzes im Einzelfall. Die Klausel kann nicht mehr als eine gewünschte Tendenz unterstreichen. Nur so ist sie auch in die Abwägung mit anderen Vertragszielen einzubringen. Quintessenz ihrer Aussage ist nicht das ‚Endziel‘ als bestimmbares hohes Schutzniveau, sondern die Aufforderung, bei Abwägungsprozessen in diese Richtung zu denken.

Auch diese Klausel orientiert sich also am Weg und nicht am Ziel[402]. Dabei ist sie verbindlich, indem sie im juristischen Imperativ (‚wird sichergestellt‘)

---

401 Vgl. *von Schwanenflügel,* EuR 1998, 210, 211.

402 In diesem Sinne auch *von Dürckheim,* Gesundheitsschutz im europäischen Gemeinschaftsrecht, 88: Der Wortlaut der Querschnittsklausel spreche zwar von einem hohen, nicht aber vom höchsten Gesundheitsschutzniveau. Damit werde der Gemeinschaft ein Interpretationsspielraum eingeräumt bezüglich dessen, was sie als eben

vertragsweit ausdrücklich besagte Berücksichtigung des Gesundheitsschutzes fordert.

Dieses Postulat betrifft die Konzeption ‚aller' (anderen) Vertragspolitiken und jedwede Einzelmaßnahme, mithin jeden Handlungsträger der Gemeinschaft. Indessen können der Klausel weder der grundsätzliche Vorrang von Gesundheitsaspekten bei Abwägungsvorgängen noch ihre Funktion als Rechtsgrundlage zum Erlass von Maßnahmen mit Gesundheitsbezug entnommen werden. Insoweit deckt sie sich in ihrem Wirkungsgrad mit dem von Umwelt- und Kulturklausel.

Auch diese Klausel wird demnach vernünftigerweise nicht weitergehend anzuwenden sein, als dass den Belangen des Gesundheitsschutzes unter Berücksichtigung des Standes der technischen Entwicklung und des wirtschaftlich Zumutbaren (nur) so weit wie im Einzelfall möglich Berücksichtigung zuteil werden muss (praktische Konkordanz)[403].

Wie der Vertrag in kompetenzmäßiger Hinsicht mittels des Harmonisierungsverbots Pluralismus im Gesundheitsschutz der Mitgliedstaaten bestehen lässt, hat er mit der Querschnittsklausel – vertikal gesehen – keine Einführung einer ‚Überpolitik' Gesundheitsschutz vorgenommen. Indessen enthält die Klausel ein Verschlechterungsverbot dergestalt, dass sie eine Nivellierung hoher Gesundheitsschutzstandards in den Mitgliedstaaten auf ein niedrigeres Niveau untersagt[404].

V. Gesundheitsschutz um jeden Preis? – Der Streit um das Tabakwerbeverbot

Die Konstellation der Querschnittsklausel zum Gesundheitsschutz mit ihrem nachdrücklichen vertragsweiten Auftrag, aber einer durch ein Harmonisierungsverbot begrenzten Gemeinschaftskompetenz auf gleichem Gebiet, kann zu einer spezifischen Problemstellung führen – keine eigentliche Problematik der Klausel selbst, indessen durch sie ausgelöst.

Wenn die Instrumente der Querschnittsklauseln im eigentlichen von den vertragsschließenden Mitgliedstaaten als Beitrag zu reibungsloserer Kompetenzabgrenzung zwischen Gemeinschaft und Mitgliedstaaten gedacht waren[405], so ist beispielhaft besonders im Namen des Vertragsauftrages zur Beachtung des Gesundheitsschutzes zu beobachten, wie eine Querschnittsklausel Kompetenzstrei-

---

ein solches hohes Niveau definiere – ohne sich auf ein genaues optimales Niveau festlegen zu müssen.

403 *Wichard* in *Calliess / Ruffert*, EUV/EGV, Art. 152 EGV Rn. 23; *Schmidt am Busch* in *Grabitz / Hilf*, Das Recht der Europäischen Union, Art. 152 EGV Rn. 45.

404 *Von Dürckheim*, Gesundheitsschutz im europäischen Gemeinschaftsrecht, 88.

405 *Everling*, Mélanges en hommage à *Fernand Schockweiler*, 131.

tigkeiten bzw. -überschreitungen (mit) auslösen kann[406]. Die Rede ist von der viel umkämpften Tabakrichtlinie des Jahres 1998[407], bis dahin schon mehrfach geändert, auf Vorschlag der Kommission mit eingeschränktem Inhalt als Ersatz für die vom EuGH für nichtig erklärte Fassung von 1998[408] im Jahr 2002 erneut auf den Weg gebracht. Zu einem hohen Maße an Gesundheitsschutz beitragen zu wollen, soll hier die Gemeinschaft zum Handeln ‚ultra vires' veranlasst haben.

Das in der Richtlinie von 1998 erlassene komplette Werbeverbot für Tabakerzeugnisse begegnete schon in der Literatur vielfacher Ablehnung, die bis zur Einordnung der Richtlinie als bewusst[409] vertragswidrige Kompetenzerweiterung zugunsten der Gemeinschaft reichte. Die Gemeinschaftspolitik Gesundheitsschutz sei hier in ihrem vertragsgemäßen Auftrag missbraucht worden, indem mit Hinweis auf anderweitig bestehende Kompetenz unbefugt Gesundheitsschutzrecht gesetzt worden sei[410].

In den Begründungen zur Richtlinie von 1998, die ursprünglich explizit nur auf Art. 100a, später auch auf Art. 57 Absatz 2 und Art. 66 des Vertrages gestützt wurde, hieß es im Prinzip, es gebe innerstaatliche Unterschiede bei gesetzlichen Regelungen der Tabakwerbung bis hin zum Verbot. Um diese Unterschiede im Interesse des reibungslosen Funktionierens des Binnenmarktes zu beseitigen, sei das in der Richtlinie enthaltene totale Verbot von Werbung für Tabakprodukte –

---

406 Zutreffend erkennt *von Danwitz,* dass die Beantwortung von Kompetenzfragen oftmals ein Synonym für die Zuweisung politischer Gestaltungsmacht ist, *von Danwitz,* Produktwerbung in der Europäischen Union zwischen gemeinschaftlichen Kompetenzschranken und europäischem Grundrechtsschutz, 5.

407 Richtlinie 98/43/EG des Europäischen Parlaments und des Rates vom 6. 7. 1998, ABl. 1998 L 213/9 – Auf die widersprüchliche Politik der Gemeinschaft durch Subvention des Tabaks bei gleichzeitiger Bekämpfung des Tabakkonsums weist *Schmidt am Busch* hin in *Grabitz / Hilf,* Das Recht der Europäischen Union, Art. 152 EGV Rn. 45.

408 EuGH 5. 10. 2000, Rs C-376/98, Slg. I-8419.

409 Vgl. die Nachweise bei *Stein* in *Schneider / Stein,* The European Ban on Tobacco Advertising, 257, 261 Fn. 13; *Vandermeersch / Bethell* in *Schneider / Stein,* The European Ban on Tobacco Advertising, 23, 32.

410 Zutreffend weist *Stein,* EuZW 1995, 435, 437, darauf hin, dass die Richtlinie auch nicht auf Art. 129a EGV (a. F.) gestützt werden könne (der unter Umständen etwas weitergehende Handlungsmöglichkeiten für die Gemeinschaft eröffnen könne, als es der Gesundheitsschutz vermöge). Denn bei der Richtlinie gehe es nicht darum, die Gesundheit der Verbraucher zu schützen, sondern vielmehr darum zu verhindern, dass jene überhaupt zu Verbrauchern würden – anderenfalls müsse sich die Richtlinie auf Warnhinweise beschränken bzw. die Werbung für weniger nikotin- und schadstoffhaltige Tabakerzeugnisse gestatten. Nach *Perau* hat Europa mit der Einführung des totalen Werbeverbotes für Tabakerzeugnisse den Weg zu einer europäischen Vermarktungs- und Werberechtsordnung eingeschlagen, *Perau,* Werbeverbote im Gemeinschaftsrecht, 24.

mit gewissen Ausnahmen – zur gebotenen Harmonisierung dieser Unterschiede gerechtfertigt[411]. In der Sache wurde unter anderem dagegengehalten, Werbung für Tabakprodukte z. B. in Kinos, auf Anzeigen und Plakaten betreffe immer nur den örtlichen Markt und überschreite keine Grenzen, so dass es im Hinblick auf besseres Funktionieren des Binnenmarktes hier gar keinen Handlungsbedarf gebe[412]. Zudem wies der EuGH schon im *Aragonesa-Fall* darauf hin, eine (nationale) Werbeeinschränkung könne dem Import nachteilig sein[413]; Werbeverbote und funktionierender Markt erscheinen also a priori unvereinbar. Die Kritik an der Richtlinie ging dann bis hin zu ihrer Bezeichnung als ‚Heuchelei' und ‚Etikettenschwindel'[414].

Wie leicht über den Querschnitts-Aspekt zumindest begriffliche Grenzüberschreitungen eintreten können, zeigt sich bereits an der Feststellung, man könne Art. 95 Absatz 1 EGV (früher Art. 100a Absatz 1 EGV, auf den die Tabakrichtlinie als Kompetenzgrundlage ausdrücklich gestützt war) mit Recht als Kompetenznorm für eine Querschnittszuständigkeit der Gemeinschaft bezeichnen[415].

Für die vorliegende Untersuchung ist die rechtliche Kontroverse zur Tabakrichtlinie deshalb von Interesse, weil der EuGH in seinem die Richtlinie vollumfänglich für nichtig erklärenden Urteil vom 5. 10. 2000 deutlich generelle Ausführungen zum Miteinander verschiedener Vertragspolitiken gemacht hat, die für

---

411 Vgl. auch Rechtsauffassung des Rechtsausschusses des Europäischen Parlaments vom 27. 3. 1998; Arbeitspapier des Kommissionsausschusses ‚Commission des Communautées Européennes' vom 29. 3. 1994; Rechtsauffassung des Europäischen Rates über den Änderungsvorschlag der Richtlinie vom 1. 12. 1993; Texte sämtlich veröffentlicht als Anhang 2, 4 und 5 in *Schneider / Stein,* The European Ban on Tobacco Advertising.

412 Vgl. *Stein* in *Schneider / Stein,* The European Ban on Tobacco Advertising, 257, 265.

413 EuGH 25. 7. 1991, verb. Rs C-1/90 und C-176/90, Slg. I-4151 Rn. 10 unter Verweis auf EuGH 7. 3. 1990, Rs C-362/88, Slg. 667 Rn. 7.

414 *Wägenbaur,* EuZW 1998, 33; *Dauses* spricht von ‚Lippenbekenntnis', in *Schneider / Stein,* The European Ban on Tobacco Advertising, 71, 81, siehe auch die Zitate bei *Stein* in *Schneider / Stein,* The European Ban on Tobacco Advertising, 257, 261 Fn. 13; *Stein,* EuZW 1995, 435, 437, weist auf die besondere Raffinesse der Richtlinie hin, die darin liege, dass sie nach außen hin und auch nach ihrem Wortlaut die Harmonisierung der Marktzugangsbedingungen für Werbeträger nicht nur nebenbei bewirke, sondern bezwecke, obwohl doch die eigentliche Zielrichtung eine ganz andere sei, nämlich die Förderung der Gesundheit.

415 *Kamann,* ZEuS 2001, 23, 28, unter Berufung auf die Schlussanträge des Generalanwaltes *Fennelly* im verbundenen Verfahren Rs C-376/98 und Rs C-74/99 und auf weitere Autoren, Fn. 19.

das diesbezügliche Verständnis der Aussagen des EGV von erheblicher Bedeutung sind.

Es werden einerseits Möglichkeiten eröffnet, andererseits aber auch sehr klar Grenzen benannt, wenn es hier heißt[416], auch wenn Art. 129 Absatz IV erster Spiegelstrich EGV a. F. [nunmehr Art. 152 Absatz 4 lit. c) EGV] jegliche Harmonisierung der Rechts- und Verwaltungsvorschriften der Mitgliedstaaten zum Schutz und zur Förderung der menschlichen Gesundheit ausschließe, folge aus dieser Bestimmung nicht, dass auf der Grundlage anderer Vertragsbestimmungen erlassene Harmonisierungsmaßnahmen nicht Auswirkungen auf den Schutz der menschlichen Gesundheit haben dürften. Ferner seien die Erfordernisse im Bereich des Gesundheitsschutzes gemäß Art. 129 Absatz 1 Unterabsatz 3 EGV a. F. Bestandteil der übrigen Politiken der Gemeinschaft. Allerdings dürften andere Artikel des EGV nicht als Rechtsgrundlage herangezogen werden, um den ausdrücklichen Ausschluss jeglicher Harmonisierung gemäß Art. 129 Absatz 4 EGV a. F. zu umgehen.

Ausgangspunkt für die Prüfung der Rechtmäßigkeit der Richtlinie musste Art. 3 b EGV a. F., nunmehr Art. 5 EGV sein, der für gesetzgeberisches Tätigwerden der Gemeinschaft, wie bereits zu Beginn der Untersuchung dargestellt, eine spezifische Ermächtigung fordert, da die Gemeinschaft selbst nicht über eine grundsätzliche Gesetzgebungskompetenz verfügt[417], weder kraft der ihr zugedachten Aufgabenstellungen noch aus ihren Zielsetzungen[418].

Die Prüfung der Rechtmäßigkeit der Richtlinie von 1998 musste zunächst ermitteln, was letztere im eigentlichen bezweckte; denn wie vom EuGH zu Recht durchgehend gefordert, muss eine Maßnahme der Gemeinschaft auf objektive Tatsachen, die gerichtlicher Nachprüfung zugänglich sind, ausdrücklich gestützt sein, es genügt nicht, dass die Wahl der gesetzlichen Grundlage nur auf der Überzeugung einer Institution hinsichtlich des angestrebten Zieles beruht. Zu jenen Tatsachen gehören Ziel und Inhalt der Maßnahme[419], Deklarationen in der Präambel einer Richtlinie reichen regelmäßig nicht aus, den EuGH von entsprechender Prüfung abzuhalten[420].

---

416 EuGH 5. 10. 2000, Rs C-376/98, Slg. I-8419 Rn. 77 f.

417 *Dashwood,* ELR 1996, 113, 115: ‚... the Community is not endowed with general law-making competence ...'.

418 Vgl. Maastricht-Urteil, BVerfGE 89, 155.

419 Vgl. dazu schon unter Teil 3 B) mit entsprechenden Nachweisen.

420 So auch *Vandermeersch / Bethell* in *Schneider / Stein,* The European Ban on Tobacco Advertising, 23, 28: ‚However, this ‚flexibility' does not mean that the Community institutions will escape judicial review simply by replacing, for instance, in the preamble to the Community instrument, their real objectives with objectives that are secondary at best or which have been chosen on grounds of institutional expediency.'

Vom Gegenstand der Richtlinie, der Werbung, wird im Vertrag expressis verbis nicht gesprochen. Die Freiheit zu werben wird als Teil der grundlegenden Freiheiten (Warenverkehrsfreiheit) gesehen, die auch der Vertrag garantiert[421]. Da Werbung als Verbreitung von Informationen und Meinungen in ihrer kommerziellen Form die Absatzmöglichkeiten von Erzeugnissen im Rahmen des freien Warenverkehrs fördern soll, bildet die Werbefreiheit eine wesentliche Garantie im Gedanken des Binnenmarkts, wobei indessen ein Mittelweg zwischen einer im Interesse des Binnenmarktes möglichst uneingeschränkten und übergreifenden Gewährleistung von Werbefreiheit einerseits und den Schutzinteressen der Adressaten der Werbung andererseits, die Einschränkungen dieser Freiheit notwendig machen, wünschenswert wäre[422].

Schon aus der starken Beteiligung von Gesundheitsschutzorganisationen am Gesetzgebungsverfahren[423], sodann aus der Tatsache, dass in der ursprünglichen Begründung der Richtlinie der Gesundheitsschutz als Ziel ausdrücklich angegeben wurde[424], in Verbindung mit dem im Verhältnis zu früheren Fassungen wenig veränderten Inhalt der Richtlinie war unschwer abzuleiten, dass auch die Richtlinie von 1998 im Grunde eine Maßnahme des Gesundheitsschutzes sein sollte; auch im Jahre 2002 waren es erneut die Gesundheitsminister innerhalb der EU, die eine – inhaltlich reduzierte – Richtlinie initiierten.

Obwohl nun in der Präambel der Richtlinie von 1998 erstrangig als deren Zielsetzung die Beseitigung von Hemmnissen für den freien Warenverkehr sowie für Dienstleistungen und die Vermeidung von Wettbewerbsverzerrungen angegeben war, zu denen unterschiedliche Regelungen der Mitgliedstaaten für Werbung und Sponsoring von Tabakerzeugnissen führen könnten, deren Angleichung erforderlich sei, um eine Behinderung des Funktionierens des Binnenmarktes zu vermeiden, stellt auch der EuGH schon eingangs seiner Beurteilung der Richtlinie fest, dass den ungleichen nationalen Bestimmungen, die man harmonisieren

421 *Dauses / Roth,* ZLR 1996, 507; *Wägenbaur* in *Schneider / Stein,* The European Ban on Tobacco Advertising, 269; *Dauses* verweist in diesem Zusammenhang auch auf Art. 10 der Europäischen Menschenrechtskonvention, *Dauses* in *Schneider / Stein,* The European Ban on Tobacco Advertising, 71, 91.

422 *Stein,* EuZW 1995, 435.

423 Vgl. *Dauses* in *Schneider / Stein,* The European Ban on Tobacco Advertising, 71, 75 ff.; vgl. auch *Obergfell,* The European Legal Forum, 3-2000/01, 153, 157 mit weiteren Nachweisen in Fn. 46.

424 Z. B. wird in der Fassung von 1992 explizit auf das Europäische Programm zur Bekämpfung des Krebses Bezug genommen, siehe *Dauses* in *Schneider / Stein,* The European Ban on Tobacco Advertising, 71, 75 mit Nachweis Fn. 20.

wollte, größtenteils gesundheitspolitische Ziele zugrunde lägen[425]. Demnach gingen die Kritiker der Richtlinie 1998 zu Recht davon aus, dass deren eigentliche Absicht sei, durch Reduzierung von Werbung übermäßigen Tabakkonsum zu hindern und so die Gesundheit der Verbraucher zu schützen.

Fraglos kann man sich im übrigen schon auf den ersten Blick kaum vorstellen, dass die Einführung eines totalen Werbeverbots mit einigen wenigen Ausnahmen das Funktionieren des freien Austauschs zugelassener Waren insgesamt gesehen überhaupt irgendwie begünstigen könnte[426], dass dies also das eigentliche Anliegen der Richtlinie war, denn das Verbot einer Werbung wird den Handel mit den jeweiligen Produkten immer einschränken, jedenfalls deutlich mehr, als es Wettbewerbsnachteile jemals vermöchten[427].

Wenn nun Art. 3 o) EGV a. F., nunmehr Art. 3 Absatz 1 Buchstabe p) EGV, von einem erwünschten Beitrag zur Erreichung eines hohen Gesundheitsschutzniveaus spricht, so sieht der alte Art. 129 EGV als eigentliche Kompetenznorm auf dem Gebiet des Gesundheitsschutzes aber nur dessen Förderung und Empfehlung vor; sein Absatz 4 verbietet ausdrücklich – wie dargelegt – jegliche gesetzgeberische Harmonisierung auf diesem Sektor; Gesundheitsschutz sollte also grundsätzlich Sache der Mitgliedstaaten bleiben. Richtig sagt nun hierzu der EuGH, dies bedeute nicht, dass auf der Grundlage anderer Vertragsbestimmungen rechtmäßig erlassene Harmonisierungsmaßnahmen nicht auch Auswirkungen auf den Schutz der menschlichen Gesundheit haben dürften. Das ist ja gerade der generelle (Querschnitts-)Auftrag, bei allen legal getroffenen Gemeinschaftsmaßnahmen auch diesen Schutz in hohem Maße im Auge zu behalten. Nochmals: Die Erfordernisse im Bereich des Gesundheitsschutzes sind gemäß Art. 129 Absatz 1 Unterabsatz 3 EGV a. F. Bestandteil der übrigen Politiken der Gemeinschaft[428],

425 EuGH 5. 10. 2000, Rs C-376/98, Slg. I-8419; vgl. *Rabe* in *Schneider / Stein,* The European Ban on Tobacco Advertising, 161, 175: ‚The sole imperative general interest justifying restrictions of advertising for tobacco products is health protection.'

426 *Meade* in *Schneider / Stein,* The European Ban on Tobacco Advertising, 141, 159; *Vandermeersch / Bethell* in *Schneider / Stein,* The European Ban on Tobacco Advertising, 23: ‚It is unclear how a measure banning advertising in practically all its aspects can facilitate cross-border establishment'; in dieselbe Richtung auch *Rabe* in *Schneider / Stein,* The European Ban on Tobacco Advertising, 161, 170: ‚A strict ad ban does not cause an improvement of the interstate movement of advertising services or advertising products. On the contrary, such movement will be entirely stopped. If one is not allowed to advertise products any more there is no longer any free movement in advertising.'

427 EuGH 15. 12. 1993, Rs C-292/92, Slg. I-6787 Rn. 18 unter Hinweis auf EuGH 11. 7. 1974, Rs 8/74, Slg. 837 Rn. 5.

428 Vgl. die Ausführungen von *Cayla,* Revue de droit sanitaire et social 1992, 259, 262. Dabei ist im übrigen die Nähe der Politik des Gesundheitsschutzes zu der des Verbraucher- und Umweltschutzes ohnehin evident.

aber es ist etwas anderes, und es ist unzulässig, andere Artikel des Vertrages als Rechtsgrundlage heranzuziehen, um das Verbot des Art. 129 Absatz 4 EGV a. F. zu umgehen[429], also von Harmonisierung des Binnenmarktes zu sprechen, wenn man eigentlich Gesundheitspolitik betreiben will. Auch der Querschnittsklauselauftrag zum Gesundheitsschutz ermöglicht es im Rahmen des Art. 129 Absatz 1 Unterabsatz 3 EGV a. F. nicht, dem Zwang zur Einhaltung des Harmonisierungsverbotes des Absatzes 4 auszuweichen und eine der Gemeinschaft verbotene Vereinheitlichung auf dem Gebiet des Gesundheitsschutzes zu erreichen, indem zu anderen Handlungsmöglichkeiten Zuflucht genommen wird – insbesondere, wenn die entsprechende Ermächtigungsgrundlage (hier Art. 100a EGV a. F.) nicht trägt[430]. So weit darf die mit den Querschnittsklauseln angeordnete ge-

429 EuGH 5. 10. 2000, Rs C-376/98, Slg. I-8419 Rn. 79 – *Everling,* Buchpreisbindung im deutschen Sprachraum und Europäisches Gemeinschaftsrecht, 33, geht davon aus, dass die Querschnittsklauseln für sich genommen nicht die Gefahr in sich bergen, Harmonisierungsverbote zu unterlaufen und den Umfang von Ermächtigungen in anderen Kapiteln zu erweitern. Dagegen schütze eine sinnvolle Auslegung. Umgekehrt vermöge ein Harmonisierungsverbot auch nicht zu bewirken, dass die in der jeweiligen Querschnittsklausel vorausgesetzte und seit jeher beanspruchte Befugnis eingeschränkt werde, Ermächtigungen anderer Kapitel als Rechtsgrundlage für den Erlass solcher Regelungen heranzuziehen, die Bezüge zu den in den betreffenden Artikeln genannten Politiken aufweisen.

430 *Stein,* FS für *Ulrich Everling,* 1439, 1450 f. – Auch *Roth,* JZ 2001, 475, 477 ff., betont, das Tabakwerbeurteil vom 5. 10. 2000 habe endlich deutlich gemacht, dass die Gemeinschaft Maßnahmen auf der Grundlage des Art. 95 EGV nur dann erlassen könne, wenn der Rechtsakt ‚tatsächlich' auf die Verbesserung der Voraussetzungen für die Errichtung und das Funktionieren des Binnenmarktes gerichtet sei. Die abstrakte Gefahr einer durch unterschiedliche nationale Regelungen bewirkten Beeinträchtigung von Grundfreiheiten oder die Gefahr von dadurch provozierten Wettbewerbsverzerrungen, deren Beseitigung der Rechtsakt dienen solle, reiche als Rechtfertigung für die Kompetenznorm des Art. 95 EGV allein nicht hin. Daher, so *Roth* – indem er diese Rechtsprechung zu Art. 95 EGV/Gesundheitsschutz auf Art. 95/Verbraucherschutz überträgt –, stünden sowohl die Richtlinie über Haustürgeschäfte (Richtlinie des Rates vom 20. 12. 1985 betreffend den Verbraucherschutz im Falle von außerhalb von Geschäftsräumen geschlossenen Verträgen, 85/577/EWG, ABl. 1985 L 372/31) als auch die Richtlinie über den Verbrauchsgüterkauf (Richtlinie 1999/44/EG des Europäischen Parlaments und des Rates vom 25. 5. 1999 zu bestimmten Aspekten des Verbrauchsgüterkaufs und der Garantien für Verbrauchsgüter, ABl. 1999 L 171/12) auf ‚schwachen Beinen', indem hier eigentliche Absicht jeweils Verbraucherschutz gewesen, die Verbesserung des Binnenmarktes hingegen nur nebenbei bezweckt worden sei, was sich aus den Begründungen der Richtlinien ergäbe. So werde in der dritten Begründungserwägung der Richtlinie über den Verbrauchsgüterkauf die Anwendung des Art. 95 EGV mit den dürren Worten ‚Die Rechtsvorschriften der Mitgliedstaaten über den Kauf von Verbrauchsgütern weisen Unterschiede auf; dies hat zur Folge, dass die einzelstaatli-

genseitige Durchdringung und Beeinflussung der Vertragspolitiken[431] nicht gehen. Es kann schon so allgemein nicht richtig sein, dass ‚The incorporation of health requirements in other policy areas via the ‚cross-section-clause'... therefore makes it possible to rely on Art. 100A of the Treaty as the legal basis even where the measure in question pursues different political aims'[432]. Erst recht reicht diese Grundlage nach der Rechtsprechung des EuGH für nur beiläufig auf Harmonisierung des Binnenmarktes abzielende Maßnahmen nicht hin[433].

Hilfe kam für die Gemeinschaft in diesem Zusammenhang auch nicht – wie gelegentlich diskutiert[434] – über Art. 235 EGV a. F., er ist nur dann anwendbar, wenn es im Vertrag an einer Kompetenzregelung zum fraglichen Gebiet fehlt[435]. Diese existiert indessen beim Gesundheitsschutz; Art. 129 EGV a. F. ist als lex specialis anzusehen, die klar regelt, was der Gemeinschaft gestattet ist und was nicht.

Ebenfalls nicht zurückgegriffen werden durfte auf Art. 100a EGV a. F., wenn dieser mangels Bezug einer Maßnahme zum Binnenmarkt keine Handlungsbe-

---

chen Absatzmärkte für Verbrauchsgüter uneinheitlich sind und bei den Verkäufern Wettbewerbsverzerrungen eintreten können' erläutert.

431 Vgl. hierzu die Überlegungen von *Ress,* DÖV 1992, 944, 948, der zum Art. 128 Absatz 4 EGV a. F., der ehemaligen Kulturklausel, ausführt, dass der Aspekt der Klausel für das gesamte Gemeinschaftsrecht Bedeutung besitze und sowohl Leitlinie für die Ausübung sämtlicher Kompetenzen der EG als auch Interpretationstopos für einzelne Bestimmungen bzw. Maßnahmen sei (‚Akt-Auslegung').

432 *Dauses* in *Schneider / Stein,* The European Ban on Tobacco Advertising, 71, 78, unter Hinweis auf *Breier,* EuR 1995, 46, 52.

433 EuGH 28. 6. 1994, Rs C-187/93, Slg. I-2857 Rn. 25; *Stein,* EuZW 1995, 435, 437, bringt das Problem auf den Punkt, indem er fragt, ob die Gemeinschaft durch die Wahl von Art. 100a EGV (a. F.) als Rechtsgrundlage das Harmonisierungsverbot aus Art. 129 IV EGV (a. F.) umgehen kann, und weist zugleich darauf hin, dass der EuGH bisher noch nicht darüber zu befinden hatte, ob Querschnittsklauseln Gestaltungsspielräume eröffnen, welche für die primär geregelte Materie ausdrücklich ausgeschlossen sind – ein Unterfangen, das die Gefahr berge, mit der vom BVerfG im Maastricht-Urteil geforderten Vorhersehbarkeit und Bestimmtheit der Gemeinschaftskompetenzen zu kollidieren. Bislang habe das Gericht sich jedenfalls stets nur mit der Frage auseinandergesetzt, welche von zwei unzweifelhaft vorhandenen Harmonisierungskompetenzen zu wählen sei, vgl. dazu auch die Ausführungen unter Teil 3 B); *Wägenbaur,* EuZW 1995, 431, 434 ff., will dagegen Art. 100a EGV (a. F.) als richtige Rechtsgrundlage anerkennen, selbst wenn mit der Richtlinie auch gesundheitspolitische Ziele verfolgt würden. Keineswegs sei nämlich nur nebenbei eine Harmonisierung der Bedingungen für den freien Warenverkehr in der Gemeinschaft angestrebt, denn es sei zu berücksichtigen, dass mindestens drei Mitgliedstaaten ein absolutes gesetzliches Werbeverbot für Tabakerzeugnisse kennen.

434 Vgl. nur *Vandermeersch / Bethell* in *Schneider / Stein,* The European Ban on Tobacco Advertising, 23, 35.

435 Vgl. oben unter Teil 2 B).

fugnisse verleiht. Selbst wenn die Mitgliedstaaten einstimmig einen prinzipiell von Art. 129 Absatz 4 EGV a. F. versagten Harmonisierungsgrad (im Gesundheitsschutz) anstreben wollten, würde die entsprechende Gemeinschaftsgesetzgebung eine unzulässige Umgehung des Vertrages bedeuten[436].

So sagt denn auch der EuGH[437], aus der Zusammenschau des Art. 3 Buchstabe c) und Art. 7a EGV a. F. folge, dass Maßnahmen nach Art. 100a Absatz 1 EGV a. F. die Voraussetzungen für die Errichtung und das Funktionieren des Binnenmarktes verbessern sollen. Diesen Artikel aber dahin auszulegen, dass er dem Gemeinschaftsgesetzgeber eine allgemeine Kompetenz zur Regelung des Binnenmarktes gewähre, widerspräche dem Wortlaut der genannten Bestimmungen und sei zudem mit dem Prinzip der Ermächtigung des Vertrages unvereinbar.

Der für die Tabakrichtlinie als Rechtsgrundlage zunächst als Kompetenznorm bezeichnete Art. 100a EGV a. F. liefert in diesem Bereich keine eigenständige Kompetenz. Er setzt unterschiedliche Regelungen bei den Mitgliedstaaten mit negativer Wirkung auf den Binnenmarkt voraus. Wenn er eine Mitwirkung der Gemeinschaft unter gesundheitsschützendem Aspekt ermöglicht, dann nur dahin, dass etwa bei dem Versuch, gleiche Wettbewerbsbedingungen im Binnenmarkt zu schaffen, die Gemeinschaftsregelungen in einem von einzelnen Mitgliedstaaten bereits erreichten bestimmten Standard an Gesundheitsschutz nicht herabgesetzt werden dürfen[438].

Die Verfolgung der Ziele des Art. 100a Absatz 3 EGV a. F. hängt ohnehin davon ab, ob die Harmonisierung von Rechtsvorschriften für die Schaffung und das Funktionieren des Binnenmarktes möglich und notwendig ist, und der Artikel verleiht grundsätzlich nur dort Kompetenzen, wo die Harmonisierung zugunsten des Binnenmarktes echter Hauptzweck einer Maßnahme sein soll[439].

---

436 *Stein* in *Schneider / Stein,* The European Ban on Tobacco Advertising, 257, 265 ff.; *Dauses* in *Schneider / Stein,* The European Ban on Tobacco Advertising, 71, 82: ‚It would be contrary to the system of the Treaty to interpret Art. 100A (3) as the harmonization norm for the sphere of health protection if the Member States obviously wished to reserve that protection to their own legislative power.‘ Allenfalls könne eine allgemeine unverbindliche ‚Gesundheitsschutz-anregende‘ Politik (‚incentive measures‘, dazu *Toth,* CML Rev. 1992, 1079, 1093, der darauf hinweist, dass dieser Begriff häufig verwendet, jedoch nirgends definiert wird) erfolgen, S. 76, z. B. Informationsaustausch, Forschungsförderung, wie *Vandermeersch / Bethell* in *Schneider / Stein,* The European Ban on Tobacco Advertising, 23, 40, vorschlagen.

437 EuGH 5. 10. 2000, Rs C-376/98, Slg. I-8419 Rn. 83.

438 *Eiden* in *Bleckmann,* Europarecht, 768 Rn. 2132; *Stein* in *Schneider / Stein,* The European Ban on Tobacco Advertising, 257, 263.

439 EuGH 28. 6. 1994, Rs C-187/93, Slg. I-2857 Rn. 25 sowie EuGH 5. 10. 2000, Rs C-376/98, Slg. I-8419 Rn. 33 unter Hinweis auf frühere Urteile.

Der EuGH fügt ausdrücklich dem von der Lehre in diesem Punkt überwiegend vertretenen Standpunkt als Argument hinzu, dass der ihm selbst nach Art. 164 EGV a. F. obliegenden gerichtlichen Kontrolle der Wahl einer Rechtsgrundlage jegliche Wirksamkeit genommen werde, wenn schon die Feststellung von Unterschieden zwischen nationalen Vorschriften und die abstrakte Gefahr von möglichen Wettbewerbsverzerrungen die Wahl von Art. 100a EGV a. F. als Rechtsgrundlage für Gemeinschaftsregelungen rechtfertigte[440].

Für die Tabakrichtlinie aus 1998 bestätigt der Gerichtshof, dass sie eben nicht eigentlich den Zweck besitze, die Voraussetzungen für die Errichtung und das Funktionieren des Binnenmarktes zu verbessern[441], u. a. mit der Begründung, bei einem Großteil von Werbeformen müssten gar keine Hemmnisse für den freien Verkehr von Werbeträgern beseitigt werden[442]. Bedeutsam indessen ist der kurze Hinweis des Gerichtshofs auf die Regelung des Art. 5 der Richtlinie aus 1998, wonach die Mitgliedstaaten ja im Einklang mit dem Vertrag strengere Vorschriften erlassen könnten, die sie zum Schutz der Gesundheit für erforderlich halten[443]; hier entlarvt der EuGH die eigentliche Stoßrichtung der Richtlinie – es gehe also gar nicht um die Sicherstellung des freien Verkehrs von Erzeugnissen, die den Bestimmungen der Richtlinie entsprächen oder um diesbezügliche Unterbindung von Wettbewerbsverzerrungen[444].

---

440 EuGH 5. 10. 2000, Rs C-376/98, Slg. I-8419, 8524 Rn. 84.

441 EuGH, a. a. O., 8527 Rn. 95 f.

442 EuGH, a. a. O., 8528 Rn. 99 – Es geht hier insbesondere um das Verbot von Werbung auf Plakaten, Sonnenschirmen, Aschenbechern und sonstigen in Hotels, Restaurants und Cafés verwendeten Gegenständen sowie um das Verbot von Werbespots im Kino, da diese Verbote nach Ansicht des EuGH den Handel mit den betreffenden Erzeugnissen nicht fördern.

443 EuGH, a. a. O., 8419 Rn. 103, 104.

444 Die weiteren von der Lehre gegen die Richtlinie vorgebrachten Argumente bedürfen hier keiner Erörterung; es geht im wesentlichen um Argumentationen gegen das totale Werbeverbot unter dem Aspekt der Verhältnismäßigkeit, vgl. auch *Dauses:* ‚a flagrant breach of the end/means relationship', in *Schneider / Stein,* The European Ban on Tobacco Advertising, 71, 74, da die beworbenen Produkte ja in der ganzen Gemeinschaft auf dem Markt frei erhältlich seien. *Von Danwitz* verweist darauf, es seien durchaus weniger einschneidende Maßnahmen, insbesondere auch werbespezifischer Art, denkbar, die denselben Zweck erfüllten, d. h. den Gesundheitsschutz förderten, *von Danwitz,* Produktwerbung in der Europäischen Union zwischen gemeinschaftlichen Kompetenzschranken und europäischem Grundrechtsschutz, 99; im Ergebnis ebenso *Hans-Peter Schneider* in *Schneider / Stein,* The European Ban on Tobacco Advertising, 11, 20; *Wägenbaur* in *Schneider / Stein,* The European Ban on Tobacco Advertising, 269, 278 ff. m. w. N.; *Meade* in *Schneider / Stein,* The European Ban on Tobacco Advertising, 141, 160.

Die neuerliche Initiative der Gemeinschaft in Gestalt der auf dem Vorschlag der Kommission beruhenden Richtlinie des Europäischen Parlaments und des Rates zur Angleichung der Rechts- und Verwaltungsvorschriften der Mitgliedstaaten über Werbung und Sponsoring von Tabakerzeugnissen[445], Werbeverbote für Tabakerzeugnisse in Zeitschriften und Zeitungen, Radio, Internet und beim Sponsoring einzuführen, knüpft offensichtlich an das obiter dictum des EuGH an, wonach es der Gemeinschaft u. U. gestattet sei, ein – inhaltlich reduziertes – Werbeverbot für Tabakwaren in Zeitschriften und Zeitungen zu erlassen, um den freien Verkehr von solchen Presseerzeugnissen zu gewährleisten[446].

Der Einschätzung des Verbraucherschutzkommissars *Byrne,* die neue Richtlinie finde ein ‚Gleichgewicht' zwischen Binnenmarkt und Schutz der Gesundheit[447], ist entgegenzuhalten, dass ein solches herzustellen nach allen bisherigen Argumenten – in Übereinstimmung mit dem EuGH – prinzipiell nicht gesetzgeberische Aufgabe der Gemeinschaft sein darf. Auch die neue Richtlinie kann letztlich vor dem Vertrag nur bestehen, sofern sie nunmehr die Primärtendenz besitzt, den freien Warenverkehr sicherzustellen bzw. Wettbewerbsverzerrungen zu unterbinden.

Es scheint indessen, als ob die Kommission am ursprünglichen Ziel festgehalten hat und an die vom EuGH vermeintlich gelassene ‚undichte Stelle' inhaltlich anknüpft, um auf diese Weise endlich unbeanstandet ihre Gesundheitspolitik durchsetzen zu können.

Die Bundesrepublik Deutschland erhob im September 2003 gegen Teile der Richtlinie 2003/33 EG Klage beim EuGH.

Der Gerichtshof hat die Klage im Dezember 2006 zurückgewiesen[448].

Unter dem hier untersuchten Aspekt der Tragweite von Querschnittsklauseln könnte eine weitere Beschäftigung mit der neuen Richtlinie dahinstehen. Dass der EuGH zu geänderter Beurteilung neigen könnte, ließ sich seinem Urteil vom 10. 12. 2002 noch nicht entnehmen[449]. Hier sah er Harmonisierungsbedarf durch die

---

445 Richtlinie 2003/33 EG vom 26. 5. 2003, ABl. L 152/16 vom 20. 6. 2003.

446 EuGH 5. 10. 2000, Rs C-376/98, Slg. I-8419 Rn 97.

447 DIE WELT vom 3. 12. 2002.

448 EuGH vom 12. 12. 2006, Rs C-380/03, bislang nicht veröffentlicht, abrufbar im Internet über EuGH, transit-page, Rechtsprechungssammlung der Entscheidungen des EuGH seit dem Jahre 1989.

449 EuGH 10. 12. 2002, Rs C-491/01, *British American Tobacco (Investments) Ltd.* und *Imperial Tobacco Ltd. / Secretary of State for Health,* Slg. I-11453 – Die streitige Richtlinie 2001/37/EG über die Herstellung, die Aufmachung und den Verkauf von Tabakerzeugnissen enthielt das Verbot, auf der Verpackung von Tabakerzeugnissen bestimmte beschreibende Merkmale wie die Begriffe ‚light' und ‚mild' zu verwenden. Zwei britische Tabakwarenhersteller stellten vor dem britischen High Court of Justice (Administrative Court) die Verpflichtung des Vereinigten

Gemeinschaft wegen der durch verschiedenartige Kennzeichnung (z. B. zum Schadstoffgehalt) von Tabakprodukten entstehenden Hindernisse für den freien Verkehr mit Tabakwaren, herrührend aus der Tatsache, dass die Mitgliedstaaten aus gesundheitlichen Erwägungen zur Eindämmung des Tabakkonsums unterschiedliche nationale Vorschriften erlassen hätten oder erlassen könnten. Die mit der Richtlinie 2001/37 EG vom 5. 6. 2001[450] einhergehende Verbraucheraufklärung sei auch geeignet, ein hohes Schutzniveau im Bereich der Gesundheit zu erreichen; die Verhältnismäßigkeit der Einzelregelungen der Richtlinie wurde bejaht. Hier stand nach der Auffassung des EuGH die Beseitigung von Hindernissen für den freien Verkehr mit Tabakwaren in der Gemeinschaft als Ziel im Vordergrund[451].

Die Klage gegen die Richtlinie 2003/33 EG war u. a. erneut auf das Argument gestützt, das eigentliche Ziel bestimmter Maßnahmen der Richtlinie sei – unter neuerlicher Umgehung des Harmonisierungsverbotes des Art. 154 Absatz 4 Buchstabe c) EGV – wiederum der Gesundheitsschutz. Mit diesem Umgehungsargument geht der Gerichtshof nunmehr wie folgt um[452]: Wenn die Voraussetzungen für eine Kompetenzabstützung auf Art. 95 EGV erfüllt seien, indem das Ziel der Verbesserung der Bedingungen für die Errichtung und das Funktionieren des Binnenmarktes verfolgt werde (hindernisfreier Medienverkehr bei gleichen Werbebedingungen), stehe die Verfolgung des Ziels öffentlichen Gesundheitsschutzes in keiner Weise solchen auf Art. 95 EGV gestützten Maßnahmen entgegen; die Gesetzgebung der Gemeinschaft könne nicht an der Abstützung auf diese Vorschrift gehindert werden, weil der Schutz der öffentlichen Gesundheit ein

---

Königreichs zur Umsetzung der Richtlinie in nationales Recht in Frage. Dieses Gericht legte dem EuGH sodann die Frage nach der Gültigkeit und Auslegung der Richtlinie zur Vorabentscheidung vor.

450 ABl. L 194 vom 18. 7. 2001, S. 26.

451 Der EuGH bestätigte hier, der Gemeinschaftsgesetzgeber könne sich auf Art. 95 EGV (ex-Art. 100a EGV) stützen, wenn die Voraussetzungen für dessen Heranziehung erfüllt seien, auch wenn dem Gesundheitsschutz bei den zu treffenden Maßnahmen ‚maßgebende Bedeutung' zukomme. Das Gericht berief sich dabei (Rn. 62, 190 ff.) mehrfach auf das Urteil vom 5. 10. 2000 über die Tabakwerbung. Zudem sei auch nach Art. 152 Absatz 1 Unterabsatz 1 EGV bei der Festlegung und Durchführung aller Gemeinschaftspolitiken und -maßnahmen ein hohes Gesundheitsschutzniveau sicherzustellen, und Art. 95 Absatz 3 EGV verlange dies für den Bereich der Harmonisierung ausdrücklich. Die hier beurteilte Richtlinie enthalte in ihrem Art. 13 eine Bestimmung, welche den freien Verkehr mit Tabakerzeugnissen, die den Anforderungen dieser Richtlinie entsprechen, sicherstelle. Hierdurch werde im Gegensatz zu der Richtlinie über die Tabakwerbung volle Wirkung im Blick auf das Ziel der Verbesserung der Bedingungen für das Funktionieren des Binnenmarktes entfaltet (Rn. 74).

452 EuGH vom 12. 12. 2006, Rs C-380/03 Rn. 90 – 97.

entscheidender Faktor bei der Wahl der Mittel sei. Als Begründung dient der Verweis auf den nach Art. 95 Absatz 3 EGV geforderten hohen Gesundheitsschutz bei Harmonisierungsmaßnahmen und die Querschnittsklausel zum Gesundheitsschutz nach Art. 152 Absatz 1 EGV. Der EuGH schließt dann schon seine Prüfung damit ab, das Harmonisierungsverbot des Art. 152 Absatz 4 c) EGV existiere zwar, diese Vorschrift bedeute jedoch nicht, dass harmonisierende Maßnahmen, die auf andere Vertragsvorschriften gestützt seien, keinerlei Einfluss auf den Schutz der menschlichen Gesundheit haben dürften; dass in Art. 3 und 4 der zur Beurteilung stehenden Richtlinie weitgehend der Gesundheitsschutz die gewählten Maßnahmen bestimme, stehe dem nicht entgegen.

Daran ist zwar richtig, dass Auswirkungen auf den Gesundheitsschutz eine berechtigte Kompetenzausübung nicht zu Fall bringen, indessen ist die primär gesundheitspolitische Motivierung und Ausrichtung der Richtlinie erkennbar. Auch wenn letztere vordergründig die in den differierenden Werbevorschriften der Mitgliedstaaten für Tabakwaren angeblich wurzelnden Hindernisse für den freien Warenverkehr von Presseerzeugnissen erklärtermaßen beseitigen will, nimmt sie im Prinzip diese unterschiedlichen Regelungen der Mitgliedstaaten zum Anlass für eine – wenn auch auf bestimmte Werbungsträger begrenzte – Reduzierung von Tabakwarenwerbung, selbst wenn die Richtlinie diese Werbebeschränkungen nunmehr ausschließlich auf Medien bezieht, die sich an die Allgemeinheit und nicht nur allein an den Tabakhandel selbst richten.

Dass es der Gemeinschaft bei der Richtlinie nach wie vor primär um Tabakerzeugnisse, weniger um Wettbewerbsverzerrungen geht, ist nicht zu übersehen. Der massive politische Wille, die gesundheitlichen und volkswirtschaftlichen Schäden des Tabakkonsums zu reduzieren, hat – so scheint es – die ursprüngliche vertragsrechtlich motivierte Forderung des Gerichtshofes, bei einer Gemeinschaftsregelung immer erst exakt die wahre (und nicht die erklärte) Zielsetzung einer Maßnahme ermitteln zu müssen, relativiert.

Es fragt sich, was bei Fortsetzung dieser Tendenz letztlich den Mitgliedstaaten an Substanz für ihr Recht auf Selbstbestimmung ihrer Gesundheitspolitik bleibt.

Für die Untersuchung ist dabei von Bedeutung, dass bei der Gewichtung von Kompetenznormen gegeneinander [Art. 95 im Verhältnis zu Art. 152 Absatz 4 Buchstabe c) EGV] die Querschnittsklausel des Art. 152 Absatz 1 EGV vom Gerichtshof als gewichtiges Argument vorgetragen wird, was der Ausrichtung Vorschub leistet, politisch Gewolltem gegenüber geschriebenem Vertragsrecht u. U. den Vorzug zu geben[453].

453 Im Falle der Umsetzung der Richtlinie drohen nationale Rechtsstreitigkeiten, die von den innerstaatlichen den jeweiligen Verfassungsgerichten vorgelegt werden

Das Feld des Gesundheitsschutzes bietet mit den derzeitigen Vertragsregelungen des Art. 152 EGV auch für die Zukunft reichlich Konfliktstoff. Mitgliedstaaten und Rat haben verschiedentlich zu Entschließungen gefunden, sich für den Gesundheitsschutz in der EG mehr zu engagieren. Im Zuge verschiedener neuartiger Bedrohungsszenarien, etwa terroristischer Anschläge mit biologischen Waffen oder der gesteigerten Gefahr von Pandemien durch medikamentenresistente Erreger drängt sich die Forderung nach grenzüberschreitend abgestimmten Maßnahmen auf. Und: ‚Aucun Etat ne peut, seul, défendre sa population contre les dangers qui la menacent‘[454]. Dies legt es nahe darüber nachzudenken, ob auf diesem Sektor des Gesundheitsschutzes der Vertrag im Sinne einer Kompetenzerweiterung zugunsten der Gemeinschaft zumindest für die genannten Konstellationen abzuändern ist, und ob nicht in solchen Fragen des Gesundheitsschutzes der Gemeinschaft eine Art Richtlinienkompetenz zugestanden werden sollte.

Unter geltendem Vertragsrecht muss sich die Gemeinschaft indessen klar darüber sein, dass ihr die Gesundheitsschutz-Querschnittsklausel keine Befugnis zu einer diesen Schutz harmonisierenden Gesetzgebung vermittelt.

VI. Fazit

Richtig verstanden erhebt die Querschnittsklausel den Gesundheitsschutz zum integralen Entscheidungsfaktor innerhalb anderer Gemeinschaftsziele. Die Abwägung dieser Politik mit anderen betroffenen Belangen wird mittels des Art. 152 Absatz 1 Unterabsatz 1 EGV in jeden Gemeinschaftsakt gleichsam implantiert. Nach der vertraglichen Wertung sollen Belange des Gesundheitsschutzes beim Ausgleich mit anderen Interessen so weit wie möglich zur Geltung gelangen, wobei jedoch der Gesundheitsschutz keinen bedingungslosen Vorrang genießen darf[455].

Weiterhin ist Art. 152 EGV als Rechtsgrundlage (wohlgemerkt nicht die Querschnittsklausel) immer nur dann einschlägig, wenn die fragliche Maßnahme unmittelbar den Gesundheitsschutz der Bevölkerung zum Ziel hat[456]. Die Quer-

---

könnten; so warnte schon *Hans-Peter Schneider* davor, dass mögliche Rechtsfehler einer neuen Richtlinie eine überflüssige Herausforderung für Einheit und Stabilität des Rechtssystems der Gemeinschaft bedeuten könnten, *Hans-Peter Schneider* in *Schneider / Stein,* The European Ban on Tobacco Advertising, 11, 22.

454 Vgl. *Cayla,* Revue de droit sanitaire 1992, 259, 261.

455 *Berg* in *Schwarze,* EU-Kommentar, Art. 152 EGV Rn. 10 ff.; er hält die Frage, ob hierdurch gerade auch ein Zugewinn für den Gesundheitsschutz bewirkt wird, weniger für ein juristisches als ein politisches Problem.

456 *Berg* in *Schwarze,* EU-Kommentar, Art. 152 EGV Rn. 26.

schnittsklausel kann dabei nicht als quer durch den Vertrag geltende Ermächtigungsgrundlage für Maßnahmen mit Gesundheitsbezug fungieren[457], dies würde die gewünschte Funktion des Art. 152 EGV fehlinterpretieren. Rechtsakte, die primär dem Gesundheitsschutz dienen, dürfen nicht auf der Grundlage von Kompetenznormen erlassen werden, die zur Erreichung an sich gesundheitsfremder Zwecke, etwa der Errichtung des Binnenmarktes, gedacht sind[458]. Zu unterscheiden ist stets zwischen dem quervertraglich geltenden Berücksichtigungsgebot – dieses ist zwingend – und einer Befugnis zu Rechtsetzung mit Gesundheitsbezug auf der Basis der Querschnittsklausel – eine solche ist nicht existent, da von den Vertragsschließenden bislang nicht im Vertrag verankert. Steht der Gesundheitsschutz im Vordergrund, greifen alle Beschränkungen des Art. 152 EGV, insbesondere das Harmonisierungsverbot in Absatz 4 lit. c)[459].

E) Art. 127 Absatz 2 EGV – Beschäftigungspolitik

‚Das Ziel eines hohen Beschäftigungsniveaus wird bei der Festlegung und Durchführung der Gemeinschaftspolitiken und -maßnahmen berücksichtigt.'

I. Standort innerhalb des Kapitels Beschäftigung

Der Gegenstand der Beschäftigungspolitik – Titel VIII des EGV – wird nicht näher eingegrenzt. Als Hintergrund für die Aufnahme dieses Titels in den Vertrag wird der Versuch angesehen, bestehende Arbeitslosigkeit zu bekämpfen und das Entstehen weiterer zu verhindern. Unklar bleibt, ob sich die europäische Beschäftigungspolitik auf das Erreichen bzw. die Sicherung eines hohen Beschäftigungsniveaus als solchem beschränkt, also nur das Ob von Beschäftigung betrifft, oder ob sie auch andere, mit dem Wie der Beschäftigung, d. h. sonstigen sozialpolitischen Inhalten zusammenhängende Fragen umfasst[460]. Für einen Einschluss

---

457 Ähnlich auch *Wichard* in *Calliess / Ruffert,* EUV/EGV, Art. 152 EGV Rn. 24: ‚Die Querschnittsklausel darf jedoch nicht dazu führen, dass andere Rechtsgrundlagen herangezogen werden, um den Harmonisierungsausschluss in Art. 152 Absatz 4 lit. c) zu umgehen. Sie rechtfertigt keine Maßnahmen, die aus Gesundheitsschutzerwägungen die Verwirklichung des auf der gewählten Rechtsgrundlage eigentlich anzustrebenden Zieles weiter erschweren'.

458 Vgl. *Berg* in *Schwarze,* EU-Kommentar, Art. 152 EGV Rn. 11.

459 Diese dürfen auch durch einen Rückgriff auf Art. 308 EGV nicht umgangen werden, *Wichard* in *Calliess / Ruffert,* EUV/EGV, Art. 152 EGV Rn. 25.

460 *Krebber* in *Calliess / Ruffert,* EUV/EGV, Art. 125 EGV Rn. 6.

auch des letzteren Komplexes sprechen die in den Artikeln 125 ff. EGV niedergelegten Ziele, hierbei handelt es sich dogmatisch um Konkretisierungen des Weges, der zu dem Hauptziel des hohen Beschäftigungsstandards führt. Hingegen lässt der Wortlaut der Querschnittsklausel eher den Schluss zu, sie fordere lediglich das Erreichen eines hohen Beschäftigungsgrades – gleich welchen Inhalts – ein. Zudem könnte aus der Existenz des Titels Sozialpolitik in Art. 136 ff. EGV gefolgert werden, das Kapitel der Beschäftigungspolitik regle deshalb nur das grundsätzliche Ob, weil das sozialpolitische Kapitel bereits inhaltliche Fragen des Arbeitsrechts betrifft und damit insoweit die speziellere Regelung darstellt. Indessen ist das Feld der Beschäftigungspolitik weit gesteckt, es gibt nahezu keinen sachpolitischen Bereich, der nicht in irgendeiner Form Beschäftigungsfragen tangiert[461].

Schließlich lassen sich Ob und Wie in der Praxis nur schwerlich trennen, so dass es übermäßig künstlich erschiene, der europäischen Beschäftigungspolitik die Befassung mit sozialpolitischen Inhalten von vornherein zu versagen.

Die Ziele der Beschäftigungspolitik werden gemäß Art. 125 EGV über die Bezugnahme auf die Ziele der Art. 2 EUV und Art. 2 EGV definiert.

Art. 125 EGV nennt explizit ‚die' Ziele der beiden genannten Vorschriften. Das hohe Beschäftigungsniveau stellt folglich nur eines und keineswegs a priori ein übergeordnetes Ziel dar. Die anderen Ziele der beiden im übrigen nicht dekkungsgleichen Art. 2 EUV und EGV üben eine Ausstrahlungswirkung auf den Regelungsbereich der Art. 125 ff. EGV aus und geben ihm einen inhaltlichen Rahmen. Dieser umfasst demzufolge nicht allein das Streben nach Erreichen eines hohen Beschäftigungsniveaus, sondern daneben eine Beschäftigungspolitik, die auch der Verwirklichung des Binnenmarktes, einer nachhaltigen Entwicklung des Wirtschaftslebens, einem beständigen, nicht inflationären Wachstum, einem hohen Grad an Wettbewerbsfähigkeit und einem hohen Maß an Umweltschutz dienen muss. Mittels des Verweises auf Art. 2 EUV und Art. 2 EGV wird die Beschäftigungspolitik in die ordnungspolitische Systematik des Vertrages integriert, weitgehend nach wirtschaftspolitischen Gesichtspunkten definiert, denn viele der in Art. 2 EGV genannten Ziele sind solcher Natur. Umgekehrt hat nach dem Vertrag die Wirtschaftspolitik zur Realisierung eines hohen Beschäftigungsniveaus beizutragen. Zwar findet sich in den Bestimmungen zur Wirtschafts- kein direkter Primat der Beschäftigungspolitik, indessen verweist Art. 98 wie Art. 125 auf Art. 2 EGV, wo das Ziel des hohen Beschäftigungsniveaus niedergelegt ist[462].

Über Art. 2 wird zudem auch Art. 4 EGV in Bezug genommen, der in seinem Absatz 1 das Ziel der offenen Marktwirtschaft mit freiem Wettbewerb festlegt.

---

461 *Krebber*, a. a. O.; *Niedobitek* in *Streinz*, EUV/EGV, Art. 125 EGV Rn. 3.
462 *Krebber* in *Calliess / Ruffert*, EUV/EGV, Art. 125 EGV Rn. 8.

Die Art. 125 ff. EGV geben keinen konkreten inhaltlichen Plan einer Beschäftigungspolitik vor. Dennoch lässt sich ein gewisser konzeptioneller Rahmen aus der Festsetzung bestimmter Orientierungspunkte entnehmen. So besteht die Beschäftigungspolitik nach Art. 125 EGV neben einer Beschäftigungsstrategie in der Förderung der Qualifizierung, Ausbildung und Anpassungsfähigkeit der Arbeitnehmer und der Fähigkeit der Arbeitsmärkte, auf wirtschaftlichen Wandel zu reagieren. Besonders betont Art. 125 EGV die Bedeutung der Ausbildung[463].

Während in Art. 126 EGV die Aufgaben und Pflichten der Mitgliedstaaten hinsichtlich einer koordinierten Beschäftigungsstrategie im Sinne des Art. 125 EGV geregelt sind, bezieht sich Art. 127 EGV auf die Rolle der Gemeinschaft.

Gemäß Art. 127 I EGV trägt die Gemeinschaft zu einem hohen Beschäftigungsniveau bei, indem sie die Zusammenarbeit zwischen den Mitgliedstaaten fördert und deren Maßnahmen in diesem Bereich unterstützt und erforderlichenfalls ergänzt. Damit wird die Zuständigkeit der Mitgliedstaaten durch den Vertrag ausdrücklich unterstrichen; Absatz 1 beschreibt die Aufgaben der EG in der Beschäftigungspolitik unter Betonung der Wahrung der nationalen Kompetenz. Unterstützung der Zusammenarbeit und Ergänzung einzelstaatlicher Aktivitäten müssen sich im kompetenzrechtlichen Rahmen des Beschäftigungskapitels halten[464]. Die eigentliche Zuständigkeit für Beschäftigungspolitik und daraus abgeleitete Beschäftigungsstrategien verbleibt bei den Mitgliedstaaten; eine originäre Kompetenz besitzt die Gemeinschaft nur für Koordination und Ergänzung der Beschäftigungsstrategien der Mitgliedstaaten[465]. Deshalb wird zu Recht der Sektor der Beschäftigung als ein Kooperations- und nicht als ein ‚gemeinschaftseigener' Integrationsbereich eingestuft.

Die Querschnittsklausel nun gibt der Gemeinschaft insoweit vor, dass sie diese ergänzenden, um Synergieeffekte unter den Mitgliedstaaten bemühten Möglichkeiten ihrerseits in andere Vertragsbereiche zu implantieren hat, nur in dieser Richtung kann sich das funktionale Integrationsprinzip verwirklichen. Hintergrund ist, wie durch die Literatur zutreffend erkannt wird[466], dass die einzelnen Mitgliedstaaten mittels verstärkter Information und Abstimmung untereinander zu einer Annäherung innerhalb der Beschäftigungspolitik gelangen sollen; auf diese Weise soll eine nationalstaatliche Steigerung der Effizienz dieser Politik erreicht werden. Diese Überlegung wurzelt im Gedanken des Wettbewerbs der Systeme. Der einzelne Mitgliedstaat soll infolge Transparenz und Information positive Ansätze aus den Strategien der Beschäftigungsförderung anderer Staaten

---

463 *Krebber,* a. a. O., Rn. 9.

464 *Coen* in *Lenz,* EG-Vertrag, Art. 127 EGV Rn. 1.

465 *Kreßel* in *Schwarze,* EU-Kommentar, Art. 127 EGV Rn. 3; vgl. auch *Runggaldier* in *Hummer,* Die Europäische Union nach dem Vertrag von Amsterdam, 197, 201.

466 *Runggaldier,* a. a. O., 202.

für sich selbst gewinnen und sie, wenn möglich, in das eigene System übernehmen. Aufgabe der Gemeinschaft ist es dabei, diesen Annäherungs- und Koordinationsprozess durch geeignete Maßnahmen voranzutreiben. Es gilt dann der Auftrag der Querschnittsklausel des Art. 127 Absatz 2 EGV, der die vertragsweite Berücksichtigung dieser Möglichkeiten und Aufgaben auf Gemeinschaftsebene festschreibt.

Es ist zu begrüßen, dass der europäische Gesetzgeber der Versuchung standgehalten hat, die Beschäftigungspolitik zu harmonisieren. Damit hätte er die hier immer noch bestehenden unterschiedlichen Traditionen, Wert- und Zielvorstellungen sowie das wirtschaftliche und soziale Umfeld in den einzelnen Mitgliedstaaten und Regionen ohne Not übergangen[467].

Zweifellos gibt Art. 127 Absatz 1 EGV wohl eine integrativ-programmatische Basis ab, dient indessen nicht als Grundlage für das Betreiben einer spezifischen Gemeinschafts- auf dem Terrain der Beschäftigungspolitik. Die Aktivitäten der Gemeinschaft stehen zudem unter dem Vorbehalt ihrer Erforderlichkeit, was zu erwähnen hier geboten erscheint.

II. Tragweite

Im Vergleich zu den bisher erörterten Klauseln erweist sich die Beschäftigungsklausel in ihrer Formulierung als eindeutig weniger nachdrücklich. Mit dem Verlangen ‚zu berücksichtigen' werden geringere Anforderungen an den querschnittlichen Handlungsauftrag für die Gemeinschaftsorgane als in den Bereichen Umwelt, Kultur, Gesundheits- und Verbraucherschutz gestellt. Gleichwohl werden die Gemeinschaftsorgane als Adressaten der Klausel verpflichtet, das Ziel eines hohen Beschäftigungsniveaus bei ihrer Tätigkeit in anderen Politikfeldern systematisch in Betracht zu ziehen, ohne indessen zugleich der Beschäftigungspolitik grundsätzlich einen besonderen Rang einzuräumen[468].

Die Querschnittsklausel des Art. 127 Absatz 2 EGV betrifft das Verhältnis der vorstehend umschriebenen Beschäftigungspolitik zu anderen Aktivitäten der Gemeinschaft, regelt die horizontale Einbringung dieser Politik in ausnahmslos alle anderen gemeinschaftsrechtlichen Politikbereiche und Maßnahmen. Angestrebtes Querschnittsziel ist die hohe Beschäftigung (mainstreaming employment politics), das sollen alle Gemeinschaftspolitiken befördern. So soll letztlich ge-

---

467 So zutreffend *Runggaldier,* a. a. O., 205.

468 *Niedobitek* in *Streinz,* EUV/EGV, Art. 127 EGV Rn. 6; *Martin,* RTDE 2000, 47, 59.

währleistet werden, dass sich die Bekämpfung der Arbeitslosigkeit als quer durch den Vertrag zu beachtendes Programm realisiert[469].

Schon Art. 2 Satz 1 Spiegelstrich 1 EGV enthält unter anderem die Verpflichtung der Union zur Förderung eines hohen Beschäftigungsniveaus; Art. 136 Absatz 1 EGV, der am Anfang des Titels IX steht (Sozialpolitik, allgemeine berufliche Bildung und Jugend), enthält unter anderem gleichfalls das Postulat an Gemeinschaft und Mitgliedstaaten auf Förderung der Beschäftigung. Mithin bekräftigt die Querschnittsklausel ein Prinzip, das sich explizit einerseits schon im allgemeinen Aufgabenkatalog des Vertrages, andererseits aber auch bereits in sonstiger, an sich beschäftigungsneutraler Politik etabliert hat. Die Gemeinschaft hat daher sowohl den aufeinander abgestimmten Beschäftigungsstrategien der Mitgliedstaaten Rechnung zu tragen als auch das Ziel eines hohen Beschäftigungsniveaus im Rahmen ihrer eigenen Zuständigkeit ausreichend zu berücksichtigen[470].

Dabei darf jedoch erneut ein Harmonisierungsverbot, das des Art. 129 Absatz 2 EGV, nicht außer Acht gelassen werden. Dieses betont, dass (u. a.) Beschäftigungsmaßnahmen keinerlei Harmonisierung der Rechts- und Verwaltungsvorschriften der Mitgliedstaaten einschließen. Das Verbot ist inhaltlich umfassend (‚Diese Maßnahmen'), erstreckt sich auf sämtliche möglichen Ermächtigungsgrundlagen des EGV. Es darf nicht – auch nicht mit Hilfe des Art. 127 Absatz 2 EGV – umgangen werden, indem beschäftigungspolitische Maßnahmen auf Kompetenznormen gestützt werden, die sich außerhalb der Art. 125 ff. EGV befinden. Ausdrücklich verwehrt es der Gemeinschaft eine inhaltliche Ausgestaltung des Bereiches der Beschäftigungspolitik, betont insoweit die mitgliedstaatliche Zuständigkeit. Die beschäftigungspolitischen Handlungsoptionen der EG bleiben auf Art. 129 Absatz 1 EGV reduziert, wonach dem Rat inhaltlich (nur) eingeschränkte Möglichkeiten zugewiesen werden, über Art. 128 EGV hinaus Aktivität zu entfalten[471].

Der Erwähnung bedarf an dieser Stelle der Europäische Sozialfonds. Gemäß Art. 146 EGV steht er als ein Instrument der Beschäftigungspolitik durch die Gemeinschaft in deren originärer Zuständigkeit. Er bezweckt Förderung der Beschäftigungsmöglichkeiten innerhalb der Gemeinschaft, soll zugleich einen Beitrag zur Anhebung der Lebenshaltung leisten, zielt auf die Verbesserung der beruflichen Verwendbarkeit und der Mobilität und soll schließlich durch berufliche Bildung Anpassungen an Veränderungen in Produktionssystemen und an in-

---

469 Vgl. *Coen* in *Lenz,* EG-Vertrag, Art. 127 EGV Rn. 2; zu dem Komplex regionaler Arbeitslosigkeit vgl. *Wolfgang J. Steinle,* Regionale Arbeitsmarktprobleme in Europa, und *derselbe,* Raumforschung und Raumordnung 1981, 55.

470 *Kreßel* in *Schwarze,* EU-Kommentar, Art. 127 EGV Rn. 4.

471 *Krebber* in *Calliess / Ruffert,* EUV/EGV, Art. 129 EGV Rn. 1.

dustrielle Veränderungsprozesse bewirken[472], damit der Erleichterung des Strukturwandels dienen. Durch den von der Gemeinschaft bestimmten Einsatz der Mittel dieses Fonds ist mittelbar die Realisierung von Gemeinschafts-Beschäftigungspolitik machbar. Die damit der Gemeinschaft eröffneten Möglichkeiten stehen in theoretischem Konflikt zu den Kompetenzgrenzen der Art. 125 ff. EGV, gezielte Mittelvergabe setzt Akzente und damit Zielvorstellungen des Gebers, also die Entwicklung einer eigenen Politik voraus und gerät damit in Reibung zu Vorschriften, die eine einschlägig eigene Politik der Gemeinschaftsebene gerade untersagen. Die mittels dieses Fonds der Gemeinschaft ausdrücklich gestattete Aktivität steht wie alles gemeinschaftliche Handeln unter dem Vorbehalt der Beachtung der Querschnittsklausel des Art. 127 Absatz 2 EGV, aber auch aller anderen Klauseln. Die unmittelbare Auswirkung gezielter Mittelvergabe birgt ein Handlungspotential beträchtlichen Ausmaßes, das durch Kompetenzgrenzziehungen a priori nicht beeinflusst wird. Eine solche faktische ‚Kompetenzquelle' könnte, nicht nur unter dem Aspekt der Beschäftigungspolitik die entsprechende Querschnittsklausel berücksichtigend, für vertragsübergreifende praktische Verwirklichung der Querschnittsaufträge insgesamt beispielhaft werden: Gerade bei der Unterstützung von Maßnahmen, Programmen, Regionen bedarf es – querschnittlich denkend – der Ermittlung der Konsequenzen für Umwelt, Gesundheit, Verbraucher, Kultur pp. Vorreitermäßig für die gesamte Gemeinschaftsressorttätigkeit könnten in der Tagesarbeit eines solchen Fonds die Aufträge der Querschnittsklauseln abwägend in die Tat umgesetzt werden. Der Gemeinschaft steht hier eine Art Nebenkompetenz ausdrücklich zur Verfügung, die insbesondere die positiv-fördernde Seite der Querschnittsaufträge darstellen kann.

Es bleibt nicht aus, dass die Querschnittsklausel des Art. 127 Absatz 2 EGV auch Wirkungen im Hinblick auf die Möglichkeiten der nationalen und regionalen Wirtschaftsförderung zeitigt, denn diese Sachbereiche sind, was ihre Effizienz anbelangt, eng mit dem Streben nach einem hohen Beschäftigungsstandard verknüpft. Die Forderung der Klausel zur Berücksichtigung des Ziels eines hohen Beschäftigungsniveaus beansprucht ferner Geltung für die Bestimmungen des EGV über die (Grundzüge der) Wirtschaftspolitik im Sinne des Art. 99 EGV, deren beschäftigungspolitische Ausrichtung nach Ziffer 5 der Entschließung des Europäischen Rates über ‚Wachstum und Beschäftigung'[473] gestärkt werden soll.

---

472 Vgl. dazu und zu näheren Einzelheiten *Kreßel* in *Schwarze*, EU-Kommentar, Art. 128 EGV Rn. 5.

473 ABl. C 236 vom 2. 8. 1997.

Auch die Währungspolitik des ESZB[474] nach Art. 105 EGV wird von der Klausel beeinflusst[475]. Da indes Preisstabilität nach Absatz 1 Satz 1 des Artikels das vorrangig zu gewährleistende Ziel des ESZB ist, sind Zielkonflikte zwischen Wirtschafts- und Beschäftigungspolitik immer erst im Sinne der Vorrangigkeit der Preisstabilität zu lösen; unterstützt Geldpolitik, wie sie mit der Wirtschaftspolitik und der Bekämpfung der Arbeitslosigkeit betrieben wird, die Beschäftigung, darf dies nur unter der Prämisse geschehen, dass Preisstabilität bereits verwirklicht worden ist und darüber hinaus nicht gefährdet wird. Der Vertrag ist geprägt von der ökonomischen Grundüberzeugung, dass Preisstabilität die beste Gewähr für hohes wirtschaftliches Wachstum und hohe Beschäftigung bietet; Preisstabilität und hohes Beschäftigungsniveau bedingen einander. Die europäische Beschäftigungsstrategie in ihren kompetenzmäßigen Grenzen, die Koordinierung der Wirtschaftspolitik durch die ‚Grundzüge der Wirtschaftspolitik' und die vom Europäischen Rat in Cardiff vereinbarten Wirtschaftsreformen (Schlussfolgerungen des Vertrages Ziffer 11) gehen Hand in Hand[476].

Die Funktion der Querschnittsklausel des Art. 127 Absatz 2 EGV im Rahmen vorbezeichneter Inhalte der Beschäftigungspolitik umfasst mithin die Akzeptanz von Zuständigkeiten der Mitgliedstaaten, Einforderung vertragsweiter Beachtung ihrer vorhandenen Beschäftigungspolitiken, Abstimmung auch der aufgeführten, der Gemeinschaft originär selbst zur Verfügung stehenden Instrumente mit unmittelbaren beschäftigungspolitischen Auswirkungen auf diese einschlägigen existierenden Politiken der Mitgliedstaaten. Inhaltlich fordert dies von den verpflichteten Handlungsträgern der Gemeinschaft, beschäftigungsschädliche Tendenzen aus eigenen Politikentwürfen und Maßnahmen weitestgehend auszuschließen; die positive Ausrichtung im Sinne eines jeweils selbst fördernden Beitrags zur Beschäftigungspolitik bzw. zu einem hohen Maß an Beschäftigung ist durch die Querschnittsklausel nicht grundsätzlich eingefordert. Das hohe Beschäftigungsniveau als Ziel soll gesehen, nicht beeinträchtigt, indessen soll dieses Feld nicht selbst ‚bearbeitet' werden.

F) Art. 157 Absatz 3 Unterabsatz 1 Satz 1 EGV – Industriepolitik

‚Die Gemeinschaft trägt durch die Politik und die Maßnahmen, die sie aufgrund anderer Bestimmungen dieses Vertrages durchführt, zur Erreichung der Ziele des Absatzes 1 bei.'

---

474 Europäisches System der Zentralbanken.

475 *Coen* in *Lenz,* EG-Vertrag, Art. 127 EGV Rn. 3.

476 *Coen,* a. a. O., Rn. 4.

Letztere sind diverse Aktivitäten zur Gewährleistung der notwendigen Voraussetzungen für die Wettbewerbsfähigkeit der Industrie der Gemeinschaft.

Art. 157 EGV stellt innerhalb der vertraglichen Bestimmungen eine verhältnismäßig moderne[477] Vorschrift dar. Noch in den Römischen Verträgen war von Industriepolitik nicht die Rede. Im Jahr 1967 wurde einem Kommissionsmitglied und der heutigen Generaldirektion III der Aufgabenbereich Industriepolitik zugewiesen[478]. Jedoch unterstützten von Beginn an erstaunlicherweise der EGKSV [in Art. 2 Absatz 2 und Art. 3 lit. d) – f) i. V. m. Art. 46, 54, 57 ff, 61 und 74] sowie der EAGV [in Art. 2 lit. c) i. V. m. Art. 40] industriepolitische Aktivitäten, wenn auch nur auf Teilbereiche beschränkt[479]. Ausdrücklich im Vertrag als Politik verankert wurde die gemeinschaftliche Industriepolitik erst durch den Maastrichter Vertrag im Jahr 1992, was dann 1997 durch den Amsterdamer Vertrag unverändert übernommen wurde[480].

I. Industriebegriff / Zielsetzungen

Der Begriff der Industriepolitik ist weit gespannt. Eine treffende allgemeine Umschreibung stammt von *Ingo Schmidt,* für den Industriepolitik jegliches Engagement des Staates bedeutet, den industriellen Sektor aktiv zu gestalten; konkret sind damit Staatsinterventionen zur Beschleunigung neuer oder Konservierung alter Strukturen gemeint, was in der Sache einen aktiven Eingriff in den Prozess der Ressourcenallokation darstellt[481]. Dieses Engagement vollzieht sich in unterschiedlicher Intensität. *Schmidt*[482] unterscheidet vier ‚Aktivitätsniveaus‘:

(1) Allgemeine Industriepolitik mit dem niedrigsten Aktivitätsniveau. Diese Politik umfasst all diejenigen Maßnahmen, die in ordnungspolitischer Hinsicht nicht problematisch, aber dennoch darauf gerichtet sind, der Wirtschaft einen gewissen Ordnungsrahmen vorzugeben.

---

477 Aus vertragstypischer Sicht mag man freilich den Artikel insofern als eher ‚unmodern‘ begreifen, als die Industriepolitik in die Freiheit der Marktwirtschaft eingreift.

478 Vgl. *Everling,* EuR 1968, 175.

479 *Müller-Huschke* in *Schwarze,* EU-Kommentar, Art. 157 EGV Rn. 1.

480 *Müller-Huschke,* a. a. O., Rn. 9.

481 *Ingo Schmidt,* WuW 1995, 971, 972 ff. – ‚Ressourcenallokation‘: Ressourcen sind (nach wirtschaftlichem Verständnis) Mittel, welche in die Produktion von Gütern und Dienstleistungen eingehen, *Gabler,* Volkswirtschafts-Lexikon, 696; Allokation bedeutet in der Wirtschaftstheorie die Verteilung der Güter, insbesondere auch der Produktionsfaktoren in einer Volkswirtschaft. Optimale Allokation der Ressourcen meint die optimale Verteilung von Produktionsfaktoren auf alternative Verwendungszwecke, *Gabler,* Volkswirtschafts-Lexikon, 16.

482 *Ingo Schmidt,* WuW 1995, 971, 973.

(2) Wettbewerbsbezogene Industriepolitik: Das hier erschlossene Handlungsfeld ist deutlich weitreichender, es umfasst sämtliche staatlichen Maßnahmen, die darauf abzielen, eine möglichst wettbewerbseffektive Stellung von Unternehmen oder Branchen im Industriebereich zu fördern.
(3) Lenkende Industriepolitik: Dieses Aktivitätsniveau ist traditionsbezogen, indem es vordringlich gewachsene Strukturen zugunsten eines möglichst großen Arbeitsplatzerhalts bewahren will. Als sektorspezifische Politik spielt sie besonders in Wirtschaftsbereichen der Europäischen Gemeinschaft wie Kohle, Stahl und Landwirtschaft eine gewichtige Rolle.
(4) Strategische Industriepolitik: Sie entfaltet höchste Aktivität und bildet den Schwerpunkt der europäischen Industriepolitik. Ihr Ziel ist es, in strategischen (zukunftsorientierten) Industriefeldern wettbewerblich gesicherte Positionen zu schaffen und zu wahren.

Das Ziel der vertraglichen Industriepolitik wird in Art. 157 Absatz 1 Unterabsatz 1 EGV mit der Gewährleistung der Wettbewerbsfähigkeit der Gemeinschaft festgelegt, hierfür sollen Gemeinschaft und Mitgliedstaaten Sorge tragen. Damit wiederholt der Artikel das Postulat des Art. 3 Absatz 1 lit. m) EGV, die Tätigkeit der Gemeinschaft umfasse die Stärkung der Wettbewerbsfähigkeit der Industrie der Gemeinschaft. In Verbindung mit einzelnen Bestimmungen des EGV übernimmt Art. 3 Absatz 1 EGV unter anderem die Rolle einer Kompetenznorm in Bezug auf die jeweils umschriebenen Bereiche. Er begründet indes selbst keine eigenständigen Zuständigkeiten der EG, wie sich aus der Einschränkung ‚nach Maßgabe dieses Vertrags' ergibt[483]. Setzt man Art. 157 Absatz 1 EGV zu Art. 3 Absatz 1 lit. m) EGV in Beziehung, so erscheint auf den ersten Blick die Rolle der Mitgliedstaaten nicht klar definiert, da nach Art. 157 Absatz 1 Unterabsatz 1 EGV die Sicherung der industriellen Wettbewerbsfähigkeit sowohl der Gemeinschaft als auch den Mitgliedstaaten obliegt, wogegen Art. 3 Absatz 1 lit. m) EGV letztere nicht erwähnt. Dieser scheinbare Widerspruch erklärt sich indessen aus der Funktion des Art. 3 Absatz 1 EGV als Tätigkeitskatalog der Gemeinschaft, als solcher weist er nur deren Aufgaben aus, reduziert nicht zugleich die der Mitgliedstaaten, ihnen verbleiben ihre industriepolitischen Zuständigkeiten. Art. 157 Absatz 2 EGV verpflichtet die Nationalstaaten dazu, die anderen Mitgliedstaaten sowie die Kommission zu konsultieren, d. h. sie über eigene Maßnahmen zu informieren und sich mit ihnen zu beraten. Zur Koordinierung ihrer Maßnahmen im Sinne inhaltlicher Abstimmung mit solchen anderer Mitgliedstaaten sind sie dabei nur in die Pflicht genommen, soweit dies erforderlich ist, um negative Aus-

483 *Ruffert* in *Calliess / Ruffert,* EUV/EGV, Art. 3 EGV Rn. 2; im Ergebnis auch *von Bogdandy* in *Grabitz / Hilf,* Das Recht der Europäischen Union, Art. 3 EGV Rn. 3.

wirkungen auf die industrielle Wettbewerbsfähigkeit anderer Mitgliedstaaten zu vermeiden oder zu reduzieren[484].

Art. 157 Absatz 1 Satz 1 EGV spricht Mitgliedstaaten und Gemeinschaft hinsichtlich der Verfolgung des Zielkatalogs des Satzes 2 dem Wortlaut nach gleichermaßen an, so dass man zunächst vermuten könnte, die Industriepolitik stehe in paralleler Kompetenz von Gemeinschaft und Mitgliedstaaten[485]. Gemäß Absatz 3 Unterabsatz 2 wird indes die Gemeinschaft im Hinblick auf industriepolitische Maßnahmen der Mitgliedstaaten nur unterstützend tätig, womit zwar eine Kompetenzteilung besteht, die Hauptverantwortung für die Industriepolitik jedoch bei den Mitgliedstaaten verbleibt[486].

Dem entspricht die Querschnittsklausel des Art. 157 Absatz 3 Unterabsatz 1 Satz 1 EGV, indem sie die Gemeinschaft im Dienste der Industriepolitik verpflichtet, durch ihre Politik und die Maßnahmen, die sie aufgrund anderer Vertragsbestimmungen durchführt, zur Erreichung der Ziele des Absatzes 1 beizutragen; die Gemeinschaft muss also auch zu industriepolitischen Zielsetzungen in ihren Aktivitäten Querverbindungen herstellen. Die Rechtsgrundlagen der mit dieser Querschnittsklausel anvisierten Gemeinschaftstätigkeit ‚aufgrund anderer Bestimmungen dieses Vertrages', nämlich die Kompetenznormen für Industriepolitik-ferne Vertragspolitiken und Maßnahmen vom Vollzug der Industrie-Querschnittsklausel selbst abzugrenzen, bereitet besondere Schwierigkeit[487]. Aktivitäten zur Gewährleistung der für die Wettbewerbsfähigkeit der Industrie der Gemeinschaft notwendigen Voraussetzungen sind als staatliche Eingriffe in das Grundprinzip des Vertrages, der weitestmöglichen Freiheit des Wettbewerbs, in sich zu einem bestimmten Grade systemwidrig. Das was der Vertrag hier kompetenzmäßig gestattet, ist daher generell eher restriktiv als ausweitend zu handhaben. Die Industrie-Querschnittsklausel steht nun leicht in der Gefahr, mit ihrem vertragsweiten Auftrag der Beachtung industriefördernder Ziele *selbst* als Argument für einschlägige staatliche Zielsetzungen im Rahmen des von der Gemeinschaft hier zu leistenden Beitrags vereinnahmt zu werden, statt nur den Transfer existenter Industriepolitik in andere Politiken sicherzustellen. Dieses Spannungsfeld kennzeichnet der Unterabsatz 2 des Art. 157 Absatz 1 EGV, wenn er formuliert, die Tätigkeit (von Gemeinschaft und Mitgliedstaaten) zur Gewährleistung der Wettbewerbsfähigkeit der Industrie ziele *einem System offener und wettbewerbsorientierter Märkte entsprechend* darauf ab,

---

484 *Kallmayer* in *Calliess / Ruffert,* EUV/EGV, Art. 157 EGV Rn. 15.

485 So *Lecheler* in *Grabitz / Hilf,* Das Recht der Europäischen Union, Art. 157 EGV Rn. 8.

486 Vgl. *Lurger* in *Streinz,* EUV/EGV, Art. 157 EGV Rn. 26.

487 Vgl. *Lecheler* in *Grabitz / Hilf,* Das Recht der Europäischen Union, Art. 157 EGV Rn. 8 ff.

(1) die Anpassung der Industrie an die strukturellen Veränderungen zu erleichtern,
(2) ein für die Initiative und Weiterentwicklung der Unternehmen, insbesondere der kleinen und mittleren, in der gesamten Gemeinschaft günstiges Umfeld,
(3) ein für die Zusammenarbeit zwischen Unternehmen günstiges Umfeld und
(4) eine bessere Nutzung des industriellen Potentials der Politik in den Bereichen Innovation, Forschung und technologische Entwicklung zu fördern.

II. Industrie- und Wettbewerbspolitik als Gegenpole?

Die ordnungspolitische Diskussion darüber, ob die eingeforderte europäische Industriepolitik im Widerspruch zur Wettbewerbsordnung steht, ist Ausdruck einer nicht erst in jüngster Zeit entfachten wettbewerbstheoretischen Kontroverse. Es geht um die Beschränkbarkeit wirtschaftlicher Freiheit zur Erreichung bestimmter ökonomischer Ziele und, sofern sie bejaht wird, um ihre Grenzen. Bereits die Programmatik des Art. 157 Absatz 1 Unterabsatz 1 EGV – Wettbewerbsfähigkeit der Industrie – impliziert das Spannungsverhältnis zwischen Wettbewerbs- und Industriepolitik[488], beide sollen miteinander vereinbart werden und bilden doch Gegensätze.

Für *Kartte* ist Wettbewerbspolitik das Gegenteil von Dirigismus, den zielgerichteten Interventionen des Staates in die von autonomen Unternehmensentscheidungen geprägten Wirtschaftsabläufe[489].

Möschel[490] sieht zwei unterschiedliche Denkansätze nebeneinander:

Der eine orientiert sich an marktwirtschaftlichen Rahmenbedingungen, die es gegebenenfalls zu verbessern gilt. Insoweit bleibt es den Unternehmen überlassen, sich der Dynamik des Strukturwandels zu stellen, weil nur auf diese Weise dauerhaft Wettbewerbsfähigkeit garantiert werden könne.

Der andere Ansatz favorisiert zielgerichtete staatliche Interventionen. Dies führe letztlich zu jedenfalls zeitweiliger Subvention bzw. Protektion, dem systematischen Gegenpart des freien Wettbewerbs.

Wettbewerbspolitik soll also zuvorderst Freiheiten, Industriepolitik ergebnisorientiert bestimmte Wirtschaftsbereiche sichern. Ihre Tendenzen können gegenläufig sein. Diese Dualität brachte bereits der Maastrichter Vertrag klar zum Ausdruck. Während Art. 3 lit. f) EWGV die Errichtung eines Systems vorsah, ‚das den Wettbewerb innerhalb des Gemeinsamen Marktes vor Verfälschungen

488 Vgl. *Ingo Schmidt,* WuW 1995, 971.
489 *Kartte,* ORDO 1992, 405.
490 *Möschel,* ORDO 1992, 415.

schützt‘ und damit das Wettbewerbsprinzip an sich zum Grundpfeiler der europäischen Wirtschaftsordnung erkor, sah schon Art. 3 lit. l) EGV a. F. ausdrücklich ‚die Stärkung der Wettbewerbsfähigkeit der Industrie der Gemeinschaft‘, also über den Binnenmarkt hinaus, vor. Damit wurden Wettbewerbsprinzip und das als Stärkung der Wettbewerbsfähigkeit der Industrie der Gemeinschaft umschriebene Prinzip der Industriepolitik nebeneinander gestellt, letztlich der Industriepolitik als einem konstitutiven Element der gemeinschaftlichen Wirtschaftspolitik nahezu Verfassungsrang eingeräumt[491], vom heutigen Art. 3 lit. m) und g) EGV bestätigt.

Konflikte sind zwangsläufig. Die Wettbewerbsordnung läuft theoretisch durchaus Gefahr, von Dirigismus, Interventionismus und Protektionismus – allesamt Begleiterscheinungen herkömmlicher Industriepolitik – ausgehebelt zu werden[492]. Die Förderung der Wettbewerbsfähigkeit von Unternehmen durch industriepolitische Maßnahmen ist somit höchst ambivalent[493].

Indessen unterbindet der Vertrag – soweit er nicht ausdrücklich etwas anderes bestimmt – staatliche oder aus staatlichen Mitteln gewährte Beihilfen, Art. 87 Absatz 1 EGV. Er erklärt sie dort, schon wenn sie den Wettbewerb nur zu verfälschen drohen, als mit dem Gemeinsamen Markt unvereinbar, sofern sie den Handel zwischen den Mitgliedstaaten beeinträchtigen, mit Ausnahme von Beihilfen sozialer Art, bei Naturkatastrophen oder wenn durch die Teilung Deutschlands gebietsweise erforderlich.

Die Ausnahmeregelung des Art. 87 Absatz 3 lit. e) EGV, wonach der Rat auf Vorschlag der Kommission mit qualifizierter Mehrheit Beihilfen beschließen darf, könnte – buchstäblich angewandt – eine nicht unproblematische Fallgestaltung zulassen; sie steht ohne eigene inhaltliche Schranke am Ende des Artikels, so als ob das besondere Procedere automatisch eine Beihilfe als mit dem Gemeinsamen Markt vereinbar mache. Wegen der Platzierung der Regelung im Gefüge des Gesamtartikels muss indes davon ausgegangen werden, dass die sonstigen inhaltlichen Vorgaben des Artikels auch für solche Ratsentscheidungen gel-

---

491 *Ingo Schmidt,* WuW 1995, 971, 972.

492 *Immenga* stellt fest, durch den EUV werde das Vertrauen auf Initiative und Erfolg unternehmerischen Handelns und die Rationalität des Wettbewerbs durch ein Vertrauen auf die Weisheit staatlichen Handelns verdrängt. Die so entstehenden Normenkonflikte seien nicht mehr justiziabel und letztlich nur noch offen für politische Lösungen. Die Anwendung der Beihilferegeln bilde hierfür insofern ein anschauliches Beispiel, als eine gerichtliche Überprüfung der im Endeffekt politischen Ermessensentscheidungen praktisch ausgeschlossen sei, *Immenga,* EuZW 1994, 14, 17, 18.

493 *Ingo Schmidt,* WuW 1995, 971, 977 ff.

ten, diese Handlungsmöglichkeit also unter entsprechenden inhaltlichen Vorbehalten steht.

Zulässige Medien der Industriepolitik sind ansonsten etwa die Steuerpolitik (mit Ausnahme solcher Bestimmungen, die die Rechte und Interessen der Arbeitnehmer betreffen, Art. 157 Absatz 3 zweiter Unterabsatz EGV), der Kapitalmarkt, die Bildungspolitik, Programme, Pläne und die Bereitstellung von Mitteln im Rahmen der Aufgaben des Art. 157 Absatz 1 EGV.

Insbesondere auf zwei Feldern kann europäische Industriepolitik in Widerstreit zur Wettbewerbsordnung der Gemeinschaft treten, einmal in der Berücksichtigung industriepolitischer Interessen bei Fusionskontrollentscheidungen der Kommission[494], zum anderen über Subventionsprogramme für Sozial-, Kohäsions- und Forschungsmaßnahmen mit industriepolitischer Zielsetzung[495].

Ein ordnungspolitisches Risiko liegt zudem in der Befugnis der Gemeinschaft zur Kreditaufnahme zwecks Wahrnehmung von Förderaufgaben aus eigener Kompetenz; theoretisch könnte dergestalt beinahe uferlos eine wie ausgeführt im Endeffekt wettbewerbs- und damit (im Sinne des Binnenmarktgedankens des Vertrages) wirtschaftsfeindliche Industriepolitik betrieben werden[496].

Schließlich beinhaltet die gezielte Förderung der europäischen Industrie mit der Auswahl nur bestimmter förderungswürdiger Branchen auch ein strukturpolitisches Element, das der Wettbewerbsordnung zuwiderläuft[497]. Industriepolitische Maßnahmen in Gestalt von Dauersubventionierungen bestimmter Industriezweige etwa steigern zwar künstlich internationale Wettbewerbsfähigkeit. Zugleich fördert der weite Spielraum europäischer Instanzen innerhalb der Industriepolitik die – wirtschaftlich immer unerwünschte – Durchsetzung von Partikularinteressen[498].

---

494 Dazu ausführlich Teil 5 – Die Konzeption der Europäischen Fusionskontrolle birgt ein Spannungsverhältnis zwischen Wettbewerbs- und Industriepolitik in sich, wenn hier die Frage auftaucht, ob die Vereinbarkeit von Zusammenschlüssen mit dem Gedanken des Gemeinsamen Marktes ausschließlich nach wettbewerbspolitischen Kriterien zu beurteilen ist, oder ob die Kommission auch bei wettbewerbspolitisch negativer Beurteilung einen Zusammenschluss aus industriepolitischen Gründen soll genehmigen können, *Kartte,* ORDO 1992, 405, 406. Er spricht sich für ein selbständiges Europäisches Kartellamt aus, das weitaus mehr als die einer Vielzahl von gegenläufigen Vertragszielen verpflichtete Kommission die Gewähr dafür biete, den Wettbewerb im Gemeinsamen Markt vor Verfälschungen zu schützen, a. a. O., 409.

495 *Ingo Schmidt,* WuW 1995, 971, 978 f.

496 Vgl. *Ingo Schmidt,* a. a. O., 983.

497 Vgl. zu dieser Problematik auch *Everling,* EuR 1968, 175, 179.

498 *Ingo Schmidt,* a. a. O., 984.

Industriepolitik steht also vom Grundgedanken her dem obersten Prinzip des Vertrages, Förderung der Wirtschaftsgemeinschaft Binnenmarkt durch Beseitigung von Wettbewerbshindernissen, zumindest nicht förderlich gegenüber.

Zur Wertigkeit von grundlegendem Bekenntnis zur Wettbewerbsfreiheit und dem Handlungsauftrag des Art. 157 EGV trifft dessen Absatz 1 immerhin eine klare Aussage:

Industriepolitik, die in Art. 3 Absatz 1 lit. m) EGV als Aufgabe der Gewährleistung der Wettbewerbsfähigkeit der Industrie vorgegeben ist, die dann weiter in Art. 157 EGV inhaltlich geregelt wird, steht wie eingangs ausgeführt unter der Prämisse, dass sie dem System offener und wettbewerbsorientierter Märkte zu entsprechen hat. Dies ist also der Rahmen, die Vorgabe, so dass Industriepolitik damit als Teil der Wettbewerbspolitik verstanden wird, nicht als gesonderter Sektor mit Freistellung von Wettbewerbsmaximen. Hier findet sich eine Art ‚geborene' Querschnittswirklichkeit.

Unterstützt wird diese Zuordnung durch die Kompetenzsperre des Art. 157 Absatz 3 Unterabsatz 2 EGV. Danach liefert der Titel Industrie der Gemeinschaft keine Grundlage für Maßnahmen, die zu Wettbewerbsverzerrungen führen können. In der Tat fungiert dieses Verbot als eines unter verschiedenen Korrektiven, die staatlichem Intervenieren in Wirtschaftsvorgänge auf europäischer Ebene gegensteuern sollen. Indes ist der Regelungsgehalt ‚Wettbewerbsverzerrung', den auch Art. 96 EGV im Rahmen der Bestimmungen zur Angleichung der Rechtsvorschriften aufgreift, nicht eindeutig zu handhaben[499]. Absatz 1 dieses Artikels verpflichtet die Kommission, sofern sie feststellt, dass vorhandene Unterschiede in den Rechts- und Verwaltungsvorschriften der Mitgliedstaaten die Wettbewerbsbedingungen im Gemeinsamen Markt verfälschen und dadurch eine Wettbewerbsverzerrung hervorrufen, diese in dem von Art. 96 EGV autorisierten ‚Schnellverfahren' zu beseitigen. Diese Vorschrift hat ersichtlich Ausnahmecharakter im Sinne einer Art letzter Sperrwirkung, so dass sie nicht etwa als ständiges Regulativ den in Art. 157 Absatz 1 EGV umschriebenen gewollten industriepolitischen Maßnahmen in die Quere kommen muss.

Nahezu jedwede gezielte Aktivität zur Industrieförderung könnte bei extensivem Verständnis des Begriffs der Verzerrung des Wettbewerbs betroffen sein, indem Förderung selektiv zwangsläufig nur bestimmte Unternehmenszweige stützt, damit andere vernachlässigt und gleichzeitig Konkurrenzvorteile verschafft. Wäre hier immer schon Art. 96 Absatz 1 EGV auf den Plan gerufen, würde den im Vertrag ja eröffneten industriepolitischen Kompetenzen die Essenz

---

499 Zur Schwierigkeit der Ausfüllung des Begriffs der Wettbewerbsverzerrung mit der Konsequenz des Leerlaufens des Art. 96 EGV vgl. nur *Leible* in *Streinz,* EUV/EGV, Art. 96 EGV Rn. 3 mit Nachweisen.

genommen. Der Terminus der Wettbewerbsverzerrungen betrifft nach richtigem Verständnis deshalb nur Maßnahmen, die die Wirtschaftsstruktur in Teilbereichen nicht nur theoretisch, sondern real verzerren. Dies muss von Fall zu Fall mittels sorgfältiger Prüfung durch die beteiligten Organe beurteilt werden[500], was fraglos nicht immer ein leichtes Unterfangen sein kann.

Daraus folgt, dass auch die Kompetenzsperre des Art. 157 Absatz 3 Unterabsatz 2 EGV die dargestellten Bedenken wegen möglicher negativer Einflüsse von Industrie- innerhalb der Wettbewerbspolitik nicht gegenstandslos macht.

III. Integrationswirkung

Die Kompetenzen der Gemeinschaft auf dem Sektor Industriepolitik sind subsidiär. Gemeinschaft und Mitgliedstaaten ‚sorgen dafür', dass die notwendigen Voraussetzungen für die Wettbewerbsfähigkeit der Gemeinschaft gewährleistet sind. Wie der Vertrag sich das vorstellt, sagt Art. 157 Absatz 1 EGV unter Umreißung der Einzelziele dieser Tätigkeit. Die einzige explizit benannte originäre Tätigkeit der Gemeinschaft findet sich hier in der Querschnittsklausel des Absatz 3, im übrigen beschränken sich die Aufgaben der Gemeinschaft auf die Koordinierung der Mitgliedstaaten (Kommission) bzw. spezifische einschlägige Maßnahmen zur Unterstützung derer der Mitgliedstaaten (Rat). Die Gemeinschaft betreibt hier also eine eigene Politik ausdrücklich nur aufgrund anderer Vertragsbestimmungen, indem sie so zur Verwirklichung der Ziele der Industriepolitik ‚beiträgt'.

Es wird gesagt, diese horizontale Querschnittsklausel bewirke, verglichen mit den in Art. 157 EGV selbst eingeräumten Kompetenzen, in höherem Maße eine Aufwertung der Industriepolitik in der Gemeinschaft[501].

Vorrangig stellt sich damit zur industriepolitischen Querschnittsklausel nach Absatz 3 Unterabsatz 1 Satz 1 die Frage, ob sie die gebotene Balance zwischen sorgfältig zu dosierenden industriepolitisch motivierten Eingriffen in das Funktionieren des Binnenmarktes und dessen Maxime der Wettbewerbsfreiheit zu Lasten letzterer verschiebt, oder ob sie insoweit neutral bleibt. Wertet man die Aussage der Klausel dahin, dass Maßnahmen, die zur Erreichung der Ziele in Art. 157 Absatz 1 EGV beitragen, auch auf andere vertragliche Rechtsgrundlagen als die in Art. 157 Absatz 3 Unterabsatz 1 Satz 2 EGV genannten gestützt werden

500 *Breier* in *Lenz,* EG-Vertrag, Art. 157 EGV Rn. 17; *Müller-Huschke* in *Schwarze,* EU-Kommentar, Art. 157 EGV Rn. 31.

501 *Hellmann* in *von der Groeben / Thiesing / Ehlermann,* EU-/EG-Vertrag, Art. 130 EGV Rn. 12.

können, entspräche dies der Rechtsprechung des EuGH zu den Querschnittsklauseln, wie sie von einigen Autoren verstanden wird[502], ein Standpunkt, den die vorliegende Untersuchung indessen nicht teilt, da der Wortlaut der Klausel für diese Auslegung nichts hergibt. Der hier von der industriepolitikfern aktiv werdenden Gemeinschaft eingeforderte Beitrag zur Erreichung der Ziele der Industriepolitik könnte als kompetenzmehrend im Sinne von Art. 5 Absatz 1 EGV nur bei dahingehend eindeutiger Aussage bewertet werden. Ohne eine solche vermag die Bestimmung des Art. 157 Absatz 3 Unterabsatz 1 Satz 1 EGV keine generellen industriepolitisch motivierten Handlungszuwächse zu vermitteln. Gegen eine derartige Interpretation wendet sich auch *Everling*[503], der in der Industrieklausel lediglich die Bestätigung einer bisherigen Praxis sehen will; so würden handelspolitische Maßnahmen seit jeher, etwa bei der Festsetzung von Zöllen oder mengenmäßigen Beschränkungen, in erheblichem Maße durch industriepolitische Überlegungen bestimmt, und die Anwendung des Kartell- oder Beihilferechts setze ebenfalls industriepolitische Wertungen voraus. *Müller-Huschke*[504] zufolge verbietet es sich, aus der Klausel ein Kontroll- und Vetorecht der Industriepolitik gegenüber anderen Politikfeldern abzuleiten; ebensowenig ziele sie darauf ab, die Wettbewerbspolitik zu relativieren, sondern spiegele letztlich nur den Grundsatz der Einheit der Gemeinschaftsrechtsordnung wider.

Zutreffend erscheint jedenfalls, dass die Klausel eine durchgängige Wahrnehmung und Unterstützung der vorhandenen industriepolitischen Ziele bei allen Politiken und Maßnahmen des EGV ausdrücklich von der Gemeinschaft verlangt, obwohl auch diese Klausel mit der Aufforderung zu (bloßem) ‚Beitragen' weniger an Integration verlangt als etwa die Umweltklausel[505].

Die Querschnittsklausel des Art. 157 Absatz 3 Unterabsatz 1 EGV vermittelt aus sich heraus der Industriepolitik auf Gemeinschaftsebene keine Kompetenzerweiterung, wohl aber die Verpflichtung, bei jeder rechtlich zulässigen Politik und Maßnahme, welchem Sachbereich auch immer entsprungen, nicht nur industriepolitischen Zielsetzungen nicht zuwiderzuhandeln, sondern sie gleichzeitig möglichst mitzutragen.

502 Beispielsweise *Breier* in *Lenz,* EG-Vertrag, Art. 157 EGV Rn. 14; *Müller-Huschke* in *Schwarze,* EU-Kommentar, Art. 157 EGV Rn. 27.

503 *Everling,* Mélanges en hommage à *Fernand Schockweiler,* 131, 148.

504 *Müller-Huschke* in *Schwarze,* EU-Kommentar, Art. 157 EGV Rn. 26.

505 Im übrigen ein weiterer Beleg für den Ansatz, intensivere Handlungsaufträge an die Gemeinschaft auf die Grundrechts- bzw. Individual-Relevanz des betreffenden Zielgebietes zurückzuführen [vgl. unter Teil 1 B) III]; Industriepolitik hat ersichtlich keinen direkten Bezug zu Grundrechten. Dieses Ergebnis gilt umso mehr, als die Klausel in systematischer Hinsicht nicht an einer der des Art. 6 EGV vergleichbar exponierten Stelle positioniert ist, vgl. *Breier* in *Lenz,* EG-Vertrag, Art. 157 EGV Rn. 13 f.

Die Klausel tangiert nicht das Einstimmigkeitserfordernis des Art. 157 Absatz 3 Unterabsatz 2 EGV. Dieser Satz, wonach Maßnahmen, welche auch eine industriepolitische Zielsetzung beinhalten, etwa in den Bereichen der Handelspolitik, der Forschung und Entwicklung oder der Wettbewerbspolitik, nur noch einstimmig beschlossen werden können, bezieht sich nicht auf Unterabsatz 1 des Absatzes 3, sondern spricht eigene Kompetenzen an. Wohl aber kann ein Verweis auf dieses Einstimmigkeitsprinzip einen geeigneten Mechanismus zur Verhinderung von Missbräuchen anderer Politiken zur Verwirklichung spezifischer industriepolitischer Ziele darstellen[506].

Erörtert wird, ob diese Begrenzung der Gemeinschaftskompetenz nach Art. 157 Absatz 3 Unterabsatz 2 EGV auch für solche Maßnahmen gilt, die im Rahmen der industriepolitischen Querschnittsklausel – unter Berücksichtigung der industriepolitischen Zielsetzungen – auf der Grundlage anderer Gemeinschaftskompetenzen erlassen werden. Bejaht man das, ließe man der Klausel eine Bedeutung weit über den industriepolitischen Bereich hinaus angedeihen. Diese Wirkung könnte man ihr zubilligen, wenn man das Verbot von Wettbewerbsverzerrungen im EU-Binnenmarkt als allgemeines, allen Politiken immanentes Gemeinschaftsprinzip anerkennt[507]. Dann fragt es sich allerdings, warum es überhaupt noch des Art. 157 Absatz 3 Unterabsatz 2 EGV bedurfte, wenn ohnehin dessen Inhalt gesamtvertraglich anzuwenden wäre. *Kallmayer*[508] bejaht die Ausstrahlungswirkung der Schranke auf die Querschnittsklausel und auf damit in Zusammenhang stehende Maßnahmen industriepolitischen Bezugs mit folgender Argumentation: Für eine solche Wirkung spreche die Bezugnahme auf ‚irgendeine Maßnahme' auf der Grundlage des Art. 157 EGV. Ferner bestünde anderenfalls die Möglichkeit, für spezifische Maßnahmen die Schranke zu umgehen, in-

---

506 *Müller-Huschke* in *Schwarze,* EU-Kommentar, Art. 157 EGV Rn. 29.

507 Vgl. dazu kritisch *Müller-Huschke,* a. a. O., Rn. 31. Demgegenüber befürwortete *Breier* in *Lenz,* EG-Vertrag, noch in der 2. Auflage 1999, Art. 157 EGV Rn. 16, die Geltung der Kompetenzsperre auch für Maßnahmen auf der Grundlage anderer Kompetenzen unter Berücksichtigung der industriepolitischen Zielsetzungen mit dem Hinweis darauf, dass es in Art. 157 Absatz 3 Unterabsatz 2 EGV ausdrücklich heiße, ‚dieser Titel' biete keine Grundlage dafür, dass Maßnahmen der EG zu Wettbewerbsverzerrungen führen können, zum industriepolitischen Titel gehöre auch die Querschnittsklausel. Diese Ansicht hat *Breier* indes seit der 3. Auflage relativiert, indem er nunmehr die Ansicht vertritt, die Sperre gelte *nicht* für auf andere Kompetenzgrundlagen gestützte Maßnahmen. Auch wenn die Querschnittsklausel den umweltpolitischen Titel umfasse, mithin an sich die Kompetenzsperre in andere Politikbereiche implantiere, könne die Konsequenz, dass die Gemeinschaft keinerlei Kompetenzen in Bezug auf die Rechte und Interessen der Arbeitnehmer hätte, so vom Gemeinschaftsgesetzgeber nicht gewollt sein, da Art. 137 EGV solche Regelungen jedenfalls begrenzt gestatte (4. Auflage 2006 Rn. 19).

508 *Kallmayer* in *Calliess / Ruffert,* EUV/EGV, Art. 157 EGV Rn. 24.

dem man sie statt auf den Einstimmigkeit fordernden Absatz 3 Unterabsatz 2 auf die Querschnittsklausel in Verbindung mit einer anderen Rechtsgrundlage stützte. Schließlich sei die Gemeinschaft nach Art. 4 Absatz 1 und Art. 98 EGV in ihrer gesamten Tätigkeit der offenen Marktwirtschaft mit freiem Wettbewerb verpflichtet, so dass die Verneinung der Ausstrahlung auf Absatz 3 Unterabsatz 2 keinen Unterschied machen dürfte. Auch bestünde ansonsten die Möglichkeit, industriepolitische Ziele in erheblichem Umfang in die Wettbewerbspolitik einfließen zu lassen und diese so an der Sicherung des freien Wettbewerbs zu hindern, was dem Sinn der Schranke erkennbar zuwider laufe.

Abgesehen davon, dass die Querschnittsklausel ohnehin keine originäre industriepolitische Kompetenzmehrung bewirkt, erscheint es jedenfalls vertragsgerechter, die Begrenzung nach Unterabsatz 3 dahin zu verstehen, dass sich niemand auf die Querschnittsklausel berufen kann, um Wettbewerbsverzerrungen zuzulassen.

Art. 157 Absatz 3 Unterabsatz 2 EGV ist als eher deklaratorische Vorschrift zu betrachten, die etwas verbietet, was der Vertrag durchgehend sowieso in jedem Politikbereich untersagt. Dann kann ohne Not die Geltung dieser Schranke auch für mit der Querschnittsklausel in Zusammenhang stehende, aber nicht spezifisch industriepolitische Maßnahmen bejaht werden: Wettbewerbsverzerrungen sind dann ohnehin verboten.

IV. Die Schablone der Querschnittsklauseln – eine ordnungspolitische Schnittmenge (Zwischenbilanz)

Das Entstehen von Zielkonflikten zwischen verschiedenen Politiken ist an dieser Stelle, im Miteinander von Industrie- und Wettbewerbspolitik, besonders augenfällig. Die wettbewerbsrechtlichen Instrumente wie Fusionskontrolle, Kartellaufsicht und Beihilfenkontrolle lassen sich industriepolitisch nutzen. Strebt die Industriepolitik Steigerung der Wettbewerbsfähigkeit der europäischen Industrie auf dem Weltmarkt an, wird hierfür Konzentration und Subvention europäischer Unternehmen förderlich sein. Die Kommission muss um die bestmögliche Kombination zwischen den Erfordernissen des internationalen Wettbewerbs und der Erhaltung ausgewogener Wettbewerbsbedingungen zwischen den Unternehmen auf dem Inlandsmarkt bemüht bleiben[509].

Jüngeres Beispiel für einen Eingriff in den Wettbewerb bei Überlagerung industriepolitischer Zielsetzung mit Inhalten anderer Querschnittsklauseln (Umwelt, Gesundheit) ist die im Oktober 2003 von der Kommission beschlossene und

509 Vgl. *Kallmayer* in *Calliess / Ruffert*, EUV/EGV, Art. 157 EGV Rn. 19.

nach Abänderungen im November 2005 vom Europäischen Parlament angenommene Richtlinie für ein strengeres EU-Chemikalienrecht (REACH), die eine nachträgliche Registrierung tausender schon auf dem Markt befindlicher Chemikalien vorsieht[510].

Mit diesen Zusammenhängen wird zugleich eine generelle Problematik der Querschnittsklauseln angeschnitten. Wie die Industriepolitik auf die Wettbewerbspolitik Einfluss nimmt und umgekehrt, können sich auch sonst die Inhalte aller Querschnittsklauseln selbst untereinander beeinflussen.

Die Klauseln erzeugen eine Vielfalt von Berücksichtigungsgeboten und lassen dabei gegenläufige Zielvorstellungen entstehen. Letztlich sind bei jeder Maßnahme der Gemeinschaft alle Querschnittsziele miteinzubeziehen, wobei nicht feststeht, welchem Ziel der Vorrang gebührt[511]. Zu einer weiteren Erschwernis tragen die unterschiedlichen Formulierungen der Klauseln bei, mit der Frage nach dem Maß des Berücksichtigungszwanges. Die Schwierigkeit besteht für die Gemeinschaftsorgane angesichts dieser Vielfalt darin, eine sachgemäße Übersicht zu bewahren, ohne in dem Bemühen um eine vernünftige Entscheidung die Gemeinschaftstätigkeit vollständig lahmzulegen, eben weil man alles berücksichtigen will. In der Praxis ist es bisher zu einer derartigen Blockade der EG-Politik erkennbar gerade nicht gekommen, im Gegenteil muss die Gemeinschaftstätigkeit als äußerst rege – nicht wenigen Kritikern viel zu geschäftig – bezeichnet werden. Könnte letzteres womöglich zeigen, dass die Querschnittsklauseln in der Tagesarbeit der Gemeinschaft im Grunde nicht ernst genommen werden?

Dem Willen des Vertrages folgend wäre es Verpflichtung der EG dafür zu sorgen, dass, bildlich gesprochen, alle Maßnahmen die von den Klauseln gebildete ordnungspolitische Schnittmenge durchlaufen, also bei jeder Maßnahme die Schablone der Gesamtheit der Querschnittsklauseln angelegt wird.

---

510 Vertreter der Industrie kritisieren den Plan als Gefahr für die Wettbewerbsfähigkeit, wogegen die Umwelt- und Industriekommissare *Wallström* und *Liikanen* ihre Vorschläge als ausgewogenen Kompromiss zwischen Umwelt- und Gesundheitsschutz sowie wirtschaftlichen Interessen verteidigen.

511 Folgerichtig führt *Christian C. Steinle* aus, dass mit jeder neu hinzukommenden Querschnittsklausel die Bedeutung und Wirksamkeit der bereits vorhandenen Querschnittsklauseln weiter abnimmt, da die Zahl der zu berücksichtigenden Ziele steigt. Dies habe zur Folge, dass der politische Ermessensspielraum der Gemeinschaftsorgane, denen es obliege, die grundsätzlich gleichrangigen Vertragsziele im Falle von Zielkonflikten in einen praktischen Ausgleich zu bringen, bis zur Grenze des Willkürverbotes erweitert werde. Damit gehe eine Lockerung der Rechtsbindung der Gemeinschaftsorgane einher, *Christian C. Steinle,* Europäische Beschäftigungspolitik, 267.

Die Befürchtung liegt nahe, dass die acht Klauseln damit Verwirrung stiften, womöglich zum Nachteil der Transparenz und Eindeutigkeit, wozu eine bestimmte Maßnahme im Kern dienen soll. Dies könnte auch die Akteure der Gemeinschaft bei der Begründungspflicht nach Art. 253 EGV vor erhebliche Schwierigkeiten stellen.

Auf diese Problematik wird nach der vollständigen Abhandlung aller Klauseln abschließend zurückzukommen sein, insbesondere auf die Ausgangsfrage, wie sich jene Gesamtschnittmenge auf die Kompetenzwahrnehmung der EG auswirkt.

G) Art. 159 Absatz 1 Satz 2 EGV – Wirtschaftlicher und sozialer Zusammenhalt – Regionalpolitik

‚Die Festlegung und Durchführung der Politiken und Aktionen der Gemeinschaft sowie die Errichtung des Binnenmarktes berücksichtigen die Ziele des Art. 158 und tragen zu deren Verwirklichung bei.'

I. Ziele des Art. 158 EGV

Maßstab für die Querschnittsklausel des Art. 159 ist Art. 158 EGV. Nach dessen Absatz 1 entwickelt und verfolgt die Gemeinschaft weiterhin ihre Politik zur Stärkung ihres wirtschaftlichen und sozialen Zusammenhalts, um eine harmonische Entwicklung der Gemeinschaft als Ganzes zu fördern. Insbesondere setzt sie sich dabei nach Absatz 2 zum Ziel, die Unterschiede im Entwicklungsstand der verschiedenen Regionen und den Rückstand der am stärksten benachteiligten Gebiete oder Inseln, einschließlich der ländlichen Gebiete, zu verringern (daher auch Regionalpolitik)[512].

---

512 Nach *van Ginderachter,* RMC 1973, 468, 486, wird die Regionalpolitik der Gemeinschaft das Zeichen gemeinschaftlicher Solidarität sein, indem sie der Gemeinschaft einen sozialeren und menschlicheren Aspekt verleiht. Sie werde die Verwirklichung des Zieles einer fortgesetzten und ausgeglichenen Ausdehnung, wie in Art. 2 der Römischen Verträge vorgesehen, ermöglichen. – Vgl. zum Zusammenhang zwischen regionaler Wettbewerbsfähigkeit und europäischem Binnenmarkt *Sinz / Wolfgang J. Steinle,* Raumforschung und Raumordnung 1989, 10, ferner *den letzteren* allgemein zum Problem regional bedingter Ungleichgewichte in einer sozialökonomischen Studie, Sozialökonomische Ungleichgewichte zwischen den Regionen der Europäischen Gemeinschaft und ihre Behandlung in der europäischen Regionalpolitik.

Aus der Formulierung ‚ihre Politik' in Absatz 1 erhellt, dass Art. 158 EGV von einer insoweit eigenständigen Politik der Gemeinschaft ausgeht, hier also keine parallele Kompetenz der Mitgliedstaaten besteht[513].

Der Gründungsvertrag der EWG enthielt sozial- und regionalpolitische Programme lediglich ansatzweise. Allerdings waren die Präambelziele der Sicherung des wirtschaftlichen und sozialen Fortschritts in den Ländern sowie der Verbesserung der Lebens- und Beschäftigungsbedingungen Wegbereiter für die spätere Politik des wirtschaftlichen und sozialen Zusammenhalts, der Kohäsionspolitik[514].

Als anzustrebendes vertragspolitisches Ziel wurde diese erstmalig durch die EEA in den Vertrag eingeführt, es handelt sich also auch hier um eine eher moderne Materie.

Die Querschnittsklausel bezieht sich auf die strukturpolitische Generalklausel des Art. 158 Absatz 1 EGV (Kohäsion) und das in Absatz 2 verankerte sogenannte Konvergenzziel[515].

Die Generalklausel bezweckt die Verwirklichung des in Art. 2 und Art. 3 lit. k) EGV angesprochenen Kohäsionsziels. In einem globalen (und nicht nur ökonomischen) Sinne sollen mit Hilfe der Strukturpolitik die Bindungen zwischen den Mitgliedstaaten verstärkt werden. Dass nicht nur wirtschaftliche Belange angesprochen sind, folgt aus den Adjektiven ‚wirtschaftlich und sozial', aber auch aus Absatz 1 Halbsatz 2, wonach eine harmonische Entwicklung der Gemeinschaft ‚als Ganzes' gefördert werden soll[516]. Zwar ist in Art. 158 Absatz 1 EGV nur von einer Politik der Gemeinschaft die Rede, jedoch werden über Art. 159 Absatz 1 Satz 1 EGV auch die Mitgliedstaaten in die Pflicht genommen, indem dieser Artikel sie zur Integration der Kohäsionspolitik in ihre eigenen Politiken beruft.

Das Konvergenzziel nach Absatz 2 stellt ein Teilziel innerhalb des wirtschaftlichen und sozialen Zusammenhalts dar. Auf diese Weise wird der Regionalpolitik im Verhältnis zu anderen Politiken, die ebenfalls auf Kohäsion zielen (zum Beispiel die sektoriell ausgerichtete Strukturpolitik), ein besonderer Stellenwert eingeräumt und damit die Rolle des zentralen Instruments der gesamten Kohäsionspolitik zugewiesen.

---

513 Zu den Gründen hierfür vgl. unter II.

514 *Puttler* in *Calliess / Ruffert,* EUV/EGV, Art. 158 EGV Rn. 1.

515 Dazu sowie zum Folgenden *Puttler* in *Calliess / Ruffert,* EUV/EGV, Art. 158 EGV Rn. 7 ff.

516 *Gasse* spricht insoweit von einer solidarischen Komponente, die dem gemeinsamen Wirtschaftsraum hinzugefügt werde, *Gasse,* Die Bedeutung der Querschnittsklauseln für die Anwendung des Gemeinschaftskartellrechts, 30 ff.

In den Artikeln 159 bis 162 EGV wird die Generalklausel weiter konkretisiert, insbesondere finden sich hier Kompetenznormen für kohäsionsspezifisches Gemeinschaftshandeln aufgrund des Europäischen Fonds für regionale Entwicklung. Dieser Fonds, der seine vertragliche Grundlage in Art. 160 EGV findet, stellt das wichtigste finanzielle Steuerungselement zur Verwirklichung gemeinschaftlicher Regionalpolitik dar.

Angestrebt wird mit Art. 158 EGV zum einen die – in erster Linie natürlich wirtschaftliche – Angleichung der Regionen sowie die Förderung benachteiligter Gebiete, zum anderen aber auch eine möglichst einheitliche Gesamtentwicklung der Gemeinschaft[517]. *Adrian Glaesner* weist zu Recht auf die Problematik des Maßes an noch hinnehmbarer Unterschiedlichkeit und auf eine möglicherweise bestehende Pflicht des ‚bündnischen Füreinandereinstehens' hin. Der Gedanke der Solidarität als Ausdruck der Zusammengehörigkeit, charakteristisches Merkmal geordneter Gemeinschaftsstrukturen, korreliert mit politischer Verbundenheit der Mitglieder auf der anderen Seite. Da aber die Gemeinschaft mangels allumfassender Hoheitsmacht keine Staatsqualität besitzt, erreicht sie in der Verbundenheit ihrer Mitglieder nicht die föderative Ebene. Daher kann auch der Aspekt der verfassungsrechtlichen Verantwortung der Gemeinschaft für den Abbau regionaler Entwicklungsunterschiede nicht nach dem Vorbild föderalstaatlicher Regelungen gesehen werden, es geht um die Verwirklichung eines spezifisch gemeinschaftsrechtlichen Solidaritätsprinzips[518]. Mit diesem dogmatischen Ansatz vermag der Gedanke einer gemeinschaftsrechtlichen Solidarität den Weg für das Bemühen der Gemeinschaft zu öffnen, ohne selbst Staat zu sein, innerhalb ihrer Grenzen Unterschiede in den Regionen abzubauen.

II. Verpflichtung zur Zielberücksichtigung

Die Querschnittsklausel des Art. 159 Absatz 1 Satz 2 EGV spricht also ein Gebot der Berücksichtigung und eines Beitrags zur Verfolgung der kohäsionspolitischen Ziele des Art. 158 EGV im Sinne der strukturpolitischen Generalklausel und des Konvergenzziels aus.

Der Rechtsbegriff des Berücksichtigens ist – wie schon im Rahmen der Erörterung der Querschnittsklausel zur Beschäftigungspolitik ermittelt – mit *Gerold Schmidt* als Pflicht zur Prüfung im Sinne ernsthafter Auseinandersetzung zu ver-

517 *Adrian Glaesner,* Der Grundsatz des wirtschaftlichen und sozialen Zusammenhalts im Recht der Europäischen Wirtschaftsgemeinschaft, 15.

518 *Adrian Glaesner,* a. a. O.

stehen, nicht weitergehend dahin, dass die Gemeinschaft das zu berücksichtigende Ziel zwingend in andere Politiken aufzunehmen und einzubeziehen hätte[519].

Adressatin der Querschnittsklausel des Art. 159 Absatz 1 Satz 2 EGV ist allein die Gemeinschaft, der Satz spricht nur von ihren Tätigkeiten. Zusätzlich wird dies in der Zusammenschau der Regelungen des Artikels selbst und der folgenden Artikel deutlich, weshalb diese Klausel einmal mehr als exemplarischer Beleg für die eingangs vertretene These zu den Adressaten der Querschnittsklauseln herangezogen sei: Zwar führen und koordinieren nach Art. 159 Absatz 1 Satz 1 EGV die Mitgliedstaaten ihre Wirtschaftspolitik in der Weise, dass auch die in Art. 158 EGV genannten Ziele erreicht werden. In Satz 2 geht es dann nur noch um die Festlegung und Durchführung der Politiken und Aktionen der Gemeinschaft. Auch Satz 3, der sich auf die Querschnittsklausel des Satzes 2 bezieht, nennt allein die Gemeinschaft als diejenige Institution, die ‚diese Bemühungen' unterstützt, zu denen die Klausel auffordert. Selbst wenn Satz 1 als Kompetenznorm den Mitgliedstaaten einen Teil der Verantwortung für die Verwirklichung der Ziele des Art. 158 EGV zuweist, geht der Querschnittsauftrag nur an die Gemeinschaft.

Jene Verantwortung liegt indessen ohnehin in der Hauptsache in den Händen der Gemeinschaft. Dies entspricht der Natur der Sache, da unterschiedliche Verhältnisse der Regionen leichter ‚von oben' als durch das eventuell nicht durchgehende Gelingen eines grenzüberschreitenden Zusammenwirkens der betroffenen Nationalstaaten selbst geglättet werden können.

Über die der Regionalpolitik typischerweise besonders verhafteten Politiken wie Landwirtschaft, Verkehr oder Handelspolitik hinaus werden durch die Querschnittsklausel des Art. 159 Absatz 1 Satz 2 EGV alle Wirtschaftszweige erfasst, für welche die Gemeinschaft europaweit oder sektoral eine Politik führt oder entwickelt, etwa zu Energie, Umweltschutz, Wettbewerb[520].

---

519 *Gerold Schmidt,* RIW 1995, 268, 271, unter Berufung auf den Begriff des Berücksichtigens in § 5 Absatz 1 des Gesetzes über die Zusammenarbeit von Bund und Ländern in Angelegenheiten der Europäischen Union vom 12. 3. 1993 (BGBl. I 1993, S. 313), wo es heißt: ‚Soweit in einem Bereich ausschließlicher Zuständigkeiten des Bundes Interessen der Länder berührt sind, oder soweit im übrigen der Bund das Recht zur Gesetzgebung hat, berücksichtigt die Bundesregierung die Stellungnahme des Bundesrates bei der Festlegung der Verhandlungsposition zu dem Vorhaben' – ‚Berücksichtigen', so *Schmidt,* sei hier als Pflicht zur Prüfung im Sinne ernsthafter Auseinandersetzung mit der Stellungnahme und ihrer Einbeziehung in die Entscheidungsfindung, aber nicht als rechtliche Bindung der Bundesregierung an die Stellungnahme oder als Rechtspflicht zu deren Aufnahme in das Vorhaben zu verstehen.

520 *Stabenow* in *Grabitz / Hilf,* Das Recht der Europäischen Union, Art. 159 EGV Rn. 2.

Überschneidungen, Zielkonflikte, ordnungspolitische Konkurrenzen sind dabei insbesondere mit solchen Politiken zu erwarten, die schon früh horizontal ausgerichtet waren, etwa die Agrarpolitik. Daneben stehen der Strukturpolitik solche Politiken konkurrierend gegenüber, die aus anderen als Kohäsionsgesichtspunkten Prioritäten vorgeben, z. B. die Umweltpolitik, damit die Klausel des Art. 6 EGV[521].

Regelungen zum Inhalt einer Politik des wirtschaftlichen und sozialen Zusammenhalts, zugleich zu deren Realisierung in strukturpolitischen Maßnahmen im Zusammenhang mit anderen Gemeinschaftspolitiken[522] – ohne den Rückgriff auf die Querschnittsklausel –, finden sich im Vertrag verschiedentlich:

– Gemäß Art. 15 Absatz 1 EGV berücksichtigt die Kommission bei der Formulierung ihrer Vorschläge zur Verwirklichung der Ziele des Artikels 14 (Binnenmarktkonzept) den Umfang der Anstrengungen, die einigen Volkswirtschaften mit unterschiedlichem Entwicklungsstand im Zuge der Errichtung des Binnenmarktes abverlangt werden, und sie kann geeignete Bestimmungen vorschlagen. Diese Relation Strukturpolitik–Errichtung des Binnenmarktes nimmt die Klausel des Art. 159 Absatz 1 Satz 2 EGV im Gegensatz zu anderen Klauselfassungen im übrigen ausdrücklich auf.

– Art. 33 Absatz 2 lit. a) EGV verlangt, dass bei der Gestaltung der gemeinsamen Agrarpolitik und der hierfür anzuwendenden speziellen Methoden (etwa die Agrarfonds) die besondere Eigenart der landwirtschaftlichen Tätigkeit zu berücksichtigen ist, die sich aus dem sozialen Aufbau der Landwirtschaft und den strukturellen und naturbedingten Unterschieden der verschiedenen landwirtschaftlichen Gebiete ergibt. Zudem sind ländliche Gebiete in Art. 158 EGV als Zielregionen der Politik des wirtschaftlichen und sozialen Zusammenhalts besonders hervorgehoben.

– Auch die Verkehrspolitik gibt verschiedentlich die Beachtung struktureller Ungleichgewichte zwischen einzelnen Regionen vor, vgl. nur Art. 71 Absatz 2[523], Art. 76 Absatz 2 EGV[524].

---

521 *Priebe* in *Schwarze,* EU-Kommentar, Art. 159 EGV Rn. 2.

522 Vgl. dazu und zum Folgenden *Priebe* in *Schwarze,* EU-Kommentar, Art. 159 EGV Rn. 3.

523 Sinngemäß: Bei dem Erlass der Vorschriften betreffend die Grundsätze der Verkehrsordnung, deren Anwendung die Lebenshaltung und die Beschäftigungslage in bestimmten Gebieten sowie den Betrieb der Verkehrseinrichtungen ernstlich beeinträchtigen könnte, muss (vom Rat) die Notwendigkeit einer Anpassung an die sich aus der Errichtung des Gemeinsamen Marktes ergebende wirtschaftliche Entwicklung berücksichtigt werden.

524 Wortlaut: ‚Die Kommission prüft ... die in Absatz 1 bezeichneten Frachten und Beförderungsbedingungen; hierbei berücksichtigt sie insbesondere sowohl die Erfordernisse einer angemessenen Standortpolitik, die Bedürfnisse der unterent-

- Bei der Herstellung der Arbeitnehmerfreizügigkeit sind gemäß Art. 40 lit. d) EGV geeignete Verfahren für die Zusammenführung und den Ausgleich von Angebot und Nachfrage auf dem Arbeitsmarkt zu Bedingungen zu schaffen, die eine ernstliche Gefährdung der Lebenshaltung und des Beschäftigungsstands in einzelnen Gebieten und Industrien ausschließen.
- Nach Art. 154 Absatz 1 EGV soll ein Beitrag zur Verwirklichung u. a. der Ziele des Art. 158 EGV geleistet werden, indem die Gemeinschaft zum Auf- und Ausbau transeuropäischer Netze in den Bereichen der Verkehrs-, Telekommunikations- und Energieinfrastruktur beiträgt.
- Schließlich findet die Struktur- auch in der Umweltpolitik Erwähnung: Nach Art. 174 Absatz 3 vierter Spiegelstrich EGV hat die EG bei der Erarbeitung ihrer Umweltpolitik die wirtschaftliche und soziale Entwicklung der Gemeinschaft insgesamt sowie die ausgewogene Entwicklung der Regionen zu berücksichtigen.

Der Vertrag stellt zusätzlich Spezifika zur Verfolgung strukturpolitischer Ziele bereit. Art. 159 Absatz 1 Satz 3 EGV gibt insoweit einen klaren Rahmen vor; danach unterstützt die Gemeinschaft die Bemühungen um die Verwirklichung der Ziele des Art. 158 EGV durch die Politik, die sie mit Hilfe der Strukturfonds (Europäischer Ausrichtungs- und Garantiefonds für die Landwirtschaft-Abteilung Ausrichtung, Europäischer Sozialfonds, Europäischer Fonds für regionale Entwicklung), der Europäischen Investitionsbank und der sonstigen vorhandenen Finanzierungsinstrumente führt. Bedeutung für die Praxis haben dabei vornehmlich die drei Strukturfonds[525].

Da mit der Strukturpolitik eine ureigene Aufgabe der Gemeinschaft betroffen ist, lösen diese Instrumentarien keine Relativierung von Kompetenzen im Verhältnis Gemeinschaft/Mitgliedstaaten aus. Dass faktisch die gezielte Förderung zwangsläufig Entscheidungen der Mitgliedstaaten, die diese in eigener Kompetenz treffen, berühren kann, ist offenkundig, von den Vertragsschließenden jedoch gewollt und deshalb nicht zu diskutieren, indem letztere neben die vertragliche Aufteilung der Kompetenzen zwischen Gemeinschaft und Mitgliedstaaten diese speziellen Handlungsmöglichkeiten für die Gemeinschaft bereit gestellt haben.

---

wickelten Gebiete und die Probleme der durch politische Umstände schwer betroffenen Gebiete als auch die Auswirkungen dieser Frachten und Beförderungsbedingungen auf den Wettbewerb zwischen den Verkehrsarten.‘

525 Vertragliche Grundlage des Europäischen Sozialfonds ist Art. 146 EGV, des Ausrichtungs- und Garantiefonds für die Landwirtschaft (Abteilung Ausrichtung) Art. 159 EGV selber bzw. für den Agrarstrukturfonds indirekt Art. 33 Absatz 1 EGV und Art. 160 EGV schließlich für den Europäischen Fonds für regionale Entwicklung, vgl. *Priebe* in *Schwarze,* EU-Kommentar, Art. 159 EGV Rn. 6.

Die Strukturpolitik ist, wie diese Beispiele zeigen, durch die ihr immanente Verknüpfung von räumlichen mit sachbezogenen Ansätzen in sich schon in gewissem Maße interdisziplinär und in besonderem Maße gegenseitiger Abstimmung bedürftig.

Zu den vorbenannten vertraglich umschriebenen Inhalten der Strukturpolitik in bestimmten Bereichen gesellt sich nun die Querschnittsklausel des Art. 159 Absatz 1 Satz 2 EGV. Sie transferiert die Gesamtheit der Inhalte dieser Strukturpolitik vertragsweit mit dem Auftrag, auch diese Spielarten von Zielen im Sinne des Art. 158 EGV zu berücksichtigen und zu ihrer Verwirklichung beizutragen. Die Klausel sorgt mithin dafür, dass auch die Strukturpolitik weitgehend in andere Politiken zu integrieren ist. Strukturpolitik ist in sich als ein vertragliches Prinzip anzusehen. Da wo der Vertrag sie nicht erwähnt, deckt die Querschnittsklausel ihre Respektierung ab. Sie unterstützt, ergänzt und verallgemeinert im Rahmen der Strukturpolitik schon vorhandene Spezialregelungen, die auf die Sicherstellung dieser Politik zielen.

Die Regelungsintensität dieser Klausel entspricht insofern der der zuvor untersuchten, als mit ihr nicht nur eine Absichtserklärung, stattdessen ein eindeutiger Handlungsauftrag i. S. der vorgenannten ernsthaften Auseinandersetzung mit den Inhalten der gemeinschaftlichen Struktur- bzw. Regionalpolitik statuiert wird. Als Vehikel zur Verschiebung von Kompetenzen ist auch dieser Auftrag einer Querschnittsklausel nicht gedacht.

H) Sonderfall: Art. 163 EGV – Forschungspolitik

Absatz 1:
‚Die Gemeinschaft hat zum Ziel, die wissenschaftlichen und technologischen Grundlagen der Industrie der Gemeinschaft zu stärken und die Entwicklung ihrer internationalen Wettbewerbsfähigkeit zu fördern sowie alle Forschungsmaßnahmen zu unterstützen, die aufgrund anderer Kapitel dieses Vertrags für erforderlich gehalten werden.‘

Absatz 3:
‚Alle Maßnahmen der Gemeinschaft aufgrund dieses Vertrags auf dem Gebiet der Forschung und der technologischen Entwicklung, einschließlich der Demonstrationsvorhaben, werden nach Maßgabe dieses Titels beschlossen und durchgeführt.‘

Die Forschungspolitik gehört zu den gemeinschaftseigenen Politiken, der Vertrag regelt keine parallele Kompetenz der Mitgliedstaaten.

Vor der Aufnahme des Titels Forschung und technologische Entwicklung in den EWGV durch die EEA gab es keine als Gemeinschaftsaufgabe ausgestaltete Forschungs- und Entwicklungspolitik. Lediglich in Art. 41 EWGV tauchte der Begriff der Forschung innerhalb der Landwirtschaft auf. Dass der Gemeinschaft indes auch die Aufgabe der Forschungs- und Entwicklungspolitik zugeschrieben wurde, leitete man überwiegend aus Art. 2 EWGV ab, vermutlich wegen der dort aufgeführten anzustrebenden ‚beschleunigten Hebung der Lebenshaltung'. Rechtsgrundlage für Maßnahmen auf dem Gebiet der Forschung und Entwicklung konnte aufgrunddessen nur die Lückenfüllungsvorschrift des Art. 235 EWGV sein[526].

Im Montanbereich existierten die ersten europäischen Forschungsprogramme. Keimzelle einer umfassenden europäischen Forschungspolitik war der EAGV[527], dessen Art. 2 als erste Aufgabe von EURATOM die Entwicklung der Forschung und Sicherstellung der Verbreitung der technischen Kenntnisse im Nuklearbereich bezeichnete. Die gemäß Art. 8 EAGV errichtete Gemeinsame Kernforschungsstelle wurde später zur Gemeinsamen Forschungsstelle GFS, die nunmehr mit ihren über den Nuklearbereich hinausreichenden Zuständigkeiten den institutionellen Schwerpunkt europäischer Forschungspolitik darstellt. Substantiell strebt die europäische Forschungspolitik einen gemeinsamen europäischen Forschungsraum zwecks Stärkung der europäischen Forschung und Entwicklung im internationalen Wettbewerb an, mit dem erklärten Ziel, Europa zur ‚forschungsintensivsten Region der Welt' zu machen[528].

Die Art. 163 ff. EGV regeln abschließend sämtliche, auch die industrie- oder wirtschaftsferne Forschung, z. B. die geisteswissenschaftliche. ‚Alle Maßnahmen der Gemeinschaft auf dem Gebiet der Forschung', so macht Art. 163 EGV klar, dass der Titel Forschung und technologische Entwicklung eine abschließende Regelung darstellt, die z. B. keinen Platz für die Anwendung des Art. 308 EGV lässt.

Die Begriffe des Stärkens, Förderns und Unterstützens im Sinne des Absatzes 1 des Artikels entsprechen materiell-rechtlich dem Beitragleisten[529], indem jeweils gemeint ist, dass die Förderung bzw. Unterstützung durch die Gemeinschaft nachrangig an Tätigkeiten der Mitgliedstaaten geknüpft ist (Subsidiarität, Art. 5 Absatz 2 EGV)[530]; Art. 163 Absatz 1 EGV will indes eine inhaltlich-zielorien-

526 Vgl. *Geiger*, EGV, Art. 130 f EGV Rn. 1.
527 *Trute* in *Streinz*, EUV/EGV, Art. 163 EGV Rn. 3.
528 Siehe dazu die einzelnen Mitteilungen der Kommission, aufgeführt bei *Trute*, a. a. O., Rn. 7 Fn. 19.
529 Vgl. dazu bereits Fn. 319.
530 So auch *Hochbaum*, BayVBl. 1997, 680, 682.

tierte, keine kompetenzmäßige Aussage treffen, darf also insoweit nicht missverstanden werden.

Zentrale Begriffe des Titels XVIII sind Forschung, Technologie und technologische Entwicklung sowie die Demonstration.

Forschung meint das organisierte Streben nach Gewinnung neuer (vordringlich naturwissenschaftlicher) Erkenntnisse, wobei zwischen (anwendungsferner) Grundlagenforschung und sogenannter angewandter Forschung zu unterscheiden ist[531].

Vom Begriff der Technologie werden all diejenigen Erscheinungsformen umfasst, welche den technischen Fortschritt auf diversen Sachgebieten betreffen, basierend auf theoretischer und praktischer wissenschaftlicher Weiterentwicklung; als prominentes Beispiel sei hier die Biotechnologie angeführt.

Technologische Entwicklung wird das permanente Bestreben genannt, die bereits bestehenden Technologien zur Vervollkommnung zu bringen, und zwar mittels des durch die Forschung erlangten Wissens.

Demonstration schließlich bezeichnet die Erstellung praxisnaher Pilotanlagen. Sie steht stets am Ende der technologischen Entwicklung[532].

In der Formulierung des Art. 163 Absatz 1 EGV, ‚alle Forschungsmaßnahmen zu unterstützen, die aufgrund anderer Kapitel dieses Vertrages für erforderlich gehalten werden', will *Curtius*[533] zwar keine ‚ausdrückliche' Querschnittsklausel, dennoch eine Bestimmung erblicken, die Forschungspolitik mit anderen Politiken horizontal vernetzt.

Die in Art. 163 Absatz 1 EGV im übrigen verwandten Begriffe des Stärkens, Förderns und Unterstützens bezogen auf das Vertragsziel der wissenschaftlichen und technologischen Grundlagen der Industrie und Entwicklung deren internationaler Wettbewerbsfähigkeit lassen die Assoziation einer Querschnittsfunktion aufkommen. Absatz 1 des Art. 163 EGV statuiert indessen durch sich selbst keinerlei Rechtspflicht. Er beschreibt ein kombiniertes Vertragsziel. In einem Atemzug bekennt er sich zur Stärkung der Industrie der Gemeinschaft wie zur Unterstützung vertragsweiter Forschungsprojekte. Damit eröffnet die Vorschrift keinen eigenen Kompetenztitel Forschung; wenn sie die Unterstützung von Forschungsmaßnahmen anspricht, die aufgrund anderer Titel des Vertrages erfolgen können,

531 Vgl. dazu und zum Folgenden *Kallmayer* in *Calliess / Ruffert,* EUV/EGV, Art. 163 EGV Rn. 6.

532 *Kallmayer,* a. a. O.

533 *Curtius* in *Lenz,* EG-Vertrag, Art. 163 EGV Rn. 12 (2. Auflage 1999). Demgegenüber spricht *Mönig* seit der 3. Auflage 2003 nur noch von einem Ausschließlichkeitsanspruch (4. Auflage 2006 Rn. 38), geht aber dennoch von einem quervertraglichen Appell aus, indem die Forschungspolitik aufgrund der Sonderregelung des Absatzes 3 mit allen anderen Politiken verwoben werde (4. Auflage 2006 Rn. 14).

unterstellt sie Forschung als Annex zu den außerhalb des eigenen Titels liegenden Politikbereichen. Die kompetenten Handlungsträger bestimmen selbst, inwieweit sie Forschung betreiben. Diese Aktivitäten sollen dann (Absatz 3) einem einheitlichen Verfahren zugeführt werden. Damit wird hier vertragsweite kompetenzgerechte Tätigkeit, Forschungspolitik in den einzelnen der Gemeinschaft zugänglichen Politikbereichen, insofern zurückgeführt, als sie formal den Art. 164 f. EGV folgend funktionieren muss. Zwar ist damit die gesamte einschlägige Tätigkeit der Gemeinschaft angesprochen, was ja auch die Querschnittsklauseln tun, aber nicht im Sinne inhaltlicher Übertragung eines Vertragsziels, sondern – eigentlich im Gegenteil – als formale Regulierung, mithin Begrenzung. Der Gehalt des Art. 163 EGV mag neben dem erneuten Bekenntnis zu einer Industriepolitik auch als Ermutigung gemeinschaftsweiter Forschung gesehen werden, die Vorschrift hat jedoch ersichtlich nicht die Aufgabe, selbst die Basis für solche Forschung abzugeben.

An dieser Bewertung ändert sich auch nichts dadurch, wenn man die in Absatz 1 aufgeführte Absicht der Stärkung der wissenschaftlichen und technologischen Grundlagen der Gemeinschaftsindustrie über die Beschreibung des Mittels einer solchen Zielerreichung[534] hinaus als Normierung eines anzustrebenden Zieles selbst[535] sieht. Der Wortlaut des Absatzes 1, wonach die Gemeinschaft eben jene Stärkung ‚zum Ziel' hat, spricht für letzteres.

Die beiden nächsten Ziele, die Förderung der internationalen Wettbewerbsfähigkeit sowie die Unterstützung aller Forschungsmaßnahmen, sind mit dem ersten Ziel nicht durch die Konjunktion *indem* oder Präpositionen wie *mittels* bzw. *durch* verbunden, d. h. die Vertragsschließenden können nicht gemeint haben, diese weiteren Ziele seien im Wege der Stärkung der wissenschaftlichen und technologischen Grundlagen der Industrie der Gemeinschaft zu verwirklichen (oder umgekehrt), diese Stärkung existiert als eigenständiges neben den anderen Zielen. Dass diese sich untereinander wechselseitig fördern können, steht außer Frage, denn es liegt auf der Hand, dass die internationale Wettbewerbsfähigkeit gestärkt wird, wenn innerhalb der Industrie auf wissenschaftlichem und technologischem Sektor Fortschritte erzielt werden, und ebenso klar ist, dass auch Forschungsmaßnahmen – zumindest als Begleiterscheinung – unterstützt werden, wenn es zu eben jener Stärkung der Industriegrundlagen in wissenschaftlicher und technologischer Hinsicht kommt. Schließlich wird eine gefestigte Position im Wettbewerb auch durch gesicherte wissenschaftliche und technologische Grundlagen im industriellen Bereich begünstigt. Negativ formuliert stellt sich das inhaltliche Zusammenspiel der genannten Ziele dergestalt dar, dass eine nur unge-

---

534 *Kallmayer* in *Calliess / Ruffert,* EUV/EGV, Art. 163 EGV Rn. 7.
535 So *Vorderwülbecke* in *Schwarze,* EU-Kommentar, Art. 163 EGV Rn. 18.

nügende äußere Wettbewerbsfähigkeit wegen des dadurch reduzierten wirtschaftlichen Erfolges eine Vernachlässigung des Forschungsbetriebs bewirkt und – damit einhergehend – der europäischen Industrie wiederum Substanz und Erfolg entzogen werden können[536].

Wenn demnach das Bekenntnis zu aufgrund anderer Kapitel des Vertrages für erforderlich gehaltener Forschung als eigenständige Aussage des Art. 163 Absatz 1 EGV abgegeben wird, begründet dies indes nicht gleichzeitig eine für Handlungsträger der Gemeinschaft gültige Verpflichtung, ihrerseits jedwede Forschungsmaßnahme auf Gemeinschaftsebene zu unterstützen, d. h. wahrzunehmen und in eigene Politik zu integrieren, was einem Querschnittsauftrag gleichkommen könnte.

Mit der Überschrift des Titels Forschung und den folgenden Regelungen setzt der Vertrag einen Schwerpunkt bei der Forschungspolitik. Dies und die Zentrierung der Abläufe von Forschung gemäß Art. 163 Absatz 3 EGV könnte den Eindruck vermitteln, als ob die Vertragsschließenden tatsächlich eine Selbstbindung im Sinne der Verpflichtung gemeinschaftlicher Handlungsträger zu Unterstützung aller Forschungsmaßnahmen im Rahmen des Vertrages eingegangen seien, zumal der sich anschließende restliche Titel festlegt, wer wie in der Gemeinschaft im Bereich Technologie und Forschung handelt. Hierin könnte ein Querschnittspostulat des Inhalts gesehen werden, dass Forschungsmaßnahmen, die dem Titel entsprechend erfolgen, auf welchem Vertragsfeld auch immer, von allen Gemeinschaftsorganen unterstützt werden müssten.

In der Formulierung des Art. 163 Absatz 1 EGV zu Forschungsmaßnahmen, ‚die aufgrund anderer Kapitel dieses Vertrags für erforderlich gehalten werden', wird aber hinreichend deutlich, was die Vorschrift nicht will: Eine von anderen Vertragspolitiken losgelöste, um ihres eigenen Titels willen betriebene ‚Forschung an sich' zu inaugurieren und dies zugleich vertragsweit für verpflichtend zu erklären. Wenn das formelle Konzentrationsgebot[537] in Gegenläu-

536 Vgl. *Curtius* in *Lenz,* EG-Vertrag, Art. 163 EGV Rn. 3 (2. Auflage 1999), sinngemäß später *Mönig,* 3. und 4. Auflage 2003 bzw. 2006, jeweils Rn. 3; diese Interdependenz bringt beispielsweise die Entscheidung des Rates vom 15. 12. 1994 zum Ausdruck, 94/918/EG, ABl. 1994 Nr. L 361/114, sie hat für die Europäische Gemeinschaft ein in den Jahren 1995 bis 1998 durchzuführendes spezifisches Programm für Forschung und technologische Entwicklung, einschließlich Demonstration, zum Gegenstand, umzusetzen durch die GFS sowie durch wettbewerbsorientierte Tätigkeiten zur wissenschaftlich-technischen Unterstützung von Gemeinschaftspolitiken.

537 Die angesprochenen Maßnahmen können nur im Wege des Rahmenprogramms und der spezifischen Programme sowie über die in den Artikeln 168 – 171 EGV genannten Mittel beschlossen und durchgeführt werden, *Mönig* in *Lenz,* EG-Vertrag, Art. 163 EGV Rn. 37.

figkeit zu den ausweitenden Aussagen der Querschnittsklauseln als abschließende Sonderregelung alle Maßnahmen zur Förderung von Forschung und Technologie zusammenfasst, ist es vertretbar, hier von einer Art negativer Querschnittsklausel zu sprechen[538].

Die Zentrierung von Vorschriften zu Maßnahmen im Rahmen von Forschung bzw. technologischer Entwicklung in einer abschließenden Sonderregelung für einheitliche Verfahren, angeordnet durch Art. 163 Absatz 3 EGV, ist somit nicht zu den Querschnittsklauseln zu zählen.

l) Art. 178 EGV – Entwicklungspolitik

‚Die Gemeinschaft berücksichtigt die Ziele des Artikels 177 bei den von ihr verfolgten Politiken, welche die Entwicklungsländer berühren können'.

I. Ziele des Art. 177 EGV, insbesondere Umweltschutzhilfe

Der von Art. 178 EGV in Bezug genommene Art. 177 EGV steht am Beginn des Titels XX Entwicklungszusammenarbeit. Erst der Amsterdamer Vertrag schaffte durch die Einführung dieses Titels eine Rechtsgrundlage für diese Politik.

Die Entwicklungspolitik der Gemeinschaft ergänzt nach Art. 177 Absatz 1 EGV die Politik der Mitgliedstaaten auf diesem Sektor. Mithin verfügt die Gemeinschaft auch hier nicht über ausschließliche Zuständigkeit und hat die Handlungsmöglichkeiten der Mitgliedstaaten unberührt zu lassen. Das Verhältnis von gemeinschaftsrechtlicher zu nationaler Entwicklungspolitik kann deshalb als parallele Kompetenz bezeichnet werden[539].

Ziele der Entwicklungspolitik sind nach Absatz 1 des Art. 177 EGV die nachhaltige wirtschaftliche und soziale Fortentwicklung der Entwicklungsländer, insbesondere der am meisten benachteiligten unter ihnen (Spiegelstrich 1), ferner ihre harmonische schrittweise Eingliederung in die Weltwirtschaft (Spiegelstrich 2) und schließlich die Bekämpfung der Armut in diesen Ländern (Spiegelstrich 3).

Art. 177 EGV ist Ausdruck einer langjährigen, um Entwicklungshilfe bemühten Praxis der Gemeinschaft, die einen wesentlichen Teilbereich der gemein-

538 *Everling,* Mélanges en hommage à *Fernand Schockweiler,* 131, 138 ff. zu Art. 130f Absatz 1 EGV a. F.; ähnlich auch *Kallmayer* in *Calliess / Ruffert,* EUV/EGV, Art. 163 EGV Rn. 17.

539 *Schmalenbach* in *Calliess / Ruffert,* EUV/EGV, Art. 177 EGV Rn. 16; *Benedek* in *Grabitz / Hilf,* Das Recht der Europäischen Union, Art. 177 EGV Rn. 3.

schaftsrechtlichen Außenpolitik ausmacht. Wohl wird auf diese Weise ein Handlungsauftrag vorgegeben, allerdings nicht mit dem Reflex, dass hierdurch ein Teilhaberecht der Entwicklungsländer auf eben jene Hilfe oder wenigstens eine bevorzugte Position im Marktzugang zur EG begründet würde[540]. Zusammenfassend lässt sich die Zielbeschreibung des Absatzes 1 (und auch des Absatzes 2, wie sich zeigen wird) als Verkörperung des Prinzips Hilfe zur Selbsthilfe beschreiben[541]. Im Vordergrund steht finanzielle Unterstützung, daneben treten als weitere Instrumente technische, humanitäre und Nahrungsmittelhilfe[542], nicht zu vergessen eine verstärkte Marktöffnung sowie Zollvergünstigungen.

Herausragende Bedeutung innerhalb europäischer Entwicklungspolitik besaß das IV. Abkommen von Lomé vom 15. 12. 1989, das auf eine Zusammenarbeit der AKP-Staaten mit der Gemeinschaft abzielte. Rechtsgrundlage hierfür war Art. 238 EWGV, jetzt Art. 310 EGV. Inhaltlich sieht das Abkommen ein gemeinsames Handeln der Vertragspartner – zu diesen zählen neben der Gemeinschaft auch deren Mitgliedstaaten – auf wirtschaftlichem, sozialem und kulturellem Sektor vor. So gesteht die Gemeinschaft den AKP-Staaten Handlungspräferenzen zu. Im Bereich der Grundstoffe dient der Zusammenarbeit ein System der Stabilisierung der Erlöse aus der Ausfuhr landwirtschaftlicher Grundstoffe (Stabex), ferner ist eine besondere Finanzierungserleichterung für Bergbauerzeugnisse (Sysmin) vorgesehen[543]. Darüber hinaus werden den Vertragspartnern der Gemeinschaft finanzielle Mittel für die Durchführung von Projekten und Programmen gewährt.

Das Abkommen galt für einen Zeitraum von 10 Jahren ab 1. 3. 1990; am 23. 6. 2000 wurde in Cotonou, Benin, ein neues AKP-EG-Partnerschaftsabkommen unterzeichnet, zur Überbrückung der Übergangszeit existieren diverse Beschlüsse.

Benannt werden die Länder, die als Entwicklungsländer im Sinne des Artikels 178 EGV anzusehen sind, im Vertrag an keiner Stelle, auch finden sich nirgendwo Kriterien, die ein Land erfüllen muss, um als Entwicklungsland im Sinne des Artikels gelten zu können. Das Development Assistance Committee (DAC), die Weltbankgruppe und auch die Generalversammlung der Vereinten Nationen haben zwar Entwicklungsländerlisten erstellt, diese sind indes für die Gemeinschaft nicht bindend[544]. Es existiert ein ständig aktualisiertes Verzeichnis von in der

540 *Hecker* in *Lenz,* EG-Vertrag, Art. 177 EGV Rn. 3 (3. Auflage 2003), ähnlich jetzt auch *Ollmann* in der 4. Auflage 2006, Rn. 10, 11.

541 *Hecker,* a. a. O., Rn. 5 (3. Auflage).

542 *Zimmermann / Martenczuk* in *Schwarze,* EU-Kommentar, Art. 177 EGV Rn. 9 und Rn. 13.

543 *Geiger,* EG-Vertrag, Art. 238 EGV Rn. 28.

544 Vgl. *Schmalenbach* in *Calliess / Ruffert,* EUV/EGV, Art. 177 EGV Rn. 15.

Entwicklung rückständigen Staaten, denen gemäß Art. 133 EGV von der Gemeinschaft allgemeine Zollpräferenzen gewährt werden[545]. Dieses liefert allerdings lediglich Anhaltspunkte, keineswegs stellt es – was den Kreis der begünstigten Länder angeht – eine abschließende Konkretisierung des Art. 177 EGV dar; der Artikel lässt Raum für eine von politischen Überlegungen getragene Bewertung. Ein niedriges Pro-Kopf-Einkommen allein muss nicht notwendig ausschlaggebend sein, ebensowenig die Tatsache, dass einem Land nach Art. 133 EGV Sonderprivilegien eingeräumt sind[546]. Merkmale, die gemeinhin als typisch für Entwicklungsländer angesehen werden und deshalb auch bei der Interpretation des Art. 177 EGV herangezogen werden können, sind Armut, Hunger, Krankheiten, Analphabetentum, schlechtes oder im Rücklauf befindliches Wirtschaftswachstum, äußerst niedriges Pro-Kopf-Einkommen, rasches Bevölkerungswachstum, soziale Benachteiligung der Frau als Ausdruck rückständiger gesellschaftlicher Entwicklung, vermehrte Umweltprobleme, hohe Verschuldung[547].

Stoßrichtung der Entwicklungshilfepolitik ist freilich nach Art. 177 Absatz 2 EGV auch eine nicht-ökonomische, die der Fortentwicklung von Demokratie, Rechtsstaatlichkeit, Wahrung der Menschenrechte[548] und der Grundfreiheiten; inhaltliche Schwerpunkte hierbei sind z. B., das friedliche Miteinander von Mehr- und Minderheiten nach demokratischen Prinzipien sowie freie Wahlen zu ermöglichen, Kinderarbeit und die Benachteiligung von Frauen zu unterbinden.

Schließlich gibt auch Absatz 3 des Art. 177 EGV einen Komplex vor, dessen Berücksichtigung Art. 178 EGV fordert. Danach haben die Gemeinschaft und die Mitgliedstaaten den im Rahmen der Vereinten Nationen und anderer zuständiger internationaler Organisationen gegebenen Zusagen nachzukommen und die in diesem Rahmen gebilligten Zielsetzungen zu berücksichtigen.

II. Forderung der Querschnittsklausel

Die Querschnittsklausel des Art. 178 EGV verlangt mit dem auch in Bezug genommenen Absatz 3 der Ziele des Art. 177 EGV auf dem Gebiet der Entwick-

545 Vgl. die VO (EG) Nr. 1256/96 des Rates vom 20. Juni 1996, ABl. EG 1996 Nr. L 160/1, 160/53.

546 *Schmalenbach* in *Calliess / Ruffert,* EUV/EGV, Art. 177 EGV Rn. 14 ff.

547 *Ollmann* in *Lenz,* EG-Vertrag, Art. 177 EGV Rn. 6.

548 Demzufolge ermächtigt Art. 177 Absatz 2 i. V. m. Art. 181 EGV (Zusammenarbeit mit Drittländern und internationalen Organisationen) die Gemeinschaft zur Aufnahme von Menschenrechtsklauseln in ihre kooperativen Abkommen mit Drittländern, *Zimmermann / Martenczuk* in *Schwarze,* EU-Kommentar, Art. 177 EGV Rn. 25.

lungspolitik, um mit dem letzten zu beginnen, die Beachtung des Prinzips pacta sunt servanda auf internationaler Ebene[549]. Aus Absatz 3 lässt sich eine konstitutive Wirkung sogar in Bezug auf solche Zusagen und Entschließungen ableiten, die für sich genommen nicht einmal völkerrechtliche Bindungswirkung entfalten, sog. soft law[550], denn mit der Bezugnahme auf die Ziele des Art. 177 statuiert Art. 178 EGV ein beim Erlass von Gemeinschaftsakten zu berücksichtigendes Gebot. ‚Die Gemeinschaft berücksichtigt ...' heißt – den vorangegangenen Untersuchungen entsprechend – auch hier wieder: Alle Handlungsträger der Gemeinschaft tun dies, nicht etwa nur von Fall zu Fall freiwillig, sondern durchgehend dem Postulat dieser Vorschrift folgend. Neben allen europainternen Querschnittsanliegen wird derart auch die Beachtung entwicklungspolitischer Einschätzungen und Aktionen gefordert, selbst sie ist also, sofern Querschnittsklauseln justiziabel sein sollten, der Rechtskontrolle unterworfen[551].

Das Verhältnis des Art. 178 zu Art. 177 EGV ist redaktionell dem des Art. 6 zu Art. 174 EGV vergleichbar: Beide Querschnittsklauseln, Art. 178 und Art. 6, nehmen jeweils Bezug auf Handlungsfelder (in Gestalt der Art. 177 bzw. 174 EGV), die auf dem Gebiet der Entwicklungs- bzw. Umweltpolitik auch außerhalb von Art. 308 und 310 EGV (Abrundungskompetenz, Assoziierung) bestehen[552], damit existieren für beide Klauseln ausdrückliche sektorbezogene inhaltliche Konkretisierungen, ein ähnliches Verhältnis von Klausel und deren zielbezogener Konkretisierung wie zwischen Art. 159 und 158 EGV auf dem Gebiet der Strukturpolitik. Bei den übrigen Querschnittsklauseln finden sich die Vorgaben dafür, was an inhaltlichem Substrat durch die Klausel zu transportieren ist, in dem Artikel, der zusätzlich die jeweilige Klausel enthält.

Ein Grund für die Trennung der Klausel von der Umschreibung der Aufgaben im Bereich der Umwelt-, Struktur- und Entwicklungspolitik mag darin liegen, dass die Vertragsschließenden sowohl bei den Zielen der Art. 158, 174 und 177 EGV als auch bei dem Berücksichtigungsgebot der Querschnittsklausel selbst durch die Kreation eines zusätzlichen eigenen Artikels einen Akzent setzen wollten; eine Klausel, die selbständig in einer eigenen Vorschrift allein die Funktion besitzt, die Berücksichtigung einer anderen Norm zu fordern, verleiht redaktionell einerseits der Beachtung der in Bezug genommenen Norm größeres Gewicht, als wenn die Klausel in die Norm integriert ist, deren Beachtung sie fordert, andererseits aber auch dem Berücksichtigungsgebot selbst, der Quer-

549 Vgl. *Zimmermann / Martenczuk*, a. a. O., Rn. 27.

550 H. M., vgl. nur *Schmalenbach* in *Calliess / Ruffert,* EUV/EGV, Art. 177 EGV Rn. 24; *Zimmermann / Martenczuk*, a. a. O.

551 *Hecker* in *Lenz,* EG-Vertrag, Art. 178 EGV Rn. 1 (3. Auflage), ähnlich jetzt auch *Ollmann* in der 4. Auflage 2006 Rn. 1 – 6.

552 *Zimmermann / Martenczuk*, a. a. O., Rn. 6.

schnittsklausel. Die Bedeutung des XX. Titels Entwicklungszusammenarbeit ist demgemäß – dem Willen der Vertragsschließenden entsprechend – keineswegs zu unterschätzen.

Wie die Klauseln der Beschäftigungs- und Strukturpolitik stellt Art. 178 EGV die Forderung nach einer Berücksichtigung der aufgeführten Ziele auf. Weniger strikt als der Appell zu einer Einbeziehung (Umweltklausel) verkörpert diese Formulierung immerhin die Verpflichtung der Gemeinschaft, bei aller Tätigkeit in anderen Politikbereichen über entwicklungspolitische Folgen zu reflektieren und insofern zu reagieren, als kontraproduktive negative Auswirkungen für den zu berücksichtigenden Bereich möglichst eliminiert werden. Darüber hinaus sollte der synergetische Effekt zwischen eigenen und zu berücksichtigenden Zielen befördert werden – nicht zwingend, aber möglichst. Reziproke positive Effekte zwischen Verbesserungen der Situation der Entwicklungsländer und den Zielen Europas sind offenkundig. Erstarken Ökonomien, erhöht das Kaufkraft auch zugunsten des Binnenmarktes, drosselt zudem die Europas Volkswirtschaften belastende Immigration von Wirtschaftsflüchtlingen; die Ermöglichung von Forschung in Drittländern potenziert Fortschritte weltweit usw. Verbesserungen der Umwelt und Gesundheit in Teilen der Erde ziehen generell Optimierungen verschiedenster Art für andere Regionen nach sich.

Wenn es in Art. 178 EGV heißt, die Ziele des Art. 177 EGV seien bei den von der Gemeinschaft verfolgten Politiken, ‚welche die Entwicklungsländer berühren können', zu berücksichtigen, ist dies keine inhaltliche Einschränkung der Klausel. Dass sie keine Wirkung entfaltet, wenn es um Maßnahmen ohne entwicklungspolitischen Bezug geht, versteht sich von selbst. Was der Wortlaut der übrigen Querschnittsklauseln unterstellt, dass nicht jedwedes Handeln auf Gemeinschaftsebene vom Gebot der einzelnen Klauseln tangiert wird, wenn es eben keinerlei sachliche Querbezüge gibt, ist hier ausgesprochen. Die Klausel gilt dennoch ebenso uneingeschränkt vertragsweit wie die bisher erörterten.

Was die Primärziele des Art. 177 EGV angeht, deren Beachtung die Querschnittsklausel des Art. 178 EGV einfordert, dürften diese weniger zu Zielkonflikten mit anderen Politiken und Maßnahmen der Gemeinschaft führen als sonstige Querschnittsziele, da die Planungsfelder sich räumlich nicht decken. Berührungsfelder sind die Handels- bzw. Agrarpolitik. Hier bewirkt die Umsetzung der Klausel Beachtung entwicklungspolitischer Zielsetzungen mittels Rücksichtnahme und Selbstbeschränkung, etwa in Gestalt fairer Preisgestaltung für den Handel mit Produkten der Dritten Welt.

Abwägungsprobleme mit im Rahmen der Entwicklungszusammenarbeit der Gemeinschaft stattfindenden Aktivitäten können sich hinsichtlich sekundärer Ziele ergeben, sofern sie Teilaspekte der Entwicklungspolitik, gleichzeitig Gegenstand anderer Vertragspolitiken sind, typisch im Rahmen des Umweltschutzes. Europäische Umweltpolitik kann nicht an den Außengrenzen der Gemeinschaft Halt machen, wie die Bekämpfung globaler Ursachen des Klimawandels zeigt.

Der Sachzusammenhang wird schon im Vertragsaufbau augenfällig, indem sich der Titel Entwicklungszusammenarbeit an den Titel Umwelt anschließt. Diese Politiken können sich im Wege stehen, obwohl von ihrem Nebeneinander Förderung beider zu erwarten ist: Entwicklungsländer sehen sich zunehmend mit Umweltproblemen konfrontiert[553]. Umweltschäden in Gestalt von Erosion, Savannen- und Wüstenbildung, Versumpfung und Versalzung stellen ständige Bedrohungen für die Bodenerträge dar. Gewässer leiden durch Einleitung von Abfallprodukten, die Luft in Städten und Industriezentren durch Emissionen unter wachsender Verschmutzung. Die Zerstörung der Wälder bedroht die Fauna. Ursachen dieser Phänomene sind vornehmlich Armut und steigendes Bevölkerungswachstum, übermäßige und umweltschädliche Landnutzung, unkontrolliertes Wachstum der Emissionsquellen sowie insbesondere mangelndes Umweltbewusstsein generell. Auch die Industrieländer leisten ihren Beitrag zu fortschreitender Umweltzerstörung andernorts, indem sie etwa ökologisch bedenkliche Industrien, Produkte und Giftmüll exportieren, umgekehrt Waren nachfragen, deren Produktion in den Entwicklungsländern eben jene Schäden hervorruft. Nicht zuletzt in der Erkenntnis, dass Umweltprobleme vielfach nur noch global lösbar sind, dass die Industrieländer der Gemeinschaft auf lange Sicht selbst den Folgen der Umweltzerstörung in den Entwicklungsländern gegenüberstehen, bemüht sich die europäische Entwicklungs- im Gleichklang mit der europäischen Umweltpolitik, die genannten Missstände zu lindern.

Dem Wunsch der Gemeinschaft, Entwicklungshilfe mit Umweltschutz zu verbinden, steht indes bis heute die eher zurückhaltende Einstellung der Entwicklungsländer zum Umweltschutz entgegen, die sich aus deren ökonomischer Schwäche erklärt; Umweltbewusstsein ist immer noch an einen gewissen Wohlstand geknüpft[554].

Entwicklungs- als Umweltschutzhilfe vollzieht sich zum einen in der Förderung von Umweltschutzvorhaben mit dem Ziel, Umweltschäden zu beheben bzw. weiterer Umweltzerstörung vorzubeugen, zum anderen in Gestalt einer Umweltverträglichkeitsprüfung einschlägiger Vorhaben. Das Lomé IV-Abkommen enthält ausführliche Bestimmungen über Vorhaben zum Schutz der Umwelt und zur Prüfung der Umweltverträglichkeit. Seit 1972 existiert ein eigenständiges Um-

---

553 Vgl. dazu etwa *Vonessen,* Europäische Entwicklungshilfe und Umweltschutz, 21 f.

554 Indessen auch in Ländern großen Wohlstands deutlich weniger Wertschätzung genießt als in der Gemeinschaft, man denke an die Politik der U.S.A. im Verhältnis zum Kyoto-Protokoll.

welt-Entwicklungshilfekonzept der Europäischen Gemeinschaft[555]. Da der Umweltschutz quervertraglich Geltung beansprucht, gibt es immer wieder entwicklungspolitische Projekte, deren Hauptanliegen – etwa Förderung der ländlichen Entwicklung – auch dem Umweltschutz dient. Gezielt umweltschutzbezogen wurden allein von 1986 bis 1989 230 Vorhaben in den AKP-Staaten zur Bekämpfung der Versteppung mit 1,7 Milliarden ECU gefördert. Bei der Kooperation der EG mit sämtlichen Drittländern im Mittelmeerraum ging die Gemeinschaft bereits in den Jahren 1992/1993 aus den ihr zur Verfügung stehenden Haushaltsmitteln Verpflichtungen über 30, 2 Millionen ECU ein; für die Jahre 1992 bis 1996 reservierte die Gemeinschaft für den Umweltschutz in genau diesen Ländern EIB[556]-Darlehen in Höhe von 500 Millionen ECU. Der jährliche Gesamtbetrag an Zuwendungen für den Umweltschutz in Entwicklungsländern beläuft sich nach Schätzungen auf 770 Millionen bis 1 Milliarde ECU.

Die Entwicklungspolitik der Gemeinschaft geht schwerpunktmäßig davon aus, dass die Schaffung eines Umweltbewusstseins in den Entwicklungsländern dem weltweiten – und damit auch eigenen – Umweltschutz zugute kommt. Schließlich dient es der ökonomischen Entwicklungsförderung, wenn der Umgang mit der Umwelt in den Entwicklungsländern bewusster geschieht, indem so etwa die natürlichen Lebensgrundlagen als Basis landwirtschaftlicher Produktion erhalten bleiben.

Für die vorliegende Untersuchung ist die inhaltliche Verzahnung von Entwicklungs- und Umweltpolitik von besonderem Interesse, die erstere weithin zur Umweltentwicklungshilfe werden lässt.

Dabei ergibt sich hier die Konstellation inhaltlicher Überdeckung zweier Querschnittsaufträge. Es kann dahinstehen, ob Umweltentwicklungshilfe auch Ergebnis der Querschnittsklausel Umwelt in der Entwicklungshilfe oder stattdessen der Querschnittsklausel Entwicklungshilfe in der Umweltpolitik ist. Die Umsetzung beider Querschnittsaufträge kann über Art. 178 EGV auch zur Umsetzung des Art. 6 EGV beitragen und damit einen weiteren Beleg für die sich reziprok positiv auswirkende Koordinierung von Zielsetzungen zu Umwelt-, Gesundheits- und Verbraucherschutz, zugleich der darauf hinwirkenden Funktion der Querschnittsklauseln liefern.

Wie Entwicklungspolitik mit den Anforderungen anderer Vertragspolitiken, mehr noch mit den Anliegen anderer Querschnittsklauseln zusammentrifft, sei am Beispiel des sog. Cartagena-Protokolls über die Biologische Sicherheit veranschaulicht, ein Folgeabkommen der 1992 in Rio de Janeiro unterzeichneten Kon-

555 Hierzu sowie zum Folgenden *Vonessen*, Europäische Entwicklungshilfe und Umweltschutz, 60 f.

556 Europäische Investitionsbank.

vention über Umwelt und Entwicklung (CBD). Deren Zielsetzung ist die Erhaltung biologischer Vielfalt, die nachhaltige Nutzung ihrer Bestandteile und die gerechte Aufteilung der Vorteile aus der Nutzung genetischer Ressourcen, mit einem Akzent auf der Gestaltung der Nutzung von Land-, Forstwirtschaft und Fischerei.

Das Cartagena-Protokoll vom 29. Januar 2000 als Rahmen für die Ein- und Ausfuhr von gentechnisch veränderten Organismen (GVO) wurde von der EU im Jahre 2002 unterzeichnet; es bindet nicht die Mitgliedstaaten, die selbst über die nationale Ratifizierung entscheiden[557]. In Erfüllung der durch die Ratifizierung übernommenen Verpflichtungen erließ die Gemeinschaft die VO (EG) Nr. 1946/2003 des Europäischen Parlaments und des Rates vom 15. 7. 2003[558]. In dieser Verordnung wird in der 11. Begründungserwägung als Motiv für den Erlass die Erkenntnis genannt, dass einige Entwicklungsländer möglicherweise nicht über die Voraussetzungen verfügen, um sachgerechte Entscheidungen zur grenzüberschreitenden Verbringung von GVO treffen zu können, so dass die Gemeinschaft nachhaltige Anstrengungen unternehmen sollte, um diese Länder in die Lage zu versetzen, ihre Mittel und institutionellen Kapazitäten auszubauen.

Hier findet sich ein Substrat entwicklungspolitischer Zielsetzung, gleichzeitig geht es um den Schutz der Umwelt sowohl in den Entwicklungsländern als auch (über die Einfuhr) in der EU, weiter um Vorbeugung von Risiken für die menschliche Gesundheit und explizit um den Schutz der Verbraucher in ihrer Wahlfreiheit (Art. 1 und 2 der VO), ein Ergebnis querschnittlichen Denkens.

Ob ein Umweltschutzprojekt anstelle eines anderen Vorhabens, ggf. auch in einem anderen Land, durchzuführen ist, oder ob umgekehrt unter Umweltschutzgesichtspunkten eine Maßnahme der Entwicklungshilfe zu unterbleiben hat, ist durch Abwägung aller Umstände des Einzelfalles zu ermitteln, wobei in der Sicht der Entwicklungshilfeklausel insbesondere die ökonomische Situation des Entwicklungslandes, die Umweltlage vor Ort sowie ein Vergleich der unterschiedlichen Auswirkungen der zur Debatte stehenden Vorhaben zum Tragen kommen müssen[559].

Umweltschutz für Europa muss inhaltlich nicht deckungsgleich mit dem Sekundärziel Umweltschutz im Rahmen der Entwicklungspolitik sein. In bestimmten Konstellationen ist die Umweltschutzpolitik, wie Art. 6 EGV sie für die Gemeinschaft einfordert, wie erörtert immerhin in die Nähe einer Meistbegünstigungstendenz gerückt, in Entwicklungsländern dagegen vielfach zugunsten von

557 Wortlaut des Protokolls siehe *http://www.biosicherheit.de*; Ratifizierung der EU gemäß Beschluss 2002/628/EG des Rates, ABl. L 201 vom 31. 7. 2002.

558 Über grenzüberschreitende Verbringungen genetisch veränderter Organismen, ABl. L 287/1 vom 5.11. 2003.

559 *Vonessen,* Europäische Entwicklungshilfe und Umweltschutz, 187.

Hauptzielen des Art. 177 EGV, beispielsweise dem Ausbau von Handel und Verkehr, in Abwägung zurückzunehmen.

Ein Vorrang der Schutzklausel Umwelt vor der zur Entwicklungspolitik besteht nicht, wenngleich Umweltpolitik quantitativ im Vordergrund steht. Im Einzelfall mag sogar die Verpflichtung aus Art. 178 EGV in der Bilanzierung zu einer Zurückstellung umweltpolitischer Zielsetzungen führen, und zwar dann, wenn die entwicklungspolitischen Belange qualitativ höher zu veranschlagen sind.

Speziell bei der Klausel des Art. 178 EGV tritt eine generelle Begleiterscheinung bei der Anwendung von Querschnittsklauseln ein: Gewichtigstes Medium der Entwicklungshilfetätigkeit ist die finanzielle Unterstützung, wenngleich sich erstere hierauf nicht beschränkt[560]; hierdurch unterscheidet sich diese Politik graduell von anderen durch Querschnittsklauseln abgesicherte Politiken. Die Mittel der Entwicklungshilfe sind für die in Art. 177 EGV genannten Ziele zu verwenden, so für die nachhaltige wirtschaftliche und soziale Fortentwicklung der Entwicklungsländer, ihre Eingliederung in die Weltwirtschaft und die Bekämpfung der Armut.

Berücksichtigung der Ziele des Art. 177 EGV würde demnach partiell auch finanzielle Förderung durch andere Politiken sein müssen, mindestens die Einbeziehung entsprechender Überlegungen in die Querschnittsabwägung.

Art. 178 EGV stößt damit die Frage an, ob und inwieweit just durch eine Querschnittsklausel die Verteilung finanzieller Mittel gesteuert werden darf.

Die Frage betrifft auch andere Klauseln, da die pekuniäre Unterstützung von Umweltschutz-, Kultur-, Beschäftigungs-, Regionalmaßnahmen etc. ja auch eine Form von Einbeziehung bzw. Berücksichtigung dieser Politiken darstellt. Wird etwa im Rahmen der Verkehrspolitik eine Maßnahme zugunsten des Umweltschutzes mitfinanziert, werden so die Erfordernisse des Umweltschutzes einbezogen. Zweifelsohne decken die Klauseln diese Art der Verwebung von Politikfeldern miteinander ab. Wie dies geschieht, ist dem jeweiligen mit Kompetenz agierenden Handlungsträger der europäischen Ebene freigestellt. Ganz sicher können einzelne oder die Gesamtheit der Klauseln keine Rangordnung an Finanzbedürftigkeit ihrer Politiken untereinander oder im Verhältnis zu anderen Politiken vorgeben. Dazu sind sie viel zu sehr auch Generalklauseln. Demgegenüber entspricht es der ratio aller Querschnittsklauseln, auch die nur einzelnen ihrer Politiken zugewandten finanziellen Mittel möglichst rundum effizient und synergetisch zu verteilen, soweit der Vertrag diese Mittelvergabe überhaupt autorisiert. Kein Zielbereich darf so exzessiv gefördert werden, dass für die Unterstützung anderer querschnittlich abgesicherter Materien die Gelder knapp werden. Die Klauseln

560 *Zimmermann / Martenczuk* in *Schwarze,* EU-Kommentar, Art. 177 EGV Rn. 7, die Hilfe zur Selbsthilfe wird zunehmend forciert.

geben zusammengenommen ein Gebot zu gesamtzielbezogener ökonomischer Verwaltung von der Gemeinschaft zur Verfügung stehenden Mitteln vor, soweit es um die Verteilung finanzieller Förderung in Bezug auf durch die Klauseln verstärkte Ziele geht. Auch Entwicklungspolitik in Gestalt finanzieller Hilfe darf nicht so weit ‚berücksichtigt' werden, dass dadurch andere Klauselziele vernachlässigt werden, so schwierig dies im Einzelfall festzustellen sein mag.

Teil 5: Bedeutung der Querschnittsklauseln für das Kartellrecht der Gemeinschaft – Wettbewerb und Querschnittsklauseln

A) Rechtslage vor der Verordnung des Rates 1/2003

Vor einer Bilanzierung ermittelter Gemeinsamkeiten und Unterschiede und einer zusammenfassenden Wertung der untersuchten Querschnittsklauseln drängt sich die Fragestellung auf, wie sich die Summe der Klauselaufträge mit ihren vielfach nicht eigentlich wirtschaftlichen, sondern eher unökonomischen, quasi ethischen Anliegen (Gesundheit, Kultur, Umwelt pp.) zum Grundprinzip des Vertrages verhält, der ja von seinem Ursprung her auf die Förderung des Binnenmarktes zielt, dabei als wesentlichen Motor den freien Wettbewerb fordert. Angerissen wurde diese Fragestellung zwangsläufig bereits im Rahmen der Industriepolitik mit deren Steuerungselementen.

Die Nagelprobe des Verhältnisses der Anliegen der Querschnittsklauseln zum Prinzip des freien Wettbewerbs lässt sich aufschlussreich im Kartellrecht, mithin am Art. 81 EGV (früher Art. 85 EGV) durchführen.

Hat der EGV mit den Querschnittsklauseln nunmehr den Weg zu einem gesteigert interventionistischen Verständnis von Wettbewerbsrecht und -politik eingeschlagen, indem das Kartellrecht der Gemeinschaft durch sektorale Vertragspolitiken instrumentalisiert und damit eine Relativierung des Kartellverbots bewirkt wird, könnten mittels der Klauseln die kartellrechtlichen Entscheidungsspielräume der Kommission erweitert werden?

Gasse untersucht diese Fragestellung im Verhältnis der Mehrzahl der Querschnittsklauseln zum Kartellrecht[561], *Ehle* prüft die diesbezüglichen Auswirkungen anhand der Umweltschutzklausel[562], andere Autoren befassen sich mit dem Verhältnis etwa der Industrie- bzw. Kulturpolitik zu Art. 85 Absatz 3 EGV a. F.[563].

Dieser Absatz beschreibt vier Elemente, deren Vorliegen kumulativ bejaht werden muss, um die Grundregel des Absatzes 1 (Kartellverbot) für nicht an-

561 *Gasse,* Die Bedeutung der Querschnittsklauseln für die Anwendung des Gemeinschaftskartellrechts.

562 *Ehle* insgesamt in: Die Einbeziehung des Umweltschutzes in das Europäische Kartellrecht.

563 *Bouterse,* Competition and Integration, 77 f. bzw. 141 f.; *Jones / Sufrin,* EC Competition Law, 193 f.; *Monti,* CML Rev. 2002, 1057, 1069 f.

wendbar erklären zu dürfen[564]: Die mit der Vereinbarung, dem Beschluss oder der aufeinander abgestimmten Verhaltensweise zu erreichende Verbesserung von Warenerzeugung oder -verteilung, den hierin liegenden Beitrag zur Förderung des technischen und wirtschaftlichen Fortschritts – beides zudem unter dem Vorbehalt angemessener Beteiligung der Verbraucher am entstehenden Gewinn stehend –, weiter die Abwesenheit von Beschränkungen (für die beteiligten Unternehmen), die für die Verwirklichung der genannten Ziele nicht unerlässlich sind, und schließlich der Ausschluss der Möglichkeit, dass für einen wesentlichen Teil der Waren der Wettbewerb ausgeschaltet wird.

In die Auslegung dieser vier Kriterien hat die Kommission bei der von ihr zu treffenden Freistellungsentscheidung seit langem mit Billigung des Gerichtshofs in gewissem Umfang wettbewerbsfremde Gemeinwohlziele einbezogen[565]. Die Wettbewerbspolitik bildet selbst schon eine wesentliche Dimension mehrerer Gemeinschaftspolitiken, indem sie einen entscheidenden Beitrag zur Verwirklichung von deren Zielen leistet[566], wie es in Art. 81 Absatz 3 EGV zum Verbraucherschutz anklingt. So bezeichnet die Kommission in ihrem XXII. Bericht über die Wettbewerbspolitik 1992 diese als einen Eckpfeiler der Verbraucherpolitik[567], hält es für ‚normal', dass Wettbewerbspolitik und Umweltfragen sich gegenseitig beeinflussen, präzisiert dahin, dass wettbewerbseinschränkende Vereinbarungen nach Art. 85 Absatz 1 EGV a. F., dem Vorläufer des heutigen Art. 81 EGV Absatz 1 EGV, zwar dann verboten seien, wenn die Unternehmen versuchten, sie mit Umweltschutzargumenten zu rechtfertigen, es könne indessen ‚nicht ausgeschlossen' werden, dass in Fällen der Rechtfertigung wettbewerbsbeschränkender Vereinbarungen mit Umweltschutzcharakter Art. 85 Absatz 3 EGV grundsätzlich anwendbar sei[568].

Im folgenden XXIII. Wettbewerbsbericht der Kommission heißt es deutlicher, im Rahmen einer Einzelprüfung setze die Gewährung einer Ausnahme vom Vereinbarungsverbot die Nutzung eines Ermessensspielraums für die Kommission unter anderem deshalb voraus, weil ‚dabei die verschiedenen Ziele des EG-Vertrages zu berücksichtigen' seien; hier finden sich unter der Überschrift ‚Wett-

---

564 EuG 11. 7. 1996, verb. Rs T-528, 542, 543 und 546/93, Slg. II – 649 2. Leitsatz.

565 Vgl. insbesondere die Wiedergabe bei *Jones / Sufrin,* EC Competition Law, 192 f., und bei *Schröter* in *Schröter / Jakob / Mederer,* Art. 81 Absatz 3 Rn. 340.

566 XXII. Bericht der Kommission über die Wettbewerbspolitik 1992, Ziffer 67.

567 A. a. O., Ziffer 74.

568 A. a. O., Ziffer 77, auch die Regionalpolitik wird hier angesprochen, a. a. O., Ziffer 80.

bewerbspolitik und andere Bereiche der Gemeinschaftspolitik' Verweise auf die Industrie- und die Kulturpolitik[569].

Monti sieht das Motiv dafür, dass Freistellungsentscheidungen schon in der Vergangenheit als Vehikel für die Verwirklichung anderer Vertragsziele benutzt wurden, in der relativen ,Tatenlosigkeit' der Gemeinschaft in diesen anderen Politikbereichen[570].

Ehle geht im Verhältnis Wettbewerbspolitik/Umweltpolitik so weit zu sagen, zwar dürfe die Wettbewerbspolitik grundsätzlich nicht durch die mitverfolgten allgemeinvertraglichen Ziele in den Hintergrund gedrängt werden, im Ergebnis könne es aber keine Anwendung der (damaligen) Art. 85 ff. EGV ohne Berücksichtigung der ökologischen Komponente, sondern nur noch ökologische Wettbewerbspolitik geben[571].

Vor Änderung der kartellrechtlichen Vorschriften durch die Verordnung des Rates aus Dezember 2002[572], also bis zu deren Inkrafttreten im Mai 2004, eröffnete der Freistellungstatbestand[573] des ursprünglichen Artikels 85 Absatz 3 EGV, später Art. 81 Absatz 3 EGV, der Kommission eine bedeutsame ,Baustelle'.

Aufgabe der Regelung, so der EuGH im Jahr 1977[574], sei es, die Aufrechterhaltung des Wettbewerbs mit der Wahrung anderer Vertragsziele in Einklang zu bringen.

Die Einführung der Querschnittsklauseln prägt demnach zwangsläufig auch das Verständnis des Art. 81 EGV, dessen Vorläufer im Rahmen ökonomischer Überlegungen entstanden sind: Die neuen Integrationsziele beeinflussen die Gesamtregelung zum Kartellverbot dahin, dass ihre Beachtung insgesamt auch an dieser Stelle nunmehr obligatorisch geworden ist.

Ausgangspunkt für die Einordnung dieses Verhältnisses Querschnittsklausel/Kartellverbot ist die grundsätzliche Gleichwertigkeit der betroffenen Sachkomplexe; die vertragsübergreifend angeordnete Berücksichtigung einzelner Politiken mittels der Querschnittsklauseln sagt über ihren Rang im Verhältnis zur

---

569 XXIII. Bericht über die Wettbewerbspolitik 1993, Ziffer 155, 172 f., 190. Als konkretes Beispiel sei die freistellende Entscheidung der Kommission zu Produkten mit einem bestimmten Energieeffizienzstandard erwähnt, in der ausdrücklich der Hinweis auf den Umweltartikel 174 EGV erfolgt, KOM E 2000/475/EG, ABl. 2000 L 187/47 Rn. 55.

570 *Monti*, CML Rev. 2002, 1057, 1092.

571 *Ehle*, a. a. O., 42 und 155.

572 VO (EG) Nr. 1/2003 des Rates vom 16. 12. 2002 zur Durchführung der in den Artikeln 81 und 82 des Vertrages niedergelegten Wettbewerbsregeln, ABl. 2003 L 1/1, im Folgenden als VO 1/2003 bezeichnet.

573 Laut *Vogelaar*, Conference Materials, 381, 391, 405, ,heart of the competition policy'.

574 EuGH 25. 10. 1977, Rs 26/76, Slg. 1875, 1905 f. Rn. 21.

Wettbewerbspolitik nichts aus, auch dann nicht, wenn es zugunsten der letzteren an einer Art ausdrücklicher ‚Gegen-Querschnittsklausel' im Verhältnis zu diesen anderen Vertragspolitiken fehlt. Der Vertrag unterstellt mangels anderweitiger Regelung ein gleichberechtigtes Nebeneinander[575].

Die Querschnittsklauseln müssen also vor dem Kartellrecht nicht Halt machen.

Die Problematik stellt sich nicht hinsichtlich der Auswirkung der Klauseln auf Art. 81 Absatz 1 EGV. Diese Regelung ist eindeutig und nicht diskutabel.

Monti sagt also zu Recht, die verschiedenen Querschnittsklauseln ‚impose a duty on the Commission to take other policies into account in deciding competition cases', die Wettbewerbspolitik dürfe nicht in einem Vakuum angewandt werden, habe vielmehr im Einklang mit der Entwicklung des Europäischen Projekts zu stehen, Wettbewerbsregeln müssten im Kontext umfassenderer Zielsetzungen der Gemeinschaft gesehen werden[576].

Als Gegenstimme mit dogmatischer Begründung sei hier *Stumpf* erwähnt. In Konsequenz ihrer Auffassung, dass die Querschnittsklauseln auf nur rechtsvollziehenden Tätigkeitsfeldern, wo der Gemeinschaft keine konzeptionelle Gestaltungsfreiheit zukomme, nicht zur Anwendung kommen könnten, lehnt sie deren Berücksichtigung im Freistellungsrecht ab[577].

Dass ihre dogmatisch motivierte Begrenzung der Wirkungsbreite der Klauseln zu von den Vertragsschließenden nicht gewollten Ergebnissen führt, zeigt sich an dieser Stelle der Untersuchung: Die Befugnis zur Berücksichtigung von Gemeinschaftswohlzielen in Freistellungsentscheidungen war nie umstritten. Es kann nun nicht gewollt sein, dass unter der Betonung dieser Ziele mittels der Normierung einschlägiger Querschnittsklauseln dieser Effekt reduziert werden

---

575 So auch *Ehle*, a. a. O., 93, für das Verhältnis Umweltschutz/Kartellrecht, sowie *Riesenkampff*, BB 1995, 833, 838 – *Riesenkampff* untersucht den Zusammenhang zwischen privater Abfallentsorgung und (u. a.) europäischem Kartellrecht, behandelt also die Frage, mit der (im Jahre 1995) auch die Kommission befasst war, ob und inwieweit das in Deutschland praktizierte Duale System mit den Artikeln 85 und 86 EGV a. F. zu vereinbaren ist, ob das Recht der Abfallentsorgung, das dem Recht des Umweltschutzes zuzuordnen sei, Vorrang vor dem Kartellrecht beanspruchen könne (833). Theoretisch könne die Kommission in bestimmten Vorschriften des seinerzeit neuen Kreislaufwirtschaftsgesetzes einen Verstoß gegen die Artikel 85, 86 EGV a. F. erblicken und nicht nur das Verfahren nach Art. 169 EGV a. F. gegen die Bundesrepublik einleiten, sondern auch gegen die auf der Grundlage dieser Vorschriften entstandenen Kooperationen und Konzentrationen vorgehen (838).

576 *Monti*, CML Rev. 2002, 1057, 1093, unter Berufung auf die frühen Entscheidungen des Gerichtshofs seit 1968, a. a. O., 1057 Fn. 1 und 2.

577 *Stumpf*, Aufgabe und Befugnis, 271 f., wenngleich sie einräumt, dass einzelne in den Querschnittsklauseln aufgeführte Anliegen durch Subsumtion unter Art. 85 Absatz 3 EGV gleichwohl zum Zuge kämen.

müsste; weder die Klauseln noch das Wettbewerbsrecht selbst, das ja in Art. 81 Absatz 3 EGV ohnehin schon industriepolitische und verbraucherschützende Tendenzen anspricht, bieten hinreichende Anhaltspunkte dafür, dass die Querschnittsklauseln gerade das europäische Wettbewerbsrecht nicht tangieren dürften. Die weiten Ermessensspielräume, die der Kommission bei ihrer Freistellungsentscheidung – mit diversen mehr ökonomischen als rechtlichen Abwägungen, basierend auf Zukunftsprognosen über denkbare Auswirkungen[578] – zugebilligt werden, machen eine bedeutsame Kompetenz aus. Hier sollen die europäischen Wettbewerbsregeln angewandt bzw. ihre Anwendung kontrolliert werden. Die Anliegen der Klauseln diesem Aktionsfeld vom Ansatz her fernzuhalten, widerspricht den Vertragsänderungen durch Maastricht und Amsterdam.

An diese Spielräume nun knüpft sich die eingangs dieses Kapitels erwähnte Debatte darüber, ob mittels der Postulate der Querschnittsklauseln eine Aufweichung des Ausnahmecharakters der Freistellungsregelung bewirkt werden könne, wenn etwa solche Kartelle privilegiert würden, denen vorteilhafte Auswirkungen auf einzelne in den Klauseln verankerte Ziele zugesprochen werden[579].

Nach Auffassung der Monopolkommission[580] lassen sich die zahlreichen Erweiterungen des EG-Vertrages in Maastricht und Amsterdam von der Industriepolitik bis zur Beschäftigungspolitik als Versuch interpretieren, mit solchen Zielsetzungen ein stringentes Wettbewerbsprinzip auszuhöhlen.

Auch *Gasse* knüpft seine dahingehende Befürchtung an die Vielzahl der politischen Ziele der Querschnittsklauseln, die Masse ihrer politischen Inhalte[581].

---

578 Vgl. z. B. EuGH 15. 5. 1975, Rs 71-74, Slg. 563 Rn. 43 zum Unerlässlichkeitsmerkmal.

579 So befürchtet *Gasse,* a. a. O., 3, allerdings in Bezug auf den alten Art. 85 EGV.

580 Die sich auf die Aufforderung im Weißbuch der Kommission über die Modernisierung der Vorschriften zur Anwendung der Art. 85 und 86 EG-Vertrag vom 28. April 1999, ABl. 1999 C-132/1, über deren Pläne äußerte, Sondergutachten der Monopolkommission von Oktober 1999 ‚Kartellpolitische Wende in der Europäischen Union', vollständiger Text unter *www.monopolkommission.de/sg_28/text_d.htm.*

581 *Gasse,* a. a. O., 173 f.; die Prädominanz des Freiheitsschutzes sei in Frage gestellt, wenn der Verbotstatbestand des Absatzes 1 zugunsten politischer Ziele eingeschränkt werde; auch *Gasse* hält jegliche Querschnittsklausel-motivierte Restriktionsbestrebung wirtschaftlicher oder nichtwirtschaftlicher Art für unzulässig; vgl. auch die praktischen Beispiele möglicher grotesker Fallkonstellationen bei *Müller-Graff,* EuR 1992, 1, 13 f., betreffend Umwelt- und Verbraucherschutz, Industrie- bzw. Regionalpolitik im Verhältnis zum Kartellrecht.

Diese Befürchtung wäre dann berechtigt, wenn man z. B. die Umweltschutzklausel als fünfte zu den vier in Art. 81 Absatz 3 EGV bezeichneten Freistellungsanforderungen hinzukommend ansieht[582].

Fraglos kann keine der Querschnittsklauseln eine solche Tatbestandserweiterung des Art. 81 Absatz 3 EGV bewirken, keine ermächtigt dazu, eine Vereinbarung pp. unter Verzicht auf nur eine der vier Freistellungsvoraussetzungen zu privilegieren, weil etwa Beschäftigungspolitik oder eine andere Querschnittspolitik betrieben werden soll, dies wäre ein klarer Verstoß gegen Absatz 3[583]. Entsprechend hat sich das EuG im Jahre 1994 in Übereinstimmung mit der beklagten Kommission zu Art. 85 Absatz 3 EGV dahin geäußert, wenn nicht die sonstigen Voraussetzungen der Vorschrift erfüllt seien, könnten daneben bestehende ‚außergewöhnliche' Umstände eine Freistellung nicht rechtfertigen, es sieht damit die Exklusivität der Tatbestandsmerkmale für die Freistellung genau[584]. Durch die verpflichtende Normierung der Querschnittsklauseln hat sich jedoch im Verhältnis zur früheren Handhabung der Kommission, gelegentlich andere Vertragsziele in die Anwendung des Absatzes 3 mit einzubeziehen, die Vertragslage dahin verfestigt, dass nunmehr die Auslegung der vier Freistellungsvoraussetzungen auch im Lichte der Aussagen der Querschnittsklauseln, der Befehlsintensität der einzelnen Klausel wie erörtert folgend, zu geschehen hat, ohne dass die Klauseln dabei zu zusätzlichen selbständigen Legitimierungen der Freistellung würden[585].

Dies sollte im Prinzip nicht mehr streitig sein[586].

---

582 So *Jacobs:* ‚... it is correct to state that Article 130r (2) EEC adds, to the four requirements mentioned in Article 85 (3) EEC, a fifth one', *Jacobs,* Legal issues of European integration 1993, 37, 58; dagegen ausdrücklich *Ehle,* a. a. O., 136, 164; *Müller-Graff,* EuR 1992, 1, 23, und natürlich *Gasse,* a. a. O., 143.

583 Eine Befreiung nach Art. 85 Absatz 3 EGV ist nur zu erteilen, wenn sämtliche Voraussetzungen dieser Bestimmung erfüllt sind, EuGH 13. 7. 1966, verb. Rs 56 und 58 – 64, Slg. 322, 399.

584 EuG 15. 7. 1994, Rs T – 17/93, Slg. II-595 Rn. 104 f.

585 *Müller-Graff,* EuR 1992, 1, 23: Allgemeinpolitische Zielsetzungen können in Art. 85 Absatz 3 EWGV nur berücksichtigt werden, sofern sie sich unter die dort genannten Legalisierungsgründe subsumieren lassen; so auch *Ehle* für die Umweltschutzklausel; er zitiert diverse Beispiele für entsprechendes Vorgehen der Kommission und verbindet das mit der Feststellung, dass weder der EuGH noch das EuG bis dato Gelegenheit hatten, sich hierzu zu äußern, *Ehle,* a. a. O., 138 f.; vgl. auch *Bouterse,* Competition and Integration, 28; *Pernice,* Die Verwaltung 1989, 1, 29; *Jacobs:* ‚If environmental impact should be taken into account, it has to be done within the framework of those provisions' (des Art. 85 Absatz 3), Legal issues of European Integration, 37, 46 m. w. N. in Fn. 62 – 64.

586 Vgl. aber die Hinweise bei *Eilmansberger* in *Streinz,* EUV/EGV, Art. 81 EGV Rn. 122 Fn. 376; *Schaub / Dohms,* WuW 1999, 1055, 1057, meinen, anderweitige politische Zielsetzungen sollten in einer sachlichen Wettbewerbsanalyse keine Rolle

Wesseling beschreibt den praktischen Vollzug des Absatzes 3 so, dass abzuwägen sei, ‚whether the non-competition policy objectives promoted by the agreement qualify as improvement of production, distribution or as promotion of technical and economic progress in the sense of Article 81 (3)'[587].

Die vier Freistellungsvoraussetzungen haben, wie schon die Formulierung des Absatzes 3 zeigt, mit- bzw. untereinander zu tun, verfließen zum Teil ineinander. Für die Abwägungsentscheidung der Kommission, ob Freistellung gewährt wird oder nicht, ist sinnvollerweise ein Gesamtzusammenhang herzustellen[588]. Dabei steht die Wettbewerbsproblematik im Vordergrund, so dass *Monti* den Gemeinschaftszielen zu Recht ‚prima facie' weniger Gewicht als den Tatbestandsmerkmalen des Absatzes 3 zugesteht und das Miteinander wie folgt gewichtet: ‚an agreement's contribution to a particular Community policy is not sufficient to warrant an exemption, but an agreement which results in increased efficiency *and* which contributes to other Community goals is exempted because the combination of these two benefits outways the restriction of competition'[589].

Dieses Verständnis der Wechselwirkung von Klauselrecht und Art. 81 Absatz 3 EGV entspricht der vom Vertrag gesetzten Akzentuierung, der Berücksichtigung der *allgemeinen* Klauselaussagen in einer *Spezialvorschrift* des Wettbewerbsrechts.

Die Existenz der Klauseln berechtigt demnach nicht zu der pauschalen Aussage, ein Zielkonflikt zwischen (z. B.) Umwelt- und Wettbewerbspolitik könne stets umweltpolitisch entschieden werden[590]. Auch trifft es die Vertragslage nicht

---

spielen. Keine Entbehrlichkeit der Einbeziehung der Querschnittspolitiken kann aus der Entscheidung des EuG aus dem Jahre 1994 entnommen werden, wenn das Gericht ausführt, EuG 15. 7. 1994, a. a. O., Rn. 107, bei der Abwägung der Kommission im Rahmen des Artikel 85 Absatz 3 EGV seien *in dem betroffenen Stadium des Verfahrens* Gesichtspunkte wie sozialer oder regionaler Fortschritt in die Entscheidung nicht einbezogen worden, so dass sie deshalb auch nicht Gegenstand der Überprüfung hinsichtlich der Beurteilung der vier Voraussetzungen des Absatzes 3 durch die Kommission seien. Das Urteil stammt aus der Zeit vor Einführung der entsprechenden Klauseln, die Bemerkung hat im übrigen rein verfahrensrechtlichen Bezug.

587 *Wesseling,* ECLR 1999, 420, 423; wie das in Einzelfällen gehandhabt wurde, demonstrieren *Jones / Sufrin,* a. a. O., 192 f.

588 Siehe dazu z. B. Entscheidung EuG 15. 7. 1994, T-17/93, a. a. O., Rn. 126 f., hier werden im übrigen auch gleichzeitige regionalpolitische Überlegungen der Kommission akzeptiert. Zur Interdependenz des Kriteriums Verbesserung der Warenerzeugung und dem der Unerlässlichkeit der Wettbewerbsbeschränkungen zum Beispiel EuGH 13. 7. 1966, verb. Rs 56 und 58 – 64, Slg. 322, 397.

589 *Monti,* CML Rev. 2002, 1057, 1070, 1071 f. (mit Beispielen für diese Handhabung).

590 Vgl. hierzu die Übersicht bei *Kröger,* EuR 1994, 230, 237.

zu sagen, wettbewerbsbeschränkende Maßnahmen, die alle Voraussetzungen des Art. 81 Absatz 3 EGV erfüllen, könnten generell deshalb nicht freistellbar sein, weil sie zum Beispiel umweltschädliche Auswirkungen haben[591].

Wenn eine Querschnittsklausel eingreift, ist bzw. sind stattdessen ein (oder mehrere) Kriterien des Absatzes 3 eben nicht zu bejahen; nur so wird dem Ausnahmecharakter der Freistellung bei gleichzeitiger Regie der Klauseln Rechnung getragen. Demzufolge sind die Klauseln nicht grundsätzlich freistellungsfeindlich, da regelmäßig kartellverhindernd[592]. Ein hochgradig betroffenes Klauselziel, welches durch ein geplantes Kartell Förderung erführe, etwa der beschäftigungspolitische Aspekt, kann umgekehrt den Ausschlag geben, im Rahmen des weiten Ermessens der Kommission bei der Auslegung der vier Ausnahmevoraussetzungen zugunsten der Freistellung zu entscheiden[593].

Einen Schwerpunkt der von der Kommission zu leistenden Auslegung und Abwägung bildet das Unerlässlichkeitsmerkmal nach Artikel 81 Absatz 3 Buchstabe a) EGV. Fließen hier Querschnittsüberlegungen mit ein, müsste streng genommen die Prüfung einschließen, ob die ‚Unerlässlichkeit' auch im Blick auf betroffene Klauselziele zu bejahen ist. Dies könnte zur Folge haben, keine Wettbewerbsbeschränkungen zuzulassen, die (auch) zur Beförderung von Klauselzielen nicht unerlässlich sind. Das wäre der Fall, wenn das im Kartell zu verfolgende Ziel mindestens genausogut, wenn nicht besser, ‚getrennt' erreicht werden kann[594].

Das entspräche der großen Richtung der EuGH-Rechtsprechung, die – allerdings unter dem Aspekt der Subsidiarität – den Mitgliedstaaten abverlangt, immer die den freien Warenverkehr am wenigsten beeinträchtigende Maßnahme zu wählen, wenn zur Erreichung ökologischer Ziele verschiedene Wege zur Wahl stehen.

Für die Freistellungspraxis hieße das, dass die Unerlässlichkeit einer Wettbewerbsbeschränkung etwa aus ökologischen Gründen so lange bejaht werden

591 So aber *Portwood,* Competition Law & The Environment, 163; noch weitergehender sagt *Jacobs,* wenn eine Maßnahme alle Voraussetzungen des Art. 85 Absatz 3 EGV a. F. erfüllt, könne nur freigestellt werden, wenn die Maßnahme die Umwelt nicht ‚considerably' beeinträchtigt, *Jacobs,* Legal issues of European Integration 1993, 37, 58, unter Berufung auf *Müller-Graff,* EuR 1992, 1, 23.

592 So aber *Gasse,* a. a. O., 176.

593 *Monti,* CML Rev. 2002, 1057, 1070, mit kritischem Hinweis auf die Entscheidung der Kommission in Sachen *Ford/Volkswagen.*

594 Vergleichbar der Entscheidung EuG 11. 7. 1996, verb. Rs T-528/93, T-542/93, T-543/93, T-546/93, Slg. II-649 Rn. 118, zum Unerlässlichkeitsmerkmal bei gleichzeitiger Verfolgung öffentlicher Interessen.

muss, wie nicht erwiesen ist, dass es einen anderen und gleichwertigen Weg gibt[595].

Die Beurteilungsspielräume der Kommission sind bei der Mehrzahl von zu tätigenden Auslegungen und der zu berücksichtigenden politischen Inhalte ausgedehnt mit der Folge, dass sie an dieser Stelle einer gerichtlichen Kontrolle nur sehr begrenzt zugänglich sind[596], da es vielfach um komplexe wirtschaftliche Zusammenhänge geht und der Gerichtshof gegenüber politischen Einschätzungen der Kommission ohnehin weitgehend Abstinenz übt.

Auch bei Freistellungsstreitigkeiten werden nach der Rechtsprechung des EuG und des EuGH die Bewertungen der Kommission nur daraufhin überprüft, ob die Verfahrens- und Begründungsregeln beachtet, Tatbestände zutreffend festgestellt wurden, und ob offenkundige Beurteilungsfehler oder Ermessensfehlgebrauch vorliegen[597]. Dies gilt entsprechend für die Beachtung von Querschnittszielen bei der Auslegung des Art. 81 Absatz 3 EGV, worauf im folgenden Kapitel eingegangen wird.

Wenn *Bouterse* feststellen zu können glaubt, die Kommission hätte die Komponente des ökologischen Fortschritts im Rahmen der Freistellungsvorschriften noch nicht voll entwickelt[598], so ist zu bedenken, dass auf diesem komplexen Entscheidungsgebiet Perfektion nicht erwartet werden kann. Am Schnittpunkt der wettbewerbsfernen Querschnittsziele mit dem Kartellrecht in Art. 81 Absatz 3 EGV wird ein Ort konkreter Anwendung der Klauseln entstehen, wo einerseits kumulierter Sachverstand aus den Politiken des Wettbewerbs, des Fortschritts, der Industrie, des Verbraucher- und Umweltschutzes, der Entwicklungsförderung pp. einzubringen und abzuwägen ist, wo dann allerdings nach Abwägung klare Auslegungsergebnisse zu erwarten und Entscheidungen zu treffen sind. Wird zum Umweltschutz die Möglichkeit bejaht, einen Zielkonflikt mit dem Prinzip der Wettbewerbsfreiheit unter Umständen in letzter Konsequenz zugunsten des Umweltschutzes zu lösen, gilt das nicht mit gleicher Eindeutigkeit analog für alle anderen Querschnittsziele. Geht es in den sie absichernden Klauseln ‚nur' um berücksichtigen, Rechnung tragen, wird nicht leicht eine Abwägungsentscheidung zu rechtfertigen sein, bei der gegen das Prinzip des Art. 81 Absatz 1 EGV innerhalb des Absatzes 3 eine solche andere Politik im Sinne gewährter Freistellung den Ausschlag geben kann. Vorstellbar wäre dies indessen beim Gedanken des Verbraucherschutzes, den Absatz 3 ohnehin unterstreicht.

595 Vgl. auch *Ehle*, a. a. O., 159.
596 Vgl. *Weiß* in *Calliess / Ruffert*, EUV/EGV, Art. 81 EGV Rn. 154.
597 EuG 15. 7. 1994, T-17/93, Slg. II-595 Rn. 108 f.; EuG 21. 3. 2002, T-231/99, Slg. II-2085 Rn. 36; EuGH 17. 11. 1987, verb. Rs 142 und 156/84, Slg. 4487 Rn. 62.
598 *Bouterse*, Competition and Integration, 173.

Einheitlich ist dies für die übrigen Querschnittsklauseln nicht zu beantworten. Dass sie aber an dieser Stelle des Vertrages prinzipiell keinen Zielkonflikt entscheidend beeinflussen könnten, kann nicht Ergebnis dieser Untersuchung sein.

Eine überschießende Potenzierung der Auswirkungen der Klauseln im Kartellrecht, eine tendenzielle Begünstigung des Interventionismus mit der von *Gasse* befürchteten Konsequenz, dass die Wirtschaftsordnung der Gemeinschaft sich dabei auf dem Weg in die Beliebigkeit befinden könnte[599], ist solange nicht aktuell, als der klare Ausnahmecharakter des Art. 81 Absatz 3 EGV unangetastet bleibt, was EuGH und EuG sicherstellen können.

Dass in Einzelfällen Kartelle privilegiert werden können, denen vorteilhafte Auswirkungen auf einzelne in Querschnittsklauseln verankerte Ziele zugesprochen werden, bedeutet nicht den Untergang des freien Wettbewerbs; die Imprägnierung auch des Kartellrechts durch Querschnittsziele, die im Prinzip schon früher in die Abwägungen nach Absatz 3 einflossen, muss zu keinem Bedeutungswandel des Kartellverbotes, des Bollwerks zum Schutz des freien Wettbewerbs in der Gemeinschaft, führen.

In Übereinstimmung mit diesem Ergebnis bleibt auch hier festzuhalten, dass die Klauseln in ihrer Gesamtheit nicht einzelne positiv-rechtliche Bestimmungen des Vertrages relativieren, sie sind aber zumindest als mehr oder weniger strenge Regieanweisungen zu befolgen.

Sie reflektieren in verbindlicher Art den Geist des Vertrages, der darauf angelegt ist, als schützenswert bezeichnete Aspekte (denn das sind die Anliegen der Querschnittsklauseln) so weit wie möglich bei jeder Politik und Maßnahme berücksichtigt zu wissen. Bildlich gesehen lässt sich diese Eigenart der Klauseln einem ethischen Korsett vergleichen, mit dem die Vertragsschließenden sich bemüht haben, dem Vertrag nicht nur ‚moralische', meist am Allgemeininteresse ausgerichtete Inhalte beizugeben, sondern zugleich deren praktische Umsetzung zu bewirken.

Damit ist der Schwierigkeitsgrad rechtlich zutreffender Subsumtion innerhalb der Auslegung des Absatzes 3 beträchtlich angestiegen. Birgt zum Beispiel die gebotene Verbraucherbeteiligung am Gewinn schon Streitpotential dazu, wer hier die ‚Verbraucher' sind[600], so stellt sich unter den Postulaten der Klauseln zusätzlich die Frage, ob Gewinn der Verbraucher nur der ökonomische sein kann, oder ob nicht zum Beispiel die Sicherstellung kultureller Vielfalt[601], die Verbesserung regionaler Strukturen oder die Verringerung ökologischer Belastungen Gewinn

---

599 *Gasse,* a. a. O., 3.

600 Nicht nur Endverbraucher, das ist unstreitig, vgl. *Ehle,* a. a. O., 134.

601 Zur gebotenen Berücksichtigung der Kulturklausel in der Abwägung nach Art. 81 Absatz 3 EGV vgl. *Monti,* CML Rev. 2002, 1057, 1084.

im Sinne des Absatzes 3 ist, was fallweise zu bejahen sein dürfte[602] und somit den Kreis zulässiger Kartelle, von denen entsprechende Verbesserungen nicht zu erwarten sind, reduzieren könnte.

B) Rechtslage nach der Verordnung des Rates 1/2003

Wenn nun durch die VO 1/2003 die Anwendung des Art. 81 Absatz 3 EGV in die Hände mitgliedstaatlicher Behörden und Gerichte gelegt wurde, fragt sich, ob die Beachtung des Klauselrechts im Rahmen von Einzelfreistellungsfragen weiterhin sichergestellt bleibt.

An die Stelle des bisher bei der Kommission zentralisierten Anmelde- und Genehmigungssystems ist ein System der Legalausnahme getreten. Erfolgt also seit Mai 2004 die unmittelbare Anwendung des gesamten Art. 81 EGV durch Behörden und Gerichte der Mitgliedstaaten, an die sich, wie dargelegt, die Postulate der Querschnittsklauseln im Prinzip nicht richten, könnte dies ein Leerlaufen des Klauselrechts an dieser Stelle nach sich ziehen, sei es dadurch, dass von diesen Behörden und Gerichten die Auslegung der Kriterien des Absatzes 3 im Lichte der Querschnittsklauseln – aus welchen rechtlichen Erwägungen auch immer – nicht mehr verlangt würde, oder weil sie solches zu leisten in der Praxis gar nicht imstande wären.

---

602 Vgl. *Ehle,* a. a. O., 153, 160 – Von großer praktischer Bedeutung ist hier z. B. die Vermeidung von Umweltverschmutzung durch Abfälle. Es zeigt sich der im Rahmen des Kartellrechts zu erbringende Balanceakt, das Abfallaufkommen zu schmälern, ohne den Konsum, den Warenumlauf, zu beeinträchtigen. Schon in Art. 1 Absatz 1 der Richtlinie über Verpackungen und Verpackungsabfälle (Richtlinie 94/62/EG des Europäischen Parlaments und des Rates vom 20. Dezember 1994, ABl. 1994 Nr. L 365/10), die nationale Maßnahmen zur Entsorgung von Verpackungen und Verpackungsabfällen harmonisiert, um einerseits ein hohes Maß an Umweltschutz zu erreichen, andererseits das Funktionieren des Binnenmarktes zu gewährleisten, heißt es, Handelshemmnisse, Wettbewerbsverzerrungen und -beschränkungen sollten vermieden werden. Der Freiheit des Binnenmarktes ist das Prinzip der Wettbewerbsfreiheit des Kartellrechts ausdrücklich zugeordnet, *Ehle,* a. a. O., 157. – Auch *Pernice,* Die Verwaltung 1989, 1, 29 ff., hält es für denkbar, den in Art. 85 Absatz 3 EWGV enthaltenen Begriff der Verbesserung der Warenerzeugung bzw. den der Förderung des technischen Fortschritts nicht nur ökonomisch quantitativ, sondern auch unter ökologischen Gesichtspunkten qualitativ zu verstehen, womit bestimmte Vereinbarungen zwischen Unternehmen über umweltfreundliches Verhalten als positiver Beitrag zum Umweltschutz nach Art. 85 Absatz 3 EWGV grundsätzlich freistellbar werden könnten und – nach erfolgter Freistellung durch die Kommission – zudem gegen das innerstaatliche Kartellverbot ‚gemeinschaftsrechtlich immunisiert' seien.

Dass ersteres der Fall sein könnte, befürchtet *Wesseling*[603]. Er macht im Weißbuch der Kommission zur Modernisierung der Art. 85 und 86 EG-Vertrag vom April 1999[604] eine Distanzierung von der Politik, bei Freistellungen wettbewerbsfremde Faktoren in Betracht zu ziehen, aus, wenn es dort heißt[605]:

,Schließlich bestünde bei einem solchen Ansatz die Gefahr der Zweckentfremdung des Artikels 85 Absatz 3, der einen Rechtsrahmen für die wirtschaftliche Beurteilung von Vereinbarungen darstellt, nicht aber den Ausschluss der Wettbewerbsregeln aus politischen Erwägungen ermöglichen soll.' *Wesseling* schließt daraus, die Kommission reihe sich damit in die Gruppe der Befürworter einer reinen Antitrustpolitik ohne nicht-ökonomische Kriterien ein.

Dies könnte bedeuten, dass die Kommission über die VO 1/2003 die Absicht realisiert hat, politische (also auch klauselpolitische) Erwägungen aus der Anwendung des Art. 81 Absatz 3 EGV herauszuhalten.

Auch *Jones / Sufrin* leiten aus diesem Passus ab, diese – neue – Sicht der Kommission würde zu einer extrem eingeschränkten Rolle des Art. 81 Absatz 3 EGV führen, sie halten dies für einen Punkt ,of critical importance'[606].

Die Kommission sah sich – vor der Masse der Freistellungsverfahren kapitulierend und im Vertrauen darauf, dass in 40 Jahren eigener Entscheidungen und derer der europäischen Gerichte ausreichende Leitlinien für zutreffende Anwendung des Absatzes 3 vorgegeben seien – dazu berechtigt, ihr Entscheidungsmonopol aufzugeben, trennte sich damit von ihrer früheren Überzeugung, dass die im Rahmen des Art. 85 Absatz 3 EGV a. F. vorzunehmende Bewertung komplexer wirtschaftlicher Zusammenhänge unter Nutzung eines umfassenden Ermessensspielraums ,nur von der Kommission übernommen' werden könne[607].

In der Bekanntmachung der Kommission über ihre eigene Zusammenarbeit mit den Gerichten der EU-Mitgliedstaaten bei der Anwendung der Art. 81 und 82 des Vertrages[608] sagt sie, im Rahmen einer Stellungnahme, um die die Kommission hinsichtlich der Anwendung der EG-Wettbewerbsregeln ersucht wird, sei das einzelstaatliche Gericht – anders als bei der verbindlichen Auslegung des Gemeinschaftsrechts durch die Gemeinschaftsgerichte – nicht an diese ihre Stellungnahme gebunden. Daran ist zwar richtig, dass es Sache des Gerichtshofs ist, das Vertragsrecht auszulegen, Art. 234 EGV, diese Verlautbarung veranschau-

---

603 *Wesseling,* ECLR 1999, 420, 425.

604 Weißbuch der Kommission über die Modernisierung der Vorschriften zur Anwendung der Art. 85 und 86 EG-Vertrag vom 28. 4. 1999, ABl. 1999 C 132/1.

605 Weißbuch der Kommission, a. a. O., Ziff. 57 a. E.

606 *Jones / Sufrin,* a. a. O., 191.

607 So noch im XXIII. Bericht der Kommission über die Wettbewerbspolitik im Jahre 1993, Tz. 190 a. E. 2.

608 Vom 27. 4. 2004, ABl. C 101/54, 101/58 Tz. 29.

licht indessen, dass die Kommission sich dessen bewusst ist, sich von der bisher exklusiv von ihr wahrgenommenen Aufgabe, die im Rahmen des Art. 81 Absatz 3 EGV mit konstitutiver Wirkung zutreffende Anwendung der europäischen Wettbewerbsregeln, im Letzten verabschiedet zu haben.

Der Einschätzung, Rechtsunsicherheiten aufgrund des gemeinschaftsrechtlichen Wettbewerbsrechts seien im wesentlichen überwunden, indem durch zahlreiche eigene Entscheidungen und reichhaltige Rechtsprechung klar definierte Grundsätze und präzise Einzelbestimmungen vorlägen[609], so dass eine kohärente Anwendung des Art. 81 Absatz 3 EGV sichergestellt sei, ist im Rahmen der vorliegenden Untersuchung entgegenzuhalten, dass gerade in der Anwendung der Querschnittsklauseln generell und speziell im Rahmen des Absatzes 3 eine solche Klarheit längst nicht existiert[610]. Zudem sind hier neuartige Konstellationen stetig zu erwarten.

Die Frage stellt sich also, ob die Kommission einen etwa vorhandenen Richtungswechsel, der Anwendung des Art. 81 Absatz 3 EGV politische Überlegungen wie die Klauselziele zunehmend fernzuhalten, mittels der VO 1/2003 durchgesetzt hat.

Prämisse dieser Überlegung muss sein, dass das europäische Wettbewerbsrecht in seiner derzeitigen Ausprägung, also im Einflussbereich auch der Querschnittsklauseln, im Verordnungswege nicht geändert werden konnte; Vertragsänderungen stehen nur den Mitgliedstaaten zu.

Nimmt also unter der jetzt geltenden VO 1/2003 die Kommission in Verfahren vor nationalen Behörden oder Gerichten zur Anwendung des europäischen Wettbewerbsrechts Stellung, muss sie weiterhin im Lichte der Querschnittsklauseln auslegen und derart ihre auch im neuen System verbliebene Rolle, die einheitliche Anwendung der europäischen Wettbewerbsregeln sicherzustellen, spielen. Die Abgabe von Kompetenzen an die Mitgliedstaaten ist mithin kein Weg, um das europäische Wettbewerbsrecht in seiner aktuellen Ausprägung materiellrechtlich zu ändern. Die VO 1/2003 war nicht in der Lage, das vom Klauselrecht beeinflusste europäische Wettbewerbsrecht dahin zu modifizieren, dass die Querschnittsklauseln des Vertrages in Gestalt der nunmehr Art. 81 Absatz 3 EGV anwendenden mitgliedstaatlichen Behörden und Gerichte keine unmittelbaren Befehlsempfänger mehr finden, weil sich die Befehle der Klauseln an die Handlungsträger der Gemeinschaft richten. Die explizit auf die Kompetenz des Rates nach Art. 83 EGV gestützte Verordnung versteht sich als Verfahrensregelung zur

609 Weißbuch der Kommission, a. a. O., Einleitung 3.

610 Nach dem Sondergutachten der Monopolkommission, a. a. O., Ziff. 34, bereitet die Anwendung des Art. 81 Absatz 3 EGV nach wie vor erhebliche Schwierigkeiten.

Anwendung des gemeinschaftlichen Wettbewerbsrechts, sie will und kann keine Änderung materiellen Vertragsrechts bewirken.

Das führt zu dem Problem, wie nun in Zukunft Klauselanliegen mangels durchgehender Beteiligung der Kommission an innerstaatlichen Freistellungsentscheidungen überhaupt in die Auslegung des Absatzes 3 hineingelangen können und nicht stattdessen unberücksichtigt bleiben, weitergehend zu der Frage, was denn in Fällen geschieht, wo Freistellungsentscheidungen auf nationaler Ebene in Auslegung des Absatzes 3 mit Politiken der Kommission auf Querschnittsfeldern kollidieren.

Nach der Entscheidung des EuGH *Delimitis*[611] haben die nationalen Gerichte die Pflicht, Widersprüche zu Entscheidungen der Kommission, die diese auf der Basis des Art. 81 EGV vorbereitet, zu vermeiden. Für nationale Wettbewerbsbehörden folgt diese Pflicht aus Art. 10 Absatz 2 EGV. Die VO 1/2003 selbst bestimmt in Art. 3 (2), die Anwendung nationalen Wettbewerbsrechts dürfe nicht zu einem Verbot von Vereinbarungen führen, wenn die Bedingungen des Art. 81 Absatz 3 des Vertrages erfüllt seien. Nach Art. 16 der Verordnung dürfen Gerichte der Mitgliedstaaten keine Entscheidungen erlassen, die einer schon ergangenen oder zu erwartenden Entscheidung der Kommission zuwiderlaufen.

Gemäß Art. 18 (3) VO kann die Kommission zwar aus eigener Initiative den Gerichten der Mitgliedstaaten Stellungnahmen zur Anwendung des Art. 81 EGV übermitteln und schließlich nach Art. 10 VO ‚aus Gründen des öffentlichen Interesses der Gemeinschaft' bei Erforderlichkeit von Amts wegen feststellen, dass Art. 81 Absatz 1 EGV deshalb keine Anwendung findet, weil die Voraussetzungen des Absatzes 3 erfüllt sind[612], dies ist dann aber eine rein deklaratorische Entscheidung – so ausdrücklich die 14. Begründungserwägung der VO 1/2003 –; sie solle die Rechtslage klären und eine einheitliche Rechtsanwendung in der Gemeinschaft sicherstellen, das gelte insbesondere in Bezug auf neue Formen von Vereinbarungen pp., deren Beurteilung durch Rechtsprechung und Verwaltungspraxis noch nicht geklärt sei.

Dass dieses Regelwerk keine durchgehende Anwendung des Art. 81 Absatz 3 EGV im Sinne des Klauselrechts sicherstellt, ist offensichtlich.

Jeglicher Dezentralisierung sind Tendenzen zur Inkohärenz immanent[613].

Einmal ist die Kommission nicht automatisch an jedem innerstaatlichen Freistellungsverfahren beteiligt, erfährt also nicht regelmäßig von der nationalen

---

611 EuGH 28. 2. 1991, Rs C-234/89, Slg. I-935 Rn. 43 – 55.

612 In den Augen der Literatur ohnehin eine Systemwidrigkeit im neuen Legalausnahmesystem, vgl. *Mestmäcker*, EuZW 1999, 523, 527; *Deringer*, EuZW 2000, 5, 7; Sondergutachten der Monopolkommission 1999 Ziff. 35.

613 Sondergutachten der Monopolkommission 2001, vollständiger Text unter *www.monopolkommission.de/sg_28/text_d.htm*, Ziff. 45.

Anwendung dieses europäischen Rechts; erfährt sie doch, dass Fehlentscheidungen ergehen, kann sie dem EuGH aus verfahrensrechtlichen Gründen nicht mehr vorlegen, wenn sie nicht am Verfahren beteiligt war.

Zu Recht werfen diverse Autoren deshalb die Frage auf, was denn die Rechtsfolge sei, wenn die mitgliedstaatlichen Behörden und Gerichte von der Politik der Gemeinschaft abweichende Entscheidungen dennoch träfen[614].

Diese Unsicherheiten hat die Kommission offensichtlich selbst gesehen, wenn es in der 22. Begründungserwägung der VO 1/2003 dazu heißt, die Wirkung von Entscheidungen und Verfahren der Kommission auf Gerichte und Wettbewerbsbehörden der Mitgliedstaaten ‚müsse in Einklang mit der Rechtsprechung des Gerichtshofs geklärt werden', d. h. sie ist (noch) nicht geklärt. Die Befürchtung *Montis* besteht zu Recht, wenn er meint, der mit der Verordnung verfolgte Wunsch nach Dezentralisierung und die damit etwa einhergehende Tendenz, wettbewerbsfremde Faktoren in die Freistellung nicht (mehr) einbeziehen zu wollen, bewirke eine Substanzvernachlässigung des Art. 81 Absatz 3 EGV und könne dazu führen, dass die Verordnung diesbezüglich ein ‚centre of controversy' werde[615]. Darauf zu vertrauen, dass nationale Behörden und Gerichte sich – Art. 10 Absatz 2 EGV entsprechend – angesichts eines drohenden Vertragsverletzungsverfahrens über Bekanntmachungen und guidelines der Kommission zur Gewährleistung kohärenter Entscheidungen in der EU nicht einfach hinwegsetzen werden[616], vermag der im Sinne des Klauselrechts bestehenden Unsicherheit der Rechtslage nicht die Schärfe zu nehmen.

Obwohl unter der VO 1/2003 die Verpflichtung der Gemeinschaft, mittels der Kompetenz der Kommission die Gebote der Querschnittsklauseln auch in die Beurteilung der Kriterien des Art. 81 Absatz 3 EGV mit einzubeziehen, weiter besteht, ist zu befürchten, dass sie nicht mehr stringent befolgt wird.

Das leitet auch im Rahmen der vorliegenden Untersuchung zu der Fragestellung, ob dann der derzeitige Rechtszustand noch vertragsgemäß ist, was der überwiegende Teil der Literatur zumindest bezweifelt. Diese Frage muss hier nicht abschließend beantwortet werden, ist jedoch in ihrer Konsequenz für das Ergebnis, wo und wie den Geboten der Querschnittsklauseln des europäischen Rechts Folge zu leisten ist, von zentraler Bedeutung.

---

614 *Deringer*, EuZW 2000, 5, 9, unter Hinweis auf das Weißbuch der Kommission (Tz. 15; 102; 1; 107); vgl. auch *Mestmäcker*, EuZW 1999, 523, 527, und Sondergutachten der Monopolkommission 1999, Ziff. 33 f. Auch das Sondergutachten der Monopolkommission 2001 sieht eine Reihe ungeklärter Fragen zur Kompetenzabgrenzung zwischen Kommission und nationalen Behörden, Ziff. 46 f.

615 *Monti*, CML Rev. 2002, 1057, 1095.

616 So *Andreas Geiger*, EuZW 2000, 165, 169.

Hauptargument der Gegner des eingeführten Legalausnahmesystems ist, dass mittels dieser Systemänderung im Verordnungswege eine substantielle materiellrechtliche Vertragsänderung erfolgte, die aber den Vertragsschließenden vorbehalten gewesen wäre[617].

Dem trat die Kommission in ihrem Weißbuch von April 1999 mit dem Argument historischer Auslegungsbedürftigkeit des Art. 81 Absatz 3 EGV entgegen; der Wortlaut des Artikels gestatte beide Systeme, Genehmigungs- und Legalausnahmeverfahren, der Vertrag habe dem gemeinschaftlichen Gesetzgeber die Freiheit gelassen, dazwischen zu wählen, somit beinhalte die (damals noch geplante) Verordnung lediglich eine nach Art. 83 Absatz 2 lit. b) EGV zulässige Regelung des Verfahrens für Art. 81 EGV[618], die Ersetzung des bisherigen Genehmigungsverfahrens, der Verordnung des Rates Nr. 17/62[619] entsprechend, durch ein Legalausnahmesystem sei daher vertragskonform.

Auslegung des Gemeinschaftsrechts ist Sache des Gerichtshofs, Art. 234 EGV, der Kommission versagt. Der Wortlaut des Art. 81 Absatz 3 EGV widerspricht vorstehender Auslegung durch die Kommission, wenn er für die Freistellung eine ‚Entscheidung' erwartet; diese Formulierung ist aus sich heraus nicht als normative Automatik i. S. gesetzlicher Legalausnahme, sondern als Anordnung eines konstitutiven Verwaltungsakts zu verstehen[620]. Dieser fällt im System der Legalausnahme weg.

So hat auch der Gerichtshof im *Delimitis-Urteil* Art. 85 EGV a. F. als Verbot mit Erlaubnisvorbehalt ausgelegt, wobei die Erlaubnis allein der Kommission vorbehalten sei[621]. Dass diese Auslegung durch den Gerichtshof später modifiziert worden wäre, ist nicht ersichtlich, wenngleich *Geiger* meint, diese Entscheidung beruhe auch auf dem wettbewerbs*politischen* Argument, dass die Zustän-

---

617 *Deringer,* EuZW 2000, 5, 7 mit Fn. 16, bezeichnet es als einhellige Meinung der gesamten Literatur unter Hinweis auf die Zitate bei *Schröter* in *von der Groeben / Thiesing / Ehlermann,* Kommentar zum EUV/EGV, Art. 87 Rn. 8; vgl. auch *Mestmäcker,* EuZW 1999, 523, 528 f.; *Eilmansberger* in *Streinz,* EUV/EGV, Art. 81 Rn. 124; *Möschel* in der Süddeutschen Zeitung vom 17. 9. 1999, S. 26; Sondergutachten der Monopolkommission 1999, Ziff. 16 f.; a. A. *Andreas Geiger,* EuZW 2000, 165, 166; *Schaub / Dohms,* WuW 1999, 1055, 1066, sehen in Art. 81 EGV eine hinreichende Rechtsgrundlage für den Wechsel des Verfahrenssystems.

618 Weißbuch, a. a. O., Ziff. 10-13.

619 Verordnung des Rates vom 6. 2. 1962, Erste Durchführungsverordnung zu den Artikeln 85 und 86 des Vertrages, ABl. 13 vom 21. 2. 1962, 204/62.

620 *Andreas Geiger,* a. a. O., hält zu Unrecht dagegen, der Wortlaut des Art. 81 Absatz 3 EGV dürfe diesbezüglich nicht auf die Goldwaage gelegt werden, derart großzügige Auslegung eines eindeutigen Wortlauts sprengt die Grenzen noch zulässiger Vertragsauslegung.

621 EuGH 28. 2. 1991, Rs C-234/89, Slg. I-935 Rn. 44.

digkeit der Kommission als für die einheitliche Rechtsentwicklung in der Gemeinschaft noch erforderlich angesehen wurde, was der Gerichtshof jetzt möglicherweise nicht mehr für notwendig halten würde[622]. Das kann dem Urteil indessen nicht entnommen werden, wenn der EuGH hier ausführt[623], stehe die Unvereinbarkeit des Kartells mit Art. 85 Absatz 1 EGV außer Zweifel und komme unter Berücksichtigung der Freistellungsvoraussetzungen und der bisherigen Freistellungspraxis der Kommission eine Freistellungsentscheidung nach Absatz 3 keinesfalls in Betracht, dürfe ein nationales Gericht sein Verfahren, in dem die Rechtmäßigkeit eines Kartells Gegenstand der Entscheidung sei, fortsetzen. Diese Stellungnahme zur Offensichtlichkeit nach Absatz 3 kann nicht als Indiz für die Bereitschaft des Gerichtshofs zur Änderung seiner ständigen Rechtsprechung über die alleinige Kompetenz der Kommission im Rahmen des Absatzes 3 herangezogen werden, dazu sind die im Urteil vorausgehenden Kompetenzabgrenzungen zu deutlich.

An die gleiche Entscheidung knüpft die an der Vertragstreue der VO 1/2003 zweifelnde Literatur ein zweites gravierendes Argument: Der Gerichtshof trennt hier explizit die Anwendung des damaligen Art. 85 Absatz 1 von der des Absatzes 3 und betont nur für Absatz 1 die unmittelbare Anwendbarkeit dieser Vorschrift in den Mitgliedstaaten[624]. Durch die Einführung des Legalausnahmesystems wird nach Auffassung der Literatur[625] diese Funktion des jetzigen Art. 81 Absatz 1 EGV insofern konterkariert, als in diesem System der gesamte Artikel 81 EGV zwar direkt von den Mitgliedstaaten angewendet werden solle, aber deshalb nicht angewendet werden könne, weil sein Absatz 3 nicht justiziabel sei, und Justiziabilität ist notwendige Bedingung unmittelbarer Anwendbarkeit. Justiziabel sind nach ständiger Rechtsprechung des Gerichtshofs nur solche Normen des Gemeinschaftsrechts, die der Sache nach abschließend und inhaltlich klar sind und den Mitgliedstaaten keinen Ermessensspielraum lassen. Es könne nun nicht für mitgliedstaatliche Gerichte justiziabel sein, wozu der EuGH sich selbst für nicht berufen halte, nämlich die komplexen Beurteilungen wirtschaftlicher und politischer Faktoren nachzuprüfen, die im Rahmen der Freistellungsentscheidung anzustellen sind[626]. Dem halten *Schaub / Dohms* entgegen, Art. 81 Absatz 3 EGV

622 *Andreas Geiger*, EuZW 2000, 165, 167.
623 EuGH, a. a. O., Rn. 50.
624 EuGH, a. a. O., Rn. 43 f.
625 Z. B. *Mestmäcker*, EuZW 1999, 523, 526, und *Wesseling*, ECLR 1999, 420, 429.
626 EuGH 13. 7. 1966, verb. Rs 56 und 58-64, Slg. 322, 395 ff. Der Gerichtshof spricht hier von schwierigen Wertungen wirtschaftlicher Sachverhalte, die gerichtliche Nachprüfung müsse sich auf die Richtigkeit der diesen Wertungen zugrunde liegenden Tatsachen und deren Subsumtion unter die Begriffe des geltenden Rechts beschränken.

enthalte nur auf der Tatbestandsseite einen wirtschaftlichen *Beurteilungs*spielraum, auf der Rechtsfolgenseite indessen keinen *Ermessens*spielraum[627]; komme der Entscheidungsträger zu dem Ergebnis, die vier Voraussetzungen des Absatzes 3 seien erfüllt, müsse er die Ausnahmevorschrift anwenden, dürfe nicht etwa aus politischen Gründen die Vorschrift trotzdem nicht anwenden, deshalb müsse die Anwendung des Absatzes 3 nicht typischerweise Behörden vorbehalten sein.

Diese Auffassung demonstriert, wie das neue Legalausnahmesystem, beabsichtigt oder nicht, wettbewerbsfremde Aspekte aus der Anwendung des Art. 81 Absatz 3 EGV herauszuhalten trachtet. *Monti* sagt explizit, durch die Entfernung wettbewerbsfremder Faktoren *werde* Art. 81 Absatz 3 EGV justiziabel[628], was den Umkehrschluss stützt, dass die Kommission durch die Systemänderung möglicherweise wirklich eine Reduzierung der Freistellung auf ‚reine' Wettbewerbspolitik bewirken wollte.

Wie ausgeführt dürfen nach geltendem Gemeinschaftsrecht die Querschnittsanliegen der Anwendung des Absatzes 3 nicht als tatbestandserweiternd hinzugefügt, andererseits bei der Auslegung der vier Kriterien nicht vernachlässigt werden. Vor die im Legalausnahmesystem automatisch eintretende Rechtsfolge tritt neben die von Gerichten durchaus zu leistende Sachverhaltsermittlung die zutreffende Subsumtion, was richtige Auslegung der Tatbestandsmerkmale des Absatzes 3 voraussetzt, und diese hat auch im Lichte der Querschnittsklauseln zu geschehen, eine Aufgabe mit politischem Einschlag. Hält sich der EuGH selbst nicht für berufen, die von Art. 81 Absatz 3 EGV geforderte Bilanzierung von Vor- und Nachteilen eines Kartells nachzuvollziehen[629], billigt er darüber hinaus der Kommission in ständiger Rechtsprechung besonders dort einen weiten Ermessens- und Beurteilungsspielraum zu, wo politische Abwägungen ins Spiel kommen, und sind letztere in Gestalt der Abwägung mit Querschnittszielen zusätzlich in die Kriterien des Art. 81 Absatz 3 EGV einzubringen, wird in der Tat offensichtlich, dass Absatz 3 mit seinen unbestimmten Rechtsbegriffen, anzustellenden wirtschaftlichen Prognosen über künftige Auswirkungen ökonomischer und politischer Art bei auch noch so viel vorhandenen Präzedenzentscheidungen – die es zudem sämtlich zu ermitteln gilt – der normativen Auslegung mitgliedstaatlicher Behörden und Gerichte im Prinzip schwer zugänglich ist, mithin kein unmittelbar anwendbares Recht i. S. der Rechtsprechung des Gerichtshofs sein kann[630].

---

627 *Schaub / Dohms,* WuW 1999, 1055, 1064 m. w. N.

628 *Monti,* CML Rev. 2002, 1057, 1092/93.

629 Sondergutachten der Monopolkommission 1999, a. a. O., Ziff. 18 a. E.; *Mestmäcker,* a. a. O.

630 Im Ergebnis ebenso Sondergutachten der Monopolkommission 1999, a. a. O., Ziff. 18 und 50; *Jones / Sufrin,* a. a. O., 191; ‚The balancing of the public and private

Das Sondergutachten der Monopolkommission zum Weißbuch der Kommission von April 1999 kam auf diesem Weg zu dem Ergebnis, die von der Kommission geplante Verordnung müsse auf Klage gemäß Art. 230 Absatz 2 i. V. m. Art. 231 EGV für nichtig erklärt werden[631].

Dass Art. 81 Absatz 3 EGV aus sich heraus nur schwer justiziabel sei, konzediert selbst *Geiger*[632], der jedoch bei Vorliegen hinreichend detaillierter Leitlinien die Möglichkeit sieht, dass der EuGH zur Bejahung unmittelbarer Anwendbarkeit auch des Absatzes 3 komme.

Im neuen System müssen nun innerstaatliche Richter im Rahmen von Zivilprozessen zwischen den Teilnehmern eines Kartells oder bei Klagen von betroffenen Dritten, also Wettbewerbern, über die Rechtmäßigkeit eines Kartells, also die bloße unternehmerische Entscheidung, an einem Kartell teilzunehmen, befinden, dabei wirtschaftliche und politische Sachverhalte und Prognosen prüfen[633]. Dies setzt Kenntnisstände voraus, die zu erlangen in nationalen Verfahren kaum vorstellbar ist, wenn letztere noch funktional bleiben sollen.

Das leitet zu der Befürchtung über, dass zusätzlich Kohärenz und Rechtssicherheit durch die neue Freistellungsregelung gefährdet werden. Jeder Teilnehmer an einem Kartell muss unter der VO 1/2003 in dem jetzt eingeführten System einer nur nachträglichen Wettbewerbsaufsicht in eigener Verantwortung prüfen, ob die Voraussetzungen des Art. 81 Absatz 3 EGV auch unter gebotener Berücksichtigung der Querschnittspolitiken vorliegen, mit dem Risiko, dass am Ende eines langen Verfahrens der Gerichtshof nicht folgt.

Die durch die VO 1/2003 eingeführte dezentralisierte Anwendung europäischen Wettbewerbsrechts lässt ein Defizit an Kohärenz erwarten, allein schon wegen fehlender durchgehender zentraler Kontrolle der bislang ohne nationale Wettbewerbsbehörden und -gerichte agierenden neuen Mitgliedstaaten der Osterweiterung. Rechtsmängel bei der Anwendung des europäischen Kartellrechts können sich auch dadurch einschleichen, dass angesichts schwieriger Erfolgs-

---

interests should be carried out by a public body .... a community body, not a judicial one'; *Monti,* CML Rev. 2002, 1057, 1092; *Wesseling,* ECLR 1999, 420, 424 mit Rechtsprechungshinweisen in Fn. 14.

631 Sondergutachten, a. a. O., Ziff. 18 a. E.; ebenso das Sondergutachten der Monopolkommission aus dem Jahre 2001, a. a. O., Ziff. 80; *Wesseling,* a. a. O., 425: ‚... national courts are not capable of making the policy decisions at the European Level implicit in granting individual exemptions'.

632 *Andreas Geiger,* EuZW 2000, 165, 169.

633 *Monti* weist anschaulich auf die ‚qualms' (Unwohlsein) hin, die nach dem Bericht eines Ausschusses des Britischen Oberhauses zum Weißbuch der Kommission Richter wegen der Vielzahl und Unklarheit der bei der Anwendung von Art. 81 Absatz 3 EGV zu bedenkenden politischen Faktoren empfinden, *Monti,* a. a. O., 1057, 1092 mit Fn. 154.

prognosen für Verfahren Private vor Klagen zurückschrecken[634]. Nur nachträgliche Kontrolle erschwert die für die Wirtschaft benötigte zeitnahe Einschätzbarkeit der Rechtslage.

Ein System, das in weiten Teilen auf der Rechtsverfolgung durch Private beruht, vermag keinen Ersatz für den bislang in behördlicher Hand liegenden Wettbewerbsschutz zu leisten. Differierende Beurteilungen zumindest neuartiger Sachverhalte sind zu erwarten, wenn die Verfahren nicht bei den europäischen Gerichten landen, was, wie erörtert, die VO 1/2003 verfahrensmäßig nicht stringent sicherstellt.

Dies alles betrifft in hohem Maße die Durchsetzung der nach dem Vertrag gebotenen Beachtung der Postulate der Querschnittsklauseln auch im europäischen Kartellrecht.

Damit kommt die Untersuchung zu dem Ergebnis, dass, um die derzeitige Rechtslage noch als vertragskonform bezeichnen zu können, zumindest zu fordern wäre, dass der Gerichtshof das Verständnis des Art. 81 Absatz 3 EGV durch die Kommission, welches zur Systemänderung geführt hat, bestätigt. Andernfalls kann das von der Kommission verfolgte Dezentralisierungsziel vertragsgemäß nur durch Änderung des Art. 81 Absatz 3 EGV selbst erreicht werden.

Eine Möglichkeit solcher Änderung könnte etwa in dem (im Vorfeld des Erlasses der VO 1/2003) unterbreiteten Vorschlag *Montis* liegen: Statt die Modernisierung des europäischen Wettbewerbsrechts durch eine Neufassung der VO 17/1962 herbeizuführen, hielt er es für sinnvoll, Art. 81 EGV um einen Absatz 4 des Inhalts zu erweitern, dass Freistellung auch für eine Vereinbarung erfolgen darf, die – bei angemessener Beteiligung der Verbraucher am Gewinn – (a) zur Verbesserung wirtschaftlicher Effizienz und ‚to the promotion of other Community objectives' beiträgt, (b) zusätzlich die beiden Tatbestandsmerkmale der Unerlässlichkeit und des erforderlichen Restwettbewerbs enthält[635].

Dies wäre Teil einer Lösung, die den Neufassungen des Vertrages durch Einführung der verschiedenen Querschnittsklauseln gerecht wird, weil so immerhin die Erwägung deren möglichen Einflusses in jedem Einzelfall einer Freistellungsentscheidung von Anfang an sichergestellt würde, unabhängig davon, wie diese Prüfung kompetenz- und verfahrensmäßig ausgestaltet würde. Auch *Wesseling* hält andere Lösungen für möglich, bei denen trotz Dezentralisierung ‚suffi-

634 So Sondergutachten der Monopolkommission 2001, a. a. O., Ziff. 66 und 77.

635 *Monti,* CML Rev. 2002, 1057, 1097, denn die Zwischenbeziehung von Politikfeldern sei ein Wesenszug der Gemeinschaft, so dass ‚exempting private agreements which contribute to achieving the policies of the Commission will continue to be an important mechanism to achieve the Treaty goals', *Monti,* a. a. O., 1093.

cient tools‘ zur Sicherstellung einheitlicher Handhabung des Art. 81 Absatz 3 EGV durch nationale Behörden zur Verfügung stehen[636].

Ein ‚reines‘, nur ökonomisch geprägtes Wettbewerbsrecht darf es bei jetziger Vertragslage nicht geben[637], eine dahingehende Richtungsänderung im Verhältnis zur früheren Handhabung ist vertragswidrig.

Nicht umsonst haben die Wettbewerbsregeln – das konzediert selbst die Kommission[638] – ihren Platz in dem Teil des Vertrages, der ‚die Politiken der Gemeinschaft‘ betrifft.

Bis zu einer Klärung durch den EuGH[639] (bzw. einer Vertragsänderung oder mindestens gebotener Nachbesserung der VO 1/2003) ist von der Kommission zu fordern, dass sie in dem derzeitigen System der parallelen Zuständigkeiten so gut als möglich über die einheitliche vertragsgemäße Anwendung des auch durch die Querschnittsklauseln geprägten Freistellungsrechts wacht und dazu beiträgt, dass sich für die nationale Anwendung insoweit deutlichere Konturen herausschälen, damit auch im europäischen Wettbewerbsrecht das Klauselrecht des Vertrages Rechtsrealität wird.

---

636 *Wesseling,* ECLR 1999, 420, 424.

637 So richtig *Wesseling,* a. a. O., 420, 433.

638 Weißbuch der Kommission, a. a. O., ‚Schlussfolgerung‘ Ziff. 136.

639 Diese befürwortet auch das Sondergutachten der Monopolkommission von Oktober 2001, a. a. O., Ziff. 7, entweder im Wege des Vertragsverletzungsverfahrens nach Art. 230 EGV oder eines gerichtlichen Vorlageverfahrens im Rahmen des Art. 234 EGV.

Teil 6: Justiziabilität

A) Umfang gerichtlicher Nachprüfbarkeit

Ob die Querschnittsklauseln rechtlich zutreffend angewandt werden, hängt wesentlich von bestehenden Kontrollmöglichkeiten ab, also davon, ob die Klauseln justiziabel sind, ob Verletzung des Klauselrechts zu Sanktionen von Entscheidungen führen und so die Beachtung der Vorschriften erzwungen werden kann. Deshalb soll im Folgenden die Frage behandelt werden, ob und inwieweit die Anwendung – oder Nichtanwendung – von Querschnittsklauseln gerichtlicher Kontrolle zugänglich ist.

Soweit die Literatur die Frage überhaupt anspricht, wird das Schwergewicht ihrer Justiziabilität im Verfahren gesehen[640]. *Reich* will (im Blick auf die Verbraucherschutzklausel) differenzieren zwischen (nicht möglicher) materieller und (möglicher) formeller Kontrolle: Die Begründungspflicht nach Art. 253 EGV, die lediglich formal und ohne inhaltliche Abwägung erfolge, sei vom Gerichtshof in Verfahren auf Annullierung etwa von Richtlinien oder Entscheidungen im Rahmen seiner Zuständigkeiten überprüfbar; hingegen sei es dem Gericht verwehrt, Gemeinschaftspolitiken auf ihre verbraucherpolitische Konformität zu überprüfen[641].

Eine – wenn auch eingeschränkte – materielle Justiziabilität einer Querschnittsklausel bejaht *Kahl,* wenn er meint, der EuGH könne die Adressaten der umweltrechtlichen Klausel in sehr engen Grenzen wegen Nichtbeachtung der Erfordernisse des Umweltschutzes im Rahmen einer Untätigkeitsklage gemäß Art. 232 EGV bzw. eines Vertragsverletzungsverfahrens gemäß Art. 226 EGV verurteilen. Im Falle offensichtlicher Fehleinschätzung der Tragweite des Art. 6 EGV sei eine Nichtigkeitsklage (Art. 230 EGV) denkbar[642]. *Hans Joachim Glaesner* will den Tatbestand des Art. 173 EWGV (Ermessensmissbrauch, Verletzung des Vertrages) als erfüllt betrachten, sofern die Zielsetzung der Umweltpolitik nicht

640 Vgl. *Jans / von der Heide,* Europäisches Umweltrecht, 14.

641 *Reich* in *Reich / Micklitz,* Europäisches Verbraucherrecht, 31; ähnlich *Zils,* Die Wertigkeit des Umweltschutzes in Beziehung zu anderen Aufgaben der Europäischen Gemeinschaft, 37, für die alte Umweltklausel des EWGV; *Roelants du Vivier / Hannequart,* RMC 1988, 225, 227.

642 *Kahl* in *Streinz,* EUV/EGV, Art. 6 EGV Rn. 12; in dieselbe Richtung *Seidel,* DVBl. 1989, 441, 446; *Krämer,* EuGRZ 1988, 285, 289.

sichtbar in die Entscheidungsfindung einer Maßnahme eingeflossen ist, obwohl sie nach Art. 190 EWGV in die Begründung des Rechtsakts aufgenommen wurde[643]. Vergleichbar erkennt *Schmidt am Busch* eine grundsätzliche Überprüfbarkeit der Überschreitung von Beurteilungs- und Ermessensspielräumen im Zusammenhang mit der Gesundheitsschutzklausel an, diese Spielräume seien überschritten, wenn die Belange des Gesundheitsschutzes gar nicht oder falsch gewichtet worden seien[644]. *Lurger* bejaht im Grundsatz die Justiziabilität der Querschnittsklausel zum Verbraucherschutz, will sie auf Fälle krasser Nichtbeachtung beschränken[645]. *Gasse* hält die Querschnittsklauseln für im Grundsatz nicht justiziabel[646]. Ausgehend von der Prämisse, Justiziabilität einer Norm bedeute, dass sie im Streitfall der Justiz Entscheidungsmaßstäbe liefern könne und daher hinreichend bestimmt sein müsse, verneint er diese Kriterien für die Querschnittsklauseln. Diese seien in ihren Tatbeständen unscharf und wiesen eine inhaltliche Offenheit[647] hinsichtlich der mit ihnen angestrebten Ziele auf; der aufgrund ihrer Formulierungen den jeweiligen Adressaten eröffnete Spielraum könne regelmäßig nur durch politische Wertungen ausgefüllt werden. Selbst *Gasse* konzediert indessen, dass eine Rechtskontrolle des von den Klauseln eingeräumten Ermessens auf dessen Grenzen sowie auf einen Ermessensmissbrauch hin möglich sei, und bejaht dies in Übernahme des französischen Begriffes des ‚détournement de pouvoir' dann, wenn das betreffende Gemeinschaftsorgan mit seiner Rechtshandlung einen anderen Zweck als denjenigen verfolge, zu dem ihm vertraglich die Befugnis eingeräumt worden sei; es sei gerichtlich verifizierbar, ob sich die Instrumentalisierung eines Politikbereichs, die sich auf eine Querschnittsklausel berufe, grundsätzlich an den Vorgaben dieser Klausel ausrichte[648]. Damit sind – in diesen Grenzen – auch für *Gasse* die Klauseln vom Prinzip her eben doch justiziabel.

Soweit er meint, die verfahrensrechtliche Überprüfbarkeit der Klauselanwendung scheitere daran, dass die Klauseln keine entsprechenden Verfahrensvorschriften enthalten[649], ist dieser Schluss nicht zwingend, da mit der Begründungspflicht des Art. 253 EGV Motive und Hintergründe, die für den Erlass von

---

643 *Hans-Joachim Glaesner*, Europäisches Umweltrecht und Europäische Umweltpolitik, 1, 8.

644 *Schmidt am Busch* in *Grabitz / Hilf*, Das Recht der Europäischen Union, Art. 152 EGV Rn. 46 unter Hinweis auf EuGH 12. 7. 1996, Rs C-180/96, Slg. I-3903, BSE-Entscheidung.

645 *Lurger* in *Streinz*, EUV/EGV, Art. 153 EGV Rn. 24.

646 *Gasse*, Die Bedeutung der Querschnittsklauseln für die Anwendung des Gemeinschaftskartellrechts, 64 ff.

647 Ähnlich auch *Epiney*, NuR 1999, 181, zu Art. 130r Absatz 1 – 3 EGV a. F.

648 *Gasse*, a. a. O., 65.

649 *Gasse*, a. a. O., 64.

Maßnahmen ausschlaggebend waren, transparent gemacht werden müssen – Ausprägung des aus Art. 1 Abs. 2 EUV entnommenen Transparenzprinzips mit dem Gebot, Entscheidungen möglichst offen und bürgernah zu treffen; so wirkt Art. 253 EGV auch im Klauselrecht als Verfahrensvorschrift, die eine Kontrolle des Gerichtshofs ermöglicht.

Inwieweit diese Justiziabilität auch inhaltliche Kontrolle einer Maßnahme nach sich zieht, ist eine andere Frage. Das Problem liegt darin, ob die durch Art. 253 EGV vorgegebene Begründungspflicht nur zu einer formellen Überprüfung führt, der das Gemeinschaftsorgan durch die bloße Behauptung genügen kann, die von der Querschnittsklausel vorgegebenen Belange seien berücksichtigt, oder ob sich mit der Überprüfung des Abwägungsverfahrens zugleich eine materielle Kontrolle dahingehend ergibt, dass das Abwägungsergebnis auch inhaltlich überprüft wird.

Überwiegend wird nach alledem eine Überprüfbarkeit der bei Anwendung der Querschnittsklauseln bestehenden Ermessensausübung anerkannt.

Wie der EuGH generell bei der Überprüfung von Ermessenshandhabung – zumindest im Wettbewerbsrecht – vorgeht, drückt die sogenannte *Remia*-Formel[650] zur Dauer eines Konkurrenzverbotes nach einem Unternehmensverkauf aus; von ihr ist der Gerichtshof soweit ersichtlich bis heute nicht abgerückt:

‚Zwar nimmt das Gericht grundsätzlich eine umfassende Prüfung der Frage vor, ob die Tatbestandsmerkmale des Artikels 85 Absatz 1 EGV (Art. 81 Absatz 1 EGV n. F.) erfüllt sind, doch verlangt die Bestimmung der zulässigen Dauer eines in einem Kaufvertrag über ein Unternehmen enthaltenen Wettbewerbsverbots von der Kommission eine Würdigung komplexer wirtschaftlicher Gegebenheiten. Der Gerichtshof hat daher seine Prüfung dieser Sachverhaltswürdigung auf die Frage zu beschränken, ob die Verfahrensvorschriften eingehalten worden sind, ob die Begründung ausreichend ist, ob der Sachverhalt zutreffend festgestellt worden ist, und ob keine offensichtlich fehlerhafte Würdigung des Sachverhalts und kein Ermessensmissbrauch vorliegen'.

Wenn damit auch von Sachverhaltsermittlung einerseits und -würdigung andererseits die Rede ist, unterscheidet der Gerichtshof doch nicht – wie etwa deutsches Verwaltungsrecht – stringent zwischen Sachverhaltsermittlung und Rechtsanwendung (Subsumtion unter die im Vertrag verwandten Begriffe = Tatbestandsmerkmale), er verzichtet hier auf die Überprüfung der Tatbestandsmerkmale in ihrer wettbewerbspolitischen Wertung.

Das Zusammenwirken von Richtern aus unterschiedlichen Rechtsordnungen lässt zum einen eine der deutschen Rechtsprechung vergleichbare Einheitlichkeit

---

650 EuGH 11. 7. 1985, Rs 42/84, Slg. 2545, 2575 Rn. 34, siehe dazu *Everling,* WuW 1989, 877, 888.

und dogmatische Strenge nicht zu. Zudem will sich der Gerichtshof nicht an die Stelle der politischen Organe der Gemeinschaft setzen, die als Exekutivorgane mit gleichzeitiger Rechtsetzungsbefugnis verstärkte Autorität genießen, will erklärtermaßen ihnen als Motoren des europäischen Einigungsprozesses das Feld der Politikgestaltung überlassen. Die Aufgabe des EuGH erschöpft sich andererseits nicht in der Auslegung eines statischen Rechtsgebildes; die sich stetig ändernde Fassung des Vertrages, der kein geschlossenes System sein kann, bedarf der Ergänzung, der Lückenfüllung durch den Gerichtshof, dieser muss Wege für die Anwendbarkeit des Gemeinschaftsrechts weisen. Er ist damit zwar Garant unverzichtbarer Rechtssicherheit, orientiert sich indessen bei der Setzung von Richterrecht an den politischen Vertragszielen.

Bei der Überprüfung von Ermessensentscheidungen der europäischen Handlungsträger unterscheidet der EuGH nicht zwischen Beurteilungs- und Ermessensspielraum, der Begriff des Ermessens wird auf der Tatbestands- wie auf der Rechtsfolgenseite verwandt[651], aber die Zubilligung großzügiger Spielräume ist von einer strengen Form- und Verfahrensprüfung begleitet[652], basierend auf der Überlegung, dass ein ordnungsgemäßes Verfahren die beste Gewähr für eine sachgerechte Abwägungsentscheidung bietet.

So reduziert sich die richterliche Prüfung auf eine Vertretbarkeits- oder Evidenzkontrolle. Der Gerichtshof bringt in ständiger Rechtsprechung zum Ausdruck, dass er sich angesichts ohnehin unsicherer Prognosen über die Auswirkung von Politik, angesichts des hohen wissenschaftlich-technischen Kenntnisstandes, auf dem Entscheidungen vielfach getroffen werden müssen, kein besseres Urteil als die Organe der Gemeinschaft anmaße. Er bezeichnet ihre Rechtshandlungen nur dann als ermessensmissbräuchlich, wenn aufgrund objektiver, schlüssiger und übereinstimmender Indizien anzunehmen ist, dass sie ausschließlich oder zumindest vorwiegend zu anderen als den angegebenen Zwecken oder mit dem Ziel erlassen worden sind, Verfahren zu umgehen, die der Vertrag speziell vorsieht, um eine konkrete Sachlage zu bewältigen, eine Konstellation, die sich bei der Klauselanwendung ergeben kann. So beschränkt sich der Gerichtshof in der Sache auf eine ex-post-Beurteilung, ob etwa aus der Sicht des handelnden Organs zum Zeitpunkt des Agierens offensichtliche Nichteignung der getroffenen Maßnahme vorlag[653].

---

651 *Streinz,* Europarecht, 221, Rn. 598; *Kahl* bezeichnet Ermessen im EG-Recht als Oberbegriff für Ermessens-, Beurteilungs- und Planungsspielräume, VerwArch 2004, 1, 10 Fn. 60.

652 *Kahl,* a. a. O., 1, 9 f.

653 EuGH 5. 10. 1994, Rs C-280/93, Slg. I-4973, 5068 Rn. 90 f. und EuGH 13. 11. 1990, Rs C-331/88, Slg. I-4023, 4063 Rn. 14 unter Hinweis auf eine frühere Entscheidung aus dem Jahre 1984.

In der Beurteilung der Frage, ob die vom Gemeinschaftsgesetzgeber gewählten Maßnahmen mehr oder weniger angemessen sind, will der Gerichtshof letztere nur dann durch eigene Beurteilung ersetzen, wenn der Beweis erbracht ist, dass diese Maßnahmen zur Verwirklichung des verfolgten Zieles offensichtlich ungeeignet waren[654].

Fasst man die Kontrollpraxis des Gerichtshofes mit einem Satz zusammen, so lässt sich sagen, dass für den EuGH weniger die inhaltlich-materielle Prüfung von Entscheidungen als die ihrer Verfahren, des Weges, von Bedeutung ist. Damit ist für die Erörterung der Justiziabilität von Querschnittsklauseln schon eine wesentliche Weiche gestellt.

Als weg-, nicht ergebnisorientierte Bestimmungen geben die Klauseln Rechtspflichten bei Abwägungsentscheidungen für das Zusammentreffen mehrerer Politiken bzw. Zielsetzungen vor, liefern keine exakten Maßstäbe für Wertigkeiten oder Prioritäten, belassen also ihren Adressaten weite Handlungsspielräume; diese bewegen sich dabei mehr im Politischen als im streng Rechtlichen. Bei ihren Ermessensentscheidungen sind die Handelnden in jedem Fall nur begrenzt überprüfbar. Dass die Entscheidungsträger Europas, die sämtlich die Klauselpostulate zu beachten haben, bei den daraus folgenden Abwägungen mit Ermessen handeln, ist offensichtlich.

Verschiedentlich fordert man vom EuGH mehr Rechtskontrolle gegenüber Rat und Kommission[655]. Konkret in der Anwendung einer Querschnittsklausel (Umweltschutz) bedauert auch *Kahl* zuviel Zurückhaltung in der richterlichen Kontrolle: Der europäische Gesetzgeber überschreite dann seine Entscheidungsprärogative, wenn er die Prinzipien des Art. 6 EGV bezüglich der Politikgestaltung insgesamt sowie bezüglich einzelner Maßnahmen gänzlich außer Acht lasse oder sie wesentlich verkenne, was *Kahl* angesichts des Zustands der Umwelt feststellen zu können glaubt[656].

Die Fragestellung nach offensichtlicher Nichteignung darf, gerade was die materiell-rechtliche Anwendung von Querschnittsklauseln angeht, die richterliche Überprüfung der Gemeinschaftsorgane nicht erschöpfen. Besonders in der Anwendung neuen Vertragsrechts wie der Klauseln würde solche Verfahrensweise der Bedeutung des Gerichtshofs als einziger Kontrollinstanz zur Fortbildung und Wahrung des Gemeinschaftsrechts nach Art. 220 EGV und damit einzigem Korrektiv auf Gemeinschaftsebene nicht gerecht. Nur offensichtliche Nichteignung im Hinblick auf das eigentlich angestrebte Ziel einer mit Ermessen zu treffenden

654 EuGH 5. 10. 1994, a. a. O.

655 *Herdegen,* Europarecht, 197 Rn. 44; *Everling,* Freundesgabe für *Gündisch,* 89, 93; insbesondere auch *Nettesheim,* EuZW 1995, 106, 107.

656 *Kahl* in *Streinz,* EUV/EGV, Art. 6 EGV Rn. 46 ff.; ebenso *Epiney,* NuR 1999, 181,185.

Entscheidung, in der Klauselziele mit abgewogen werden müssen, als Maßstab zu nutzen, würde bedeuten, dass das, was die Klauseln materiell-rechtlich verlangen – das Gegenüberstellen und Gewichten verschiedener Zielsetzungen –, letztlich gar nicht überprüft wird[657].

Die Klauseln verkörpern selbst mit materiell-rechtlichen Inhalten gefüllte Befehle zur Ermessensausübung; Kontrolle ihrer Anwendung heißt zu überprüfen, ob die Gemeinschaftsorgane die Rechtsinhalte der Klauseln zutreffend erfasst haben und entsprechend deren Geboten verfuhren, weiter, ob die Integrationsziele zutreffend ermittelt und so der Abwägungsentscheidung zugrunde gelegt wurden.

Wenn auch die Anwendung des Klauselrechts niemals ergebnisfixiert ist, beschränkt sich das Abwägungsverfahren (und entsprechend dessen Rechtskontrolle) nicht auf das formale ‚Abhaken' von Berücksichtigungsformeln, die ohne Inhalt sind. Der Begründungszwang verlangt, dass sich die Abwägung nicht in Leerformeln wie ‚die Ziele des ... -schutzes wurden hierbei angemessen berücksichtigt' erschöpft; der sachliche Gehalt des vor der Entscheidung in die Abwägung Eingeflossenen muss nach außen hin erkennbar und somit überprüfbar sein.

Dabei sind es weniger die Erarbeitung und Erweiterung der diversen Vertragspolitiken, die der Kontrolle des Gerichtshofs hinsichtlich der Beachtung der Klauselpostulate zugänglich sind; es sind die Maßnahmen der Gemeinschaft, die vor dem Gerichtshof diesbezüglich angreifbar werden können.

Als Ergebnis dieser Untersuchung vollzieht sich die mögliche Rechtskontrolle wie folgt: Aus der Begründung der betreffenden Maßnahme muss sich zunächst ergeben, ob die einschlägigen Klauseln gesehen wurden. Wo die Einbeziehung einer Klausel wegen fehlenden Sachbezugs ausscheidet, ist ihre Einbringung in die Abwägung verzichtbar; in Grenzfällen sollte die Begründung der Maßnahme darlegen, warum die Berücksichtigung einer Klausel für entbehrlich erachtet wurde; ist das offensichtlich ermessensfehlerhaft, ist die Maßnahme sanktionierbar.

Das Übersehen oder die Nichtbeachtung einer oder mehrerer Klauseln kann zur Annahme eines Rechtsverstoßes hinreichen, wenn offenkundig sein musste, dass die geplante Maßnahme Auswirkungen auf die mit den Klauseln abgesicherten Politikbereiche haben würde, wenn etwa aus der Begründung einer Richtlinie ersichtlich wird, dass an Umwelt, Gesundheit, regionale Unterschiede

657 *Everling,* Freundesgabe für *Gündisch,* 89, 95 f., kritisiert den Gerichtshof, wenn dieser Prognosen nur beanstandet, sofern sie ‚offensichtlich' irrig oder fehlerhaft seien. Es sei bedenklich, mit dem vorhandenen Beurteilungsspielraum, ob eine Maßnahme geeignet sei, die umgekehrte Argumentation zu rechtfertigen, dass die Rechtmäßigkeit einer Maßnahme nur dann beeinträchtigt sein könne, wenn sie zur Erreichung des Ziels offensichtlich ungeeignet sei.

etc. überhaupt nicht gedacht wurde, obwohl die negativen Konsequenzen der Maßnahme für diese Aspekte auf der Hand lagen. Justiziabel sind also die Integrationsprinzipien auf jeden Fall dahin, ob sie als bestehendes Recht übersehen wurden, ob das Postulat ihrer Einbeziehung in die Vorüberlegungen der beabsichtigten Maßnahme außer Acht gelassen wurde.

Wenn einzelne Klauseln in die Abwägung mit einfließen mussten und auch eingeflossen sind, erfolgt die Rechtskontrolle dahin, ob die Klauseltatbestände zutreffend ausgelegt wurden. Dies umfasst zum einen die Bewertung der konkreten Handlungsaufträge der einzelnen Klausel (Bestandteil sein, berücksichtigen, fördern pp.), wobei hier die Abgrenzungen wie ermittelt fließend sind. Fehler in der Beurteilung des Intensitätsgrades des Handlungsauftrags dürften schwerlich auszumachen sein. Zum anderen ist hier zu prüfen, ob die Klauseln offensichtlich rechtsfehlerhaft eingeordnet, etwa als bloße unverbindliche Appelle begriffen wurden.

Ferner müssen die Objekte der Abwägung, die Inhalte der jeweils zu bedenkenden Klauselpolitiken, zutreffend eingebracht worden sein, zuvorderst das Verständnis der ‚Ziele' bzw. ‚Erfordernisse'; neben dieser rechtlichen Einschätzung gehört zur Tatbestandsauslegung die Kenntnis der sachlich-politischen Inhalte, der zu beachtenden ‚Fremdziele'. Zur korrekten Klauselanwendung gehört also auch, dass die zu beurteilende Maßnahme in ihrer Begründung erkennen lässt, welche Sachinhalte diesbezüglich zugrunde gelegt wurden. Gerichtlich nachprüfbar ist damit, ob ein ausreichender Kenntnisstand der Inhalte der zu berücksichtigenden einschlägigen Klauselziele vorhanden war. Zeigen sich bei den Begründungserwägungen offensichtliche Fehleinschätzungen oder Kenntnisdefizite, kann dies zur Feststellung eines Rechtsfehlers der betreffenden Maßnahme führen.

Dass dies nicht bei geringfügigen Unstimmigkeiten oder Auslassungen so geschieht, bedarf keiner Betonung. Perfektion im Detailwissen kann sicherlich nicht eingefordert werden. Aber: Das großzügig eingeräumte Ermessen geht nicht so weit, als dass die europäischen Entscheidungsträger auf der Grundlage ersichtlich unvollständigen oder fehlerhaften Wissens über die Inhalte der Querschnittsziele ‚ungestraft' agieren dürften.

Sind ausreichende und zutreffende Informationsstände feststellbar, kommt es zur Überprüfung des eigentlichen Abwägungsvorganges. Hier gerät die Kontrolle des Ermessens praktisch an ihr Ende[658].

---

658 Vgl. auch *Epiney,* NuR 1999, 181, 185, zu Art. 130r EGV a. F.: ‚Dies (die Verpflichtung, zur Erhaltung und zum Schutz der Umwelt sowie zur Verbesserung ihrer Qualität beizutragen) impliziert aber jedenfalls im Gesamtzusammenhang mit den übrigen umweltrechtlichen Bestimmungen des Vertrages durchaus, dass ein Gesamtpaket geschaffen wird, das sich am effektiven Schutz der Umwelt orientiert und

Wie die Untersuchung der einzelnen Klauseln ergeben hat, besteht im Prinzip bei allen Klauseln, selbst der zum Umweltschutz, ein weiter Abwägungsspielraum, wie weit diese Zielberücksichtigung zu gehen hat. Hier darf die Fachpolitik bzw. -kompetenz ihre Akzente selbst setzen, sie muss lediglich Gegenüberstellung bei der Entscheidungsfindung erkennen lassen.

Die nun einsetzende Ermessensüberprüfung mit ihren dargelegten Einschränkungen ist eine wegorientierte Kontrolle, ist ergebnisoffen. Nur offensichtlicher Irrtum, Ermessensmissbrauch bzw. Überschreitung des eingeräumten Ermessens können hier zu Beanstandungen führen. Dies allein deshalb, weil gerade die Klauseln ein Austarieren verschiedener widerstreitender Interessen postulieren. In diese Abwägung selbst einzugreifen, lässt ihr rechtlicher Auftrag nicht zu.

Nur in seltenen Fällen wird daher eine Maßnahme für unwirksam erklärt werden können, weil bestimmte Zielsetzungen nicht genügend gewichtet worden sind[659].

In Bezug auf Zielkonflikte wird gelegentlich auf die Rechtsprechung des EuGH zu Art. 39 EGV a. F. (Agrarpolitik) verwiesen. Danach ist es ausgeschlossen, isoliert nur ein Ziel zu verfolgen und so die Verwirklichung anderer unmöglich zu machen[660]. Die zeitweilige Einräumung eines Vorrangs gewisser Rechtsgüter gestattet der EuGH[661]. Diese Prinzipien können auf Interessenkonflikte, die bei Anwendung von Querschnittsklauseln entstehen, übertragen werden[662]. Folglich wird es mit Rechtsmitteln nicht angreifbar sein, wenn bestimmten Zielen in der Abwägung Vorrang eingeräumt wurde.

Was die Beurteilung angestellter Prognosen angeht, genügt es nicht, grundsätzlich immer nur auf den tatsächlichen Kenntnisstand des Entscheidungsträgers abzustellen, wie es in der Entscheidung des Gerichtshofs aus dem Jahre 2001 geschah.

Der EuGH formuliert wie folgt: ‚Muss der Gemeinschaftsgesetzgeber künftige Auswirkungen einer zu erlassenden Regelung beurteilen, die nicht mit Bestimmtheit vorausgesagt werden können' (und das wird bei Abwägungsentscheidungen unter Einbeziehung der Querschnittsklauseln vielfach so sein), ‚so kann

---

diesen grundsätzlich auch zu erreichen vermag. Allerdings dürfte hier der dem Gemeinschaftsgesetzgeber einzuräumende Beurteilungsspielraum so weit ausfallen, dass kaum eine Situation vorstellbar ist, in der diese Anforderungen in gerichtlich nachprüfbarer Weise verletzt werden.'

659 Vgl. *Jans* in *Winter*, European Environmental Law, 277, 290, für Umweltaspekte.

660 Z. B. EuGH 13. 3. 1968, Rs 5/67, Slg. 127; EuGH 17. 12. 1981, verb. Rs 197-200, 243, 245 und 247/80, Slg. 3211.

661 EuGH 5. 10. 1994, Rs C-280/93, Slg. I-4973, 5058 Rn. 51.

662 *Ehle,* Die Einbeziehung des Umweltschutzes in das Europäische Kartellrecht, 35, 36.

seine Beurteilung nur beanstandet werden, wenn sie sich im Licht der Informationen, über die er zum Zeitpunkt des Erlasses der betreffenden Regelung verfügt hat, als offensichtlich fehlerhaft erweist'[663].

Daran ist richtig die Unterstellung, dass sich alle Politiken, also auch die, deren ,Ziele' aufgrund von Querschnittsklauseln zu berücksichtigen sind, in einem ständigen dynamischen Entwicklungsprozess befinden, der vielfach Neuland betritt. Die Notwendigkeit zeitnaher Entscheidungen steht zwar einer ,ex-post-Aufzeigung' anderer, besserer oder schonenderer denkbarer Wege bzw. Abwägungsergebnisse entgegen. Indessen kann es nach Einführung der Klauseltatbestände in den Vertrag nicht mehr genügen festzustellen, der jeweilige Entscheidungsträger sei von *irgendeinem beliebigen* Kenntnisstand hinsichtlich der Inhalte der Querschnittsziele ausgegangen, an dem dann seine Entscheidungen gemessen werden. Die Klauseln verlangen explizit für die Abwägung die Voraussetzung des im Prinzip richtigen und vollständigen Kenntnisstandes über das, was querschnittlich mit zu bedenken ist.

Zusammenfassend ist festzuhalten, dass es bei der Kontrolle einer Gemeinschaftshandlung auf Beachtung der Querschnittsklauseln niemals darum gehen kann, ob eine Maßnahme im Ergebnis die einzig richtige oder bestmögliche ist, sondern um ihre Nichtvertretbarkeit in Bezug auf die Postulate der Klauseln. Die Justiziabilität der Querschnittsklauseln ist damit durchaus gegeben, reduziert sich indessen auf die Frage, ob ein Gemeinschaftsorgan eine Klausel, deren Politik offensichtlich den negativen Auswirkungen einer geplanten Maßnahme ausgesetzt wird, im Einzelfall übersehen oder den Handlungsauftrag, die mit ihr betroffenen Aspekte in ihrer zutreffenden inhaltlich-sachlichen Gestalt zu bedenken und darauf mittels Abwägung in irgendeiner Form zu reagieren, missachtet hat.

Eine gewisse Abkehr von der Beschränkung auf die Verifizierung des Entscheidungswegs und die Hinwendung zur Überprüfung der Tatsachenfeststellungen selbst könnte die Rechtsprechung des Gerichts erster Instanz zur Fusionskontrolle erwarten lassen[664]. Die sich in diesen Entscheidungen möglicherweise anbahnende Tendenz zu stärkerer Kontrolle der Gemeinschaftsorgane durch die europäischen Gerichte wäre im Sinne vorstehender Ausführungen wünschenswert. Drei Urteile des EuG, die Verbotsentscheidungen der Kommission für nichtig erklären, verlangen von dieser den vollen Nachweis für die das Verbot

663 EuGH 12. 7. 2001, Rs C-189/01, Slg. I-5689, 5721 Rn. 84 unter Hinweis auf EuGH 19. 11. 1998, Rs C-150/94, Slg. I-7235, 7293 Rn. 49, und EuGH 5. 10. 1994, verb. Rs C-133/93, C-300/93 und C-362/93, Slg. I-4863, 4906 Rn. 43.

664 Diese Tendenz stellt auch *Feddersen,* WuW 2003, 15, 20, fest und begrüßt sie.

begründenden Tatsachen. In den Fällen *Airtours plc*[665] und *Schneider Electric SA*[666] ging es um eine durch die Fusion entstehende kollektive Marktbeherrschung, im Fall *Tetra Laval Sidel*[667] um die von der Kommission als Verbotsbegründung herangezogene Hebelwirkung, das heißt um die aus dem Zusammenschluss zugunsten der neu entstehenden Einheit resultierende Fähigkeit, sich auf einem neuen Markt eine beherrschende Stellung zu verschaffen.

In ihrer Berufungsbegründung gegen das Urteil im Fall *Tetra Laval Sidel* rügt die Kommission, das EuG habe letztlich seine eigene Sachverhaltsbeurteilung an die Stelle der Beurteilung durch die Kommission gesetzt, sich nicht auf die Überprüfung von offensichtlichen Beurteilungsfehlern beschränkt und damit das Maß für die Überprüfung von Gemeinschaftshandlungen überschritten[668].

Der EuGH hat indes am 15. 2. 2005 das erstinstanzliche Urteil bestätigt: Der der Kommission in Wirtschaftsfragen zustehende Beurteilungsspielraum schließe eine Auslegungskontrolle durch den Gemeinschaftsrichter nicht aus; das EuG habe die Kriterien der Kontrolle durch den Gemeinschaftsrichter beachtet[669].

Der EuGH erblickt also in den angefochtenen Entscheidungen keinen Widerspruch zu seiner bisherigen Rechtsprechung.

B) Mögliche Rechtsmittel

Verfahren, in denen die Kontrolle der zutreffenden Anwendung einer Querschnittsklausel eine Rolle spielen kann, sind Nichtigkeitsklagen privilegierter und nicht privilegierter Kläger gemäß Art. 230 EGV. Privilegiert klagebefugt sind bei dieser Klageart Mitgliedstaaten, Europäisches Parlament, Rat und Kommission

---

665 EuG 6. 6. 2002, Rs T-342/99, Slg. II-2585, mit zustimmender Besprechung *Bartosch,* WuW 2003, 574, und EuZW 2002, 645; *Schohe,* WuW 2002, 841; *Bischke / Mäger,* EWS 2003, 97, 99.

666 EuG 22. 10. 2002, Rs T-310/01, Slg. II-4071 mit Besprechung *Thouvenin,* RMC 2003, 12; *Völcker,* WuW 2003, 6, sowie *Bischke / Mäger,* EWS 2003, 97, 100.

667 EuG 25. 10. 2002, Rs T-5/02 und T-80/02, Slg. II-4381 und Slg. II-4519, mit zustimmender Besprechung *Feddersen,* WuW 2003, 15; *Völcker,* WuW 2003, 6; referierend *Bischke / Mäger,* EWS 2003, 97, 100; ablehnend dagegen *Brei,* WuW 2003, 585.

668 ABl. 22. 3. 2003, C 70/3-6; dementsprechend sieht auch *de Bronett,* WuW 1997, 865, 871 ff., die nach diesseits vertretener Auffassung unbegründete Gefahr, dass die europäische Gerichtsbarkeit immer mehr dazu gelange, das eigene an die Stelle des Ermessens der Kommission zu setzen, was im Ergebnis auf eine unbeschränkte Ermessensüberprüfung hinauslaufe.

669 EuGH Rs C-12/03 P und C-13/03 P, BB 2005, 1070 mit Bespr. *Denzel*, BB 2005, 1062.

(Absatz 2), nicht klagebefugt Rechnungshof und EZB (Absatz 3)[670]; natürliche und juristische Personen können nach Absatz 4 gegen direkt an sie selbst ergangene Entscheidungen Klage erheben; für Maßnahmen, die als Verordnung oder als Entscheidung gegen eine andere Person ergangen sind, ist Zulässigkeitsvoraussetzung die unmittelbare und individuelle Betroffenheit des Klägers durch die Maßnahme[671]. Passivlegitimiert sind Rat, Kommission, Europäisches Parlament, Rat und Europäisches Parlament gemeinsam sowie die EZB, also unmittelbare Adressaten der Querschnittsklauseln.

Beispiel einer von einem Mitgliedstaat angestrengten Nichtigkeitsklage, bei der es um gerichtliche Überprüfung einer Querschnittsbestimmung ging[672], bietet die schon erwähnte Entscheidung des EuGH in der Rechtssache Einlagensicherung[673].

Weiteres diskutables Rechtsmittel ist eine Klage nach Art. 232 EGV, wenn die Verletzung einer Querschnittsklausel in einer – vertragsverletzenden – Untätigkeit der Gemeinschaft gesehen wird. Kläger könnten neben den Gemeinschaftsorganen auch die natürlichen und juristischen Personen (Absatz 3) und die Mitgliedstaaten (Absatz 1) sein, es kommt hier nicht darauf an, dass sich die Querschnittsklauseln unmittelbar nur an die Gemeinschaftsorgane richten. Mit einer derartigen Feststellungsklage wird nicht nur objektiv das Verhalten der Gemeinschaftsorgane auf seine Legalität hin überprüft, sondern auch ein individueller Rechtsschutz gegen Vertragsverletzungen gewährt. Den Anspruch auf solch objektive Legalitätskontrolle[674] besitzt das Individuum, auch wenn es vom Primärrecht des Vertrages nicht unmittelbar angesprochen wird.

Zweifel an der Zulässigkeit dieser Klageart in Bezug auf Klauselverletzungen äußert *Niestedt.* Damit die Handlungspflicht der Gemeinschaft ausreichend konkretisiert sei, müsse der extreme Fall gegeben sein, dass die Gemeinschaft in einem Politikbereich Querschnittsbelange gänzlich unberücksichtigt lässt[675].

Im Rahmen von Vorabentscheidungsverfahren nach Art. 234 EGV könnten Querschnittsklauseln relevant werden, wenn die Gültigkeit eines Rechtsaktes we-

---

670 Privilegierung setzt im Gegensatz zur Nichtprivilegierung kein individuelles oder unmittelbares Betroffensein, keine Verletzung eigener Rechte und auch kein Rechtsschutzinteresse voraus.

671 Die Klage nach Absatz 4 geht insoweit ebenfalls vom nichtprivilegierten Kläger aus, da dieser die eigene Betroffenheit behaupten muss. Dieses Erfordernis der Beschwernis bezweckt den Ausschluss von Popularklagen, vgl. *Ehricke* in *Streinz,* EUV/EGV, Art. 230 EGV Rn. 51 ff.

672 So im Schlussantrag des Generalanwalts *Fennelly* v. 15. 6. 2000, Rs C- 376/98, Slg. I-8423, 8451 Fn. 62.

673 EuGH 13. 5. 1997, Rs C- 233/94, Slg. I-2405.

674 Vgl. *Ehricke* in *Streinz,* EUV/EGV, Art. 232 Rn. 1.

675 *Niestedt,* WHI-Paper 5/99, Rn. 9.

gen Nicht- oder Falschanwendung einer Klausel bezweifelt wird. Hält das nationale Gericht den Rechtsakt aus diesem Grund für fehlerhaft, ist es zur Vorlage verpflichtet. Das ergibt sich aus dem Leiturteil *Foto Frost*[676].

Würde ein nationalstaatliches Gericht eine EG-Verordnung z. B. wegen Nichtbeachtung von Art. 6 EGV für vertragswidrig halten, müsste das Gericht hierzu den EuGH befragen, ihm steht die letztverbindliche Entscheidung über die Gültigkeit von Gemeinschaftshandlungen, gemessen am Vertrag, zu.

Praktisch geworden ist ein solcher Fall bislang, soweit ersichtlich, nicht. Nur ganz offensichtliche Verstöße der Gemeinschaftsorgane gegen die Axiome der Querschnittsklauseln dürften entsprechende Vorlagen nationaler Gerichte auslösen können, sind doch die Abwägungsprozesse der Handlungsträger der Gemeinschaft gerade im Blick auf die Querschnittsklauseln vielschichtig. Die Frage ihrer augenfälligen Ungültigkeit wird sich für nationale Gerichte regelmäßig nicht stellen.

Vertragsverletzungsverfahren nach Art. 226/227 EGV kommen zur Überprüfung von Querschnittsklauseln nicht in Betracht, weil letztere die Mitgliedstaaten nicht binden.

Ob die Klagebefugten die Option, Klauselverletzungen anzuprangern, ausschöpfen werden, ist eine Frage, die erst die Zukunft beantworten kann. Trotz der immerhin acht Klauselvorschriften im Vertrag ist mit einer Vielzahl einschlägiger Nichtigkeitsklagen nicht zu rechnen, da angesichts der dargelegten Ermessensfreiräume die gezielte Torpedierung einer missliebigen Einzelmaßnahme nur schwer gelingen kann. Die Möglichkeit, europäische Akte wegen der Verletzung von Querschnittsklauseln mit Erfolg zu Fall zu bringen, besteht jedoch. Das neue Klauselrecht in seiner Gesamtheit wird indes an wachsender Belastung der europäischen Gerichte wohl keinen wesentlichen Anteil haben.

Wünschenswert wäre es allerdings, dass es zu Verfahren kommt, in denen EuG und EuGH aufgefordert sind, rechtliche Vorgaben für die Klauselanwendung zu judizieren; erst dann wird erfahrungsgemäß die vom Vertrag postulierte rechtlich zutreffende Anwendung der Querschnittsklauseln durchgehend praktiziert werden.

---

676 *Foto-Frost,* EuGH 22. 10. 1987, Rs 314/85, Slg. 4199, bestätigend *Greenpeace France* gegen *Ministère de l'Agriculture et de la Pêche,* EuGH vom 21. 3. 2000, Rs C-6/99, Slg. I-1651; in diesem Verfahren ging es auch um die Gültigkeit einer Richtlinie i. S. der Querschnittsziele menschliche Gesundheit und Umwelt.

Teil 7: Bilanz

Die gewonnenen Erkenntnisse lassen sich wie folgt zusammenfassen:

Querschnittsklauseln kodifizieren in verbindlicher vertraglicher Form das, was der EuGH schon früh in seiner Rechtsprechung vorbereitet hat: Die Forderung, dass bestimmte Vertragspolitiken auf allen anderen Feldern europäischen Handelns durchgehend Berücksichtigung zu finden haben, insbesondere auch da, wo es um Wahrung und Weiterentwicklung der Freiheit des Binnenmarktes geht.

Die Klauseln erteilen den europäischen Institutionen horizontal Handlungsaufträge funktionaler Art, indem sie die Einbeziehung der jeweils in ihnen verankerten Ziele als Beachtung, Berücksichtigung, Förderung pp. bei sämtlichen Vertragspolitiken und Maßnahmen einfordern. Sie richten sich dabei an alle Organe und Entscheidungsträger der Gemeinschaftsebene, indes nicht zugleich an die das Gemeinschaftsrecht umsetzenden und vollziehenden Mitgliedstaaten. Mittels ihrer Funktionsweise postulieren die Klauseln inhaltliche Interdependenz ihrer jeweiligen Politik mit allen anderen Gemeinschaftspolitiken und -aktionen und garantieren so inhaltliche Querverbindungen innerhalb des Gemeinschaftshandelns. Sie sind das Ergebnis einer rationellen Legislativmethode, die es entbehrlich macht, die privilegierten Belange jeweils gesondert und explizit in die diversen Politiken und Tätigkeiten der Gemeinschaft zu implantieren. Damit ersparen die Klauseln dem Gemeinschaftsgesetzgeber beträchtlichen Aufwand[677].

Die Gesamtheit ihrer Inhalte stellt keine homogene Menge rechtlicher Regelungen dar. Die Klauseln finden sich – keiner Systematik folgend – im Vertrag verstreut. Zueinander verhalten sie sich prinzipiell gleichwertig. Keine Klausel kann eine andere verdrängen, alle stehen sie als rechtliche Regelungen unverbunden nebeneinander. Eine Werteskala unter ihnen wird nicht durch Rückbezüglichkeit auf Kompetenznormen der entsprechenden Politiken oder Zielbereiche errichtet, derartige Akzessorietät besteht nicht. Die Wertigkeit der einzelnen Klausel definiert sich ausschließlich durch diese selbst.

Inhaltlich weisen die Klauseln allerdings insofern zwangsläufig Abhängigkeiten auf, als sie im Vertrag bereits verankerte Ziele aufgreifen und auf sie bezogene Sicherstellungsmechanismen verbriefen. Wenn sie sich in Wortlaut und Spezifizierung ihrer Aussagen, in der Intensität des querschnittlichen Befehls

677 *Gasse,* Die Bedeutung der Querschnittsklauseln für die Anwendung des Gemeinschaftskartellrechts, 3.

auch unterscheiden, wenn der mittels ihrer an alle Entscheidungsträger gerichtete Handlungsauftrag in Beschreibung von Weg (einbeziehen, Rechnung tragen, sicherstellen, berücksichtigen, fördern, beitragen) in Verbindung mit teilweise vorgegebenen ergebnisorientierten Standards (Schutzniveaus) auch differiert, bewirken sie gleichwohl keine klare Rangordnung innerhalb der von ihnen aufgegriffenen politischen Zielinhalte untereinander. Die durch die Klauseln ausgedrückte Pointierung bestimmter Vertragsziele macht ebensowenig einen prinzipiellen Mehrwert gegenüber Vertragszielen aus, die nicht durch Klauseln abgesichert sind, derart, dass Klauselziele bei Konflikten vom Grundsatz her andere Ziele verdrängen dürften; die Einzelentscheidung, wie Zielkonflikte zu lösen sind, überlassen die Klauseln durchgehend dem jeweiligen Entscheidungsträger.

Die Querschnittsklauseln zeichnet zwar eine vergleichbare Typik aus, sie sind gleichwohl nicht als System der Höherstufung bestimmter Vertragspolitiken, sondern – zusammenfassend betrachtet – als eine Mehrzahl vergleichbarer Sonderregelungen in der Form eines speziellen Annexes zu bestimmten Vertragspolitiken zu sehen, deren Zielausrichtungen vertragsweit explizit wahrgenommen und in verschiedenen Abstufungen berücksichtigt werden sollen.

Indem die Klauseln auf der Reziprozität zu anderen Vertragsregelungen aufbauen, weiten sie deren inhaltliche Bedeutung nicht aus.

Das hat zwei wesentliche Konsequenzen für ihre zutreffende rechtliche Einordnung in das Vertragssystem: Sie bewirken durch sich selbst keine inhaltliche Erweiterung von Handlungsmöglichkeiten, keine wachsende Machtfülle, auch nicht in ihrer Gesamtheit[678], zumal sie zu den Inhalten der Vertragsbestimmungen, auf die sie sich beziehen, keine Aussagen treffen.

Ebensowenig vermögen sie Kompetenzregelungen horizontaler oder vertikaler Art des Vertrags abzuändern oder zu relativieren, da sie keine Ermächtigungsgrundlagen sind, sie lassen das vertragliche Kompetenzgefüge unberührt und bewirken keine Allzuständigkeit der Gemeinschaftsorgane, bieten also keine Handhabe dafür, sich in Bereiche vorzuwagen, wo der Gemeinschaft nach dem Vertrag Aktivitäten nicht eröffnet sind. Die Berufung auf die von ihnen gesetzten Akzente ist allein hinsichtlich ihrer spezifisch eigenen Integrationsaussage möglich.

Die durch die Klauseln erteilten Handlungsaufträge sind dem Wortlaut nach abgestuft, zum Teil mit der Erwähnung eines anzustrebenden Schutzniveaus ver-

---

678 Zutreffend weist *Gasse* allerdings darauf hin, dass die Ausführung der durch die Klauseln vorgegebenen Handlungsanweisungen stets eine politische Willensbildung der Gemeinschaftsorgane voraussetzt, die die verschiedenen Politikbereiche gegeneinander abzuwägen haben. Insoweit bewirkten die Klauseln eine Verstärkung des politischen Elements innerhalb der Gemeinschaft, *Gasse,* Die Bedeutung der Querschnittsklauseln für die Anwendung des Gemeinschaftskartellrechts, 66.

knüpft. Die Intensität, die sie für die vertragsweite Berücksichtigung ihrer jeweiligen Ziele vorschreiben, differiert von dem Betreiben einer Art Gleichzeitigkeit (Einbeziehung) in der Umweltpolitik bis hin zum Verlangen nach bloßer Berücksichtigung, etwa in der Beschäftigungs- oder Entwicklungspolitik. Die Konturen dieser Unterschiede sind indessen, da es sich sämtlich um die Anordnung von Abwägungsvorgängen handelt, in der konkreten Anwendung regelmäßig nicht eindeutig auszumachen. Es gibt strengere Befehle bei der Umwelt-, Kultur-, Gesundheits- und Verbraucherschutzklausel (die in sich die Verpflichtung zu nachdrücklicher Berücksichtigung mit positivem Beitrag zur jeweiligen Politik postulieren) als bei anderen Klauseln, und als solche müssen diese Postulate von ihren Adressaten auch verstanden und beachtet werden. Alle Handlungsaufträge sind großzügiger Auslegung zugänglich.

Da, wo ein Schutzniveau Erwähnung findet, bedeutet dies kein bloßes politisches Wunschprogramm, sondern – zusammen mit dem jeweiligen Handlungsauftrag – die eindeutige Verpflichtung, es in vorzunehmende Abwägungen mit diesem vorgegebenen Maßstab einfließen zu lassen, wenngleich dieser nicht im Sinne eines bestimmbaren Optimums zu verstehen ist.

Die Gemeinsamkeit der Klauseln liegt in ihrem funktionalen Inhalt. Er führt zwingendes Primärrecht für die Verfahren aller europäischen Handlungsträger in Politik und Einzelmaßnahmen dahingehend ein, dass innerhalb der behandelten Einzelpolitik oder Sachentscheidung die Ziele aller acht Klauseln in gebotener Weise kumulativ zu beachten sind. Dabei enthalten sich die Klauseln jeglicher Regelung der zu erwartenden Zielkonflikte, lassen insoweit erklärtermaßen freie Hand, weites Ermessen bzw. weite Abwägungsspielräume.

Damit vermag keine der Querschnittsklauseln, indem sie zwar Abwägungsprozesse, nicht Ergebnisse einfordern, als alleinige Begründung für eine bestimmte Einzelentscheidung herzuhalten.

Die Rechtspflichten aus den Klauseln verbleiben nicht im Vagen. Wenn sie die Inbezugsetzung verschiedener Handlungsfelder zwingend einfordern, ist daraus jedenfalls *eine* Rechtspflicht eindeutig abzuleiten, die unabdingbare Prämisse zur Erfüllung ihrer Handlungsaufträge ist, nämlich die Erlangung eines für die Abwägung erforderlichen zutreffenden Informationsstandes über die durch Querschnittsklauseln abgesicherten Ziele des Umwelt- und Verbraucherschutzes, der Kultur und Industrie pp. Der europäische Handlungsträger, der nicht umfassend sachkundig hinsichtlich der Ziele aller zu beachtenden Klauselpolitiken in das Verfahren einer Entscheidungsfindung einsteigt, begeht hierdurch einen Verstoß gegen die Gebote der Klauseln. Wenn diese davon sprechen, dass ‚die' Ziele zu beachten seien, kann dies mangels zusätzlicher Eingrenzung nur ‚alle' Ziele heißen; ob man berücksichtigt, gefördert, einbezogen oder beachtet hat, kann nur daran gemessen werden, ob man das Objekt dieser Verpflichtung tatsächlich auch kannte. Wer keine, falsche oder auch nur lückenhafte Kenntnisse über Inhalte und Stand der zu berücksichtigenden Politiken bzw. Ziele hatte, kann bei seinen Abwägungsentscheidungen die Handlungsaufträge der Klauseln nicht pflichtgemäß erfüllt, muss diese also verletzt haben, was notwendig zur Konsequenz eines Rechtsmangels der getroffenen Entscheidung führen kann.

Wenngleich die von den Querschnittsklauseln ausgelösten Abwägungsvorgänge politischer Inhalte mit- oder gegeneinander einer materiellrechtlichen Kontrolle nur eingeschränkt offen stehen, da die Vielzahl zu berücksichtigender Aspekte jedenfalls eine Mehrzahl an rechtlich vertretbaren Ergebnissen zulässt, so ist mit dem Element der vor allem stehenden Informationspflicht ein Anknüpfungspunkt gegeben, der gerichtlicher Kontrolle mit Sanktionsmöglichkeiten zugänglich ist. Wurde ein Querschnittsziel bei einer anderen Politik oder Maßnahme nicht mit abgewogen, weil es unbekannt war, übersehen wurde oder mit falschen Inhalten in die Entscheidungsfindung einfloss, lässt sich das feststellen. Dies kann die Annullierung der jeweiligen Maßnahme zur Folge haben, was sich unter Hinweis auf das zwingende Klauselrecht rechtfertigen lässt.

Unmittelbare praktische Konsequenz der Einführung der Klauseln müsste demnach die Sicherstellung des Informationsflusses von Politik zu Politik, von Politik zu Handlungsträger und von Handlungsträger zu Handlungsträger sein[679].

Es ist nicht zu erwarten, dass dies mit der Einrichtung von Spiegelreferaten o. ä. hier und da zu bewerkstelligen ist. Ob das Generalsekretariat der Kommission diese umfassende Arbeit zu leisten imstande ist, erscheint fraglich. Sicherlich ist die Ansiedlung einer solchen Funktion bei der Kommission noch am effektivsten. Da letztere indessen ja auch nur eine – wenn auch bedeutende – Adressatin des Klauselrechts ist, sollte darüber nachgedacht werden, ob es der durch die Klauseln ausgedrückten Akzentsetzung zugunsten bestimmter Gemeinschaftsanliegen – als eine Art Summe von Grundüberzeugungen – innerhalb der Arbeit der Gemeinschaft nicht eher entspricht, eine Vernetzungseinheit zu schaffen, die nicht nur keinem Sachressort zugeordnet, sondern auch institutionell unabhängig von den großen europäischen Handlungsträgern Kommission, Rat und Parlament dem bloßen Informationsaustausch dienen könnte.

Die Bündelung der Erfassung und Weitergabe interdisziplinärer Informationen würde immensen Einzelaufwand reduzieren, für ständige Aktualisierung und

679 Für die Einbeziehung der Erfordernisse des Umweltschutzes in alle Politikbereiche vgl. die praktischen Vorschläge des Europäischen Beratenden Forums für Umwelt und nachhaltige Entwicklung, siehe Fn. 179. Hier wird gefordert, für diese Einbeziehung ein umfassendes Instrumentarium (z. B. Integrationsleitlinien, a. a. O., Seite 5) nebst kohärenter Verfahren zu entwickeln und anzuwenden, a. a. O., Seite 8.

für fachneutrale einheitliche Qualität des Informationstransfers Sorge tragen[680]. Es soll hier nicht einem neuen oder gar Superkommissariat das Wort geredet werden, vielmehr einer Vernetzungsstruktur, die auf Entgegennahme, Bündelung und Weitergabe der benötigten Querschnittsinformationen spezialisiert sein sollte. Die zentrale Informationszusammenführung wird mit der räumlichen Ausweitung Europas jeweils dringlicher werden. Leisten könnte diese Tätigkeit z. B. eine ‚Querschnittsagentur' nach Art der schon vorhandenen 16 Gemeinschaftsagenturen.

Die Klauseln postulieren, so die Konsequenz dieser Untersuchung, dass Europa sich Strukturen und Verfahren gibt, die die Prämisse der Klauseln – zutreffende und umfassende Information über die Fremdpolitiken – sicherstellen.

Damit abrufbares Wissen auch zuverlässig verwertet wird, d. h. in das Bewusstsein der Handlungsträger tatsächlich einfließt, sind demnach darüber hinaus Verfahrensvorschriften vonnöten, die sicherstellen, dass in jeden Entscheidungsfindungsprozess – am besten zu einem frühen festgelegten Verfahrenszeitpunkt – die Querschnittsinformationen einzubringen sind, etwa in Gestalt verpflichtend einzuholender Stellungnahmen oder Anhörungen.

Gegenseitige Rücksichtnahme in Gestalt der Klauseln führt der Vertrag ein, um zu verhindern, dass die Pluralität von Fachkompetenzen zur Minderung der Effektivität insgesamt führt. Zielkonflikte frühestmöglich zu erkennen und zu lösen, ist die produktivere Methode als schon eingetretene gegenseitige Behinderungen oder gar Schädlichkeiten im nachhinein ausmerzen zu müssen, ersteres verkürzt Entscheidungswege und verbessert die Möglichkeiten, Synergieeffekte zu erzielen. Die Gesamtmenge der Klauseln ist Ausdruck des Primärrecht gewordenen Wunsches, bestimmten Politiken Negativbeeinflussungen durch andere möglichst fernzuhalten, sie umgekehrt durch einen positiven gemeinsamen Blick in dieselben Richtungen zu fördern. In ihrer Summe bilden die Klauseln eine große ordnungspolitische Schnittmenge, die als Maßstab vollständig an jede Maßnahme der Gemeinschaft anzulegen ist.

Diese immensen querschnittlichen Aufgaben in dogmatischer Strenge bei jeder Einzelentscheidung positiv ‚abarbeiten' zu müssen, könnte ein Hemmschuh für die gebotene Effizienz europäischer Arbeit sein. Die Einführung der Klauseln

680 Auch *Kamminga,* European Environmental Law Review 1994, 23, 25, weist nachdrücklich darauf hin, dass es mit der bloßen Forderung nach Integration (hier bezogen auf die Umweltpolitik) nicht getan sei. Vielmehr müsse die Integration auch praktisch vollzogen werden, dergestalt, dass nicht nur Absichtserklärungen abgegeben, sondern vielmehr konkrete Verfahren und Institutionen geschaffen bzw. eingerichtet würden: ‚What is needed now is that the good intentions are transformed into specific procedural and institutional changes to help to ensure an optimal degree of integration'.

sollte das Tempo Europas indessen nicht drosseln. Die Forderung nach dem interdisziplinären Kompromiss in Unterstreichung der Klauselziele – wobei im Vordergrund immer das jeweils betriebene fachliche Anliegen stehen darf, erst dann kommt die Querschnittsmaxime – autorisiert nicht das Scheitern einer für sinnvoll oder erforderlich gehaltenen Politik bzw. Maßnahme, als ‚Verhinderer' sind die Klauseln nicht gedacht.

Es muss auch klar bleiben, dass eine Gemeinschaftspolitik z. B. nicht deshalb zur Umweltpolitik der Gemeinschaft gehört, weil sie deren Anforderungen berücksichtigt[681].

Um dem Gebot der Abwägung eigener Fachanliegen mit einschlägigen Querschnittszielen rechtlich vertretbar nachzukommen, genügt es wie dargelegt zu verifizieren, welche querschnittlich geschützten Ziele mit potentieller Betroffenheit existieren, ob und wie sie von eigenen Planungen voraussichtlich gefährdet werden, ob und wie sich dieses vermeiden lässt, bei den Klauseln mit erwähntem bestimmten Schutzniveau unter gleichzeitigem Blick auf diesen Maßstab, und ob die Möglichkeit eines Weges gesehen wird, das eigene Anliegen mit positiver Auswirkung auf die Ziele der entsprechenden Klauseln umzusetzen. Sind diese Fragestellungen einmal erfolgt, wird keine Klausel missachtet oder verletzt, wenn sich der jeweilige Entscheidungsträger auch im Wissen um den einem Querschnittsziel günstigeren Weg im Interesse seiner eigenen Politik oder Maßnahme zu deren Durchführung in der für jenes andere Ziel nicht optimalen Weise entschließt. Die Rechtspflichten der Querschnittsklauseln sind weg-, nicht ergebnisorientiert.

Da die eigentlichen Abwägungsvorgänge im Rahmen eines weitgesteckten Ermessens stattfinden, ist, damit die Gemeinschaftstätigkeit nicht über Gebühr erschwert wird, im Einzelfall konkreter Anwendung eine bloße ‚Negativ-Berücksichtigung' der Klauseln vertretbar.

Damit werden die Klauseln nicht sämtlich über einen Kamm geschoren und einheitlich als negativer Maßstab behandelt. Interpretiert man sie insgesamt dahin, dass sie nur dann relevant werden, wenn offensichtlich gegen sie verstoßen wurde, so unterschlägt man die Forderung der Klauseln, stets und überall im Vertrag in positiv-förderndem Sinne Berücksichtigung finden zu müssen.

Mit der vertraglichen Verankerung der Querschnittsklauseln wurden nicht nur politisch-ethische Absichtserklärungen abgegeben, die Klauseln führen inhaltlich nicht lediglich programmatisch, sondern auch operativ Politikfelder zu gegenseitiger Annäherung, indem sie Orientierungspunkte für Abwägungsentscheidungen vorgeben, im Sinne einer praktischen Konkordanz, der zufolge Gegenläufigkeiten

681 EuGH 29. 3. 1990, Rs C-62/88, Slg. I-1527, 1550 Rn. 20.

zu bestimmten vertraglich legitimierten Zielsetzungen ausdrücklich unterbunden werden.

Die Klauseln sind sämtlich justiziabel. Die Rechtskontrolle kann sich dabei jedoch nur in der Weise vollziehen, dass das angerufene Gericht prüft, ob das jeweils handelnde Organ sein Ermessen auch insoweit richtig ausgeübt hat, als es die Klauseln bei der betreffenden Maßnahme tatsächlich gesehen sowie materiell-inhaltlich und funktional zutreffend angewendet hat.

Der Gerichtshof wird daneben auch weiterhin zu besorgen haben, dass die Unterscheidung von Aufgaben- und Zielnormen einerseits und Kompetenznormen andererseits dabei nicht aus dem Blick gerät.

Klauselrecht darf weder im Sinne eines falsch verstandenen effet-utile-Denkens[682] als faktisch kompetenzerweiternd geduldet werden, noch ist es hinzunehmen, dass es schleichend als ein Annex zu vorhandenen vertraglichen Kompetenznormen im Sinne der Zubilligung zusätzlicher implied-powers verstanden wird.

Die Berufung auf eine Klausel dient auch nicht dazu, einer einzelnen Exekutivmaßnahme mehr Nachdruck zu verleihen, was insbesondere dann gefährlich wird, wenn die eigentlich für die Maßnahme gewählte Rechtsgrundlage ‚kränkelt'.

Querschnittsklauseln können einen Anreiz dafür liefern, Maßnahmen auf Rechtsgrundlagen mit geringeren Anforderungen zu stützen, um einerseits Verfahrenserleichterungen in Anspruch nehmen zu können oder andererseits Harmonisierungsverbote zu umgehen, indem solche Politiken als Motivation vorgegeben werden, bei denen die der jeweiligen Querschnittsklausel entsprechende Kompetenznorm kein Harmonisierungsverbot vorsieht. Vor dieser Gefahr ist nachdrücklich zu warnen[683].

Die durch Normierung der Querschnittsklauseln gewollte verstärkte Berufung auf die verschiedenartigen Querschnittsziele in allen Politikbereichen trägt eine Tendenz zur Ausweitung von Gemeinschaftstätigkeit in sich. Die Gesamtmenge der Klauseln kann im Sinne einer ‚normativen Kraft des Faktischen' die Neigung zur Erschließung neuer oder Erweiterung vorhandener Handlungsfelder begründen. Beispielhaft hierfür mögen die Ausführungen *Mögeles*[684] zur Agrarpolitik

682 Siehe hierzu die Ausführungen von *Werner Schroeder,* JuS 2004, 180, 186, der betont, der effet utile dürfe als Methode nicht nach dem Grundsatz ‚in dubio pro communitate' funktionieren; auch der Gerichtshof sei stets darum bemüht, eine Gewährleistung der Effektivität des EU-Rechts um jeden Preis, also unter Aufgabe allgemeiner Rechtsgrundsätze, zu verhindern.

683 So auch *Kallmayer* in *Calliess / Ruffert,* EUV/EGV, Art. 157 EGV Rn. 20.

684 *Mögele,* ZEuS 2000, 79, 94.

stehen. Er beklagt zunächst, dass der Amsterdamer Vertrag zu keiner Revision des agrarpolitischen Zielkatalogs geführt hätte, führt dann aus:

,Vor diesem Hintergrund entwickelt die Erweiterung des Kreises gemeinschaftlicher Querschnittsaufgaben in begrenztem Umfang kompensierende Wirkung gegenüber einem aktualisierungsbedürftigen agrarpolitischen Zielkatalog. Die Normierung einer Vielzahl von Querschnittsaufgaben kann dem Gemeinschaftsgesetzgeber Argumente bereitstellen, um im Rahmen der Agrarpolitik solche Belange zu verfolgen, die nicht zu den agrarpolitischen Zielen im strengen Sinne gehören.' Dies klingt nach einem Zusammenhang von ,Querschnittsaufgaben' und Kompetenzerweiterung. Hier ist Vorsicht geboten.

Die Begründungspflicht des Art. 253 EGV ist das Sicherheitsventil, das dem Gerichtshof die Kontrolle tatsächlich verfolgter Absichten im Verhältnis zu vorhandenen Kompetenzen ermöglicht. Es wird die Aufgabe des EuGH sein, in ständiger Rechtsfortbildung die Eigenart der Klauseln als Ermessensvorgaben funktionalen Charakters zu betonen und alles, was darüber hinausgehen sollte, als vertragswidrig zu hindern.

Die Gemeinschaft kann für sich aus den an sie gerichteten Aufforderungen der Querschnittsklauseln nicht eine Art moralischen Mehrwert ihrer Tätigkeit ableiten, nicht im Verhältnis ihrer eigenen verschiedenen Politiken untereinander, insbesondere nicht gegenüber solchen, denen nicht der Vorzug einer Erwähnung durch Klauseln zuteil wurde, aber ebensowenig im Verhältnis zu den Handlungsmöglichkeiten der Mitgliedstaaten.

Die rechtspolitische Bedeutung der Einführung der Querschnittsklauseln ist offenkundig. Während die europäischen Verträge bis zur vermehrten Einführung der Klauseln ihre Schwerpunkte in der Aufführung der politischen Ziele der Gemeinschaft und der Verteilung von Handlungsmöglichkeiten zwischen europäischer Ebene und Mitgliedstaaten hatten – die weiterhin auf den Agenden steht –, mit einem besonderen Akzent auf Harmonisierungsbefugnissen der EU, also in vertikaler Sicht, ist mit der Einführung der Mehrzahl von Querschnittsklauseln durch den Amsterdamer Vertrag ein qualitativer Schritt der Vertragsschließenden auf dem Weg zu mehr horizontaler Effizienz der Gemeinschaftstätigkeit getan worden.

Ihre spezifische Wirkung als eine Art soft law auf die inhaltliche Arbeit der Gemeinschaft könnte die Klauseln zu Katalysatoren der Integration europäischer Tätigkeiten untereinander werden lassen.

Wie die Vielfalt der Mitgliedstaaten in Europa zueinander findet, müssen auch die diversen Gemeinschaftsaufgaben ineinander greifen. Synergieeffekte können entstehen, Schubladendenken und Reibungsverluste überwunden werden, wenn Existenz und Aussage der von den Klauseln eingeforderten Arbeits- und Denkmethode sich voll in das Bewusstsein der europäischen Handlungsträger einnisten, daher die Forderung nach einer zentralen Struktur für gegenseitige Informationstransfers mit der Institutionalisierung ihrer Verfahrenseinbindung.

Schließlich wird die tatsächliche Umsetzung der Postulate der Querschnittsklauseln auch die Akzeptanz der Gemeinschaftstätigkeit insofern verbessern, als die Verquickung der querschnittlich akzentuierten Politiken mit der europäischen Arbeit für den Europa-Bürger deutlicher werden lässt, dass die Gemeinschaft mehr als ein Wirtschaftsraum sein will, wie das Ringen um eine gemeinsame Verfassung in jüngster Zeit demonstriert.

Literaturverzeichnis

Amt für amtliche Veröffentlichungen der Europäischen Gemeinschaften: Erklärung des Europäischen beratenden Forums für Umwelt und nachhaltige Entwicklung zur Einbeziehung der Erfordernisse des Umweltschutzes in alle Politikbereiche, Europäische Kommission (Hrsg.), Luxemburg 1998

Arndt, Hans-Wolfgang: Europarecht, 5. Auflage, Heidelberg 2001

Bahadir, Müfit / Parlar, Harun / Spiteller, Michael (Hrsg.): Umweltlexikon, 2. Auflage, Berlin – Heidelberg – New York 2000

Bartosch, Andreas: Gehorsam oder Widerstand, Reformvorschlag der Kommission zur FKVO und die Rechtsprechung des EuG im Fall Airtours/Kommission, WuW 2003, 574

–: Welche Dimension hat das „Neue" im Airtours-Urteil des EuG?, EuZW 2002, 645

Bélanger, Michel: Les bases juridiques de la politique communautaire de la santé, RMC 1989, 564

Berg, Werner: Gesundheitsschutz als Aufgabe der EU, 1. Auflage, Baden-Baden 1997

Beutler, Bengt / Bieber, Roland / Pipkorn, Jörn / Streil, Jochen: Die Europäische Gemeinschaft, 3. Auflage, Baden – Baden 1987

Beyer, Thomas C. W.: Die Ermächtigung der Europäischen Union und ihrer Gemeinschaften, Der Staat 1996, 189

Bischke, Alf-Henrik / Mäger, Thorsten: Der Kommissionsentwurf einer geänderten EU-Fusionskontrollordnung, EWS 2003, 97

Blanke, Hermann-Josef: Das Subsidiaritätsprinzip als Schranke des Europäischen Gemeinschaftsrechts?, ZG 1991, 133

–: Europa auf dem Weg zu einer Bildungs- und Kulturgemeinschaft, Köln – Berlin – Bonn – München 1994

–: Normativität und Justiziabilität des gemeinschaftsrechtlichen Subsidiaritätsprinzips, ZG 1995, 193

Bleckmann, Albert: Europarecht, 6. Auflage, Köln – Berlin – Bonn – München 1997

Bouterse, Rosita Bianca: Competition and Integration – What goals count?, EEC Competition Law and Goals of Industrial, Monetary, and Cultural Policy, Dissertation Florenz 1992

Brei, Gerald: Begräbnis erster Klasse für die Fusionskontrolle konglomerater Zusammenschlüsse, WuW 2003, 585
Breier, Siegfried: Der Streit um die richtige Rechtsgrundlage in der Rechtsprechung des Europäischen Gerichtshofes, EuR 1995, 46
–: Die Bedeutung der umweltrechtlichen Querschnittsklausel des Art. 130r Abs. 2 Satz 2 EWG-Vertrag für die Verwirklichung des europäischen Binnenmarktes, NuR 1992, 174
–: Umweltschutz in der Europäischen Gemeinschaft, NuR 1993, 457
–: § 13 Kompetenzen, in: Handbuch zum europäischen und deutschen Umweltrecht, 414, Band I, 2. Auflage, Köln – Berlin – Bonn – München 2003
Brenner, Michael: Der unitarische Bundesstaat in der Europäischen Union, DÖV 1992, 903
Bungenberg, Marc: Art. 235 EGV nach Maastricht, 1. Auflage, Baden-Baden 1999
Calliess, Christian: Die neue Querschnittsklausel des Art. 6 ex 3c EGV als Instrument zur Umsetzung des Grundsatzes der nachhaltigen Entwicklung, DVBl. 1998, 559
–: Subsidiaritäts- und Solidaritätsprinzip in der Europäischen Union, 2. Auflage, Baden-Baden 1999
– / *Ruffert, Matthias* (Herausgeber): EUV/EGV, Kommentar, 3. Auflage, München 2007
Cayla, Jean-Simon: La protection de la santé publique dans l'Union européenne selon le Traité de Maastricht du 7 février 1992, Revue de droit sanitaire et social 1992, 259
Classen, Claus Dieter: Bildungspolitische Förderprogramme der EG – Eine kritische Untersuchung der vertragsrechtlichen Grundlagen, EuR 1990, 10
Dänzer-Vanotti, Wolfgang: Unzulässige Rechtsfortbildung des Europäischen Gerichtshofs, RIW 1992, 733
Dashwood, Alan: The Limits of European Community Powers, ELR 1996, 113
Dauses, Manfred: European Law and the Issue of a Total Ban on the Advertising of Tobacco Products, in: *Schneider, Hans-Peter / Stein, Torsten* (Hrsg.), The European Ban on Tobacco Advertising, 71, Baden-Baden 1999
–: Handbuch des EU-Wirtschaftsrechts, Band 1 und Band 2, München 2002
– / *Roth, Tilman*: Neuere Entwicklungen in der Rechtsprechung des EuGH zur Warenverkehrsfreiheit in der EU, ZLR 1996, 507
– / *Sturm, Michael*: Rechtliche Grundlagen des Verbraucherschutzes im EU-Binnenmarkt, ZfRV 1996, 133
De Bronett, G. – K.: Das Beschwerderecht von Personen und Personenvereinigungen bezüglich der Anwendung der Art. 85 und 86 EG-Vertrag durch die Europäische Kommission, WuW 1997, 865

Denzel, Ulrich: Die Zeichen stehen auf Sturm: Fällt nach dem Urteil des EuGH in Tetra Laval vom 15. 2. 2005 nun auch GE/Honeywell?, BB 2005, 1062
Deringer, Arved: Stellungnahme zum Weißbuch der Europäischen Kommission über die Modernisierung der Vorschriften zur Anwendung der Art. 85 und 86 EG-Vertrag (Art. 81 und 82 EG), EuZW 2000, 5
Dreher, Meinrad: Der Verbraucher – Das Phantom in den opera des europäischen und deutschen Rechts?, JZ 1997, 167
Ehle, Dirk: Die Einbeziehung des Umweltschutzes in das Europäische Kartellrecht, Köln – Berlin – Bonn – München 1996
Epiney, Astrid: Die umweltpolitischen Handlungsprinzipien in Art. 130r EGV: politische Leitlinien oder rechtsverbindliche Vorgaben?, NuR 1999, 181
–: Gemeinschaftsrechtlicher Umweltschutz und Verwirklichung des Binnenmarktes – ‚Harmonisierung' auch der Rechtsgrundlagen?, JZ 1992, 564
–: Umweltrecht in der Europäischen Union, 1. Auflage, Freiburg (Schweiz) 1997
–: Umweltrecht in der Europäischen Union, 2. Auflage, Köln – Berlin – München 2005
– / *Furrer, Andreas*: Umweltschutz nach Maastricht, EuR 1992, 369
Erbel, Günter: Rechtsschutz für Tiere – Eine Bestandsaufnahme anlässlich der Novellierung des Tierschutzgesetzes, DVBl. 1986, 1235
Everling, Ulrich: Buchpreisbindung im deutschen Sprachraum und Europäisches Gemeinschaftsrecht, 1. Auflage, Baden-Baden 1997
–: Das Maastricht-Urteil des Bundesverfassungsgerichts und seine Bedeutung für die Entwicklung der Europäischen Union, Integration 1994, 165
–: Die allgemeine Ermächtigung der Europäischen Gemeinschaft zur Zielverwirklichung nach Art. 235 EWG-Vertrag, EuR, Sonderheft zum Jahrgang 1976, 2
–: Die Kontrolle des Gemeinschaftsgesetzgebers durch die Europäischen Gerichte, in: Beiträge zum deutschen und europäischen Recht, Freundesgabe für *Jürgen Gündisch,* 89, Köln – Berlin – Bonn – München 1999
–: Die Zukunft der europäischen Gerichtsbarkeit in einer erweiterten Europäischen Union, EuR 1997, 398
–: Durch die Grundrechtecharta zurück zu Solange I?, EuZW 2003, 225
–: Durchführung und Umsetzung des Europäischen Gemeinschaftsrechts im Bereich des Umweltschutzes unter Berücksichtigung der Rechtsprechung des EuGH, NVwZ 1993, 209
–: Gestaltungsbedarf des Europäischen Rechts, EuR 1987, 214
–: Rechtsfragen einer Industriepolitik im Gemeinsamen Markt, EuR 1968, 175
–: Reflections on the structure of the European Union, CML Rev. 1992, 1053

–: Richterliche Rechtsfortbildung in der Europäischen Gemeinschaft, JZ 2000, 217
–: Sind die Mitgliedstaaten der Europäischen Gemeinschaft noch Herren der Verträge?, in: Festschrift für *Hermann Mosler,* 173, Berlin – Heidelberg – New York 1983
–: Umweltschutz durch Gemeinschaftsrecht in der Rechtsprechung des EuGH, In: *Behrens, Peter / Koch, Hans-Joachim* (Hrsg.), Umweltschutz in der europäischen Gemeinschaft, Spannungsfelder zwischen nationalem Recht und europäischem Gemeinschaftsrecht, 29, Baden-Baden 1991
–: Zu den Querschnittsklauseln im EG-Vertrag, in: Mélanges en hommage à *Fernand Schockweiler,* 131, 1. Auflage, Baden-Baden 1999
–: Zur richterlichen Kontrolle der Tatsachenfeststellungen und der Beweiswürdigung durch die Kommission in Wettbewerbssachen, WuW 1989, 877
Feddersen, Christoph: Gericht erster Instanz erklärt Tetra Laval/Sidel Entscheidung für nichtig, WuW 2003, 15
Frotscher, Werner / Störmer, Rainer: Das geänderte Tierschutzgesetz, Jura 1991, 316
Gabler, Th.: Gabler-Volkswirtschafts-Lexikon, 3. Auflage, Wiesbaden 1990
Gasse, Dirk: Die Bedeutung der Querschnittsklauseln für die Anwendung des Gemeinschaftskartellrechts, Dissertation Frankfurt am Main – Berlin – Bern – Bruxelles – New York – Wien 2000
Geiger, Andreas: Das Weißbuch der EG-Kommission zu Art. 81, 82 EG – eine Reform, besser als ihr Ruf, EuZW 2000, 165
Geiger, Rudolf: EG-Vertrag, 2. Auflage, München 1995
–: EUV/EGV, Kommentar, 3. Auflage, München 2000
Glaesner, Adrian: Der Grundsatz des wirtschaftlichen und sozialen Zusammenhalts im Recht der Europäischen Wirtschaftsgemeinschaft: Eine Untersuchung seiner Verbindlichkeit und seiner Bezüge zum deutschen Staats- und Verwaltungsrecht, 1. Auflage, Baden-Baden 1990
Glaesner, Hans-Joachim: Umwelt als Gegenstand einer Gemeinschaftspolitik, in: *Rengeling, Hans-Werner,* Europäisches Umweltrecht und europäische Umweltpolitik, 1, Köln – Berlin – Bonn – München 1988
–: Bemerkungen zur Interpretation von Art. 100a EWGV, Rechtsprobleme der Rechtsangleichung, Reihe der Vorträge aus dem Europa-Institut 1988, 35
Grabitz, Eberhard / Hilf, Meinhard: Das Recht der Europäischen Union, 21. Auflage, München 2003
Gündisch, Jürgen: Die Rolle des Europäischen Gerichtshofs bei der Entwicklung des freien Warenverkehrs – dargestellt am Beispiel der *Cassis de Dijon*-Rechtsprechung, in: FS für *Rudolf Nirk,* 417, München 1992

Gwosdz, Michael: Die Europäische Umweltpolitik kippt um. Aktuelle Analyse Nr. 62, *http://www.hausrissen.org/analysen/euumwelt.htm*
Häberle, Peter: Europäische Verfassungslehre in Einzelstudien, 1. Auflage, Baden-Baden 1999
–: Verfassungsrechtliche Fragen im Prozess der europäischen Einigung, EuGRZ 1992, 429
Hailbronner, Kay / Klein, Eckart / Magiera, Siegfried / Müller-Graff, Peter-Christian: Handkommentar zum Vertrag über die Europäische Union (EUV/EGV), Stand November 1998, Köln – Berlin – Bonn – München
Herdegen, Matthias: Europarecht, 9. Auflage, München 2007
Hilf, Meinhard: Die Charta der Grundrechte der Europäischen Union, Sonderbeilage zu NJW 2000 (Heft 49), 5
Hillgruber, Christian: Grenzen der Rechtsfortbildung durch den EuGH – Hat Europarecht Methode?, in: *Danwitz, Thomas von* (Hrsg.), Auf dem Wege zu einer Europäischen Staatlichkeit, 31, Stuttgart – München – Hannover – Berlin – Weimar 1993
Hochbaum, Ingo: Der Begriff der Kultur im Maastrichter und Amsterdamer Vertrag, BayVBl. 1997, 680
Immenga, Ulrich: Wettbewerbspolitik contra Industriepolitik nach Maastricht, EuZW 1994, 14
Jacobs, Reto: EEC competition law and the protection of the environment, Legal issues of European integration 1993, 37
Jahns-Böhm, Jutta: Umweltschutz durch europäisches Gemeinschaftsrecht am Beispiel der Luftreinhaltung, Berlin 1994
– */ Breier, Siegfried*: Die umweltrechtliche Querschnittsklausel des Art. 130r II 2 EWGV, EuZW 1992, 49
Jans, Jan: Objectives and Principles of EC Environmental Law, in: European Environmental Law, 277, *Winter, Gerd* (Hrsg.), Dartmouth – Aldershot – Brookfield USA – Singapore – Sidney 1996
Jans, Jan H. / von der Heide, Ann-Katrin: Europäisches Umweltrecht, Groningen 2003
Jarass, Hans D.: EG-Kompetenzen und das Prinzip der Subsidiarität nach Schaffung der Europäischen Union, EuGRZ 1994, 209
Jones, Alison / Sufrin, Brenda: EC Competition Law, 1. Auflage, New York 2001
Kahl, Wolfgang: Grundrechtsschutz durch Verfahren in Deutschland und in der EU, VerwArch 2004, 1
Kamann, Hans-Georg: Viel Rauch um nichts? – Gesundheitsschutz im Rahmen der Binnenmarktharmonisierung gemäß Artikel 95 EGV nach dem „Tabakwerbeurteil" des EuGH, ZEuS 2001, 23

Kamminga, Menno: Improving Integration of Environmental Requirements into Other EC Policies, European Environmental Law Review 1994, 23

Kartte, Wolfgang: Zur institutionellen Absicherung der EG-Fusionskontrolle, ORDO 1992, 405

Kenntner, Markus: Das Subsidiaritätsprotokoll des Amsterdamer Vertrags, NJW 1998, 2871

Kischel, Uwe: Die Kontrolle der Verhältnismäßigkeit durch den Europäischen Gerichtshof, EuR 2000, 380

Klein, Eckart / Haratsch, Andreas: Neuere Entwicklungen des Rechts der Europäischen Gemeinschaften – 1. Teil –, DÖV 1993, 785

Koenig, Christian / Haratsch, Andreas: Europarecht, 4. Auflage, Tübingen 2003

Krämer, Ludwig: E. C. Treaty and Environmental Law, 3. Auflage, London 1998

–: Grundrecht auf Umwelt und Gemeinschaftsrecht, EuGRZ 1988, 285

–: The Elaboration of EC Environmental Legislation, in: European Environmental Law, 297, *Gerd Winter* (Hrsg.), Dartmouth – Aldershot – Brookfield USA – Singapore – Sidney 1996

Krausser, Hans-Peter: Das Prinzip begrenzter Ermächtigung im Gemeinschaftsrecht als Strukturprinzip des EWG-Vertrages, Berlin 1991

Kröger, Detlef: Zweite Osnabrücker Umwelt-Gespräche zum „Kreislaufwirtschafts- und Abfallrecht: Neue Entwicklungen in der Bundesrepublik Deutschland und in der Europäischen Gemeinschaft“, 23. – 25. 2. 1994, EuR 1994, 230

Lambers, Hans-Jürgen: Subsidiarität in Europa – Allheilmittel oder juristische Leerformel?, EuR 1993, 229

Lane, Robert: New Community Competences under the Maastricht Treaty, CML Rev. 1993, 939

Langbein, Heike Birgit: Die Buchpreisbindung in der EWG, Frankfurt am Main 1989

Lenz, Carl Otto (Herausgeber) : EG-Handbuch, Recht im Binnenmarkt, 2. Auflage, Herne – Berlin 1994

–: EG-Vertrag, Kommentar, 2. Auflage, Köln – Basel – Genf – München – Wien 1999

–: EG-Vertrag, Kommentar, 3. Auflage, Köln – Basel – Genf – München – Wien 2003

–: EG-Vertrag, Kommentar, 4. Auflage, Köln – Basel – Genf – München – Wien 2006

Mahlmann, Matthias: Die Grundrechtscharta der Europäischen Union, ZEuS 2000, 419

Mai, Christine: EU-Kommission plant weitreichende Klagerechte für Umweltorganisationen, in: Financial Times Deutschland vom 20./21. 3. 2004

Martin, Philippe: Le traité d'Amsterdam inaugure-t-il une politique communautaire de l'emploi ?, RTDE 2000, 47
Martinek, Michael: Das neue Teilzeit-Wohnrechtegesetz – missratener Verbraucherschutz bei Time-Sharing-Verträgen, NJW 1997, 1393
–: Verbraucherschutz im Fernabsatz – Lesehilfe mit Merkpunkten zur neuen EU-Richtlinie, NJW 1998, 207
Meade, John: Legal Basis for Proposed Directive on Tobacco, Advertising and Sponsorship, in: *Schneider, Hans-Peter / Stein, Torsten* (Hrsg.), The European Ban on Tobacco Advertising, 141, Baden-Baden 1999
Mestmäcker, Ernst-Joachim: Versuch einer kartellpolitischen Wende in der EU, EuZW 1999, 523
Meyer, Jürgen / Hartleif, Sylvia: Einleitung zu: Eine Verfassung für Europa – Der Europäische Konvent und der Deutsche Bundestag, 15, Hrsg.: Deutscher Bundestag, Referat Öffentlichkeitsarbeit, Berlin 2004
Micklitz, Hans-W. / Reich, Norbert: Verbraucherschutz im Vertrag über die Europäische Union – Perspektiven für 1993, EuZW 1992, 593
Middeke, Andreas: Der Kompetenznormenkonflikt umweltrelevanter Gemeinschaftsakte im Binnenmarkt, DVBl. 1993, 769
Mögele, Rudolf: Die gemeinschaftliche Agrarkompetenz nach Amsterdam, ZEuS 2000, 79
Möschel, Wernhard: EG-Industriepolitik nach Maastricht, ORDO 1992, 415
Monti, Giorgio: Article 81 EC and Public Policy, CML Rev. 2002, 1057
Müller-Graff, Peter-Christian: Binnenmarktauftrag und Subsidiaritätsprinzip ?, ZHR 159 (1995), 34
–: Die Freistellung vom Kartellverbot, EuR 1992, 1
Nettesheim, Martin: Grundrechtliche Prüfdichte durch den EuGH, EuZW 1995, 106
Niedobitek, Matthias: Die kulturelle Dimension im Vertrag über die Europäische Union, EuR 1995, 349
–: Kultur und Europäisches Gemeinschaftsrecht, Berlin 1992
Niestedt, Marian: Das Integrationsprinzip nach Art. 6 EGV: Grundsätze und Organisation der Berücksichtigung umweltpolitischer Belange in anderen Politiken. WHI-Paper 05/1999 *http://www.whi-berlin.de/documents/whi-paper 0599.pdf*
Obergfell, Eva Ines: Zur Zuständigkeitsverteilung in der EU – Die Tabakwerbeverbotsrichtlinie auf dem Prüfstand, The European Legal Forum, 3-2000/01, 153
Oppermann, Thomas: Europarecht, 2. Auflage, München 1999
–: Europarecht, 3. Auflage, München 2005

Perau, Guido: Werbeverbote im Gemeinschaftsrecht, 1. Auflage, Baden-Baden 1997
Pernice, Ingolf: Europäische Union als Umweltunion?, EuZW 1995, 385
–: Kompetenzordnung und Handlungsbefugnisse der Europäischen Gemeinschaft auf dem Gebiet des Umwelt- und Technikrechts, Die Verwaltung 1989, 1
Pieper, Stefan Ulrich: Subsidiarität, Köln – Berlin – Bonn – München 1994
–: Subsidiaritätsprinzip – Strukturprinzip der Europäischen Union, DVBl. 1993, 705
Portwood, Timothy: Competition Law & The Environment, London 1994
Priebe, Reinhard: Le droit communautaire des structures agricoles, Cahiers de droit européen 1988, 3
Purps, Thorsten: Umweltpolitik und Verursacherprinzip im europäischen Gemeinschaftsrecht, Köln – Berlin – Bonn – München 1991
Rabe, Hans-Jürgen: Legal Opinion on Whether the Proposed Directive on the Approximation of the Laws, Regulations and Administrative Provisions of the Member States Relating to the Advertising and Sponsorship of Tobacco Products is Compatible with EC Law, in: *Schneider, Hans-Peter / Stein, Torsten* (Hrsg.), The European Ban on Tobacco Advertising, 161, Baden-Baden 1999
Rausch, Rolf: Die Kontrolle von Tatsachenfeststellungen und -würdigungen durch den Gerichtshof der Europäischen Gemeinschaften, Berlin 1994
Reich, Norbert: Europäisches Verbraucherschutzrecht, 2. Auflage, Baden-Baden 1993
– */ Micklitz, Hans-W.*: Europäisches Verbraucherrecht, 4. Auflage, Baden-Baden 2003
Rengeling, Hans-Werner / Heinz, Kersten: Die dänische Pfandflaschenregelung – EuGH, NVwZ 1989, 849, JuS 1990, 613
Ress, Georg: Die neue Kulturkompetenz der EG, DÖV 1992, 944
– */ Ukrow, Jörg*: Auswirkungen von Art. 128 Abs. 4 EGV auf die wettbewerbsrechtliche Beurteilung von Buchpreisbindungssystemen, ZEuS 1999, 1
Riesenkampff, Alexander: Die private Abfallentsorgung und das Kartellrecht, BB 1995, 833
Roelants du Vivier, François / Hannequart, Jean-Pierre: Une nouvelle stratégie européenne pour l'environnement dans le cadre de l'acte unique, RMC 1988, 225
Roellecke, Gerd: Kulturauftrag im staatlichen Gemeinwesen, DÖV 1983, 653
Roth, Wulf-Henning: Europäischer Verbraucherschutz und BGB, JZ 2001, 475
Runggaldier, Ulrich: Der neue Beschäftigungstitel des EG-Vertrages und die Übernahme des „Sozialabkommens" in den EG-Vertrag, in: Die Europäische

Union nach dem Vertrag von Amsterdam, 197, *Hummer, Waldemar* (Hrsg.), Wien 1998
Sach, Karsten: Kontrolle der Durchführung und der Beachtung von Gemeinschaftsrecht, in: Handbuch zum europäischen und deutschen Umweltrecht, 1477, Band I, Herausgeber: *Rengeling, Hans-Werner*, Köln – Berlin – Bonn – München 1998
Schaub, Alexander / Dohms, Rüdiger: Das Weißbuch der Europäischen Kommission über die Modernisierung der Vorschriften zur Anwendung der Art. 81 und 82 EG-Vertrag, WuW 1999, 1055
Scherer, Josef: Subsidiaritätsprinzip und Agrarreform, DVBl. 1993, 281
Scheuing, Dieter H.: Das Europäische Umweltverfassungsrecht als Maßstab gerichtlicher Kontrolle, EuR 2002, 619
–: Umweltschutz auf der Grundlage der Einheitlichen Europäischen Akte, EuR 1989, 152
Schmidhuber, Peter M. / Hitzler, Gerhard: Die Verankerung des Subsidiaritätsprinzips im EWG-Vertrag – ein wichtiger Schritt auf dem Weg zu einer föderalen Verfassung der Europäischen Gemeinschaft, NVwZ 1992, 720
Schmidt, Gerold: Zum Verhältnis des neuen Verfassungsrechts der Entwicklungspolitik der Europäischen Union zum Wirtschaftsrecht, RIW 1995, 268
Schmidt, Ingo: Europäische Industriepolitik – ein Widerspruch zur Wettbewerbsordnung?, WuW 1995, 971
Schneider, Hans-Peter: Ultra vires. The EU-Directive on Tobacco Advertising under the Searchlight of Legal Opinions, in: *Schneider, Hans-Peter / Stein, Torsten* (Hrsg.), The European Ban on Tobacco Advertising, 11, Baden-Baden 1999
Schohe, Gerrit: Aufhebung einer Untersagungsentscheidung der Kommission durch das Gericht erster Instanz, WuW 2002, 841
Schröder, Meinhard: Beachtung gemeinschaftsrechtlicher Grundsätze für den Umweltschutz bei nationalen Maßnahmen, in: Handbuch zum europäischen und deutschen Umweltrecht, 943, Band 1, Herausgeber: *Rengeling, Hans-Werner*, Köln – Berlin – Bonn – München 1998
–: Die Berücksichtigung des Umweltschutzes in der gemeinsamen Agrarpolitik der Europäischen Union, NuR 1995, 117
–: Umweltschutz als Gemeinschaftsziel und Grundsätze des Umweltschutzes, in: Handbuch zum europäischen und deutschen Umweltrecht, 181, Band 1, Herausgeber: *Rengeling, Hans-Werner*, Köln – Berlin – Bonn – München 1998
Schroeder, Werner: Die Auslegung des EU-Rechts, JuS 2004, 180
Schröer, Thomas: Mehr Demokratie statt umweltpolitischer Subsidiarität?, EuR 1991, 356

Schröter, Helmuth / Jakob, Thinam / Mederer, Wolfgang: Kommentar zum Europäischen Wettbewerbsrecht, 1. Auflage, Baden-Baden 2003

Schuller, Konrad: Die Köche dürfen nicht in jeden Topf schauen, in: FAZ vom 14. 4. 2002

Schwartz, Ivo E.: Subsidiarität und EG-Kompetenzen
Der neue Titel „Kultur“
Medienvielfalt und Binnenmarkt, AfP 1993, 409

Schwarze, Jürgen (Herausgeber): EU-Kommentar, 1. Auflage, Baden – Baden 2000

–: Europäische Verfassungsperspektiven nach Nizza, NJW 2002, 993

–: Europäisches Verwaltungsrecht, 2. Auflage, Baden-Baden 2005

Schweitzer, Michael / Hummer, Waldemar: Europarecht, 5. Auflage, Neuwied – Kriftel – Berlin 1996

Seidel, Martin: Umweltrecht der Europäischen Gemeinschaft – Träger oder Hemmnis des Fortschritts?, DVBl. 1989, 441

Sinz, Manfred / Steinle, Wolfgang J. : Regionale Wettbewerbsfähigkeit und europäischer Binnenmarkt, Raumforschung und Raumordnung 1989, 10

Skouris, Wassilios: Werbung und Grundrechte in Europa, EuZW 1995, 438

Sondergutachten der Monopolkommission von Oktober 1999: ‘Kartellpolitische Wende in der Europäischen Union‘, vollständiger Text unter *www. monopolkommission. de/sg_28/text_d. htm*

Sparwasser, Reinhard / Engel, Rüdiger / Voßkuhle, Andreas: Umweltrecht, 5. Auflage, Heidelberg 2003

Stein, Torsten: Die Querschnittsklausel zwischen Maastricht und Karlsruhe, in: Festschrift für *Ulrich Everling*, 1439, Band II, 1. Auflage, Baden-Baden 1995

–: Freier Wettbewerb und Werbeverbote in der Europäischen Union, EuZW 1995, 435

–: Opinion on the Question of Community Competence to Issue a Directive on the Approximation of the Member States’ Legislative and Administrative Rules governing the Advertising and Sponsoring of Tobacco Products, in: *Schneider, Hans-Peter / Stein, Torsten* (Hrsg.), The European Ban on Tobacco Advertising, 257, Baden-Baden 1999

–: Richterrecht wie anderswo auch ?, in: Richterliche Rechtsfortbildung, 619, Festschrift der Juristischen Fakultät zur 600-Jahr-Feier der Ruprechts-Karls-Universität Heidelberg, Heidelberg 1986

Steinle, Christian C. : Europäische Beschäftigungspolitik, Berlin 2001

Steinle, Wolfgang J. : Probleme regionaler Arbeitslosigkeit in der Europäischen Gemeinschaft, Raumforschung und Raumordnung 1981, 55

–: Regionale Arbeitsmarktprobleme in Europa, Bonn 1983

–: Sozialökonomische Ungleichgewichte zwischen den Regionen der Europäischen Gemeinschaft und ihre Behandlung in der europäischen Regionalpolitik, Bielefeld 1977
Streinz, Rudolf: Europarecht, 7. Auflage, Heidelberg 2005
–: EUV/EGV, 1. Auflage, München 2003
Stroetmann, Clemens: Einführung, in: Umweltschutz und andere Politiken der Europäischen Gemeinschaft, 1, Herausgeber: *Rengeling, Hans-Werner*, Köln – Berlin – Bonn – München 1993
Stumpf, Cordula: Aufgabe und Befugnis, Frankfurt am Main 1999
Stuyck, Jules: European consumer law after the Treaty of Amsterdam: Consumer policy in or beyond the Internal Market ?, CML Rev. 2000, 367
Tenreiro, Mario: Un code de la consommation ou un code autour du consommateur ? Quelques réflexions critiques sur la codification et la notion du consommateur, in: Law and diffuse interests in the European Legal Order – Liber amicorum *Norbert Reich* 1997, 339
Thouvenin, Jean-Marc: Concurrence (Concentrations): Après l'arrêt *Airtours*, trois nouveaux avertissements à la Commission, RMC 2003, 12
Toth, A. G.: The principle of subsidiarity in the Maastricht Treaty, CML Rev. 1992, 1079
Ullrich, Meike: Die Wahl der Rechtsgrundlage als Rechtsproblem des Gemeinschaftsrechts, ZEuS 2000, 243
Vandermeersch, Dirk / Bethell, Mark: The Proper EC Treaty Basis for a Tobacco Advertising, in: *Schneider, Hans-Peter / Stein, Torsten* (Hrsg.), The European Ban on Tobacco Advertising, 23, Baden-Baden 1999
Völcker, Sven: Das beschleunigte Verfahren in EU-Wettbewerbssachen: Effektiver Rechtsschutz in der Fusionskontrolle ?, WuW 2003, 6
Vogelaar, Floris O. W. : Towards an Improved Integration of EC Environmental Policy and EC Competition Policy: An Interim Report, in: Conference Materials, 21st Annual Conference on International Antitrust Law and Policy, October 27 – 28, 1994, Fordham Corporate Law Institute, 381 ff.
Volkmann-Schluck, Thomas: Das europarechtliche Verbraucherleitbild und seine Behandlung zur Feststellung der Irreführungsrelevanz in der wettbewerbs- und lebensmittelrechtlichen Praxis, in: Freundesgabe für *Jürgen Gündisch*, 217, 1999
van Ginderachter, J.: La politique régionale de la Communauté, justifications, modalités et propositions, RMC 1973, 468
von Borries, Reimer: Das Subsidiaritätsprinzip im Recht der Europäischen Union, EuR 1994, 263

von Danwitz, Thomas: Produktwerbung in der Europäischen Union zwischen gemeinschaftlichen Kompetenzschranken und europäischem Grundrechtsschutz, Berlin 1998
von der Groeben, Hans / Thiesing, Jochen / Ehlermann, Claus-Dieter: Kommentar zum EU-/EG-Vertrag, 5. Auflage, Baden – Baden 1999
von Dürckheim, Philipp Graf: Gesundheitsschutz im europäischen Gemeinschaftsrecht, Hamburg 2000
von Schwanenflügel, Matthias: Die Entwicklung der Kompetenzen der Europäischen Union im Gesundheitswesen, Berlin 1996
–: Die neuen Kompetenzen der Europäischen Gemeinschaften im Bereich der Gesundheitspolitik, JZ 1993, 551
–: Gesundheit in Europa, EuR 1998, 210
Vonessen, Benjamin: Europäische Entwicklungshilfe und Umweltschutz, Berlin 1996
Wägenbaur, Rolf: The Prohibition against „Indirect" Tobacco Advertising and its Compatibility with Article 30 of the EC Treaty, in: *Schneider, Hans-Peter / Stein, Torsten* (Hrsg.), The European Ban on Tobacco Advertising, 269, Baden-Baden 1999
–: Werberecht und Werbeverbote, EuZW 1995, 431
–: Werbeverbot für Tabakerzeugnisse: Betrachtungen eines Nichtrauchers, EuZW 1998, 33
Wegener, Bernhard W.: (Rezension) *Jans, Jan H.*, European Environmental Law, EuR 2001, 129
Weidenfeld, Werner (Hrsg.): Reform der Europäischen Union, Gütersloh 1995
Wemmer, Benedikt: Die neuen Kulturklauseln des EG-Vertrages, Frankfurt am Main – Berlin – Bern – New York – Paris – Wien 1996
Wesseling, Rein: The Commission White Paper on Modernisation of E.C. Antitrust Law: Unspoken Consequences and Incomplete Treatment of Alternative Options, ECLR 1999, 420
Wiegand, Bodo: Bestmöglicher Umweltschutz als Aufgabe der Europäischen Gemeinschaften, DVBl. 1993, 533
Wimmer, Frank: Die Interessen der Verbraucher, in: *Erhard Mielenhausen* (Hrsg.), Verbraucherpolitik – Politik für Verbraucher?, 161, 1. Auflage, Osnabrück 1986
Winter, Gerd: Subsidiarität und Deregulierung im Gemeinschaftsrecht, EuR 1996, 247
Zils, Hans-Peter: Die Wertigkeit des Umweltschutzes in Beziehung zu anderen Aufgaben der Europäischen Gemeinschaft, Heidelberg 1994
Zuck, Rüdiger: Erst kommt das Fressen, dann kommt die Moral, NJW 2001, 1258

–: Die Stellung der Länder und Regionen im europäischen Integrationsprozess, DVBl. 1992, 1329
–: Vorbehaltene Kompetenzen der Mitgliedstaaten der Europäischen Gemeinschaft auf dem Gebiete des Umweltschutzes, NVwZ 1987, 280

Kolibri 360 GmbH
Ferdinand-Jühlke-Straße 7
99095 Erfurt, Deutschland
produktsicherheit@kolibri360.de